# 乡镇消防队设计方案集

应急管理部消防救援局　主编

中国建筑工业出版社

图书在版编目（CIP）数据

乡镇消防队设计方案集 / 应急管理部消防救援局主编 .—北京：中国建筑工业出版社，2018.7

ISBN 978-7-112-22162-2

Ⅰ.①乡… Ⅱ.①应… Ⅲ.①乡镇—消防管理—设计方案—中国 Ⅳ.①D631.6

中国版本图书馆 CIP 数据核字（2018）第 090404 号

乡镇消防队在乡镇、农村承担火灾扑救、应急救援和其他消防安全工作，是覆盖城乡的灭火救援力量体系的重要组成部分。国家标准《乡镇消防队》GB/T 35547—2017自2018年7月1日起正式实施。该标准的发布对于全面填补乡镇消防力量空白、加快推进"十三五"期间多种形式消防队伍发展、努力推动构建城乡全覆盖的灭火救援力量体系、服务以人为核心的新型城镇化建设，具有重大意义。

本书由应急管理部消防救援局根据《乡镇消防队》GB/T 35547—2017组织编写而成，结合不同地域的气候、环境、文化等特点，以指导各地因地制宜推进乡镇消防队建设。全书包括37个详细设计方案（其中一级乡镇专职消防队15个，二级乡镇专职消防队11个，乡镇志愿消防队11个），以及14个乡镇消防队设计实例，可供乡镇消防队负责人员、消防队设计人员参考使用。

责任编辑：王　梅　刘婷婷
责任校对：张　颖　党　蕾

**乡镇消防队设计方案集**
应急管理部消防救援局　主编
*
中国建筑工业出版社出版、发行（北京海淀三里河路9号）
各地新华书店、建筑书店经销
北京点击世代文化传媒有限公司制版
天津图文方嘉印刷有限公司印刷
*
开本：880×1230毫米　1/16　印张：9½　字数：343千字
2019年1月第一版　2019年1月第一次印刷
定价：80.00 元
ISBN 978-7-112-22162-2
（32055）

# 《乡镇消防队设计方案集》编写组

**主 编 单 位：** 应急管理部消防救援局

**技术责任单位：** 福建省建筑设计研究院有限公司

**技 术 审 核：** 金　路　许世文　郑　实　黄晓冬　卢国辉

**主　　　编：** 罗永强

**副　主　编：** 司　戈

**编 写 人 员：**

司　戈　张国庆　李　汕　邱凯旋　赵胜权　金继忠　姜小勤
王富尧　董明华　宗军荣　顾　杰　马智春　王　喆　王卫星
范明露　叶　林　吴绍平　王劲松

**设 计 人 员：**（以姓氏笔画为序）

习兴慧　马明昌　王尧靓　王彦哲　卢国辉　田乐坤　庄天爽
刘　磊　刘桑妮　孙明恩　李　广　李　飞　李智杰　杨汇杰
杨亮亮　肖　戎　张　洁　张　艳　张天翔　张泽泉　陈　丰
陈　曦　陈启浩　陈素娟　林顺福　郑远莹　胡文滔　施　滢
莫鑫杰　郭　钦　曹家玮　蒋炜葳　粟一晟　曾　真　谭文杰

**设 计 指 导：**（以姓氏笔画为序）

王丽颖　向　葳　李雄业　张　媛　张　震　倪剑敏　徐奇立
黄乐颖　黄春风　黄晓冬　嵇　珂　程　鹏　戴　锋

# 序　言

党的十九大提出实施乡村振兴战略，是以习近平同志为核心的党中央着眼党和国家事业全局，深刻把握现代化建设规律和城乡关系变化特征，顺应亿万农民对美好生活的向往，对“三农”工作作出的重大决策部署，是决胜全面建成小康社会、全面建设社会主义现代化国家的重大历史任务，是新时代做好“三农”工作的总抓手。2018 年中央一号文件强调**“加强农村警务、消防、安全生产工作，坚决遏制重特大安全事故。”**中共中央、国务院印发的《乡村振兴战略规划（2018—2022 年）》（中发〔2018〕18 号），进一步要求**“大力推进农村公共消防设施、消防力量和消防安全管理组织建设，改善农村消防安全条件。”**党中央、国务院的决策部署，为做好新时期的农村消防工作提出了明确要求、指明了努力方向。

我们所处的时代是催人奋进的伟大时代。应急管理事业改革发展面临历史机遇，消防工作赋予了新的历史使命，展现光明前景。加强农村消防工作，关键是在消防安全领域推进城乡统筹，最广泛调动农民群众参与防灾减灾救灾的积极性，大力发展乡镇专职、志愿消防队伍，努力填补农村地区消防力量空白，积极构建覆盖城乡的灭火救援体系，推进城乡公共消防安全资源的均衡配置和基本公共服务均等化，全面改善农村消防安全条件，为农民建设幸福家园和美丽宜居乡村提供消防安全保障。

2018 年 7 月 1 日，国家标准《乡镇消防队》GB/T 35547—2017 正式实施，该标准针对现阶段我国农村乡镇经济社会发展的不同特点，提出了差异化的乡镇消防队建队目标：在经济发达、人口集中的乡镇建立一级专职消防队，在比较发达、人口相对集中的乡镇建立二级专职消防队，在其他乡镇建立志愿消防队。这种分类、分级的建队模式，体现了因地制宜、注重实效的发展理念和“全面覆盖、标准适当”的基本原则，既有利于推进发达地区乡镇消防队的规范发展，更有利于解决其他农村地区灭火救援力量的有无问题，推进灭火救援基本公共服务的均等化。

队站建设是乡镇消防力量发展的重要内容，为配合国家标准《乡镇消防队》贯彻实施，应急管理部消防救援局组织部分设计单位开展了乡镇消防队方案设计。入选的方案设计合理、特点鲜明、造型美观，既较好满足了乡镇消防队的功能要求，又富于民族地方特色和现代气息，翻阅时如同徜徉在丰富多彩的民族建筑博物馆，乡土气息扑面而来。同时，附录中还介绍了福建、广东、江苏、吉林、浙江、重庆等地区乡镇消防队的建设实例。

我国国土幅员辽阔，地形地貌复杂，气候类型多样，不同地域差异明显，既有江南水乡的秀丽风光，也有三北平原的广阔田野。本书的目的不在于提供简单套用、复制的“模板”，而是要开阔思路、引导创新，帮助广大设计人员和农村乡镇基层干部更好地开展乡镇消防队站的规划布局、功能安排、建筑设计。大有大的用途，小有小的精彩，关键是因地制宜、注重实效，充分体现消防功能、农村特点，并与农村环境有机融合。

“建筑是凝固的音乐”，建筑风格是一个地区和民族传统文化的有机传承。作为国内第一本乡镇消防队设计方案集，相信在本书启迪下，会有越来越多的“最美乡村消防队”出现在祖国大江南北的乡镇农村，发挥灭火救援战斗队、防火检查巡逻队、消防教育宣传队、服务群众工作队的作用，一队多能、一专多用，成为新时期农村乡镇应急管理的重要平台，成为广大农民群众生命财产安全的守护者，成为社会主义新农村建筑中一道亮丽的风景线。

本书编写过程中，得到有关设计单位的大力支持，在方案审查阶段，北京城建设计发展集团建筑设计研究院总建筑师、国家一级注册建筑师金路，浙江省建筑设计研究院总建筑师、浙江省工程勘察设计大师许世文，北京市建筑设计研究院科技质量中心主任、教授级高级建筑师郑实对入选方案逐一审查并提出修改意见；福建省建筑设计研究院有限公司作为技术责任单位，承担了大量技术校核、后期审改工作。福建、广东、江苏、吉林、浙江、重庆消防总队的同志提供了大量乡镇消防队建设实例，中国建筑工业出版社的王梅主任、刘婷婷副编审为本书出版做了大量工作，在此一并感谢。

希望读者对本书中的缺点、错误批评指正，以便修改完善。

应急管理部消防救援局<br>二〇一八年十一月九日

# 目 录

# 01 一级乡镇专职消防队设计方案

# 闽北风格一级乡镇消防队

## ■ 总平规划

建筑主入口设置于基地南侧，消防车出入口预留出12m的退距，方便消防车进出。训练塔结合训练场地设置在消防站的北面。场地西南角可临时停车4辆，四周设大于4m的消防车道，方便日常训练和开展相关活动。

## ■ 平面布局

方案从乡镇消防站的地域性出发，突出适宜性和操作性，为乡镇消防队员创造有序且舒适的工作环境。一层设有门厅、餐厅、厨房、通信室、值班室、器材室、卫生间，以及能容下4辆消防车的消防车库。二层设有会议室（多功能间）、清洗间、备勤室、体能训练室、厕所、浴室、交流平台、晒台和阳台。将消防车库与消防站办公休息空间平行布置，且分别设置单独出入口。公共空间与私密空间分区明确，互不干扰，提高了消防站的工作效率。

## ■ 立面设计

建筑整体采用仿木结构风格，其样式、色彩与风景区地貌、水文、植被、景观统一协调，具有浓厚的闽北地方风格。

## ■ 设计单位：福建省建筑设计研究院有限公司

设计指导：黄春风、黄晓冬　　设计人员：蒋炜葳、陈曦

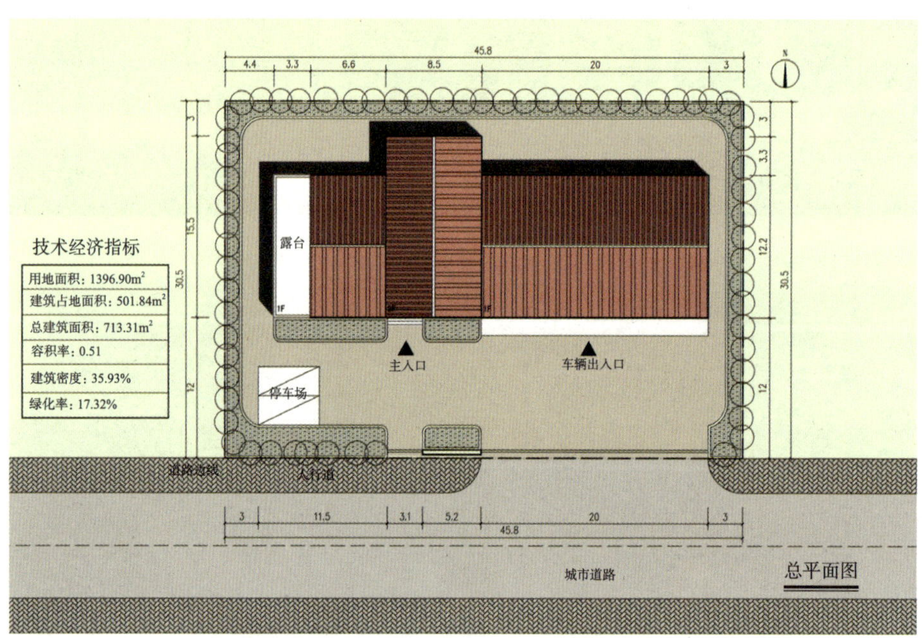


总平面图

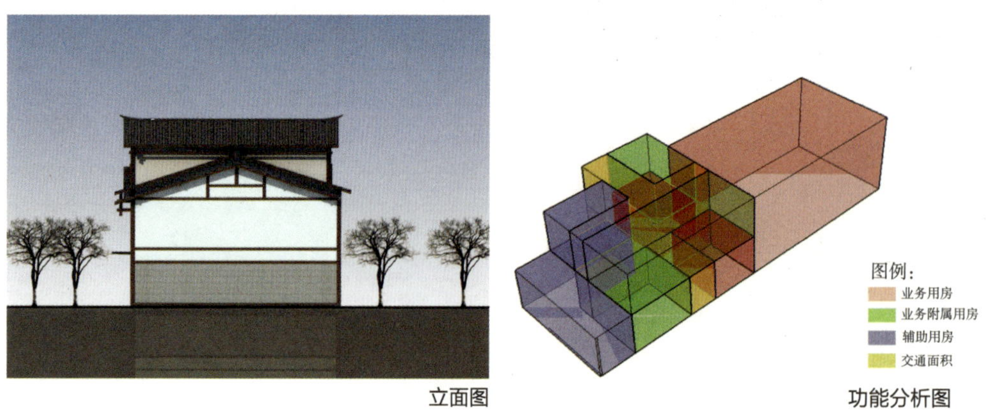


立面图　　功能分析图

透视图

立面图

设计理念分析

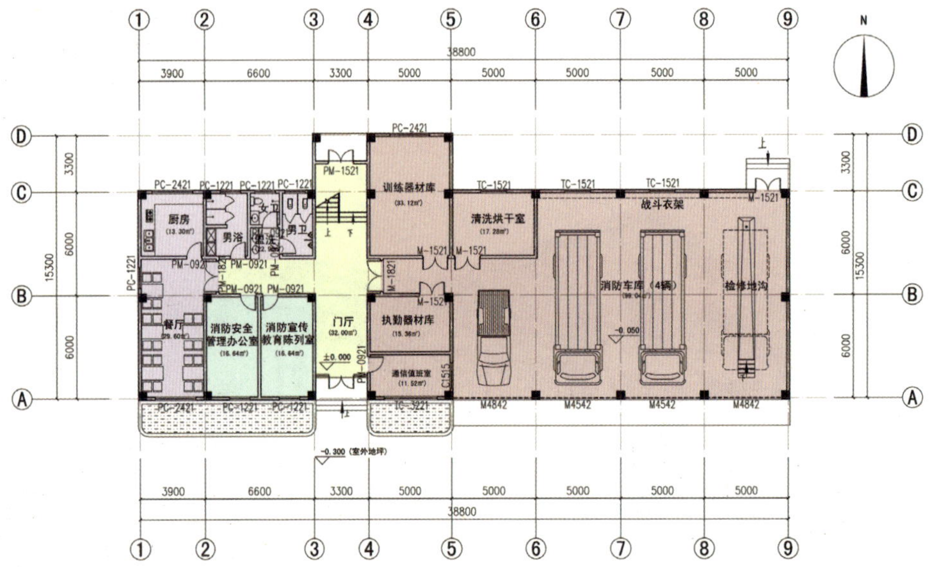

一层平面图

本层建筑面积：501.84m²
总建筑面积：713.31m²

二层平面图

本层建筑面积：211.47m²
总建筑面积：713.31m²

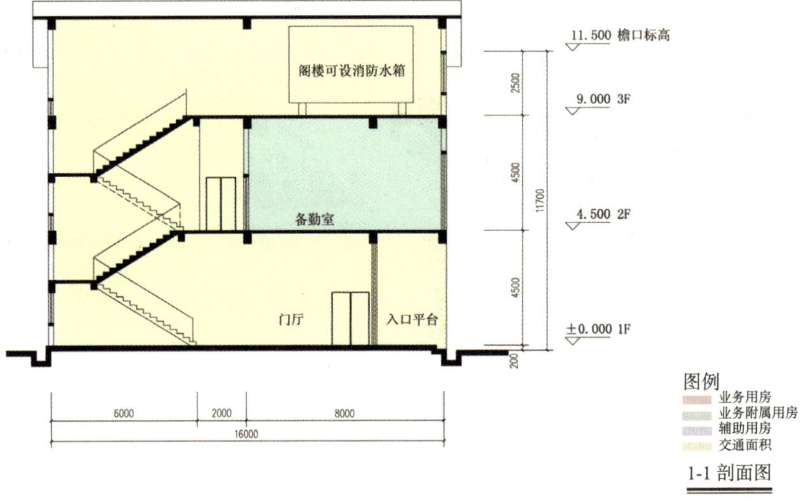


图例
业务用房
业务附属用房
辅助用房
交通面积

1-1 剖面图

# 闽东风格一级乡镇消防队

## ■ 总平规划

主要出入口布置在道路北侧，平行城市道路设置消防站主体建筑。在基地入口左侧形成开放空间作为日常训练场地，在保证功能的同时有效节约用地。

## ■ 平面布局

方案从乡镇消防站的地域性出发，突出适宜性和操作性，为乡镇消防队员创造有序且舒适的工作环境。消防站设有 4 个消防车库，一层门厅左侧设有餐厅和厨房，右侧则是消防车库，各功能房间紧凑布置，便于消防员快速出勤。二层是训练、会议办公以及生活区，设有会议（学习）室、体能训练室、消防员备勤室和盥洗间等功能。

## ■ 立面设计

建筑立面采用福州、宁德地区的闽东传统民居风格，外墙采用传统的白和黑灰色，素雅庄重，屋顶等高，两坡直檐，屋脊平直，以翘起的鹊尾收头，两侧曲线型的风火山墙夹峙，起伏的高低适应屋面的坡度，鸟瞰远望如波涛起伏。

## ■ 设计单位：福建省建筑设计研究院有限公司

设计指导：黄晓冬　　设计人员：陈素娟、张洁、刘桑妮

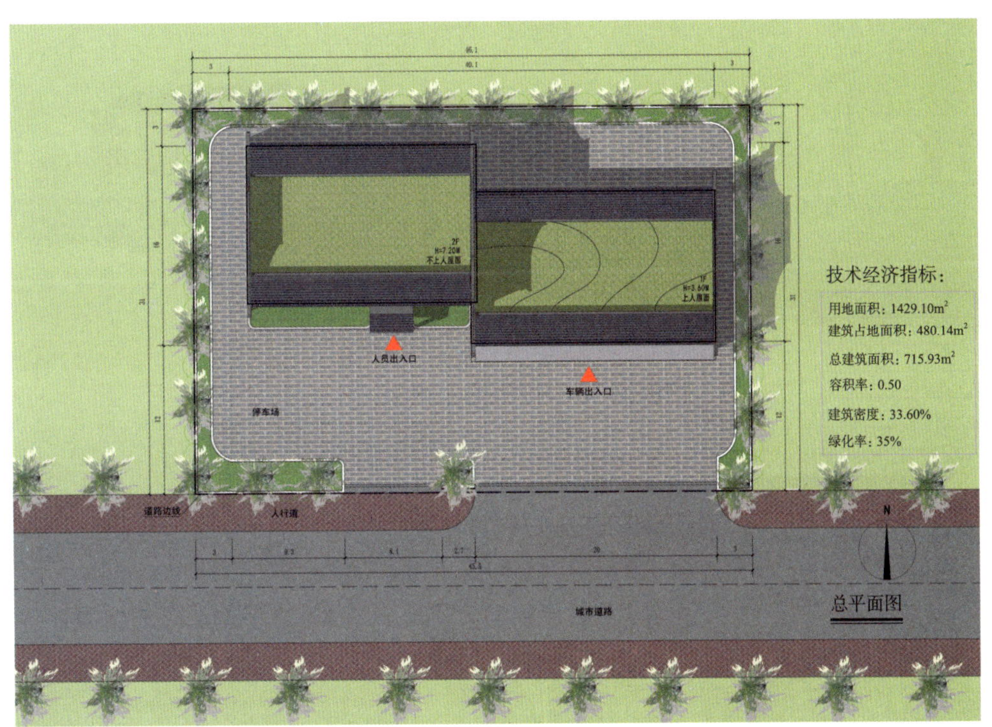


总平面图

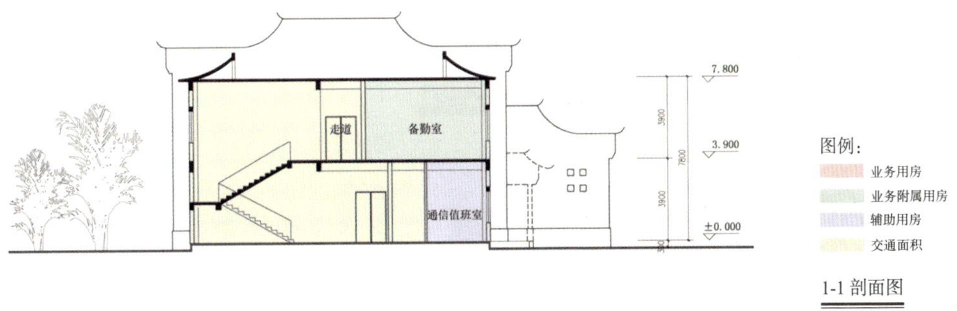


1-1 剖面图

鸟瞰图

透视图

长乐 福清 罗源 闽侯 福安 福安 宁德

福清 闽清 闽侯 福州

福安

宁德

福安

## 设计理念分析

风火山墙

风火山墙常见弧线形、弓形、马鞍形、折线形等，曲线优美舒展，大起大伏，成为居民形体造型的重要元素。

墙身

常采用夯土墙，或灰砖空斗墙。勒脚均采用毛石或卵石砌筑。

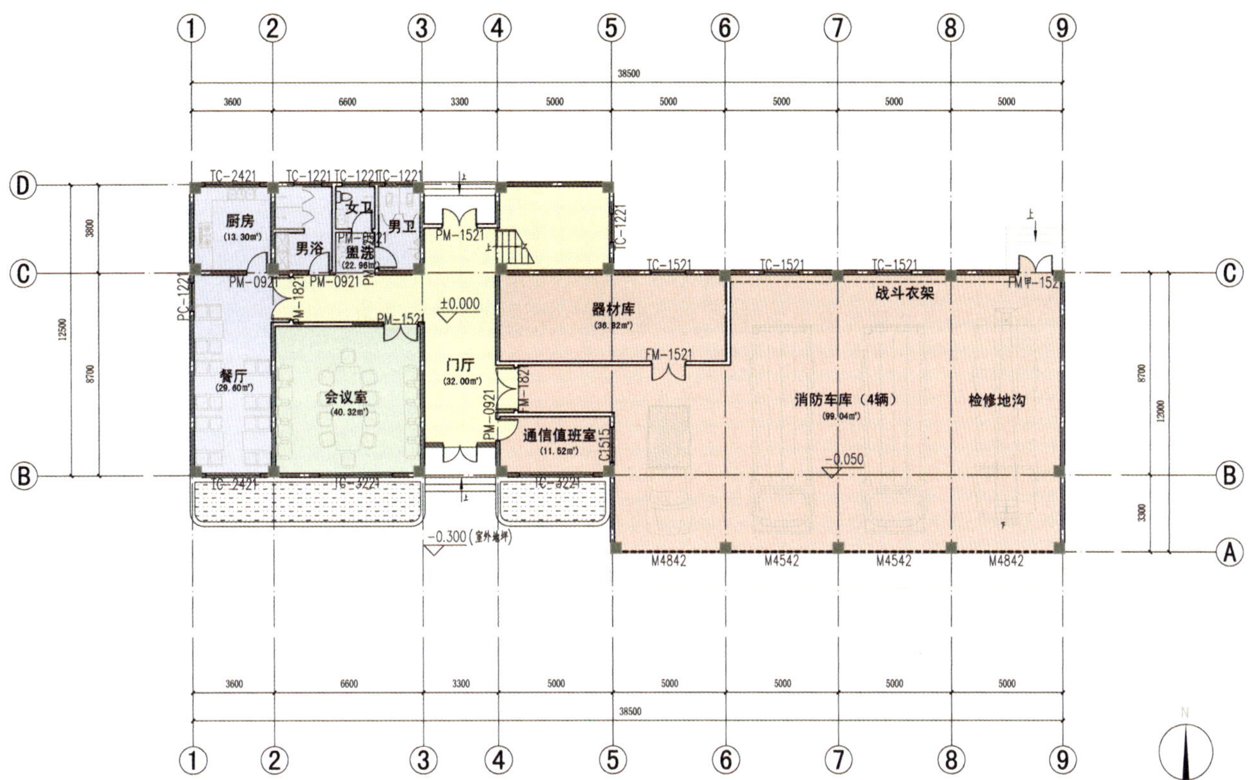


一层平面图

本层建筑面积：480.14m²
总建筑面积：715.93m²

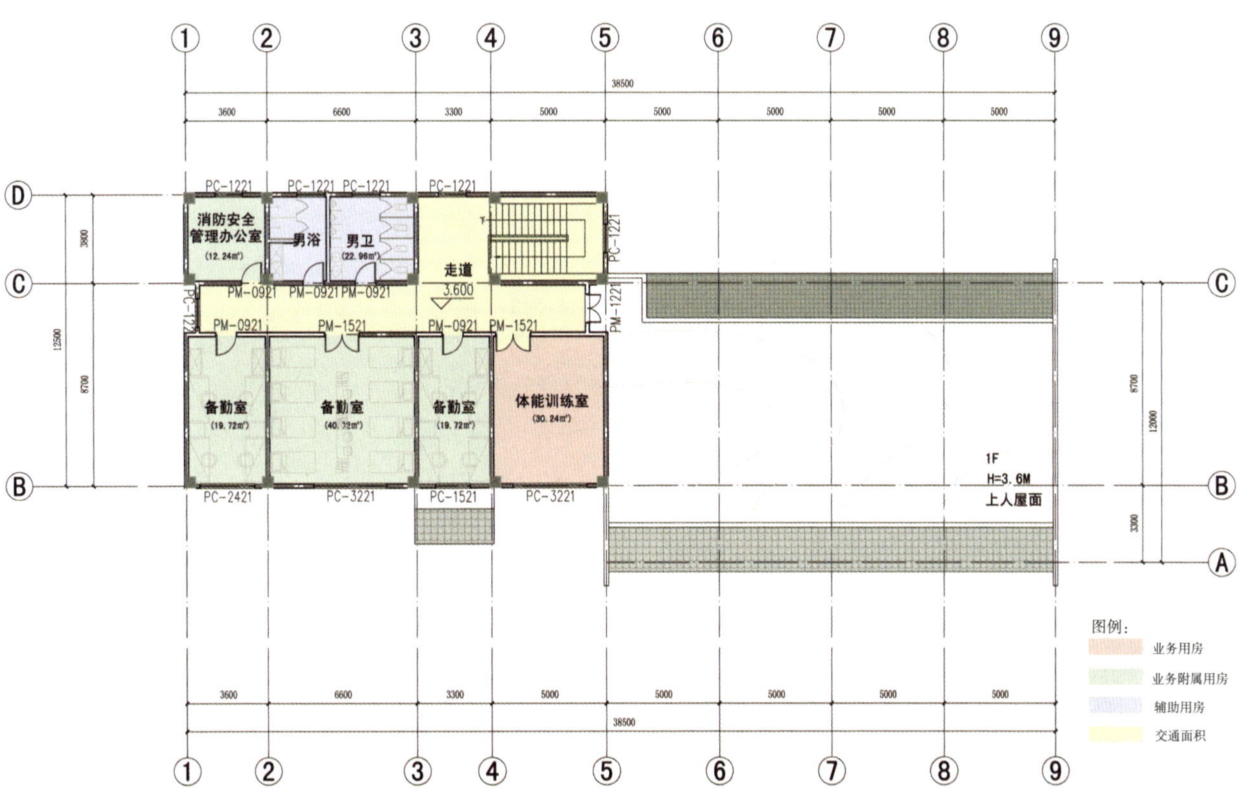


二层平面图

本层建筑面积：235.79m²
总建筑面积：715.93m²

# 闽南风格一级乡镇消防队之 1

## ■ 总平规划

主入口设置于基地西侧，消防车库平行于西侧城市道路布置且预留 13m 的距离。建筑主体布置为南北朝向，场地根据要求进行总平面布置，布局紧凑、节约用地。

## ■ 平面布局

建筑平面采用 L 形布局，严格控制建筑进深，紧凑严密，流线清晰。将消防车库、门厅、办公、值班等功能紧密布置在一层空间，保证了消防员快速出警。辅助功能用房布置在二楼，既满足了使用功能，又达到了空间对私密性的需求。

## ■ 立面设计

建筑采用莆仙、福清地区的闽南建筑风格，突出“红砖红瓦”的特点，采用悬山顶、燕尾脊，曲线的坡面与起翘的屋脊构成一个和谐的整体，屋型飘逸洒脱而富有韵律。

## ■ 设计单位：福建省建筑设计研究院有限公司

设计指导：黄晓冬　　设计人员：卢国辉、郭钦

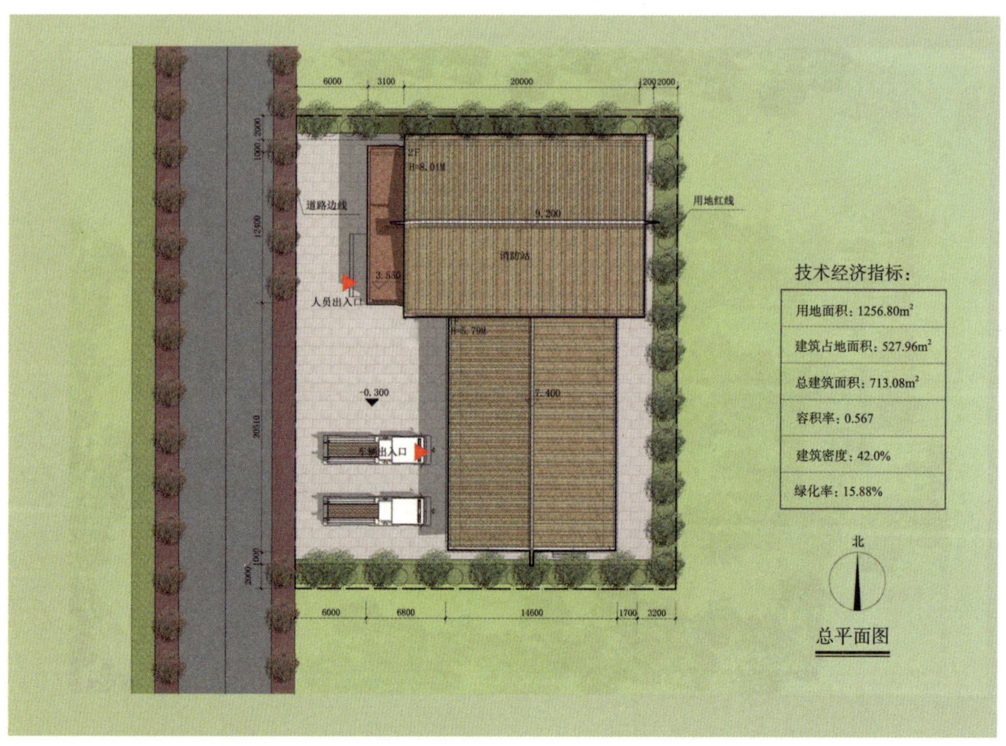

总平面图

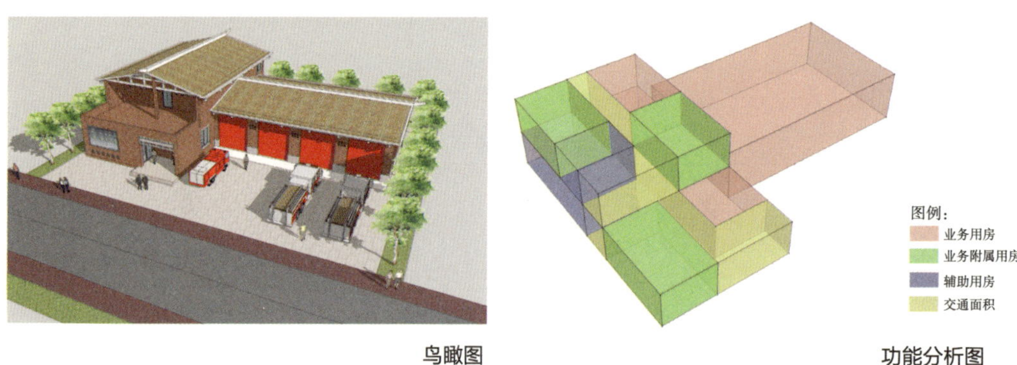

鸟瞰图　　功能分析图

透视图

立面图

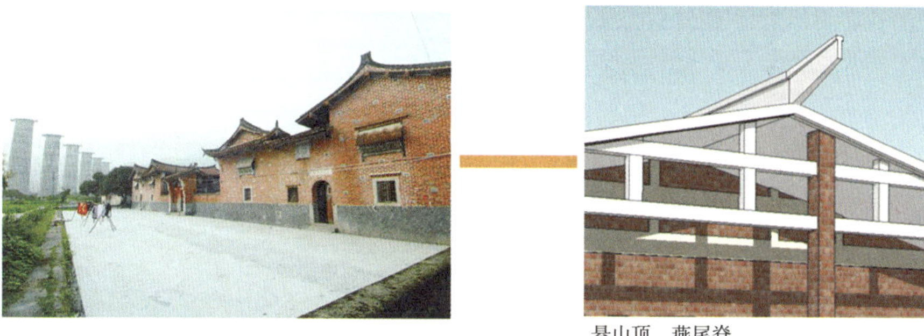

悬山顶　燕尾脊

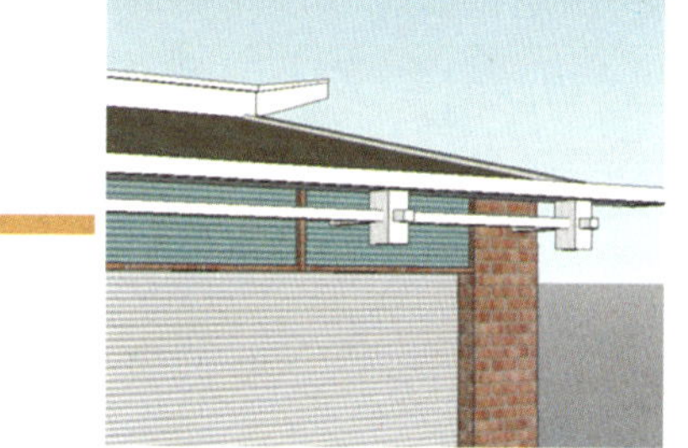

坡屋面　红屋瓦

红砖与白色石材的结合使用

设计理念分析

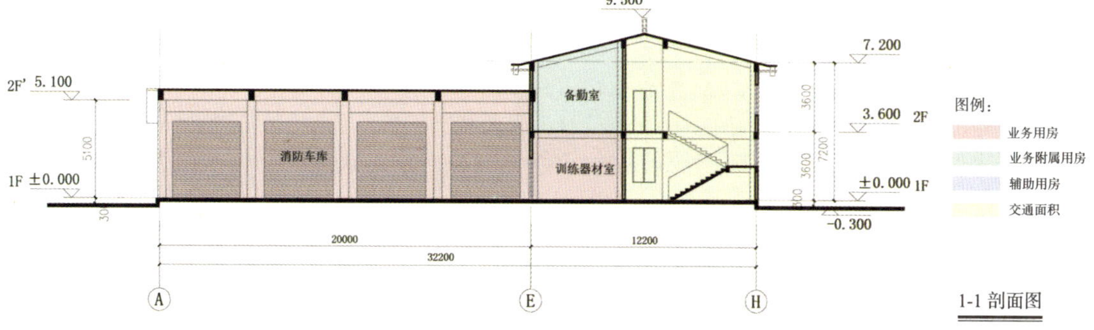


1-1 剖面图

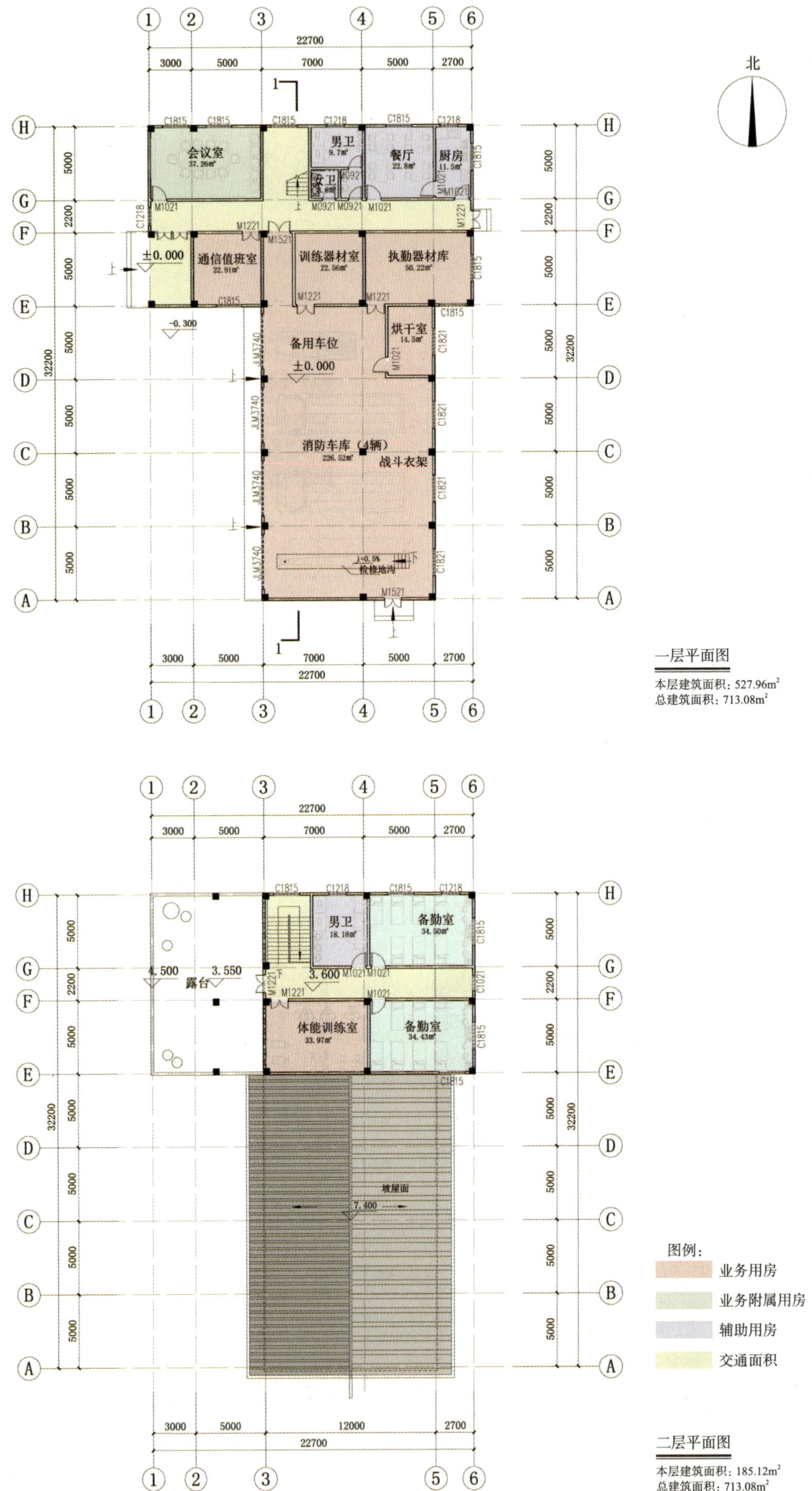


一层平面图

本层建筑面积：527.96m²
总建筑面积：713.08m²

二层平面图

本层建筑面积：185.12m²
总建筑面积：713.08m²

# 闽南风格一级乡镇消防队之 2

## ■ 总平规划

主要出入口布置在道路北侧，分设人员和车辆出入口，消防车出入口留出 12m 的退距，方便消防车出勤。在基地东侧形成集中的开放空间作为训练场，并设有篮球场。

## ■ 平面布局

将不同功能用房合理分区，平面规整流线清晰，一层围绕门厅布置消防车库、体育训练室、会议学习室以及餐厅厨房等相对开放的功能房间，二层则布置备勤室、淋浴等相对私密的空间，并留出平台做屋顶绿化，提升了消防队员生活工作环境的品质。

## ■ 立面设计

本方案提取闽南地区总燕尾脊、红砖、凹寿等典型设计元素，并结合现代设计理念进行设计。建筑立面设计元素包括：燕尾脊，作为闽南建筑最为重要的细节，屋顶造型灵动；水车堵，以砖叠涩出挑，层层出挑的砖线如同阶梯，增强了建筑在视觉上的体积感；身堵，用红砖砌成，四周用砖砌成突出线脚；凹寿，在入口形成过渡空间，挡避风雨侵袭，创造凉爽的环境。

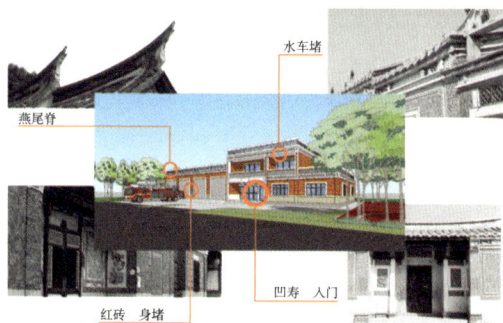

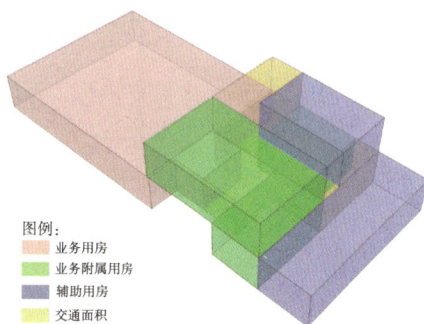

## ■ 设计单位：福建省建筑设计研究院有限公司

设计指导：黄晓冬　　设计人员：林顺福、曾真、施滢

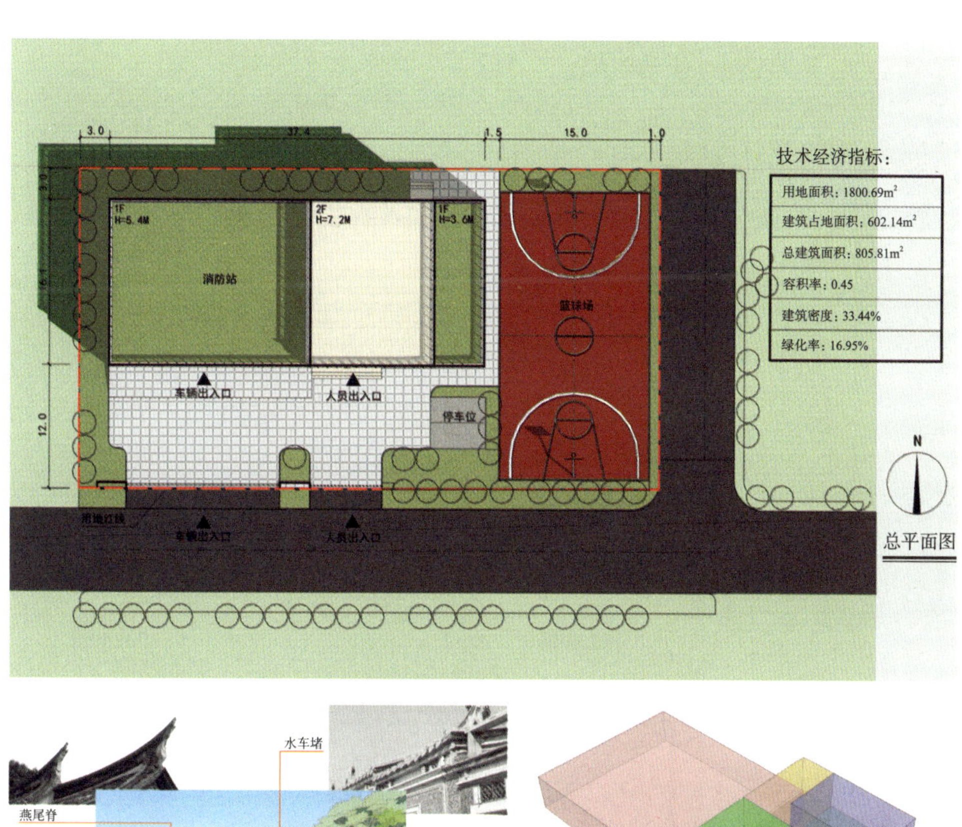


总平面图

设计理念分析

功能分析图

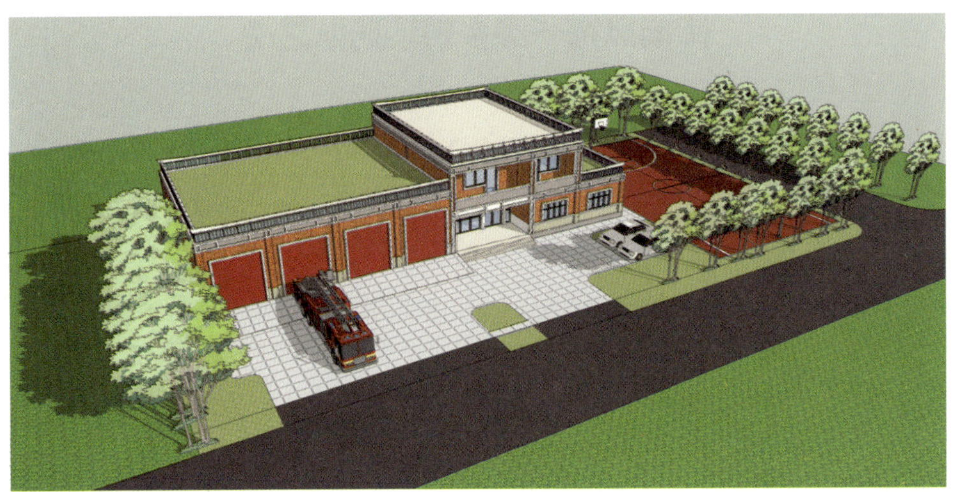

鸟瞰图

透视图

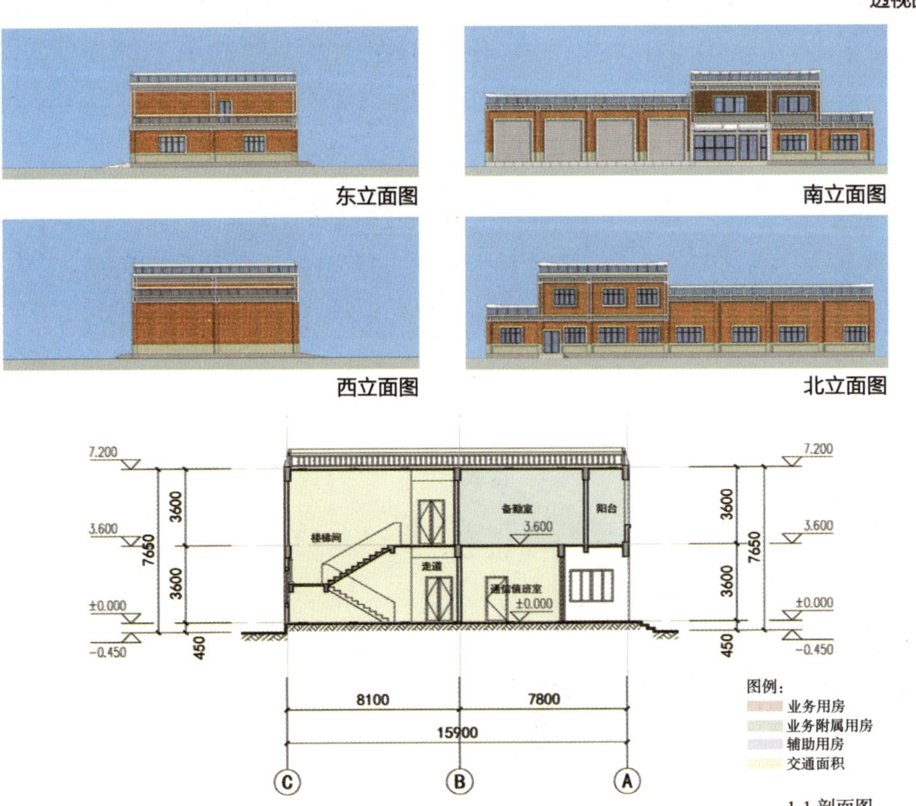


东立面图

南立面图

西立面图

北立面图

1-1 剖面图

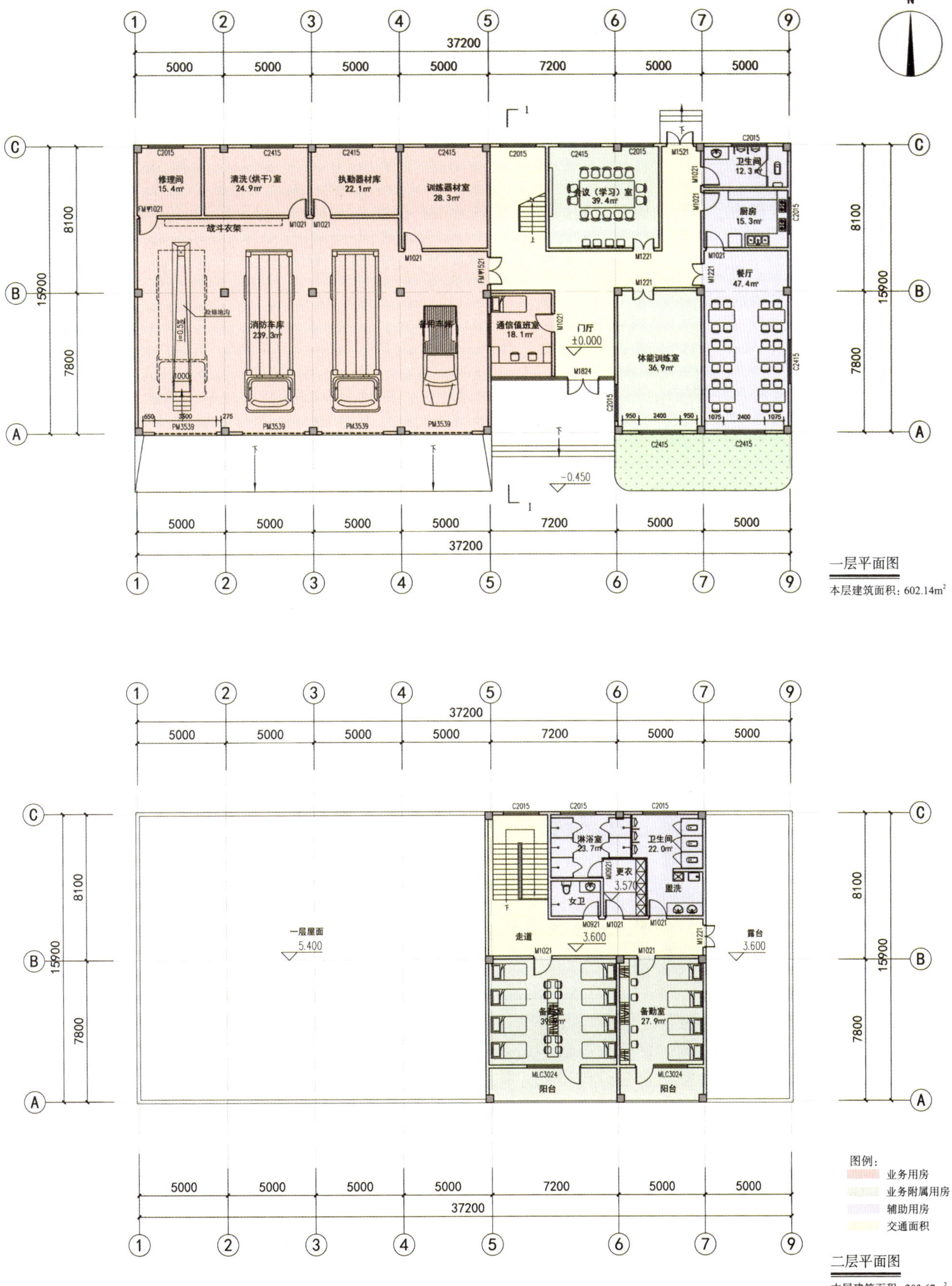

N
37200
5000
7200
8100
7800
15900
修理间 15.4㎡
清洗(烘干)室 24.9㎡
执勤器材库 22.1㎡
训练器材室 28.3㎡
会议(学习)室 39.4㎡
卫生间 12.3㎡
厨房 15.3㎡
餐厅 47.4㎡
战斗衣架
消防车库 239.3㎡
备用车库
通信值班室 18.1㎡
门厅 ±0.000
体能训练室 36.9㎡
-0.450
一层平面图
本层建筑面积：602.14m²
一层屋面 5.400
淋浴室 23.7㎡
卫生间 22.0㎡
更衣
女卫
盥洗
走道 3.600
露台 3.600
备勤室 27.9㎡
阳台
图例：
业务用房
业务附属用房
辅助用房
交通面积
二层平面图
本层建筑面积：203.67m²

# 岭南风格一级乡镇消防队

## 总平规划

将建筑主入口置于基地北侧，消防车出入口预留大于 12m 的退距，方便消防车进出。建筑偏向东南侧，留出集中的训练场地，方便日常训练等活动，训练塔结合训练场地设置在消防站的南面。

## 平面布局

消防车库、通信值班、门厅、厨房、餐厅等各部分紧密布置在一层对外，保证消防员出勤的高效和便捷。人员出入口设置在建筑北侧，通过门厅组织各类人流，宣传教育陈列室和消防安全管理办公室放在一层，便于外来人员进出。二层主要设置日常训练用房和生活辅助用房，建筑功能划分明确，动区与静区形成明显分区，互不干扰，提高了消防站的工作效率。

## 立面设计

建筑立面采用青砖与红砂岩结合，体现低稳并向两边伸长，以最简单的线型设计最大程度便于消防员快速出警。正立面采用双层百叶，可以达到很好的遮阳效果，同时加入消防建筑的红色元素，结合岭南建筑特色，更能体现消防站建筑的力量感和速度感。

## 设计单位：广东省东莞市建筑设计院有限公司

设计指导：向葳、李雄业　　设计人员：田乐坤、谭文杰

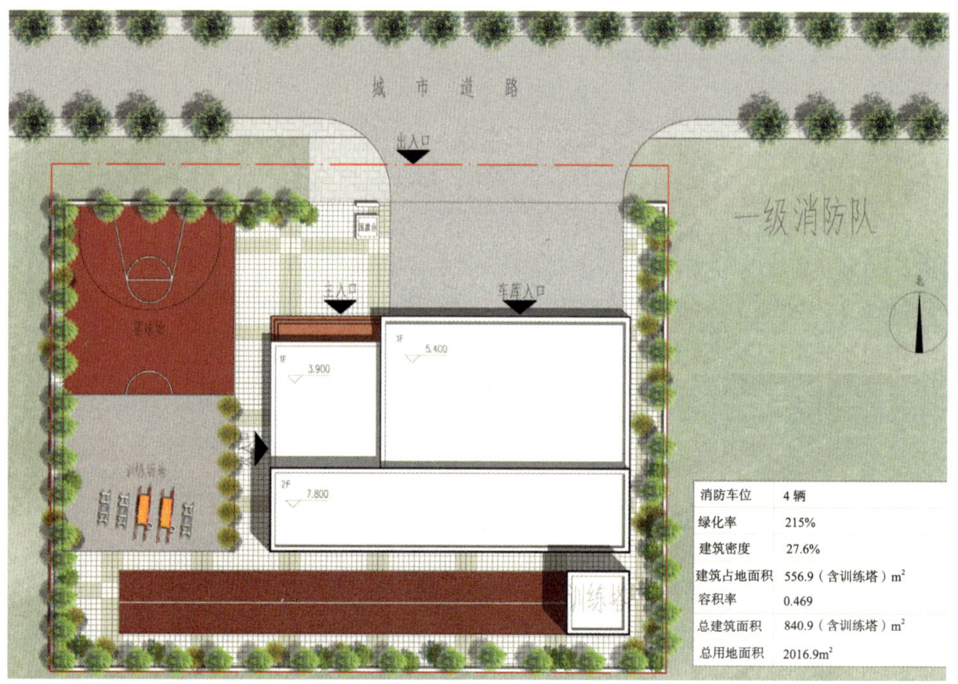


| 消防车位 | 4 辆 |
| --- | --- |
| 绿化率 | 215% |
| 建筑密度 | 27.6% |
| 建筑占地面积 | 556.9（含训练塔）$m^2$ |
| 容积率 | 0.469 |
| 总建筑面积 | 840.9（含训练塔）$m^2$ |
| 总用地面积 | 2016.9$m^2$ |

鸟瞰图

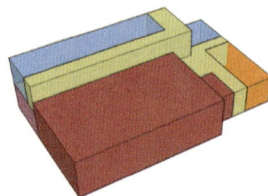

图例：

业务用房　业务附属用房　训练用房

生活用房　交通空间　露台绿化

功能分析图

立面图

透视图

岭南四大园林—可园

岭南现代建筑的代表—西汉南越王博物馆

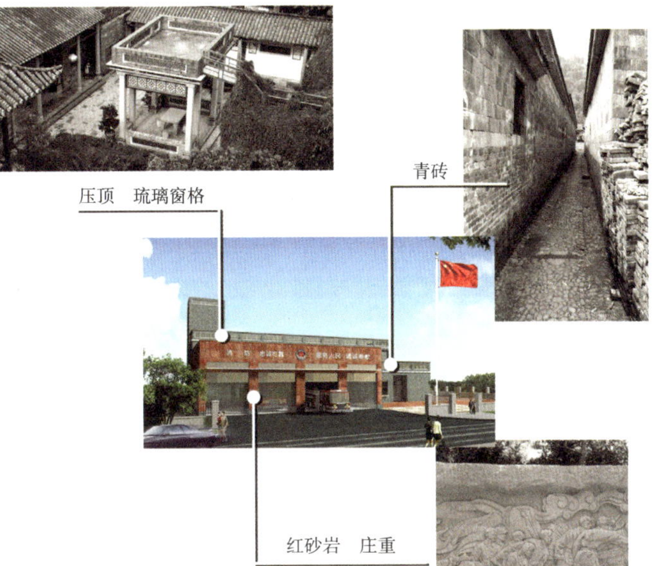


地域融合，经济适用：

在岭南园林、博物馆建筑设计手法中提炼升华，车库部分采用红砂岩贴面作立面，既作为消防站红色元素，也体现出消防员的严肃、认真。生活办公部分提取传统建筑元素，呼应了岭南地域性，而且经济适用美观。

设计理念分析

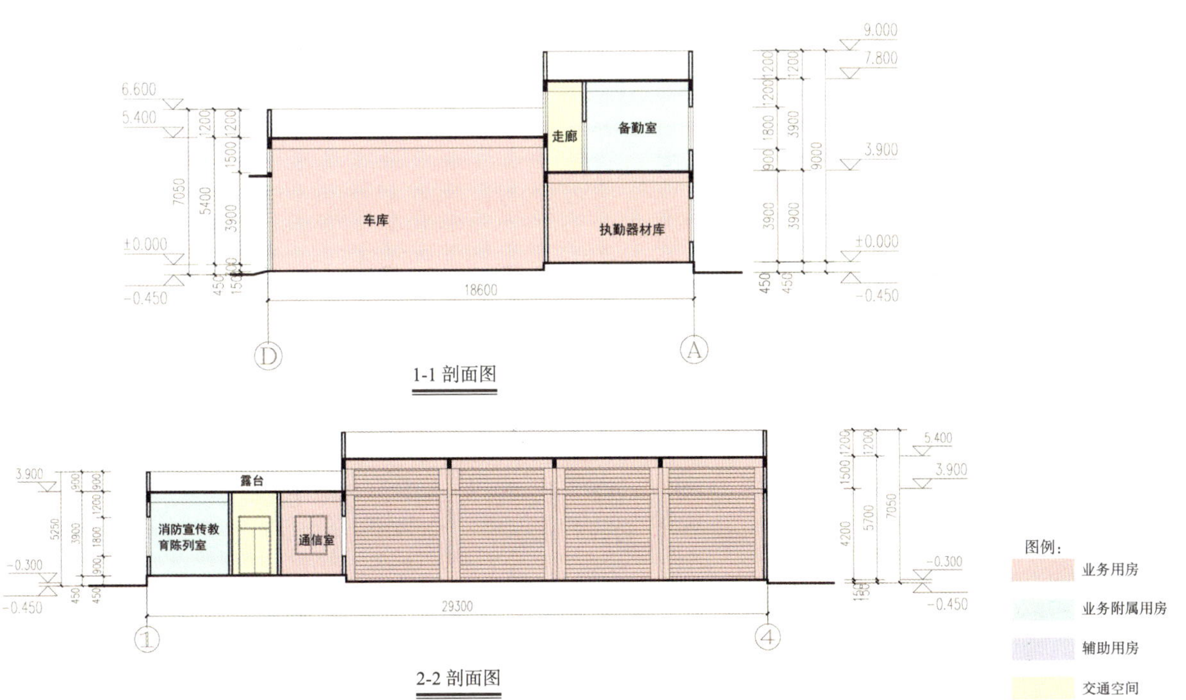

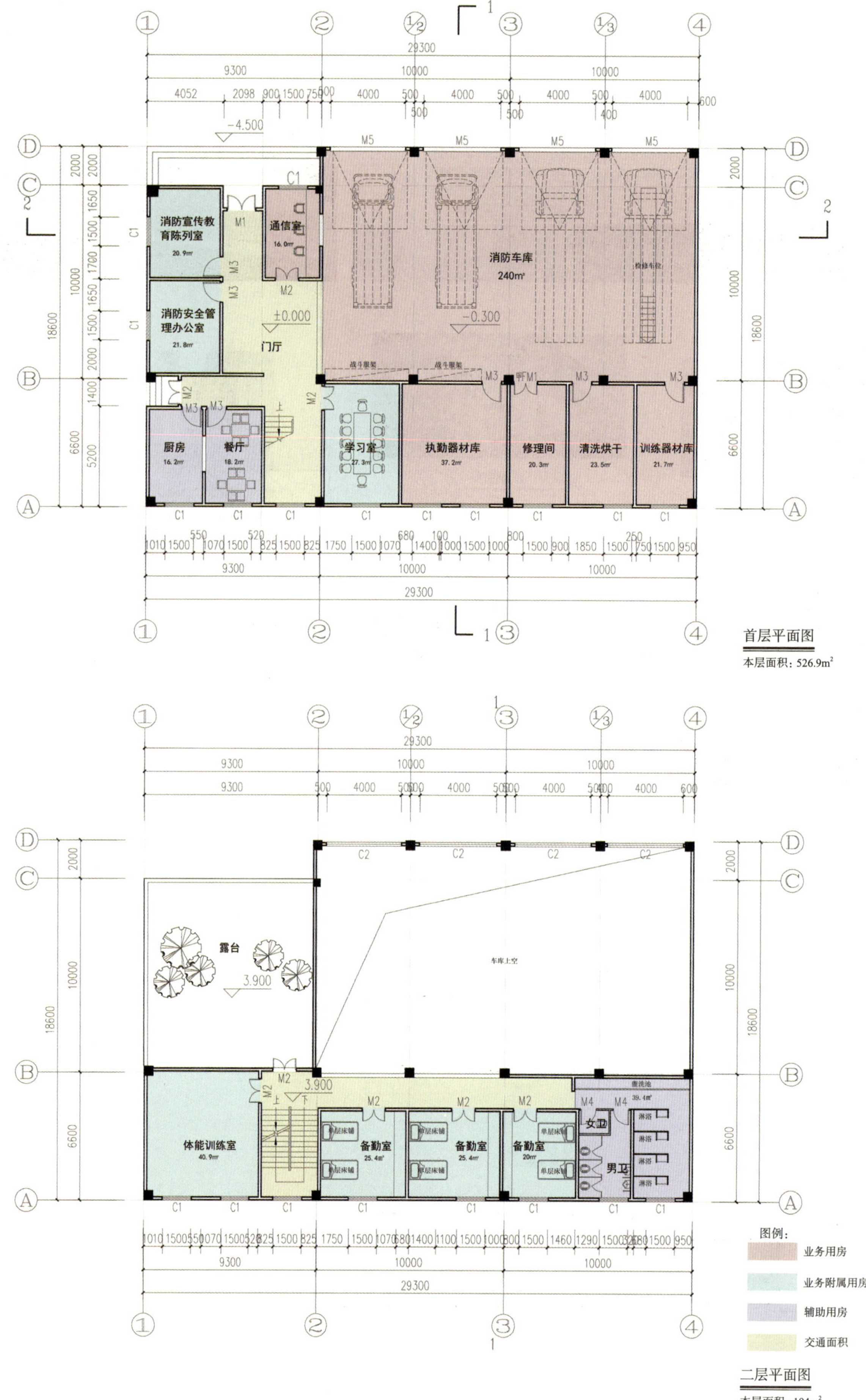


首层平面图

本层面积：526.9m$^2$

二层平面图

本层面积：194m$^2$

# 黔北风格一级乡镇消防队

## ■ 总平规划

入口毗邻城市道路，位于南侧，分设人员出入口和车辆出入口。消防站位于用地的中部，西侧布置长轴南北向的篮球场，北侧布置35m的训练跑道，跑道尽端设有训练塔。消防人员出入口设置在建筑西南侧，消防宣传展室和消防安全管理办公室设有单独的人员出入口，位于建筑东侧。消防车出入口布置在建筑东南侧，留出进深12m的广场内院，满足方便消防车进出的要求。

## ■ 平面布局

根据消防站功能流线要求，将消防人员出入口单独设置在建筑南侧，设有独立的门厅及楼梯；消防车库、通信室、餐厅厨房、器材库、清洗（烘干）室、修理间等布置在一层，保证了消防队员出勤的便利和高效；消防宣传展室和消防安全管理办公室设置在一层东侧，并设有单独的人员出入口，便于外来人员进出。二层设置了消防员备勤室、体能训练室、会议（学习）室及辅助用房。

## ■ 立面设计

建筑立面设计采用以遵义地区为代表的黔北建筑风格，并根据消防站的功能特点进行了简化和提炼，采用青砖、坡屋顶、拱券的建筑肌理重新结合，去掉了繁复装饰，建筑立面造型端庄大方，体现了消防站的特殊用途和地域特色。

## ■ 设计单位：贵州省建筑设计研究院有限责任公司

设计指导：程鹏、张媛　　设计人员：孙明恩、刁兴慧、杨亮亮、肖戎、郑远莹

| 建设用地面积 | 2628.87m² |
|---|---|
| 建筑占地面积 | 491.16m² |
| 建筑面积 | 852.00m² |
| 容积率 | 0.32 |
| 绿化率 | 11% |
| 建筑密度 | 19% |

总平面图

鸟瞰图　　北立面图　　东立面图

透视图

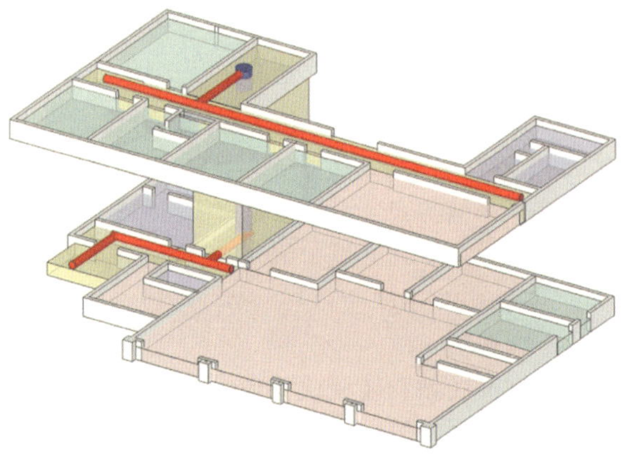

功能分析图

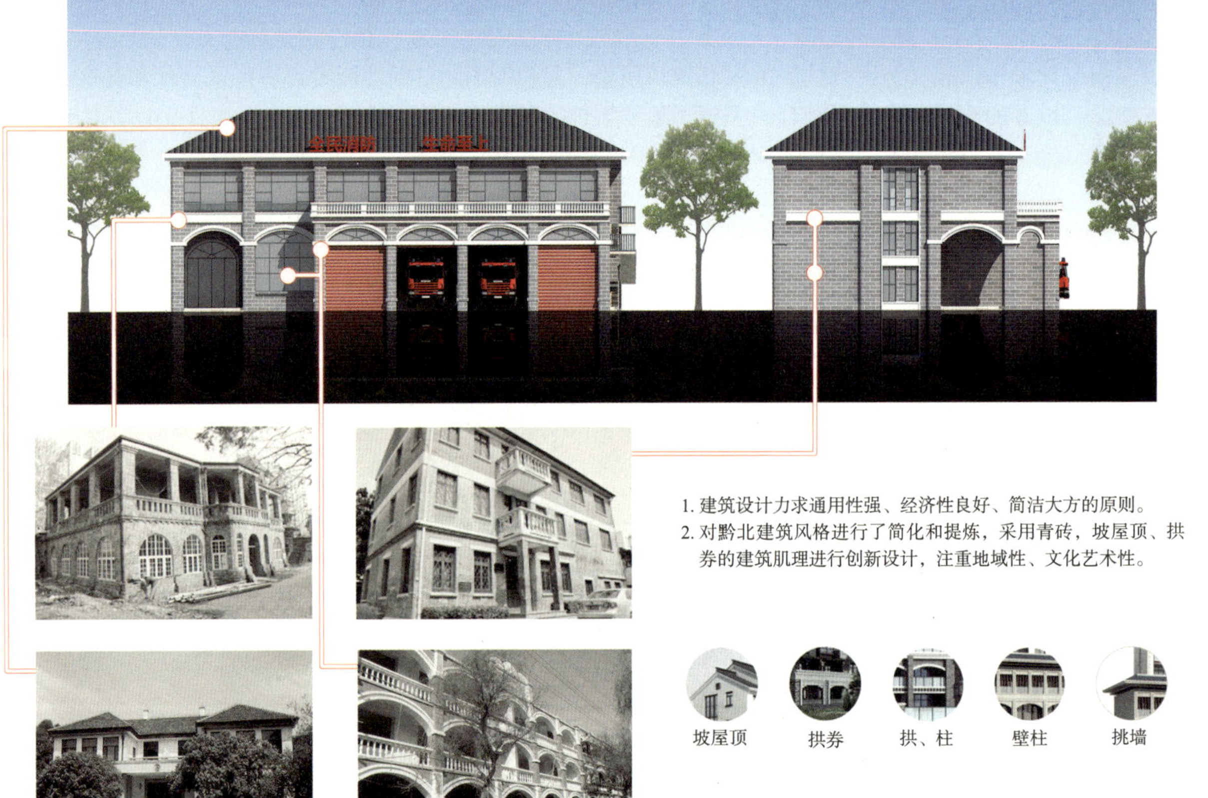


1. 建筑设计力求通用性强、经济性良好、简洁大方的原则。
2. 对黔北建筑风格进行了简化和提炼，采用青砖，坡屋顶、拱券的建筑肌理进行创新设计，注重地域性、文化艺术性。

设计理念分析

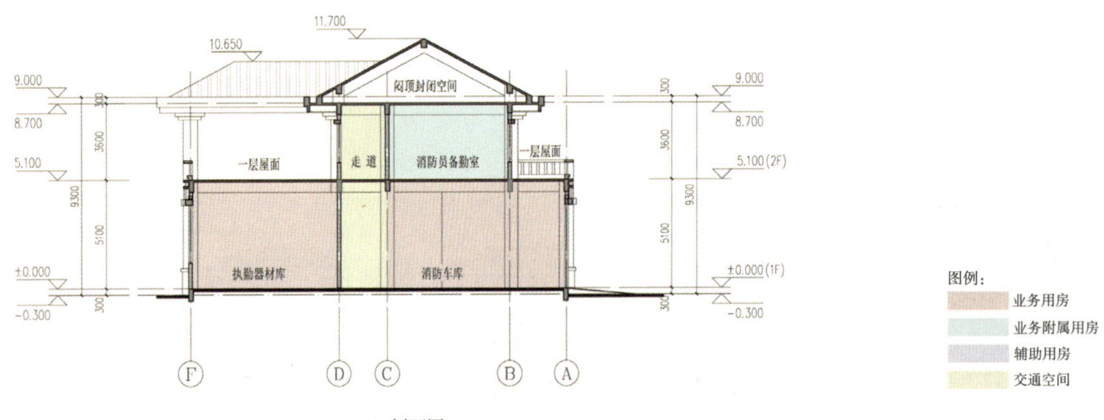


1-1 剖面图

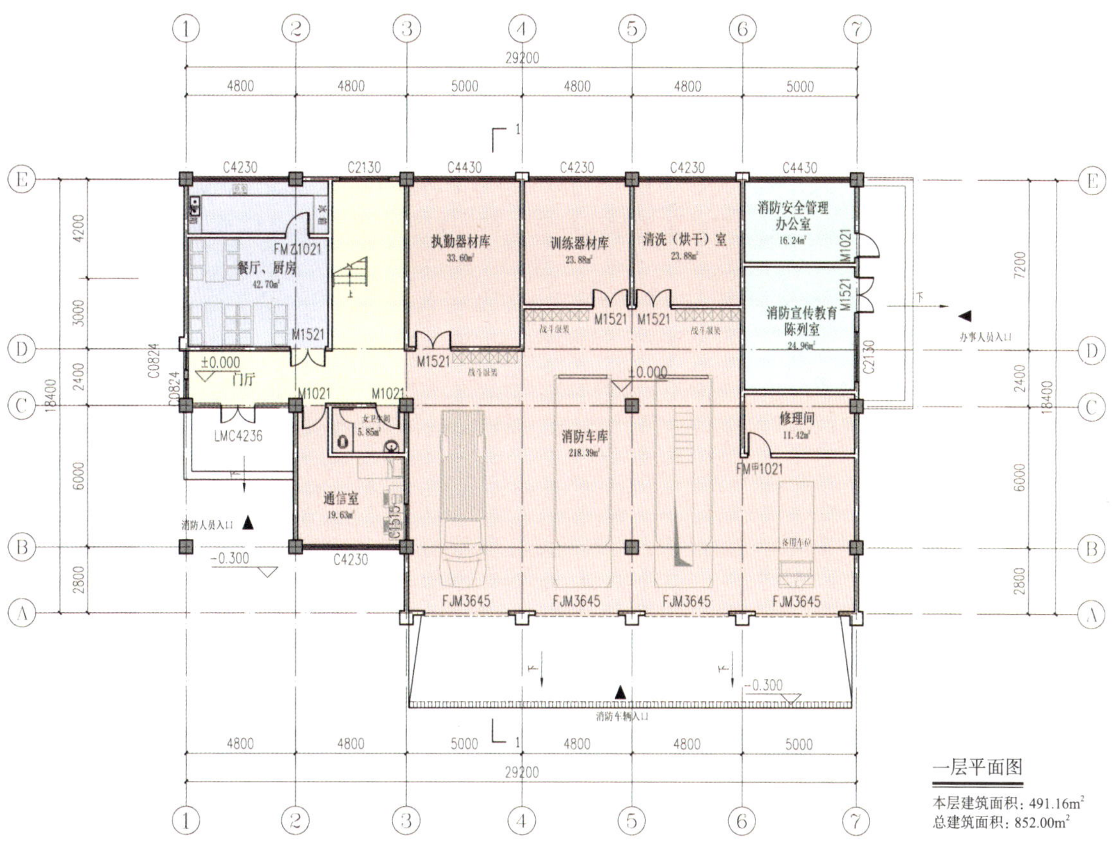


一层平面图

本层建筑面积：491.16m²
总建筑面积：852.00m²

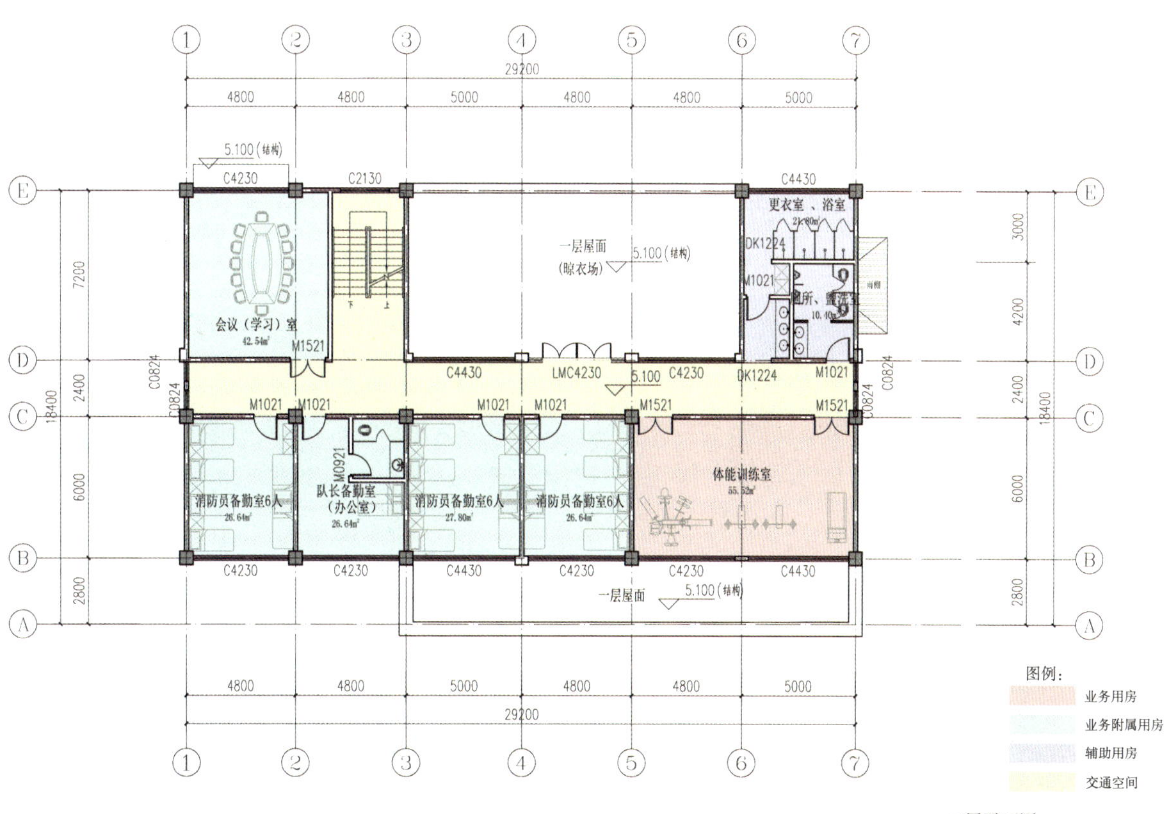


二层平面图

本层建筑面积：360.84m²
总建筑面积：852.00m²

# 关中风格一级乡镇消防队

## ■ 总平规划

总体规划突出用地的适应性，在保证消防车出车和人员主入口面向道路的同时，尽量减少项目面临道路的面宽。项目位于东西方向乡镇道路的北侧，消防站位于用地西北部，消防车库紧邻城市道路，消防车回车场兼作训练跑道，训练塔位于项目东南角。用地东北角为景观绿化，西南角和西北角各设临时车位。

## ■ 平面布局

将消防车库与人员办公生活区明确分开，除餐厅、通信值班室外，将其他人员活动均设置在建筑二层，最大限度减少首层的建筑面积，以利于减小用地面积。消防队员备勤室和部分对外功能房间布置在二层，保证消防员备勤室的南向采光。在备勤室的南侧设置阳光屋顶花园，供消防员休息观景之用。

## ■ 立面设计

突出乡镇消防站保障百姓安居乐业的功能特点，以传统墙头装饰的方式体现传统建筑特点，墙面的颜色体现陕西关中民居常有的黄土与灰砖融合后的独有人文色彩。局部使用传统垂花屋檐，点睛文化内涵。整体上以实体墙面为主，体现一种安定祥和的气息，让社区居民有稳固安全的感受。

## ■ 设计单位：中国建筑西北设计研究院第七设计所

设计指导：嵇珂　　设计人员：刘磊

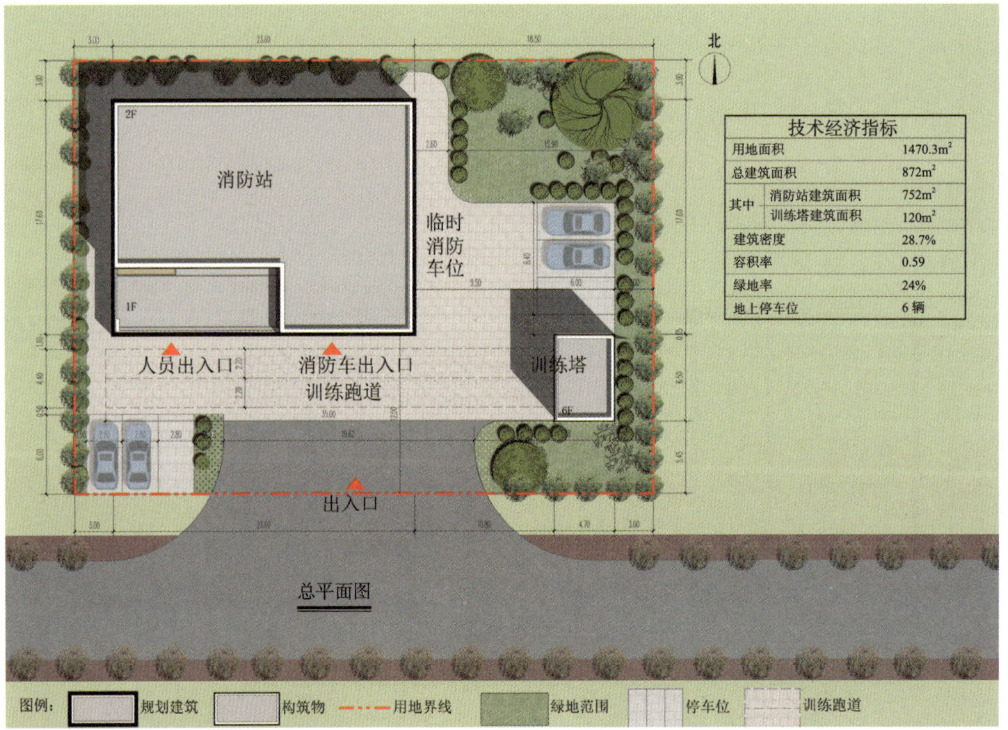


| 技术经济指标 | | |
|---|---|---|
| 用地面积 | | $1470.3m^2$ |
| 总建筑面积 | | $872m^2$ |
| 其中 | 消防站建筑面积 | $752m^2$ |
| | 训练塔建筑面积 | $120m^2$ |
| 建筑密度 | | 28.7% |
| 容积率 | | 0.59 |
| 绿地率 | | 24% |
| 地上停车位 | | 6 辆 |

总平面图

鸟瞰图

透视图

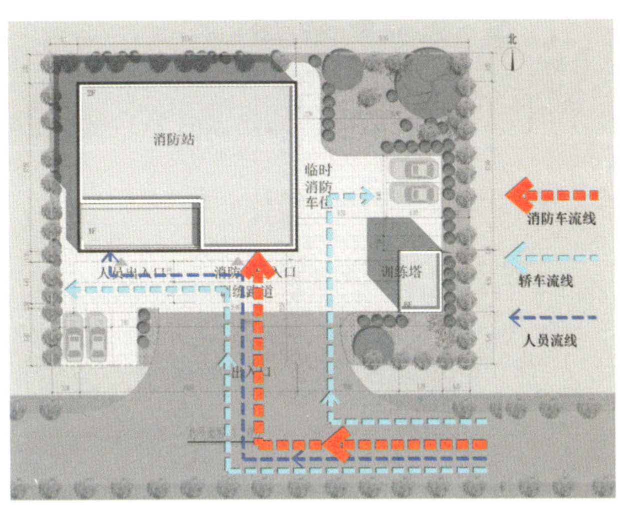


流线图

透视图

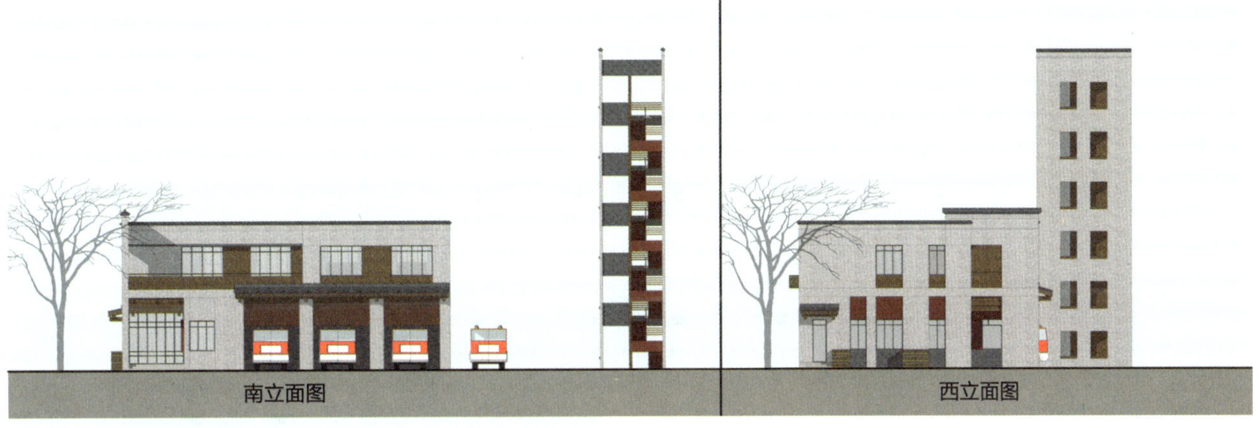

南立面图

西立面图

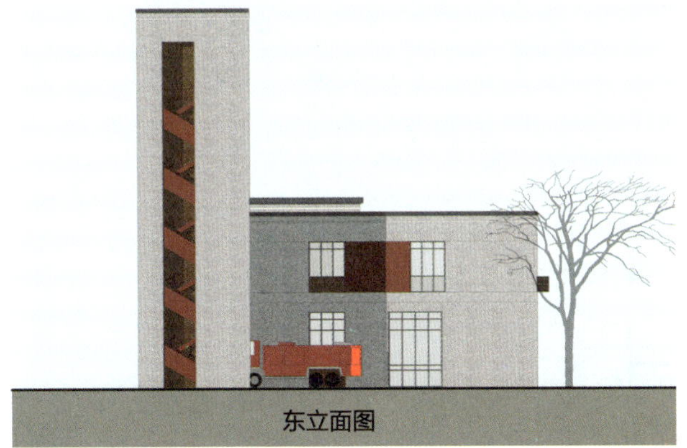

东立面图

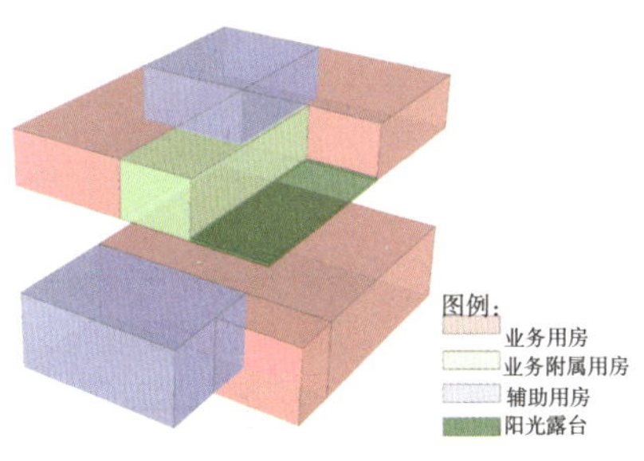


功能分析图

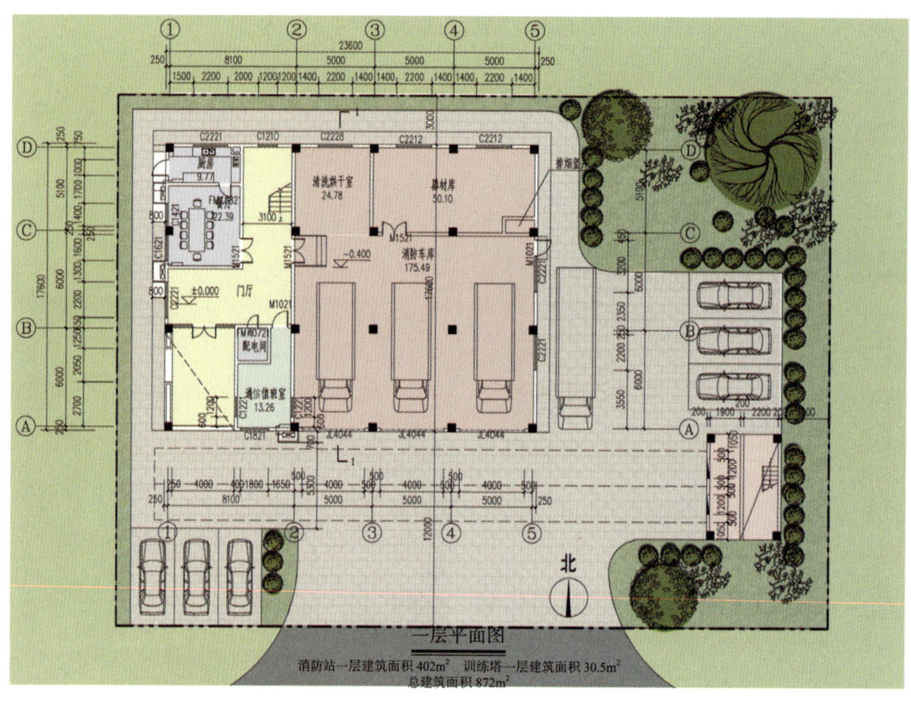


一层平面图

消防站一层建筑面积 402m² 训练塔一层建筑面积 30.5m²
总建筑面积 872m²

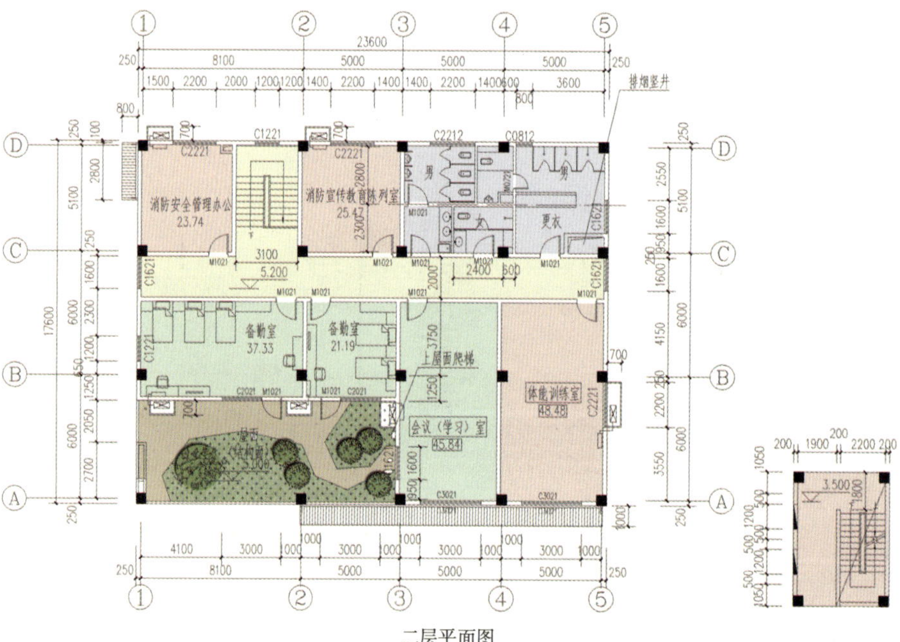


二层平面图

消防站二层建筑面积 350m² 训练塔二层建筑面积 30.5m²
总建筑面积 872m²

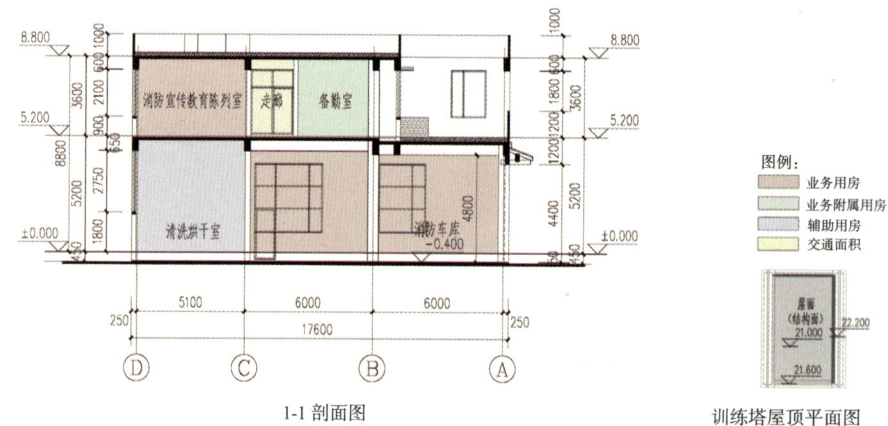


1-1 剖面图

训练塔屋顶平面图

# 现代风格一级乡镇消防队之 1

## 总平规划

建筑主入口设置在用地的南侧，消防车出入口预留出 12m 的退距，方便消防车进出，结合训练场地设置前广场，从而达到节省用地的目的。

## 平面布局

首层的消防车库设置 3 个消防车位，附设器材库；门厅旁设有通信值班室，与车库紧邻。餐厅及厨房设置在东侧，有独立出入口。二层设有学习（会议）室、体能训练室、盥洗室卫生间、浴室和消防员备勤室。一层车库屋顶可作为屋顶花园及晾衣场，通过女儿墙遮挡，既保证建筑形象，又方便乡镇消防队员的日常生活使用。

## 立面设计

本方案提取江南建筑的灰白黑色调，通过现代手法演绎，利用高低变化型体，互相穿插咬合，塑造动感建筑形态，同时引入消防红色搭配其中，结合消防大门主色调，以及消防宣传提示语，体现消防建筑特点，达到建筑功能与形式的有机结合。

## 设计单位：浙江宏正建筑设计有限公司

设计指导：徐奇立、戴锋　　设计人员：李飞

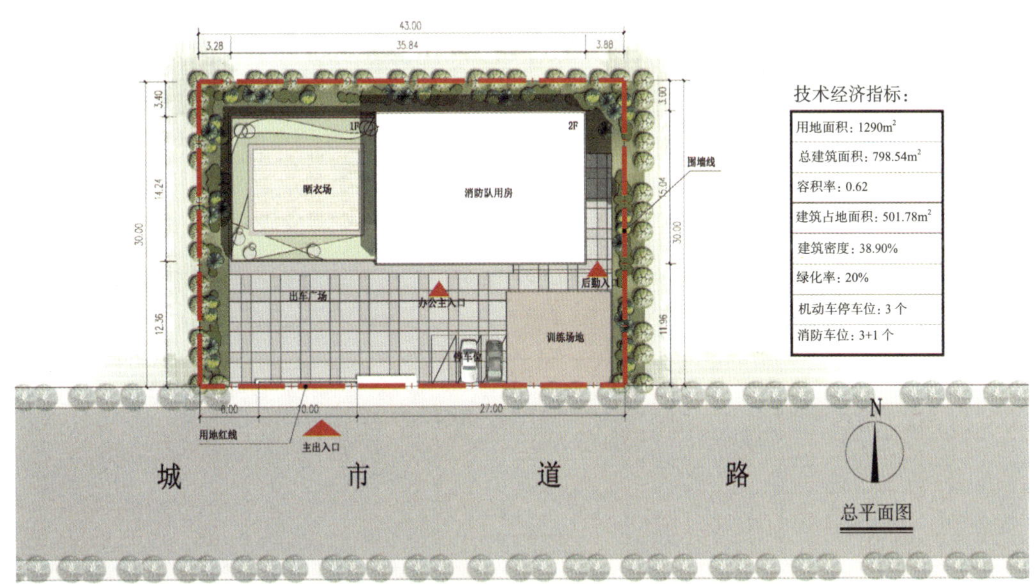


技术经济指标：

| 技术经济指标 |
| --- |
| 用地面积：1290m² |
| 总建筑面积：798.54m² |
| 容积率：0.62 |
| 建筑占地面积：501.78m² |
| 建筑密度：38.90% |
| 绿化率：20% |
| 机动车停车位：3 个 |
| 消防车位：3+1 个 |

总平面图

鸟瞰图

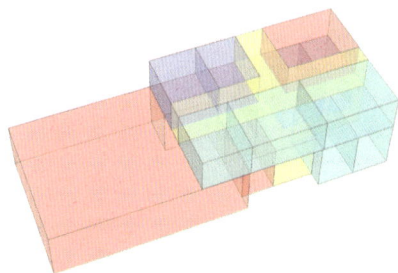

图例：
业务用房
业务附属用房
辅助用房
交通空间

功能分析图

透视图

东立面图

南立面图

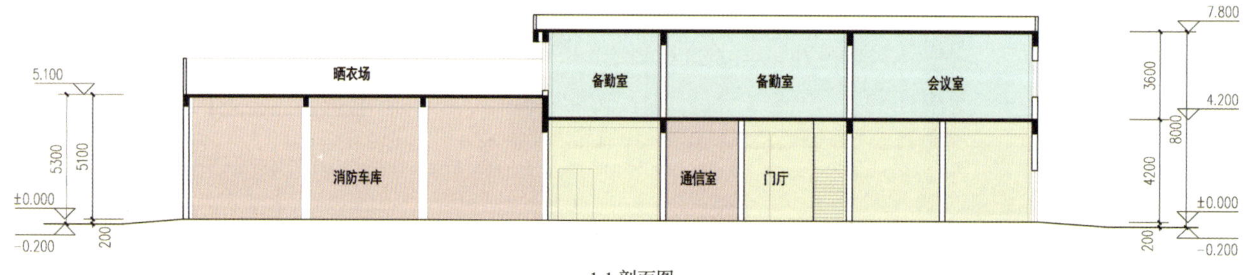


1-1 剖面图

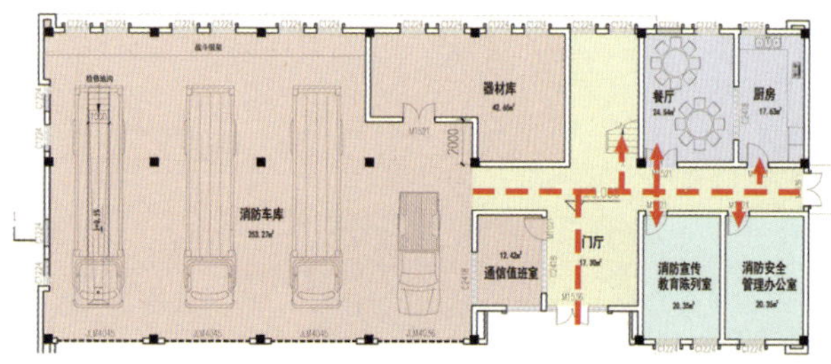


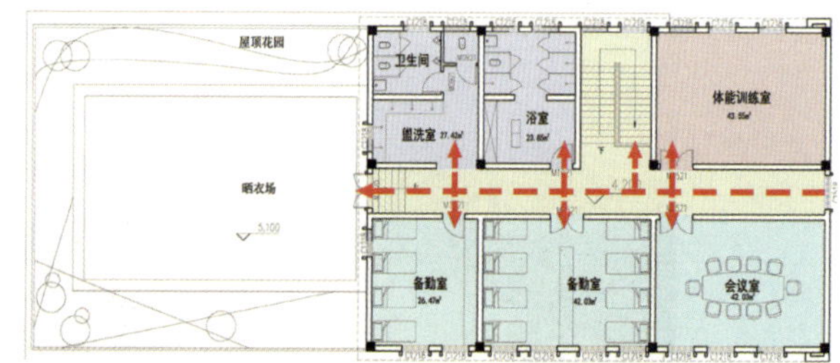


流线分析：首层设有三个消防车位和一个备用车位，车库末端设有器材库，门厅旁设有通信值班室、消防宣传教育陈列室和厨房、餐厅。二层设有会议室、体能训练室和消防员备勤室。

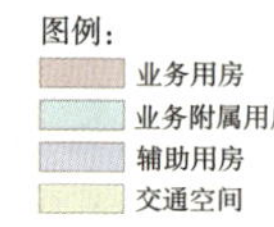

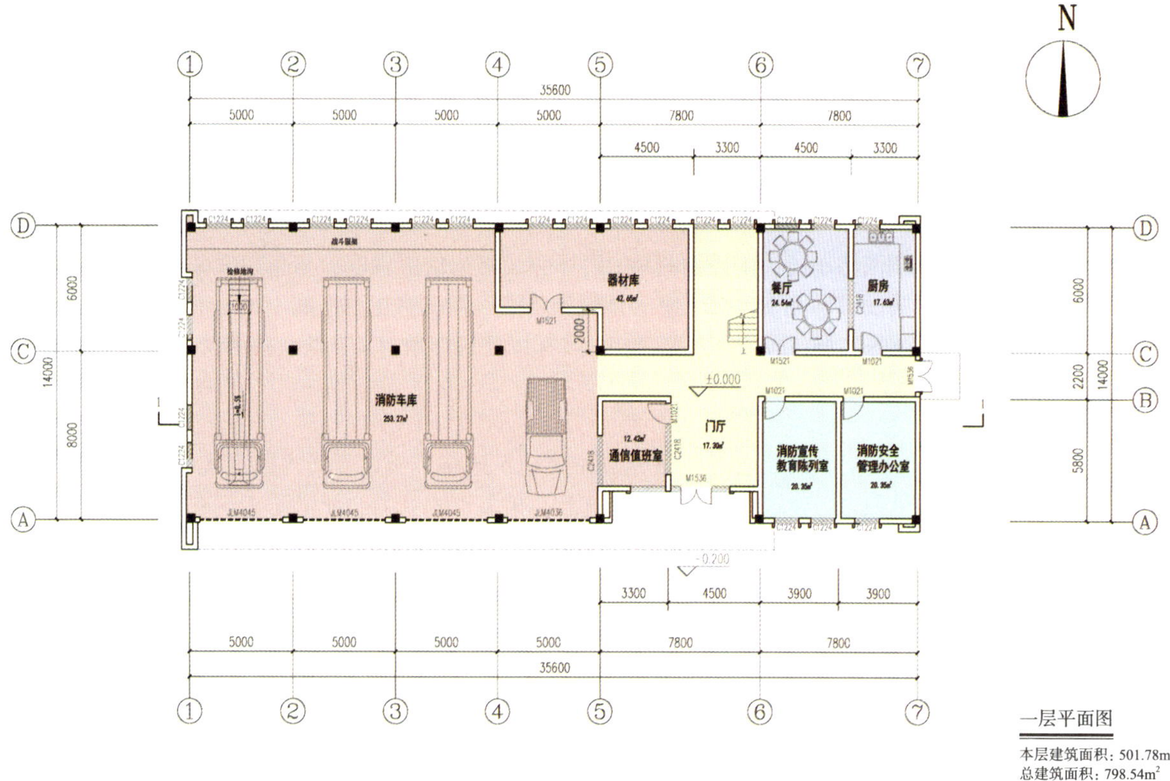


一层平面图

本层建筑面积：501.78m²
总建筑面积：798.54m²

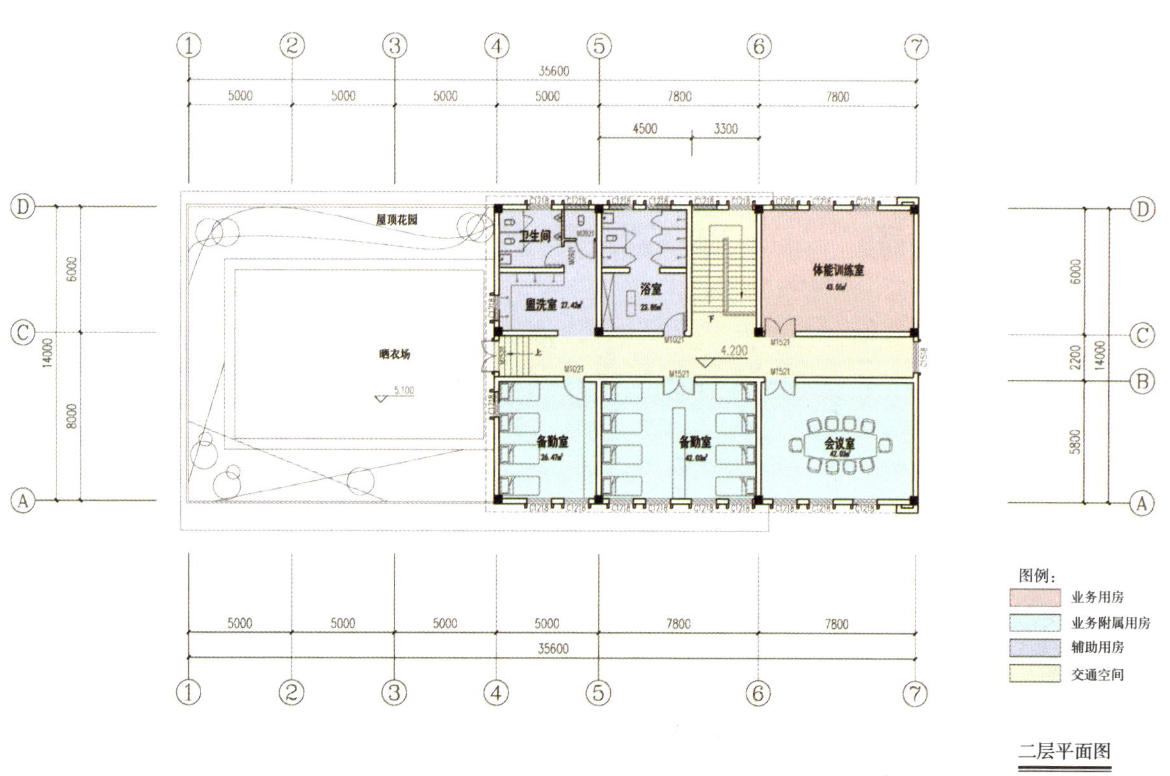


二层平面图

本层建筑面积：296.76m²

# 现代风格一级乡镇消防队之 2

## ■ 总平规划

建筑主入口设置于用地南侧，消防车出入口预留出大于 12m 的退距，方便消防车进出。结合训练场地设置前广场，以有效节省用地。

## ■ 平面布局

首层的消防车库设 3 个消防车位，附设器材库；门厅旁设有通信值班室，与车库紧邻。餐厅及厨房设置在东侧，有独立出入口。二层设有学习（会议）室、体能训练室、盥洗室、卫生间、浴室和消防员备勤室。一层车库屋顶可作为屋顶花园及晾衣场，通过女儿墙遮挡，既保证建筑形象，又方便乡镇消防队员的日常生活使用。

## ■ 立面设计

本方案建筑以灰白为主色，用极简的元素表达新中式建筑风格，通过现代构成手法，辅以消防红色点缀，使建筑形象与使用功能有机融合，建筑整体感觉清新优雅，但又充满张力，使消防建筑有机融入江南文化。

## ■ 设计单位：浙江宏正建筑设计有限公司

设计指导：徐奇立、戴锋　　设计人员：李飞

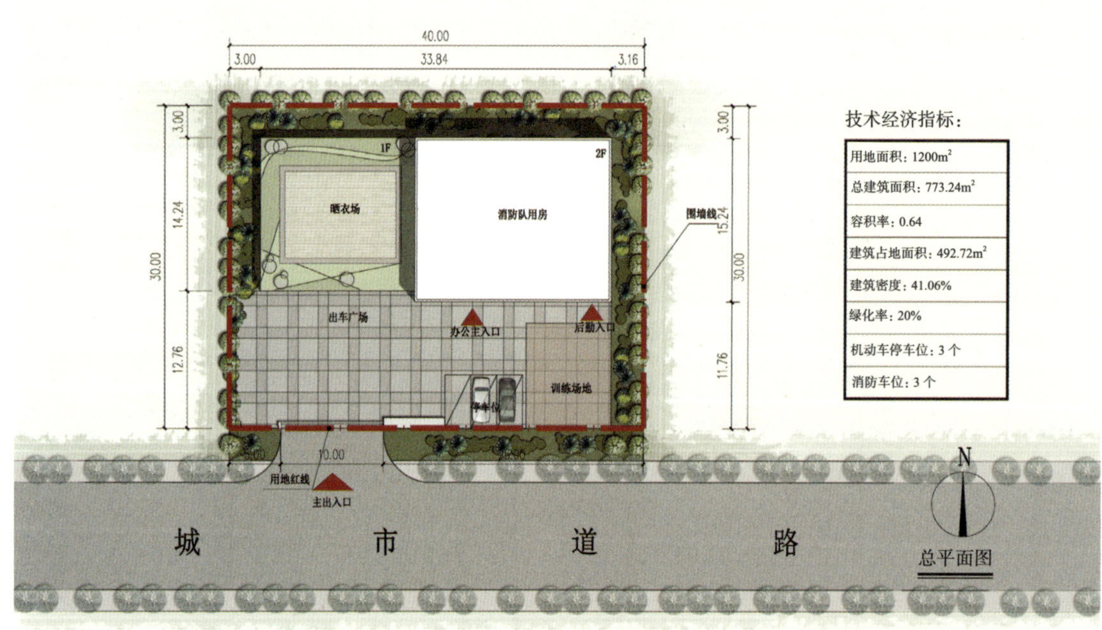


总平面图

鸟瞰图

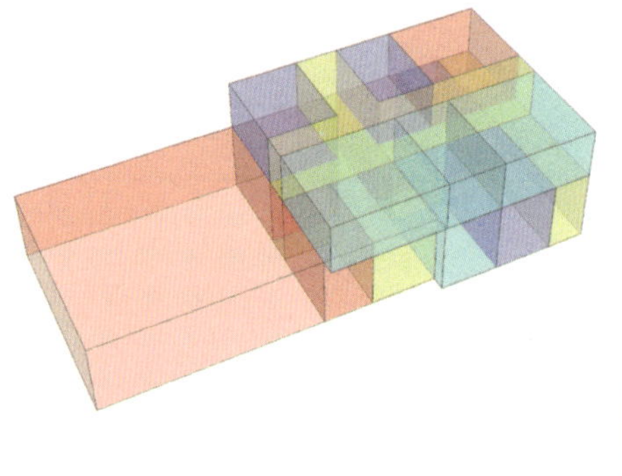


功能分析图

透视图

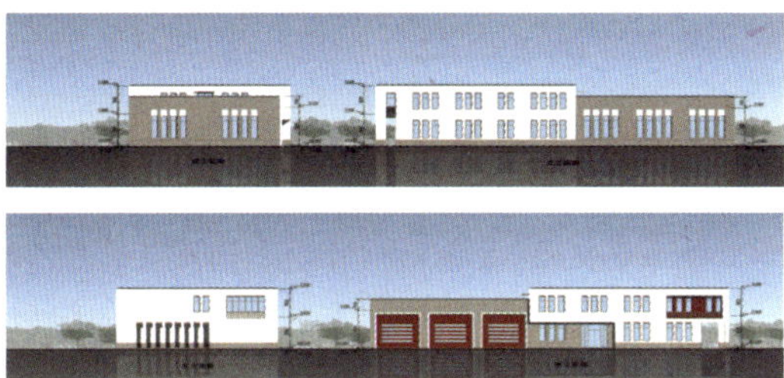

立面图

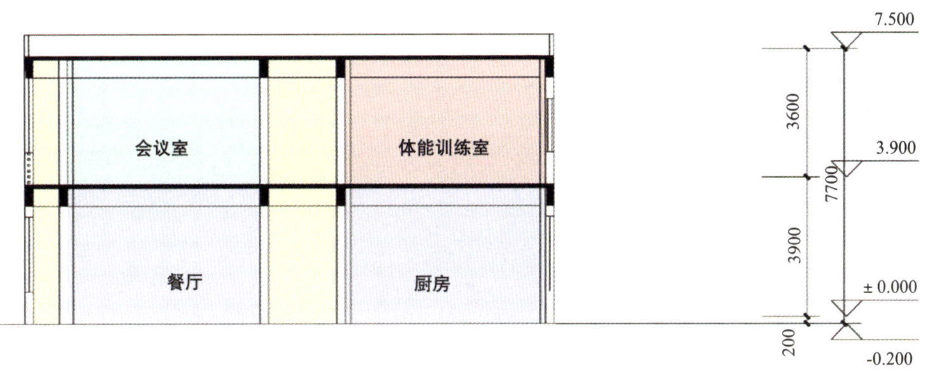


1-1 剖面图

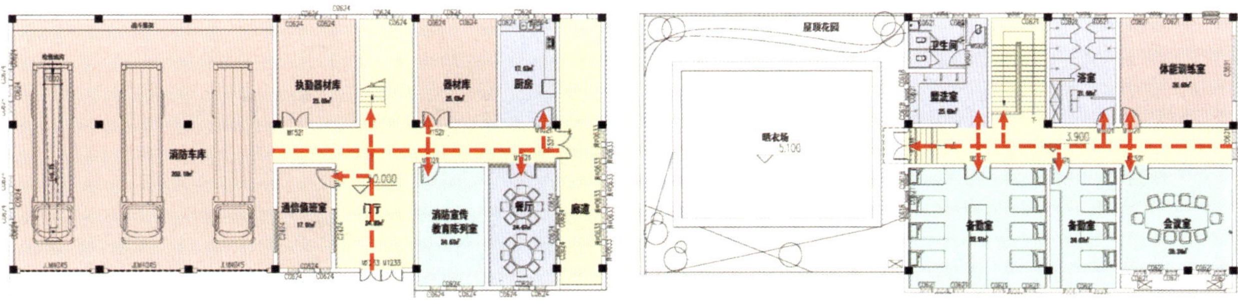

流线分析：首层设有三个消防车位，车库末端设有器材库，门厅旁设有通信值班室、消防宣传教育陈列室和厨房、餐厅。二层设有会议室、体能训练室和消防员备勤室。

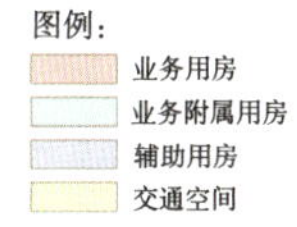

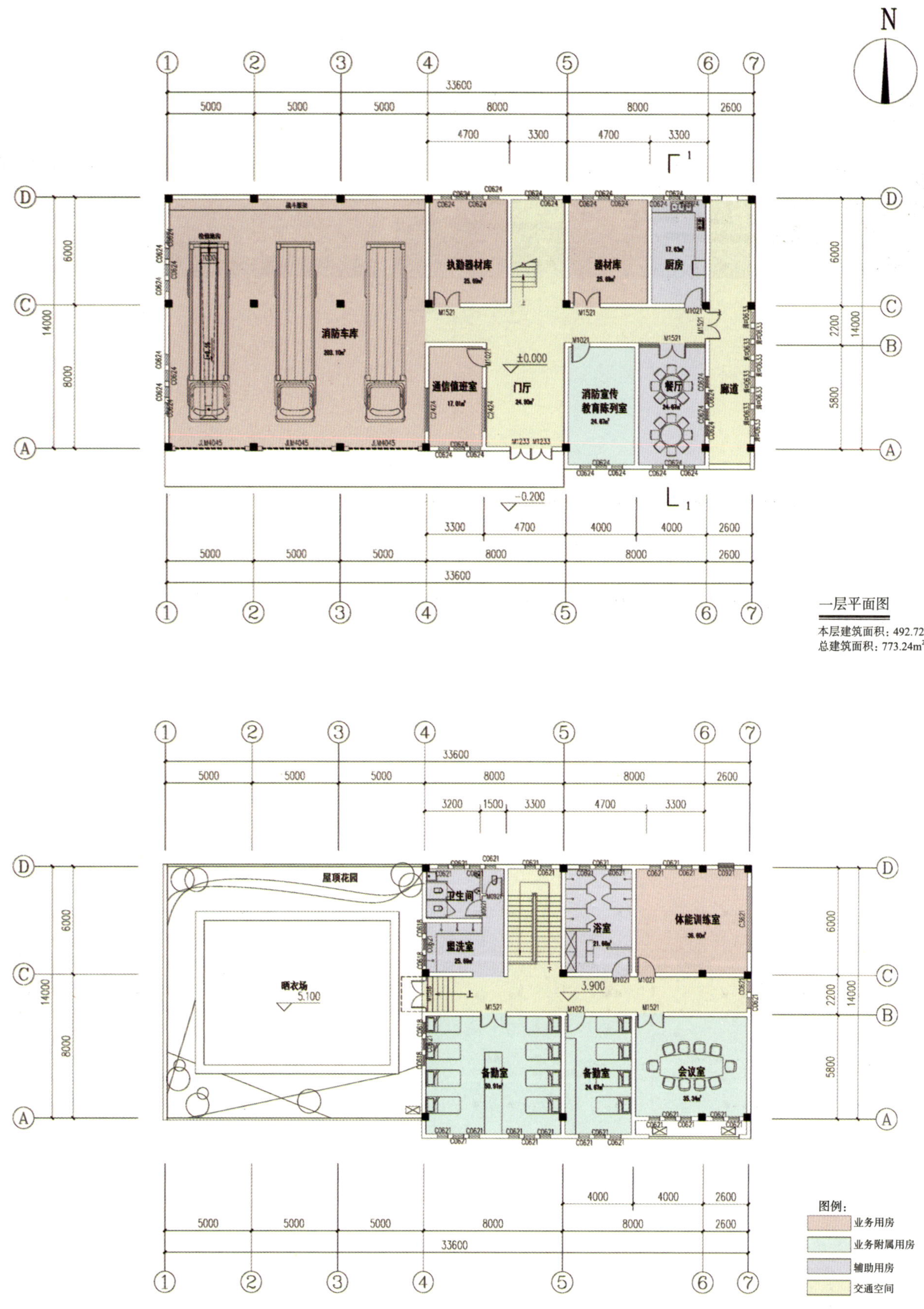


一层平面图

本层建筑面积：492.72$m^2$
总建筑面积：773.24$m^2$

二层平面图

本层建筑面积：280.52$m^2$

# 现代风格一级乡镇消防队之 3

## 总平规划

主出入口布置在道路北侧，区分人员出入口和车辆出入口，消防车出入口留出 12m 的退距，方便消防车出勤。

## 平面布局

根据乡镇消防站的功能要求，合理布置交通流线和采光通风，各功能分区呈线形展开，有效避免了相互干扰。门厅一侧布置消防车库，另一侧则布置会议室、备勤室以及训练用房，流线简洁明确，保证了消防员快速出警。

## 立面设计

建筑体型处理注重体块的穿插处理，虚实结合，互相衬托，塑造出现代化、简洁明快的消防站形象。立面采用玻璃、面砖、涂料等现代建筑材料，以简洁现代的风格为基调，在注重美观大方的同时设计更讲求实用性。建筑局部比例尺度采用现代主义的构成手法，在变化中追求秩序和韵律。建筑色彩采用暖灰色调结合，具有一种亲切的归属感。

## 设计单位：福建省建筑设计研究院有限公司

设计指导：黄春风、黄晓冬　　设计人员：张洁、王彦哲、卢国辉

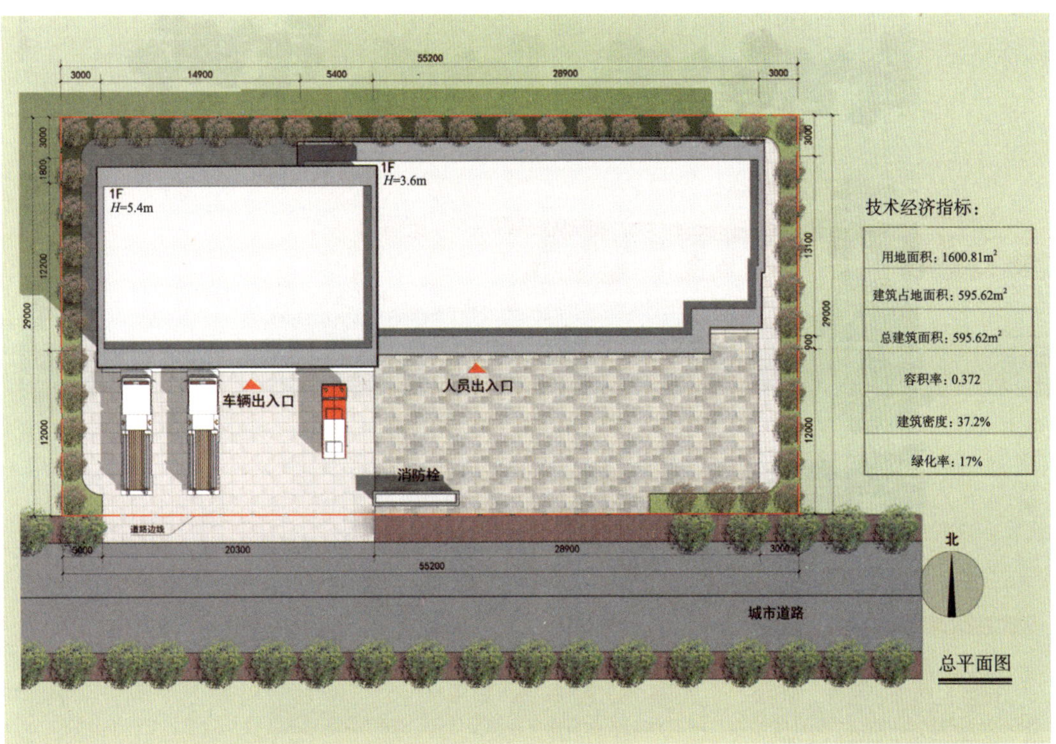


总平面图

鸟瞰图

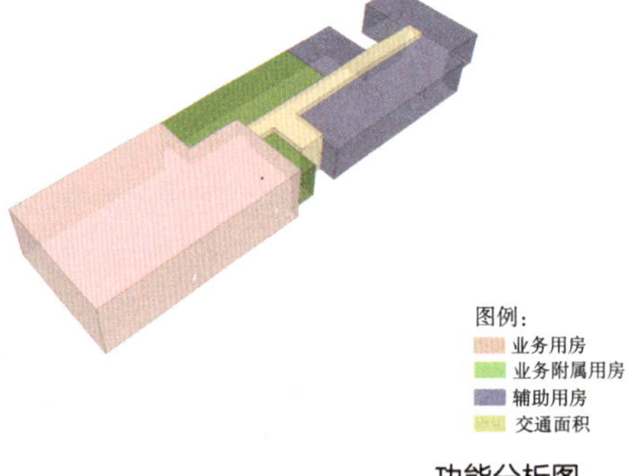


功能分析图

在建筑体型的处理上，注重体块的穿插处理，虚实结合，互相衬托，塑造出一个现代化、简洁明快的消防站形象。

建筑立面采用玻璃、面砖等现代建筑材料，以简洁现代的风格为基调，在注重美观大方的同时设计更讲求实用性。

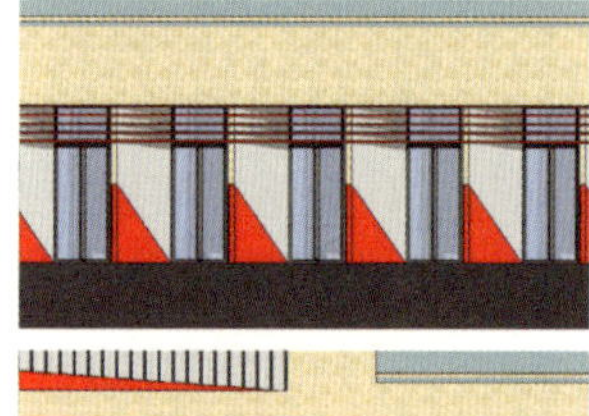

建筑局部比例尺度都采用现代主义的构成手法，在变化中追求秩序和韵律。

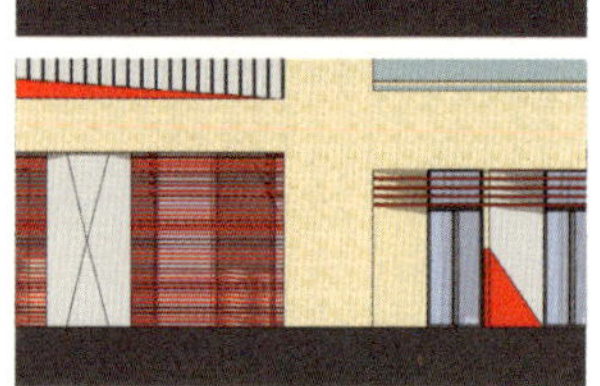

建筑色彩采用暖灰色调结合，具有一种亲切的归属感。

设计理念分析

透视图

南立面图

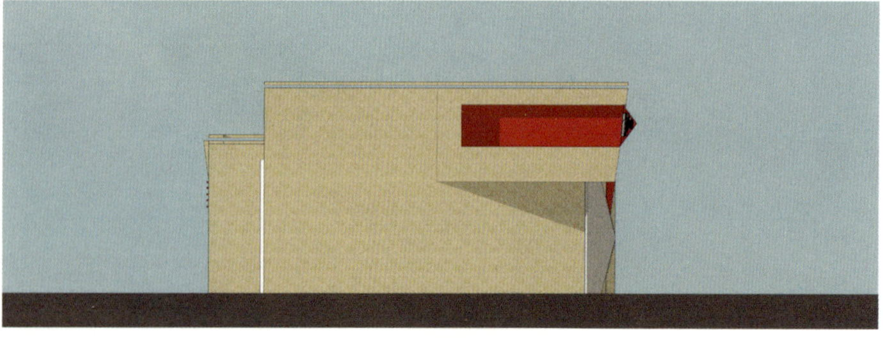

东立面图

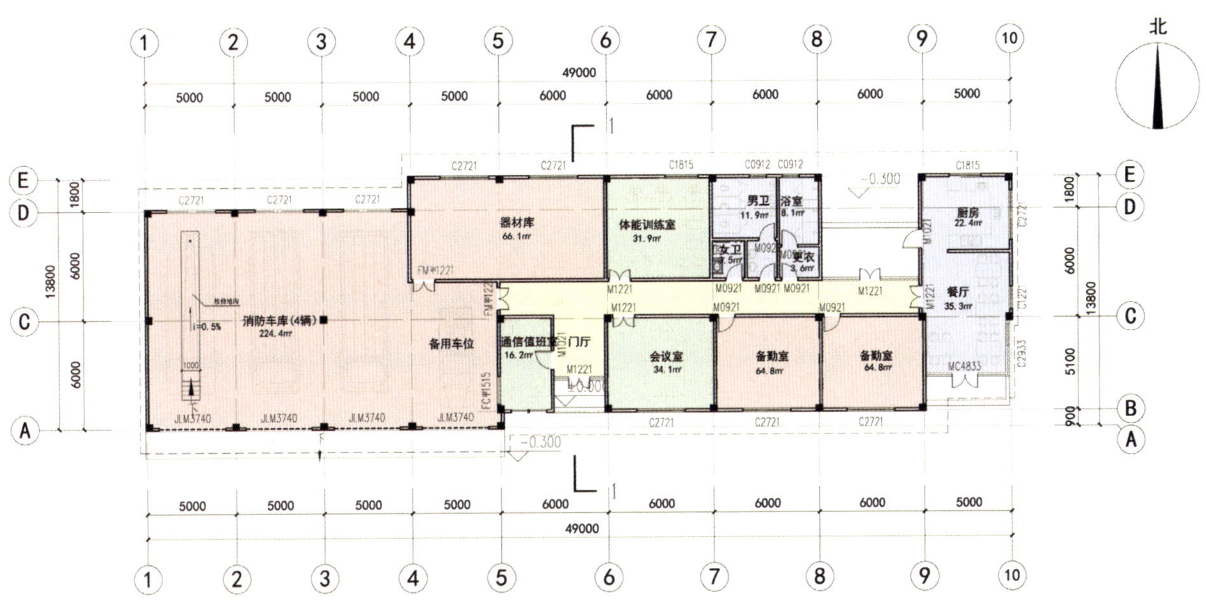

一层平面图

本层建筑面积：594.50m²

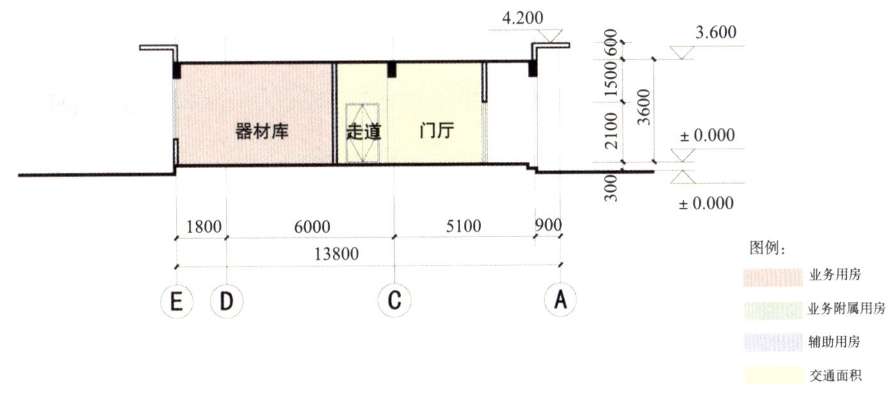

图例：

业务用房

业务附属用房

辅助用房

交通面积

1-1 剖面图

# 现代风格一级乡镇消防队之 4

## ■ 总平规划

主入口设置于基地北侧，消防车库平行于北侧城市道路布置且预留出 12m 的距离，方便进出。建筑偏向一侧，留出集中的训练场地，方便日常训练和进行相关活动，训练塔结合训练场地设置在消防站的南侧。

## ■ 平面布局

将消防车库、通信值班、门厅、厨房餐厅等各个部分紧密地布置在一层空间，功能流线畅通，保证了队员出勤的高效和便捷。人员出入口设置在建筑东侧，通过门厅组织各类人流。消防宣传展室和消防安全管理办公室放在一层对外，便于外来人员进出。二层主要设置日常训练用房和生活辅助用房。

## ■ 立面设计

建筑立面设计注重虚实结合，采用青砖与玻璃结合，既端庄大方，又灵巧精致，体形低稳并向两边伸长，以最简单的线形设计最大程度地便于消防员快速出警。建筑正立面采用双层百叶，达到很好的遮阳效果。加入消防功能建筑的红色元素，建筑整体造型简约、现代、富有动感，更能体现消防站建筑的力量感和速度感。

## ■ 设计单位：福建省建筑设计研究院有限公司

设计指导：黄晓冬　　设计人员：陈丰、李智杰

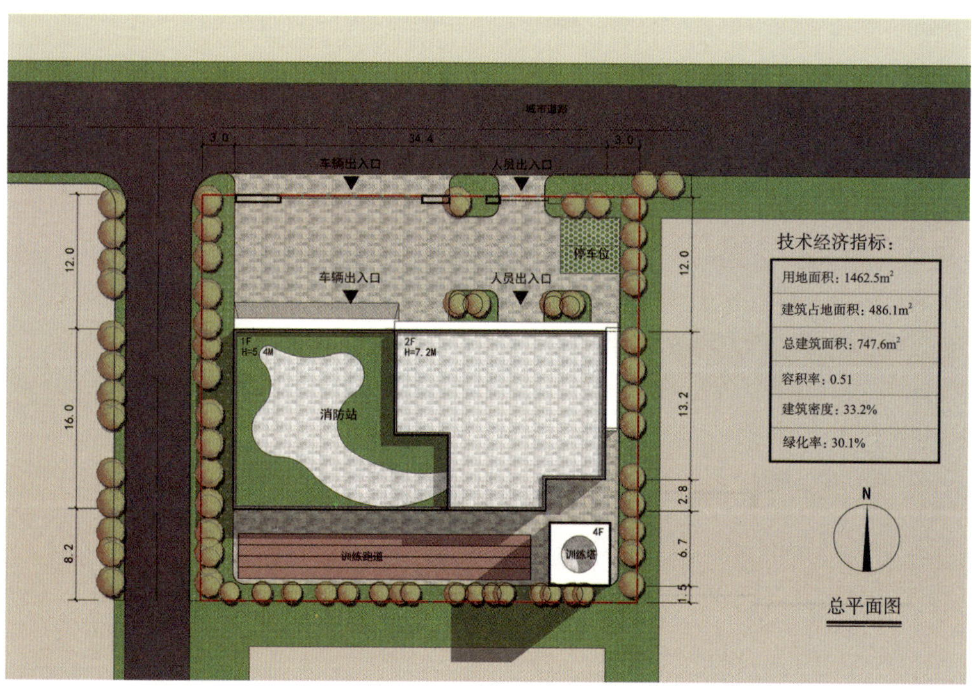


总平面图

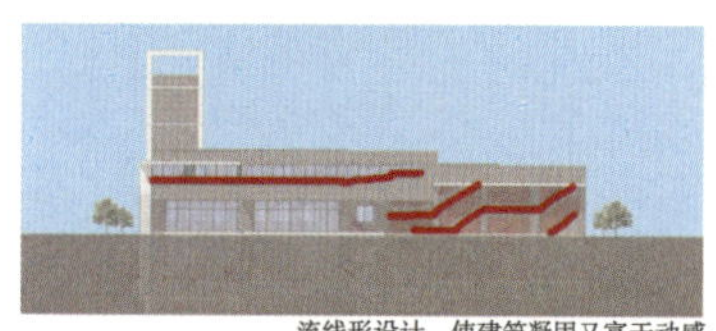

流线形设计，使建筑凝固又富于动感

加入红色的消防元素，体现建筑的功能特征

设计理念分析

功能分析图

鸟瞰图

透视图

北立面图　　东立面图

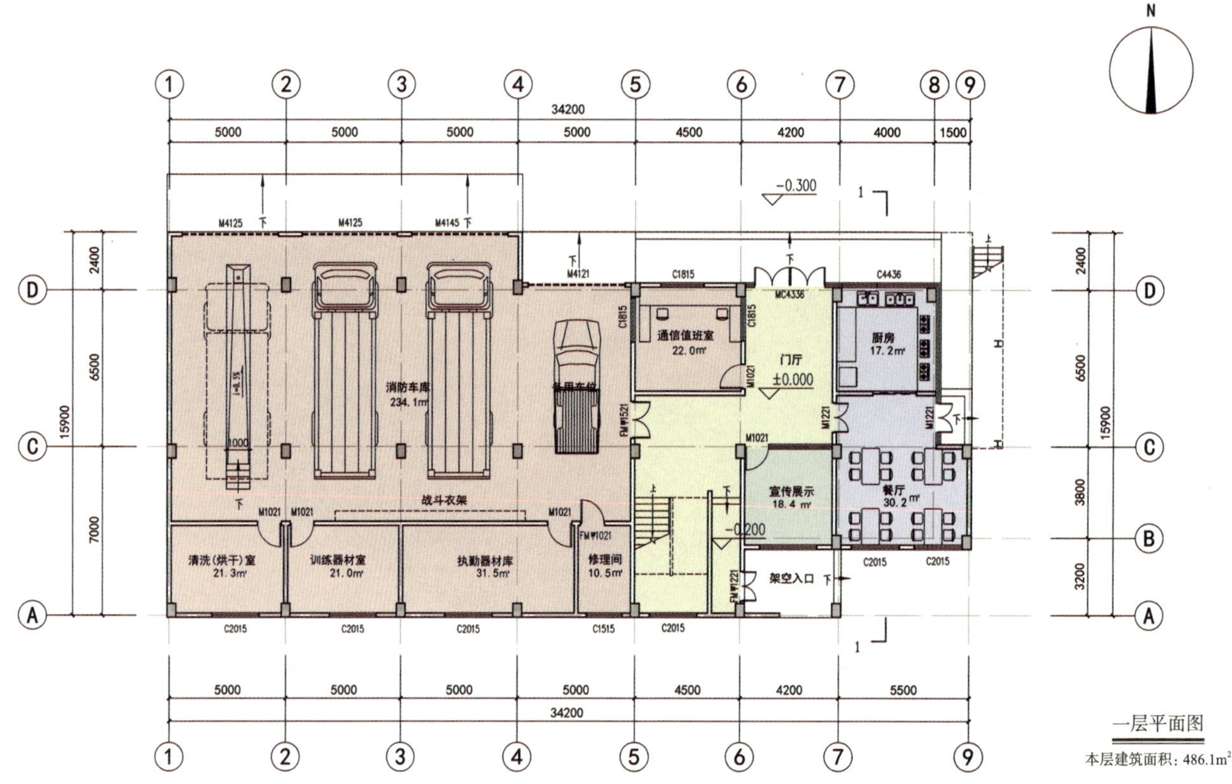


一层平面图

本层建筑面积：486.1m$^2$

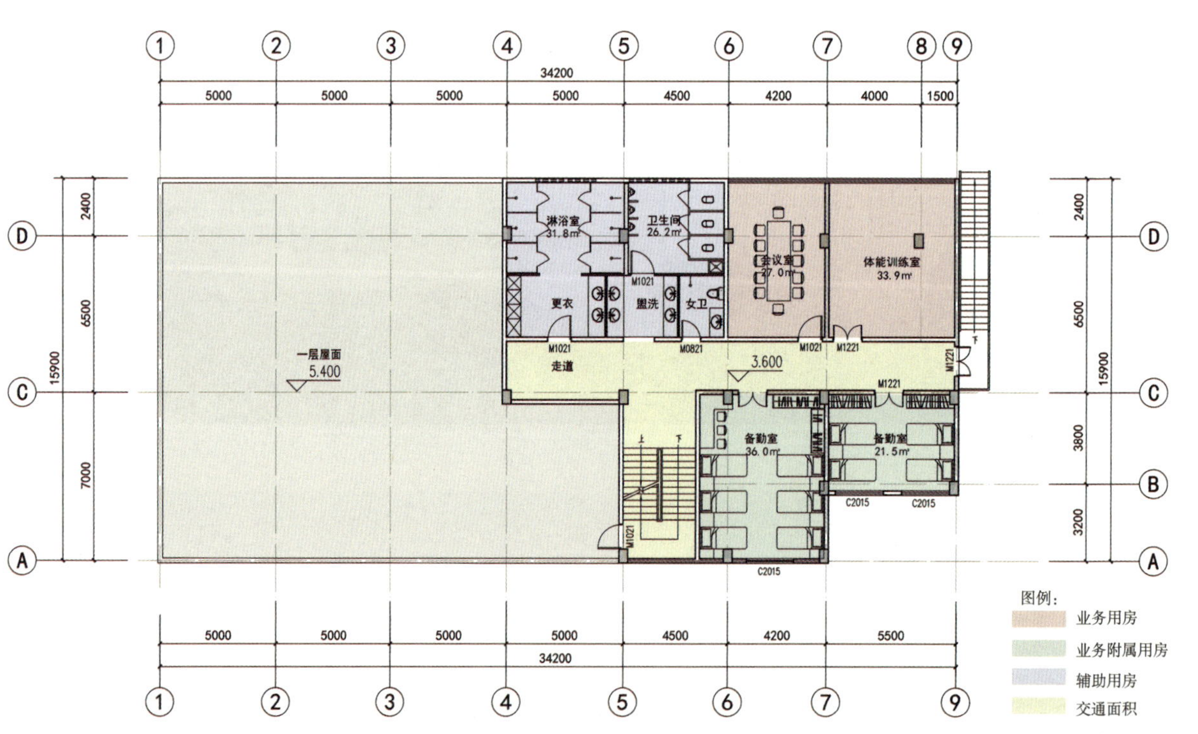


二层平面图

本层建筑面积：261.5m$^2$

# 现代风格一级乡镇消防队之 5

## ■ 总平规划

入口毗邻城市道路，位于北侧，分设人员出入口和车辆出入口。消防站位于用地中部，呈一字型布置，西侧布置长轴南北向的篮球场，南侧布置 40m 的训练跑道，跑道尽端设有训练塔。人员出入口设置在建筑西侧，消防车出入口布置在建筑东侧，入口前预留进深大于 12m 的广场内院，满足方便消防车进出的要求。

## ■ 平面布局

车辆、人员出入口分开布置，人员出入口设置在建筑西北侧毗邻门厅，通过门厅、楼梯组织人流；消防车出入口设置在建筑西南侧。消防车库、通信值班、器材库、清洗（烘干）室、修理间、餐厅、厨房等功能紧凑布置在一层，保证了消防队员出勤的高效和便捷。消防安全管理办公室设置在一层毗邻门厅处，便于外来人员进出；二层设置了消防员备勤室、体能训练室、会议（学习）室及辅助用房。

## ■ 立面设计

建筑立面设计以现代建筑语言解构地域建筑，以黔西地域特点鲜明的屯堡建筑为参照，通过对屯堡建筑富有特色的石墙、塔楼、石头窗等的提取加工，融合极简现代主义建筑风格的水平长窗和白色墙体、钢和玻璃的建筑肌理，表现出现代乡镇消防功能建筑的时代感和地域特色。

## ■ 设计单位：贵州省建筑设计研究院有限责任公司

设计指导：程鹏、张媛　　设计人员：孙明恩、刁兴慧、杨亮亮、肖戎、郑远莹

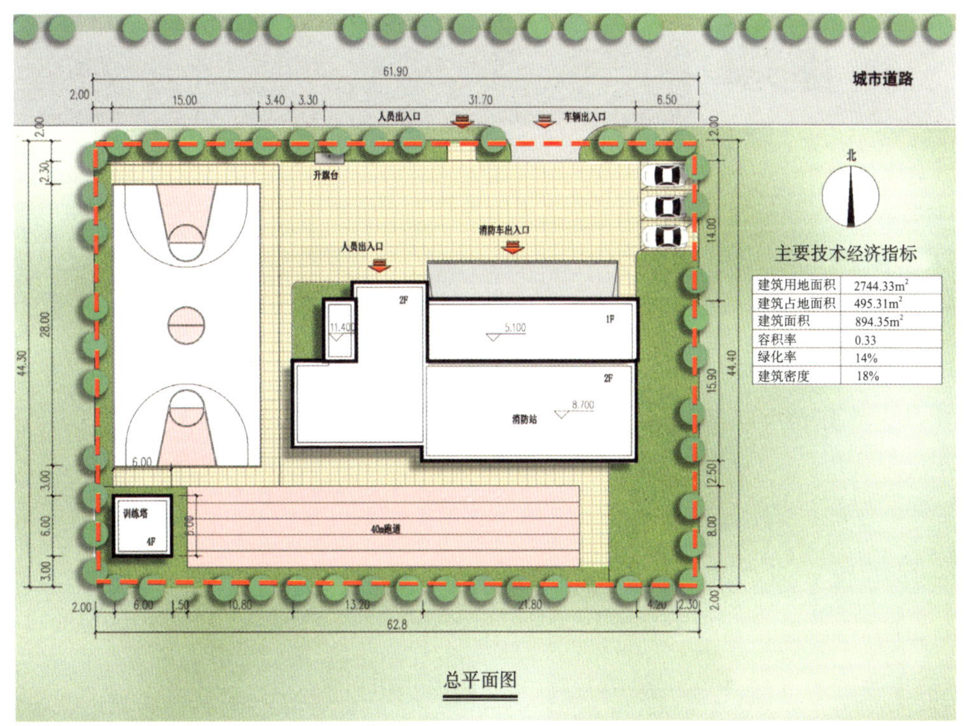

总平面图

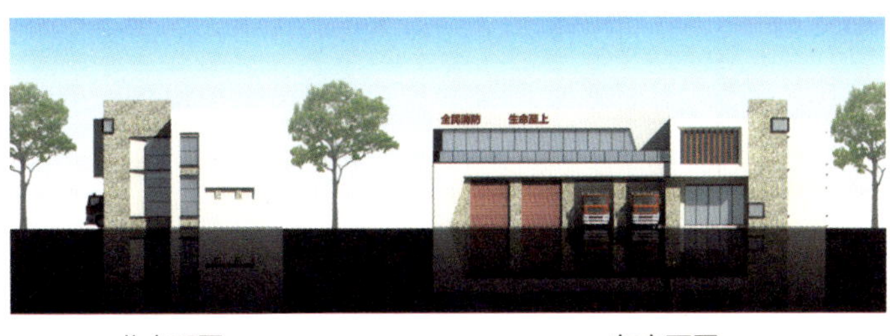
北立面图　　东立面图

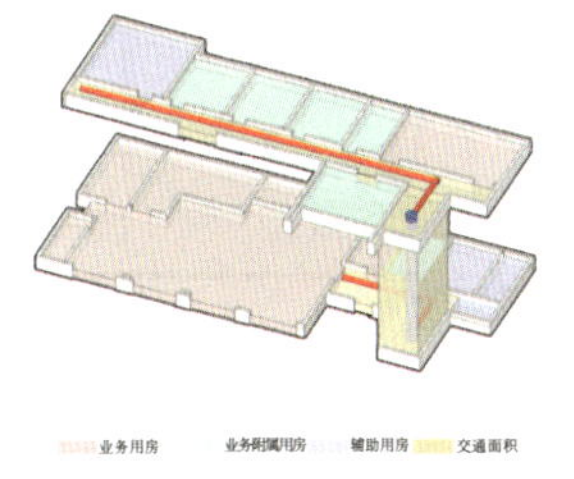
功能分析图

鸟瞰图

透视图

以现代建筑的语言解构地域建筑

贵州黔西屯堡建筑

带形长窗、白色墙体、钢和玻璃构成了极简的现代主义建筑肌理。

使用本土石材，传统石墙工艺，使建筑具有鲜明的地域特色。

仿木竖向遮阳构件，呼应传统木质花窗。

建筑形体简洁、舒展，倾斜的构图关系呼应当地连绵起伏的山峰，使建筑形体更具动感。

设计理念分析

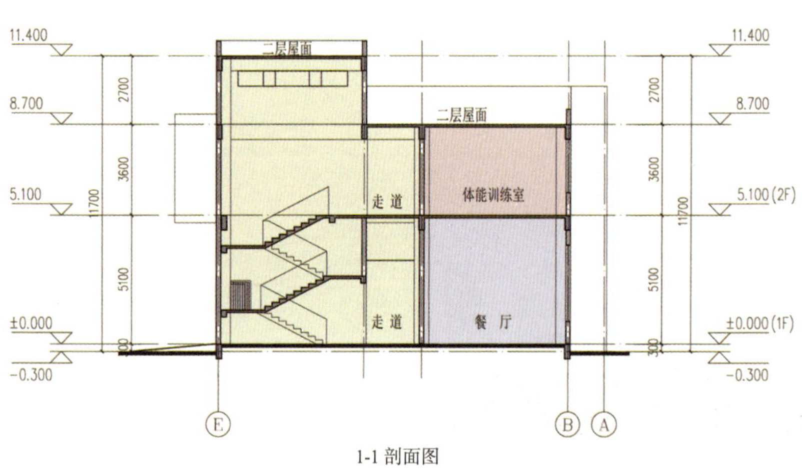


1-1 剖面图

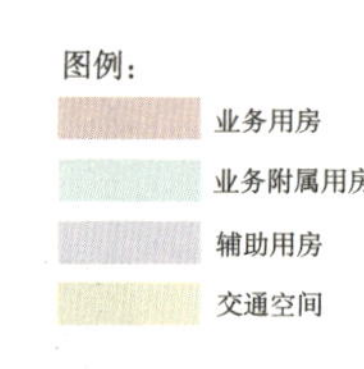

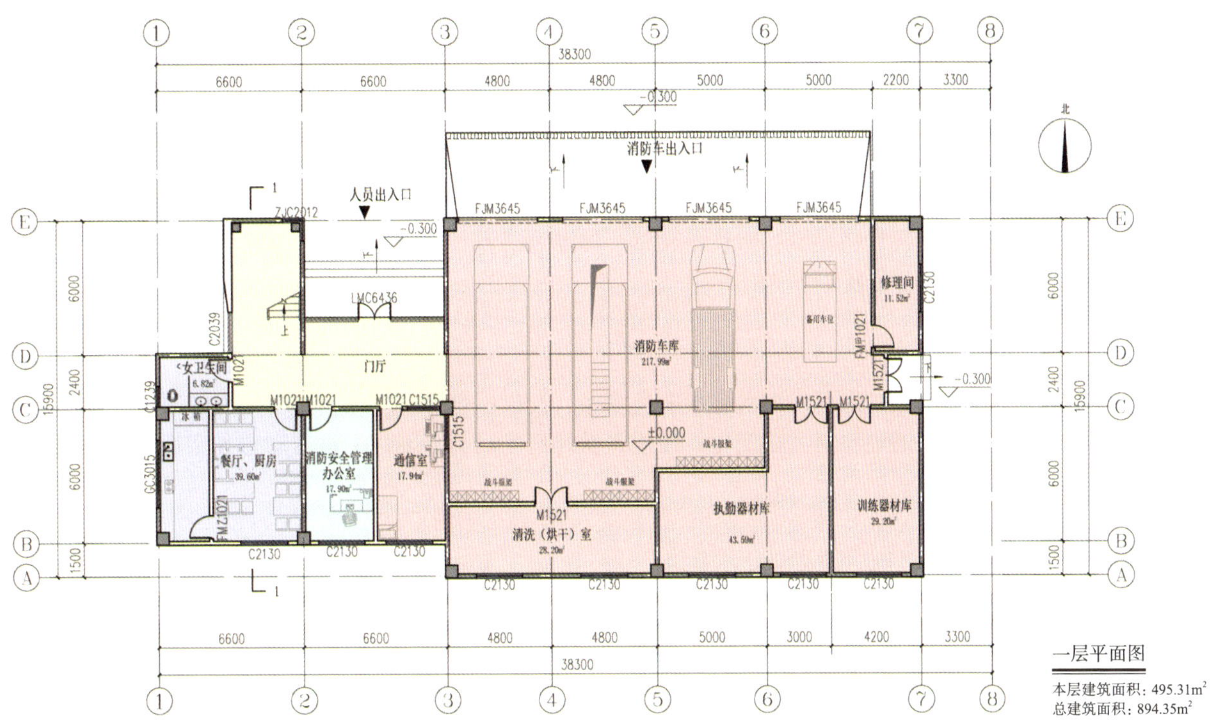


一层平面图

本层建筑面积：495.31m²
总建筑面积：894.35m²

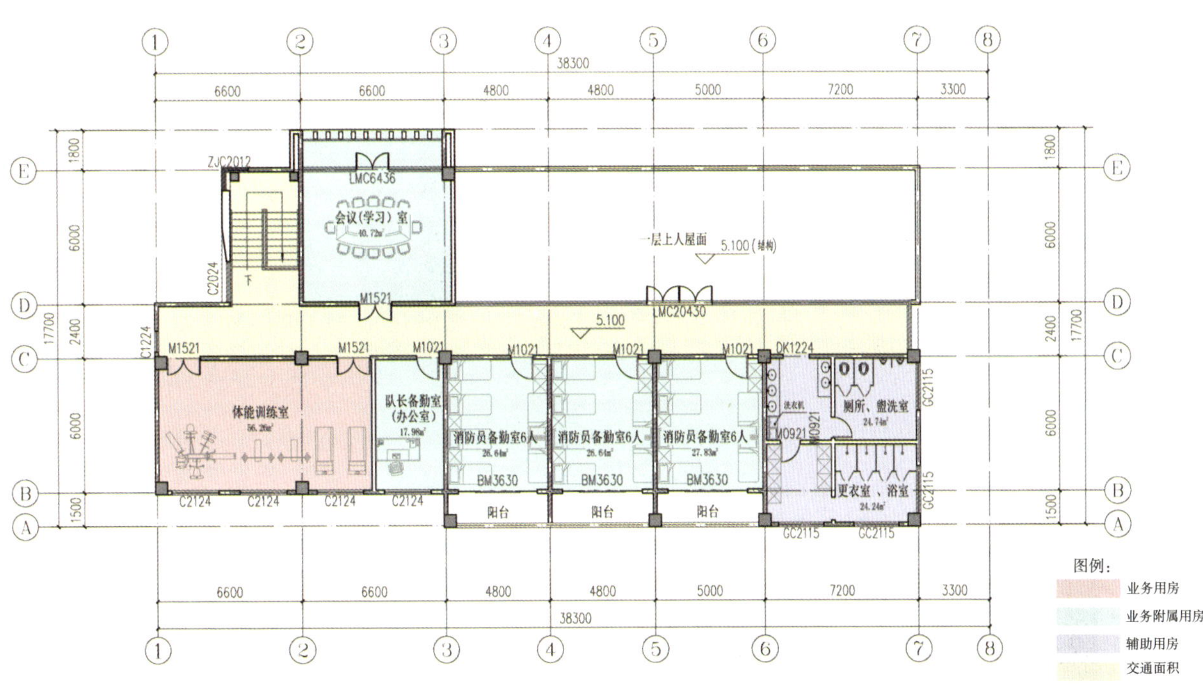


二层平面图

本层建筑面积：399.04m²
总建筑面积：894.35m²

# 现代风格一级乡镇消防队之 6

## ■ 总平规划

主入口设于南侧的主干路，建筑距主干路留出 12m 的距离，方便消防车出入。东西两侧距红线各留出 3m 距离，北侧设置跑道、训练场地和训练塔。

## ■ 平面布局

将消防车库、通信值班室、会议室、消防安全管理办公室、消防宣传教育陈列室、厨房、餐厅等对外联系紧密的房间布置在一层。二层设置备勤室、队长备勤室、体能训练室、更衣、淋浴等日常训练和生活用房，与一层的工作空间分开，避免相互干扰。

## ■ 立面设计

建筑立面设计以功能为基础，采用仿清水砖墙暖色涂料，配以白色涂料对比，突出体块的对比变化。外立面简约，减少不必要的装饰，通过窗格大小变化，使建筑整体造型简约、现代、富有动感和亲切感，更能体现消防站建筑的力量感和速度感。

## ■ 设计单位：吉林省长春工程学院建筑与设计学院

设计指导：王丽颖　　设计人员：马明昌、曹家玮

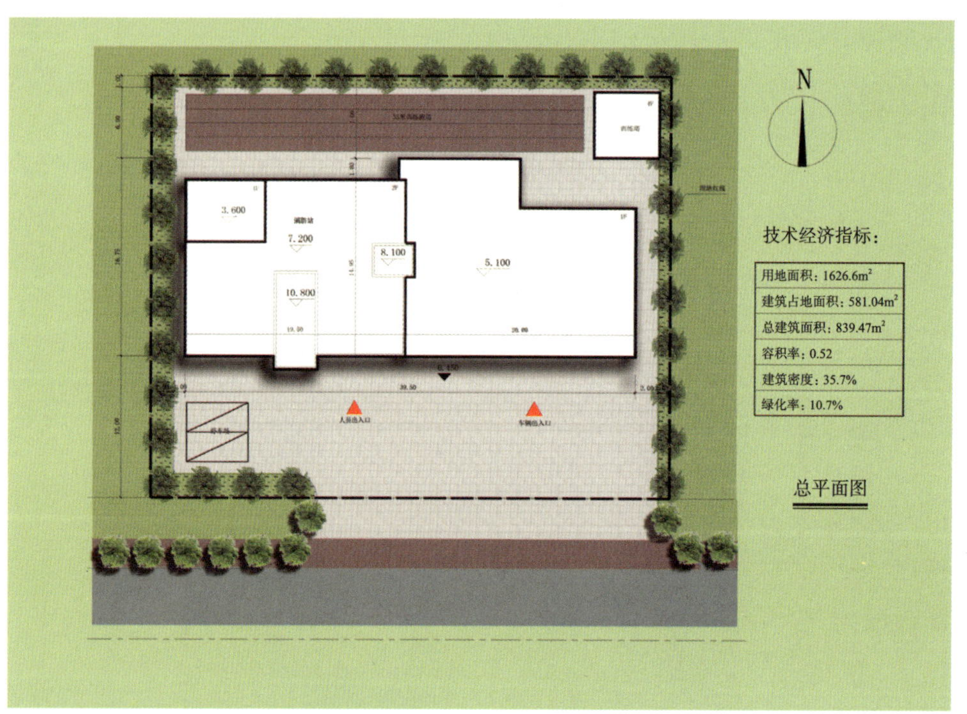


总平面图

鸟瞰图

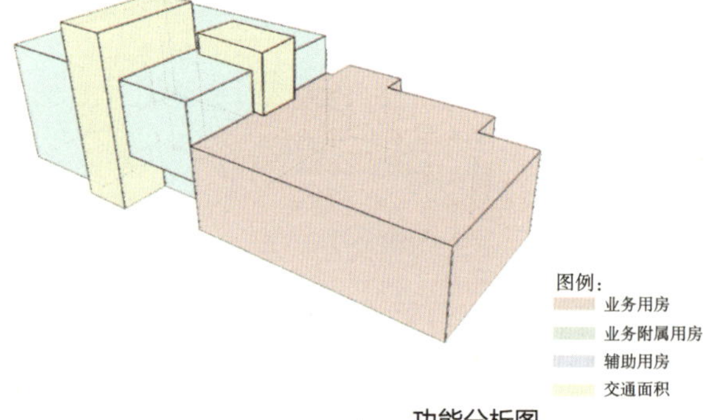


功能分析图

透视图

立面图

立面图

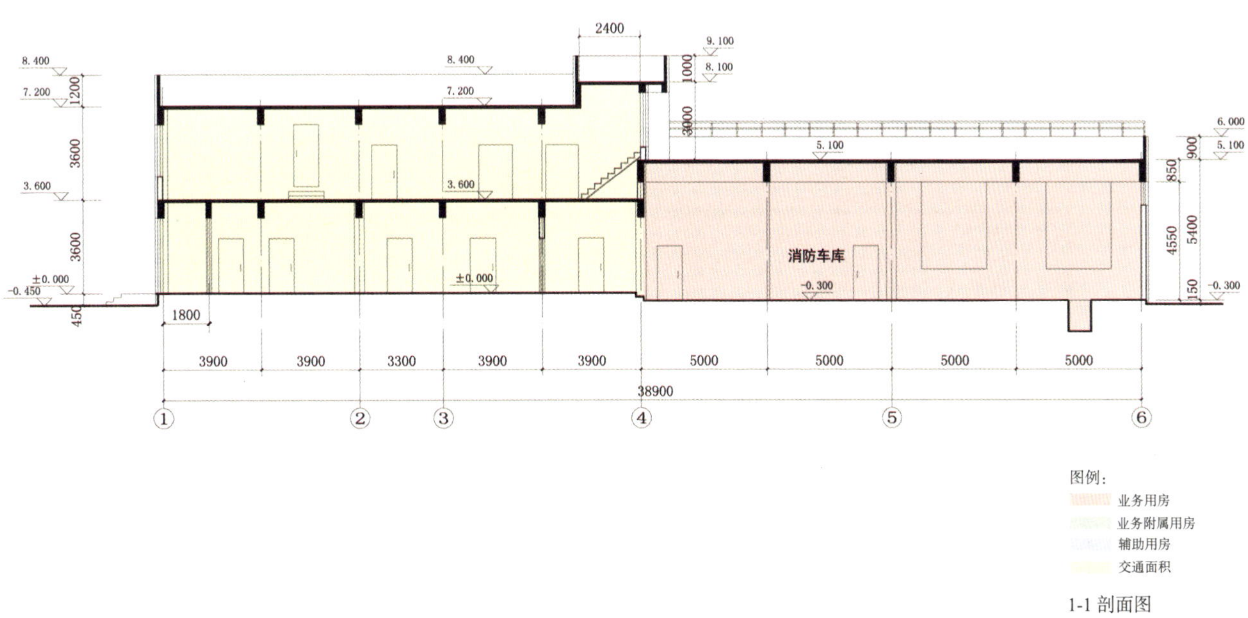


1-1 剖面图

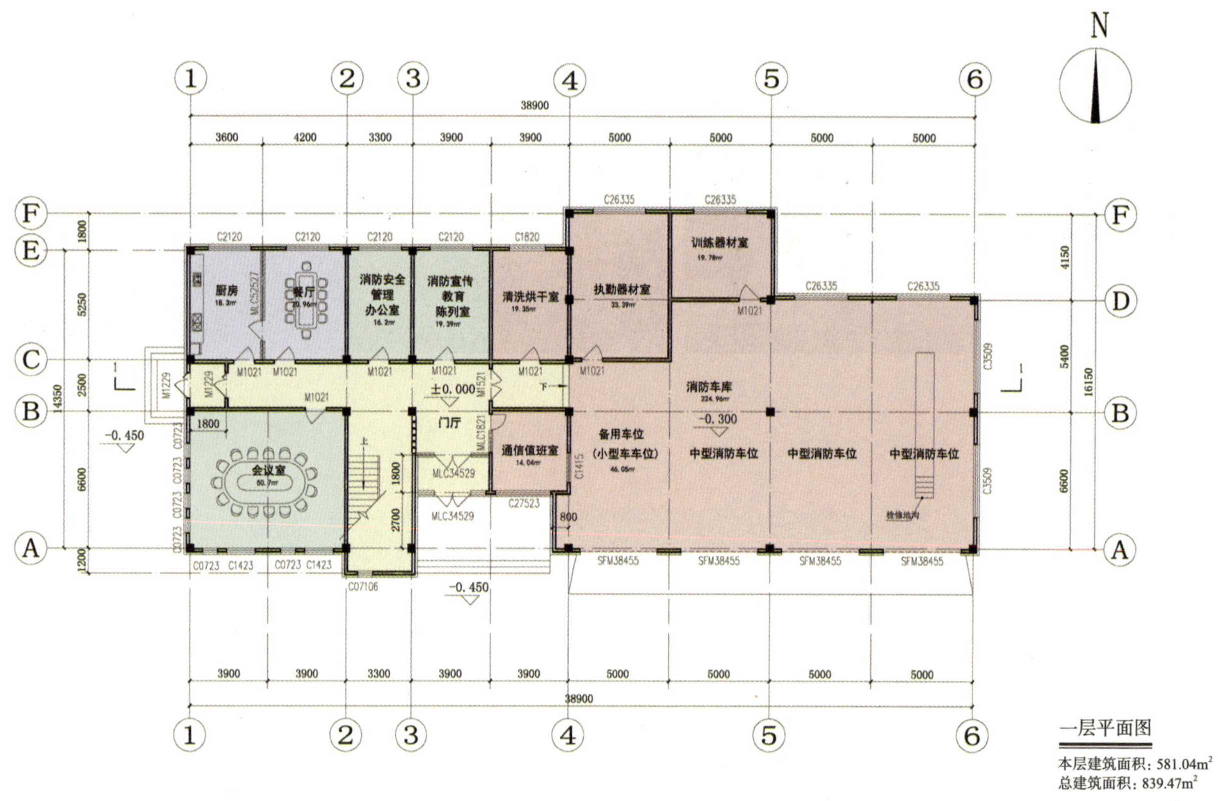


一层平面图

本层建筑面积：581.04m²
总建筑面积：839.47m²

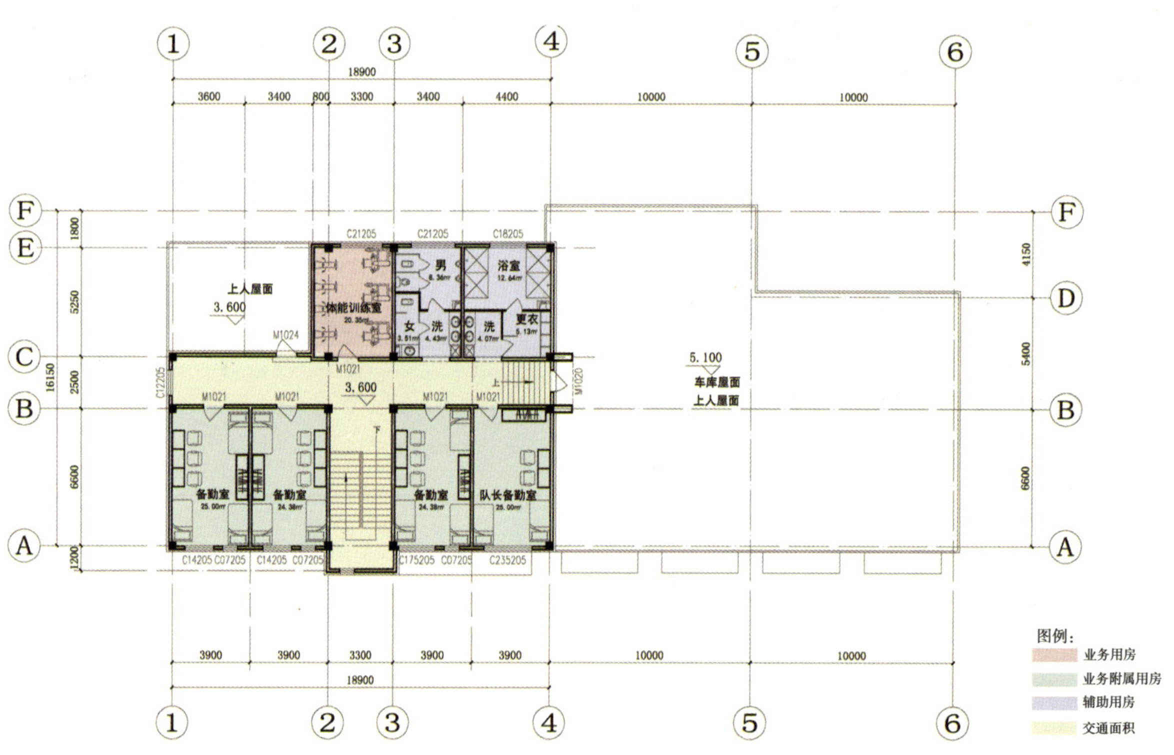


图例：
业务用房
业务附属用房
辅助用房
交通面积

二层平面图

本层建筑面积：258.43m²

# 现代风格一级乡镇消防队之 7

## ■ 总平规划

入口设置在用地北侧，分设消防车出入口和人员出入口，预留 14m 的退距，方便消防车进出。建筑偏向用地的东南侧，留出集中的训练场地，方便日常训练和进行其他活动，训练塔结合训练场地设置在跑道尽端。外来车辆停车场设置于建筑西侧，方便车辆进出和管理。

## ■ 平面布局

将消防车库与办公、休息空间平行布置，分别设置单独的出入口。公共空间与私密空间分区明确，互不干扰，提高了工作效率和舒适度。各功能房间紧凑布置，确保消防员接警后及时到达车库。厨房单独入口，将消防人员出行与后勤人员出行有效的分开。

## ■ 立面设计

建筑立面设计提取河北传统民居中红砖、白墙等典型元素，结合现代设计理念进行设计，局部加入消防标识“119”，突显建筑的消防属性。建筑整体造型简约、现代、亲切，体现消防建筑快速、振奋的形象。

## ■ 设计单位：河北建筑设计研究院有限责任公司

设计指导：张震　　设计人员：粟一晟、庄天爽、李广、张天翔

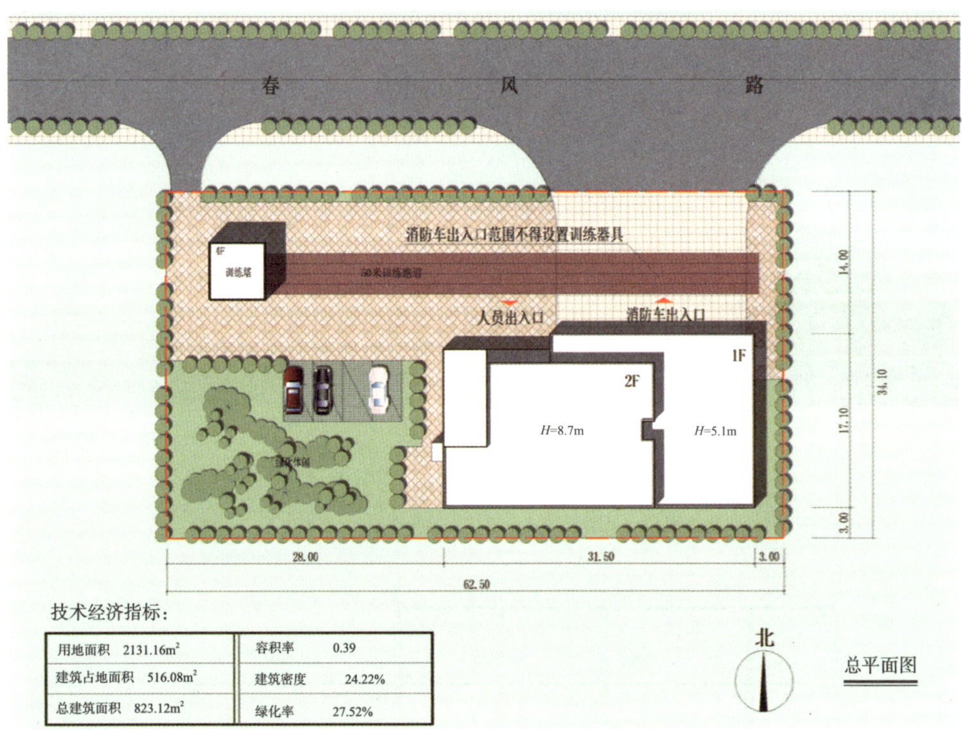


技术经济指标：

| | | | |
|---|---|---|---|
| 用地面积 | 2131.16m² | 容积率 | 0.39 |
| 建筑占地面积 | 516.08m² | 建筑密度 | 24.22% |
| 总建筑面积 | 823.12m² | 绿化率 | 27.52% |

总平面图

鸟瞰图　　功能分析图

透视图

北立面图

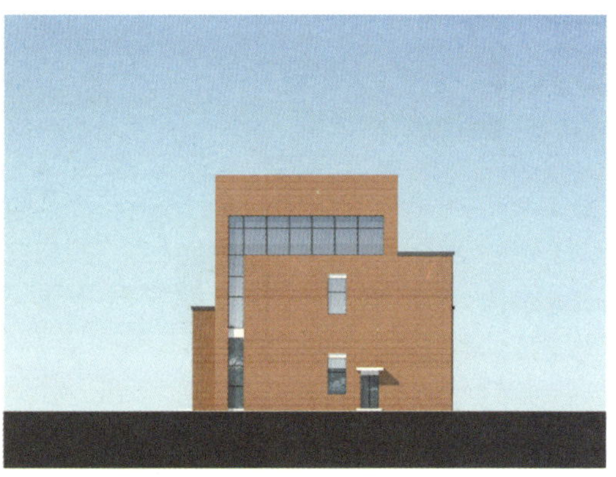

西立面图

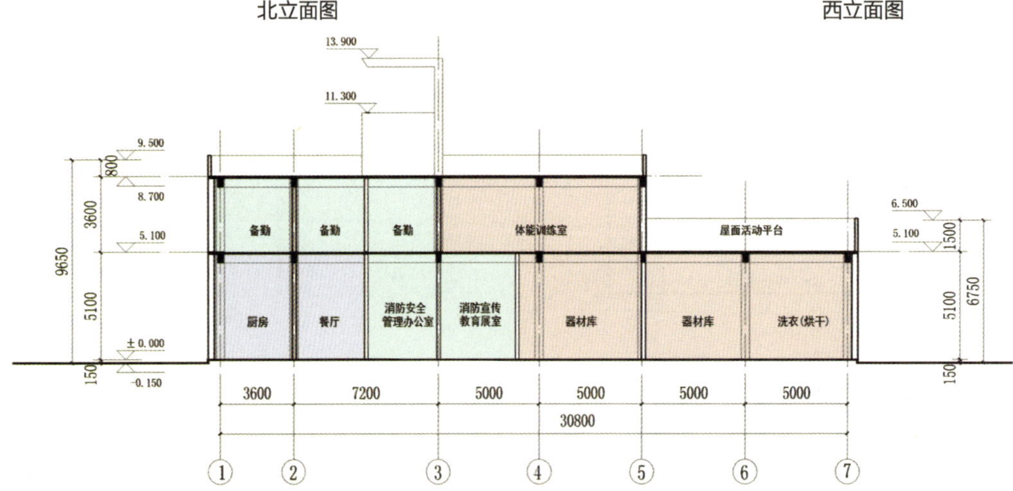


图例：
业务用房
业务附属用房
辅助用房

1-1 剖面图

一层平面图

本层建筑面积：516.08m²

总建筑面积：823.12m²

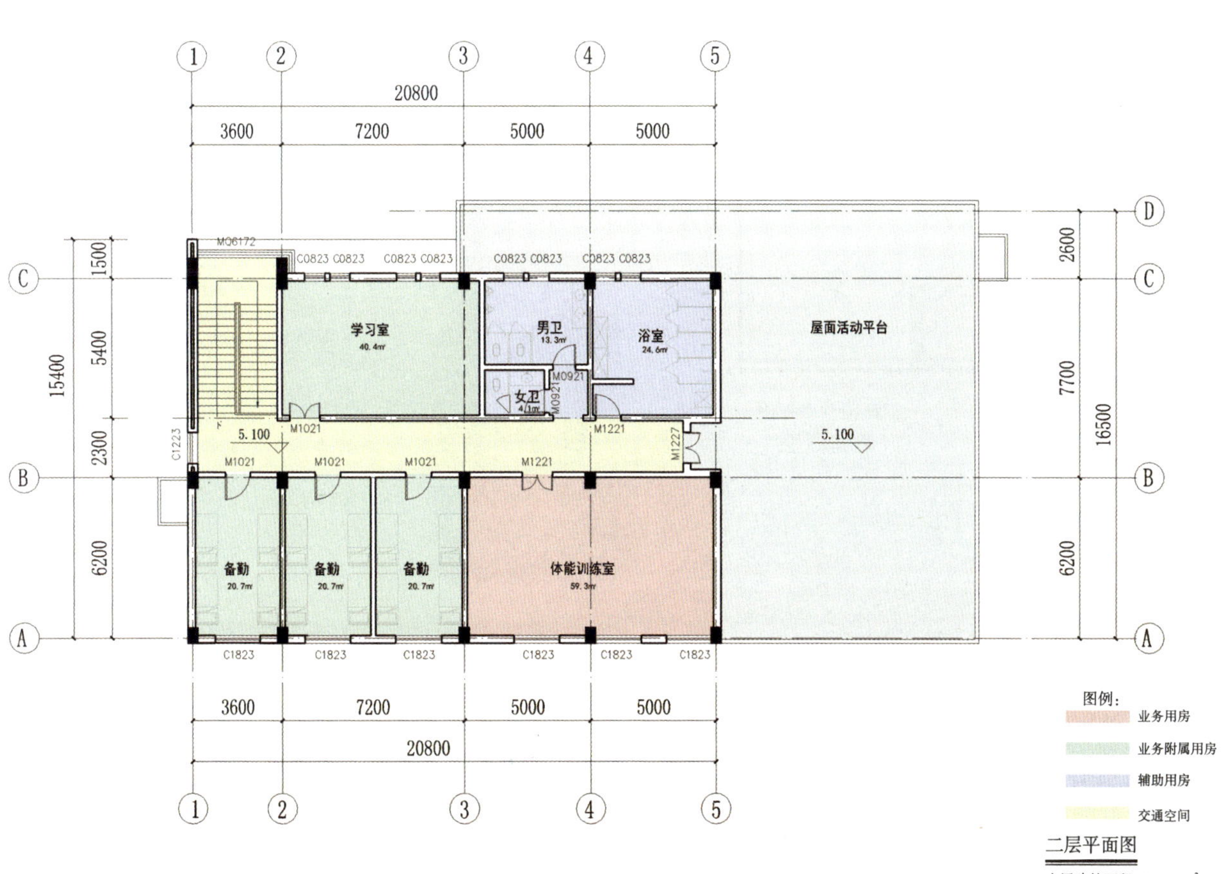


图例：

业务用房

业务附属用房

辅助用房

交通空间

二层平面图

本层建筑面积：307.04m²

总建筑面积：823.12m²

# 现代风格一级乡镇消防队之 8

## ■ 总平规划

突出用地的适应性，在保证消防车出车和人员主入口面向道路的同时，尽量减少项目面临道路的面宽。消防站位于东西方向乡镇道路的北侧，建筑位于用地的西北部，消防车库紧邻城市道路，消防车回车场兼作训练跑道，训练塔位于用地的东南角。用地东北角为景观绿化，西南角和西北角各设临时车位。

## ■ 平面布局

将消防车库与人员办公生活区明确分开，除餐厅、通信值班室外，将其他人员活动均设置在二层，最大限度减少首层的建筑面积，以利于减小用地面积。消防队员备勤室和部分对外功能房间布置在二层，并保证消防员备勤室的南向采光。在备勤室的南侧设置阳光屋顶花园，供消防员休息观景之用。

## ■ 立面设计

突出乡镇消防站保障百姓安居乐业的功能特点，将体量不大的建筑塑造成安定基石的形象，增加社区居民的安全感。墙面颜色由灰白色真石漆为主，辅以红色外墙涂料搭配，局部用木质材料装饰。灰白色是陕西秦岭山石的主要颜色，灰白色真石漆使建筑显得稳重安宁；红色是消防功能的标志颜色，产生更强的信任感；局部木材的装饰，是对亲切自然人陕西文化风土人情的诠释。这三个颜色以现代手法呈现，充分体现了现代建筑简洁清新的特色和消防功能建筑内在的力量与文化情怀。

## ■ 设计单位：中国建筑西北设计研究院第七设计所

设计指导：嵇珂　　设计人员：刘磊

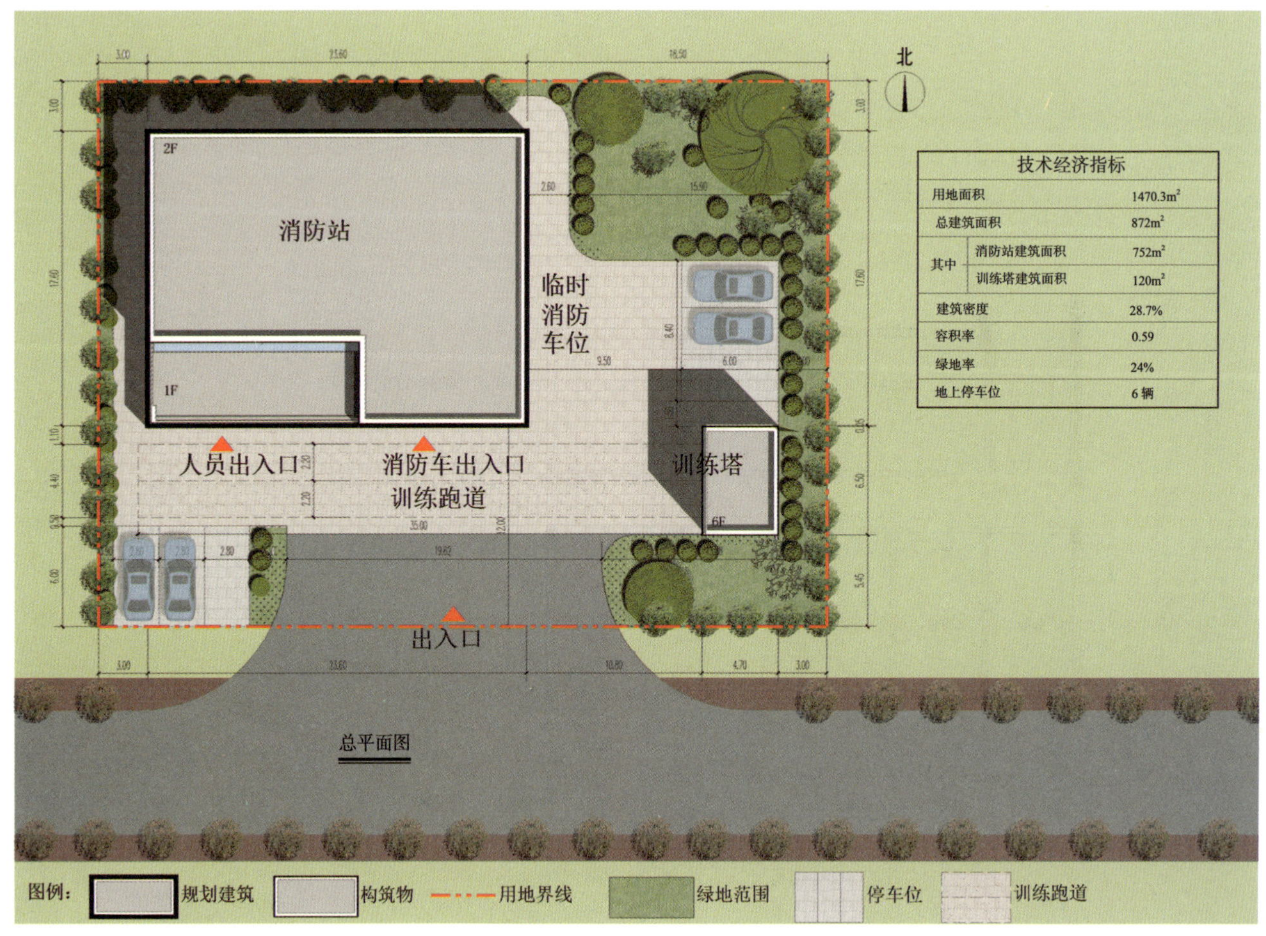

| 技术经济指标 | | |
|---|---|---|
| 用地面积 | | $1470.3m^2$ |
| 总建筑面积 | | $872m^2$ |
| 其中 | 消防站建筑面积 | $752m^2$ |
| | 训练塔建筑面积 | $120m^2$ |
| 建筑密度 | | 28.7% |
| 容积率 | | 0.59 |
| 绿地率 | | 24% |
| 地上停车位 | | 6 辆 |



总平面图

鸟瞰图

透视图

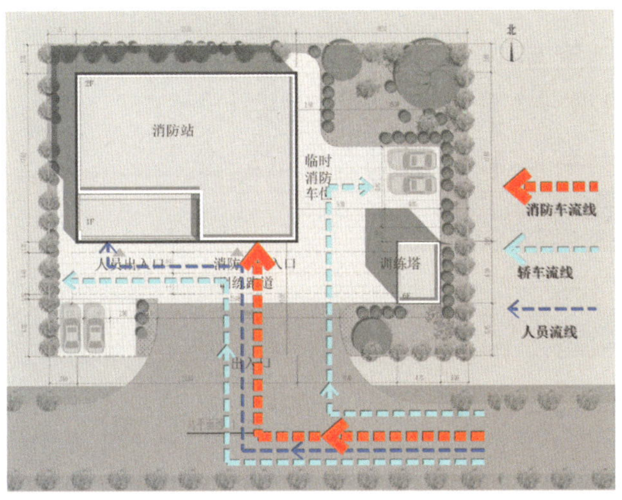


流线图

透视图

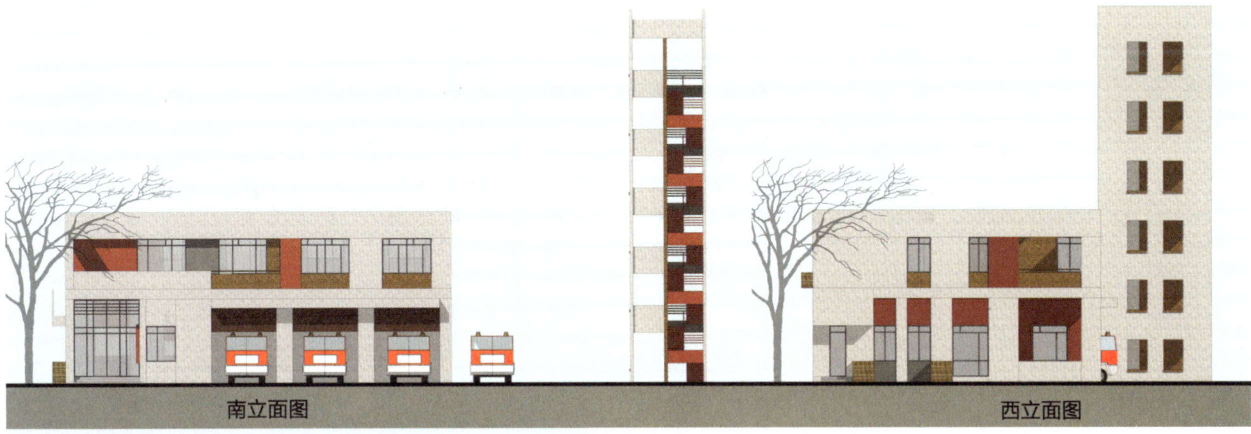

南立面图

西立面图

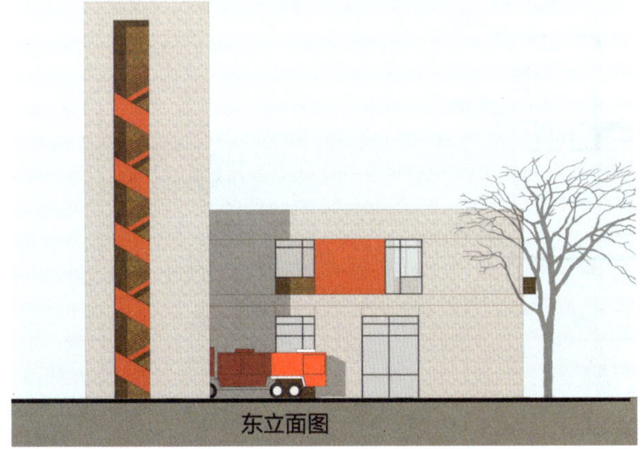

东立面图

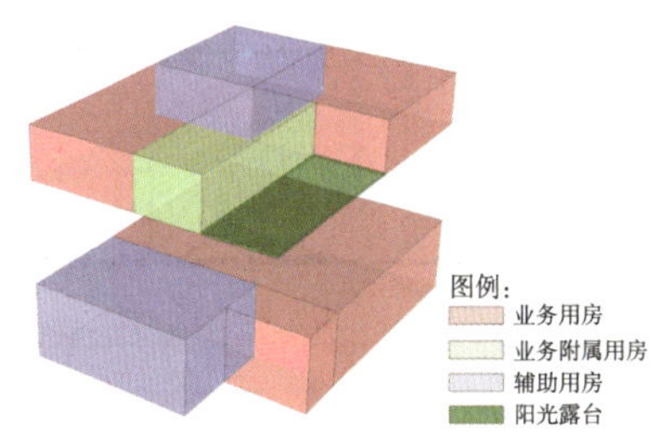


功能分析图

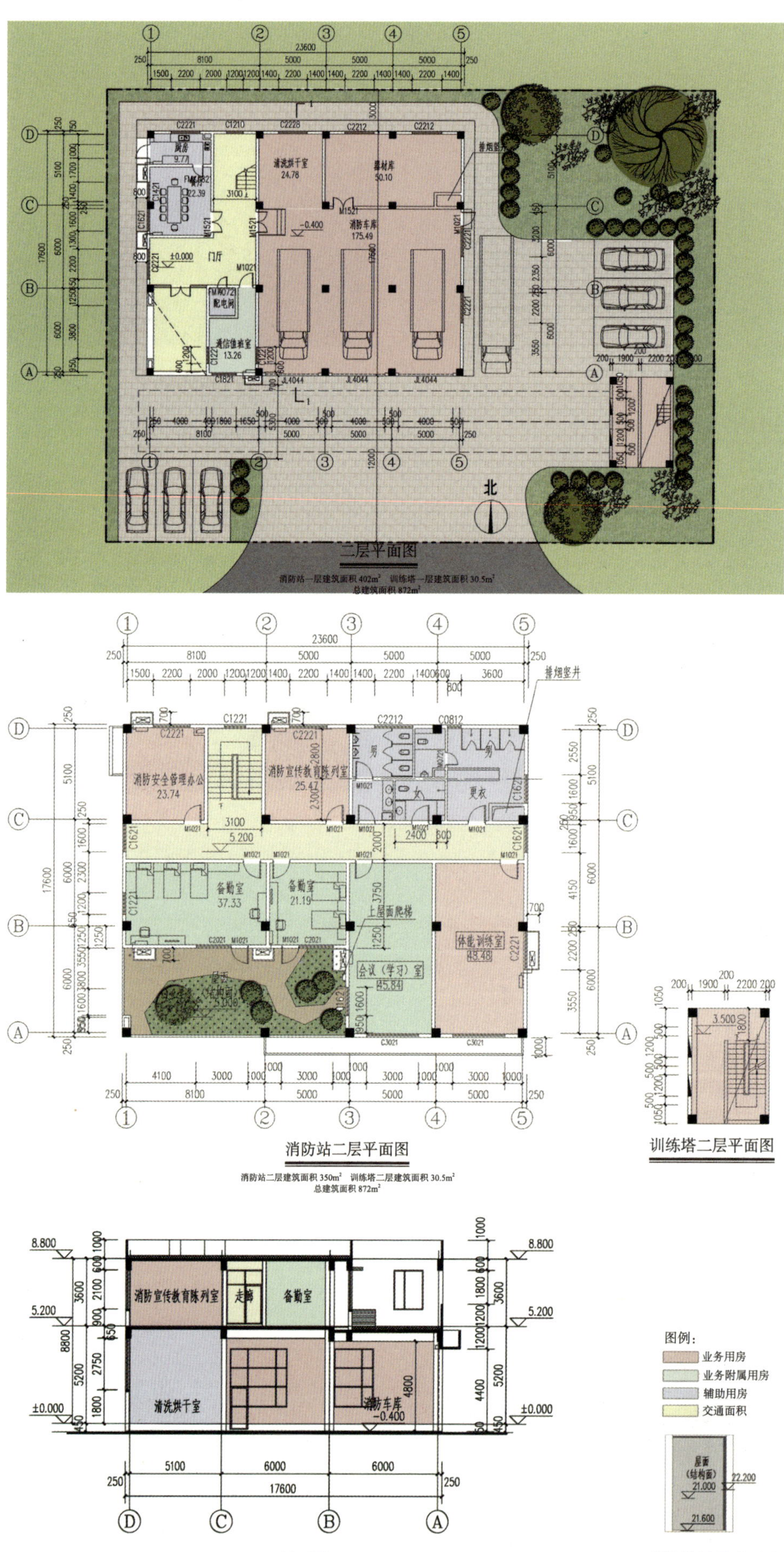
二层平面图
消防站一层建筑面积 402m² 训练塔一层建筑面积 30.5m²
总建筑面积 872m²
厨房
门厅
配电间
通信值班室
清洗烘干室
器材库
消防车库
排烟竖井
北
消防安全管理办公
消防宣传教育陈列室
备勤室
会议（学习）室
体能训练室
上层面爬梯
更衣
消防站二层平面图
消防站二层建筑面积 350m² 训练塔二层建筑面积 30.5m²
总建筑面积 872m²
训练塔二层平面图
消防宣传教育陈列室
走廊
备勤室
清洗烘干室
消防车库
1-1 剖面图
图例：
业务用房
业务附属用房
辅助用房
交通面积
训练塔屋顶平面图

# 02 二级乡镇专职消防队设计方案

# 闽北风格二级乡镇消防队

## ■ 总平规划

主入口设置于基地北侧，消防车库平行于南侧城市道路布置且预留出 12m 的距离，方便进出。建筑主体布置为南北朝向，场地根据要求进行总平面布置，做到布局紧凑、节约用地。

## ■ 平面布局

建筑平面采用一字形布局，严格控制进深，确保流线清晰，提高建筑的方便性、舒适性、功能性、效率性。将消防车库、门厅、办公、值班等功能紧密布置在一层空间，保证了消防员快速出勤。将一些辅助功能用房布置在二楼，既满足了房间的功能，又达到了空间对私密性的需求。

## ■ 立面设计

汲取福建闽北传统民居特点，实现消防站建筑与当地文化的契合。通过现代建筑新材料（H 型钢，玻璃等）对传统建筑要素重新解读、重构、深化，形成了建筑整体的古典印象。严格控制建筑整体色彩，既有粉墙黛瓦与当地风土的呼应；又有红色卷帘对消防站建筑功能的标示。

## ■ 设计单位：福建省建筑设计研究院有限公司

设计指导：黄晓冬　　设计人员：张泽泉、王尧靓

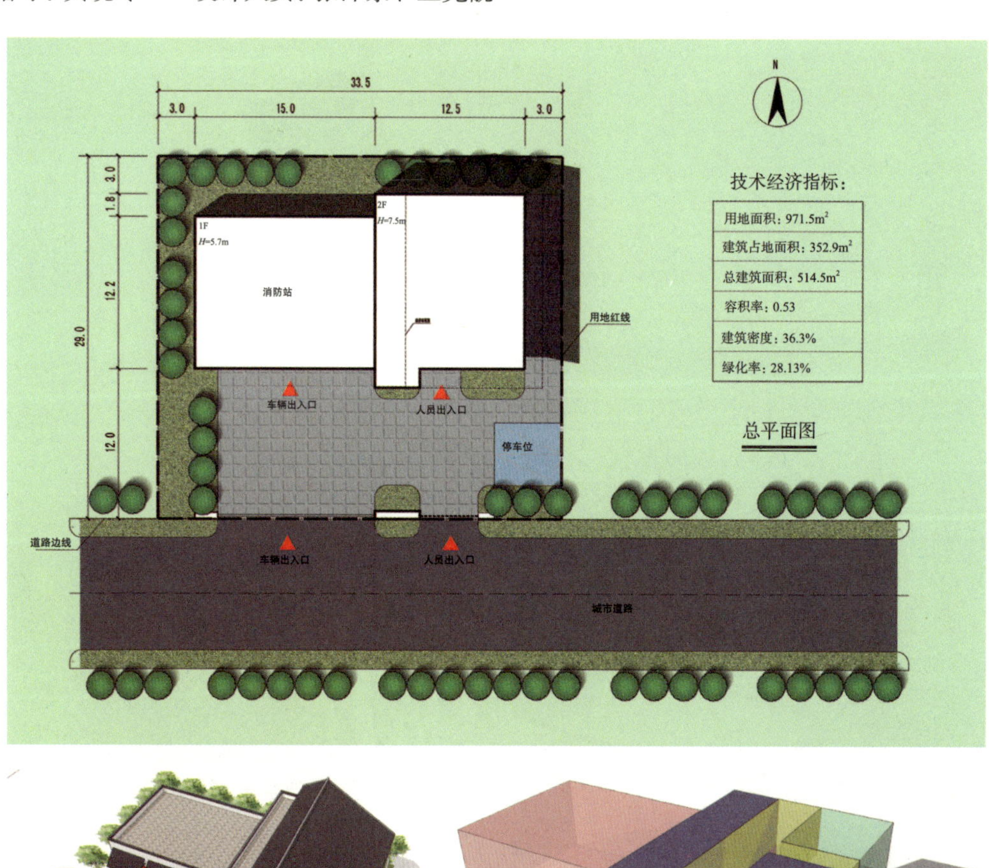


总平面图

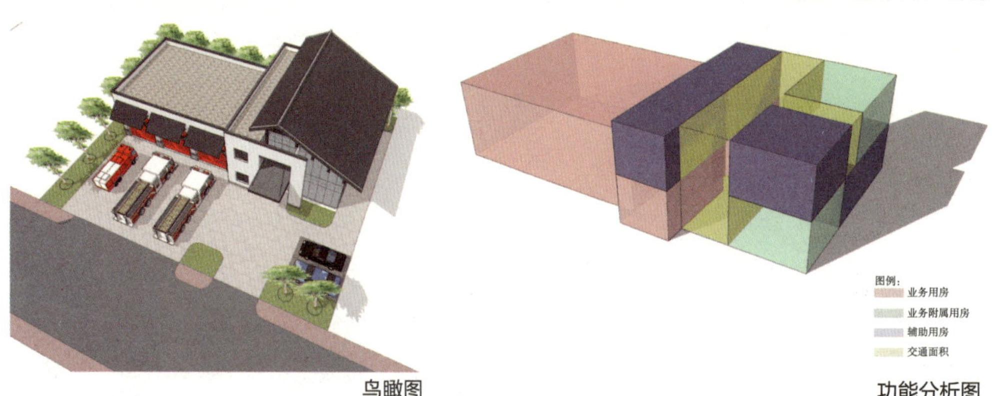


鸟瞰图　　功能分析图

■ 运用钢、玻璃等新材料重构传统建筑要素

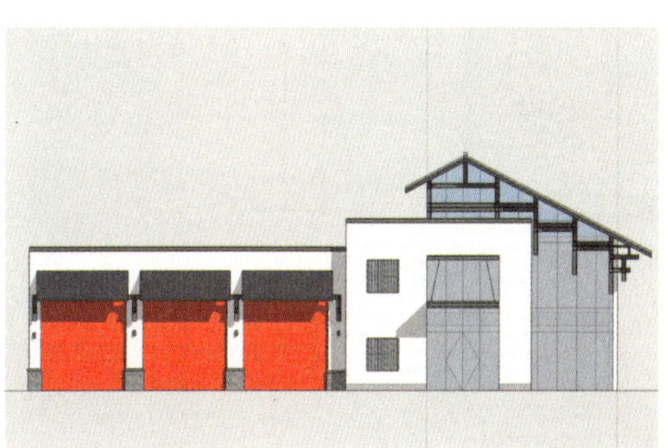

■ 严格控制立面色彩

■ 层叠的屋檐与山墙还原了福建闽北传统建筑的整体意向

■ 装饰构架仿造传统穿斗结构

设计理念分析

透视图

透视图

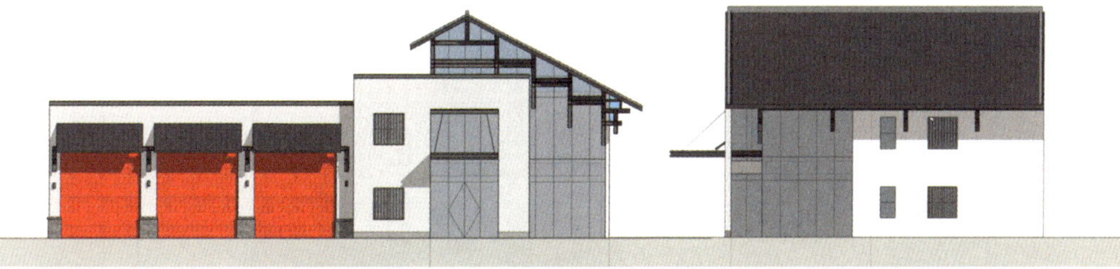

南立面图

东立面图

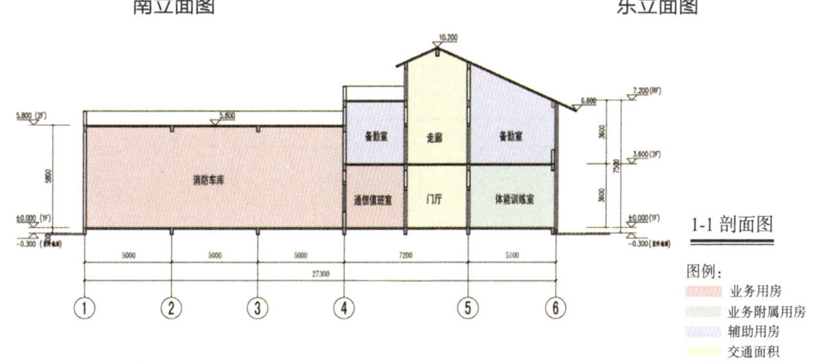


1-1 剖面图

图例：
业务用房
业务附属用房
辅助用房
交通面积

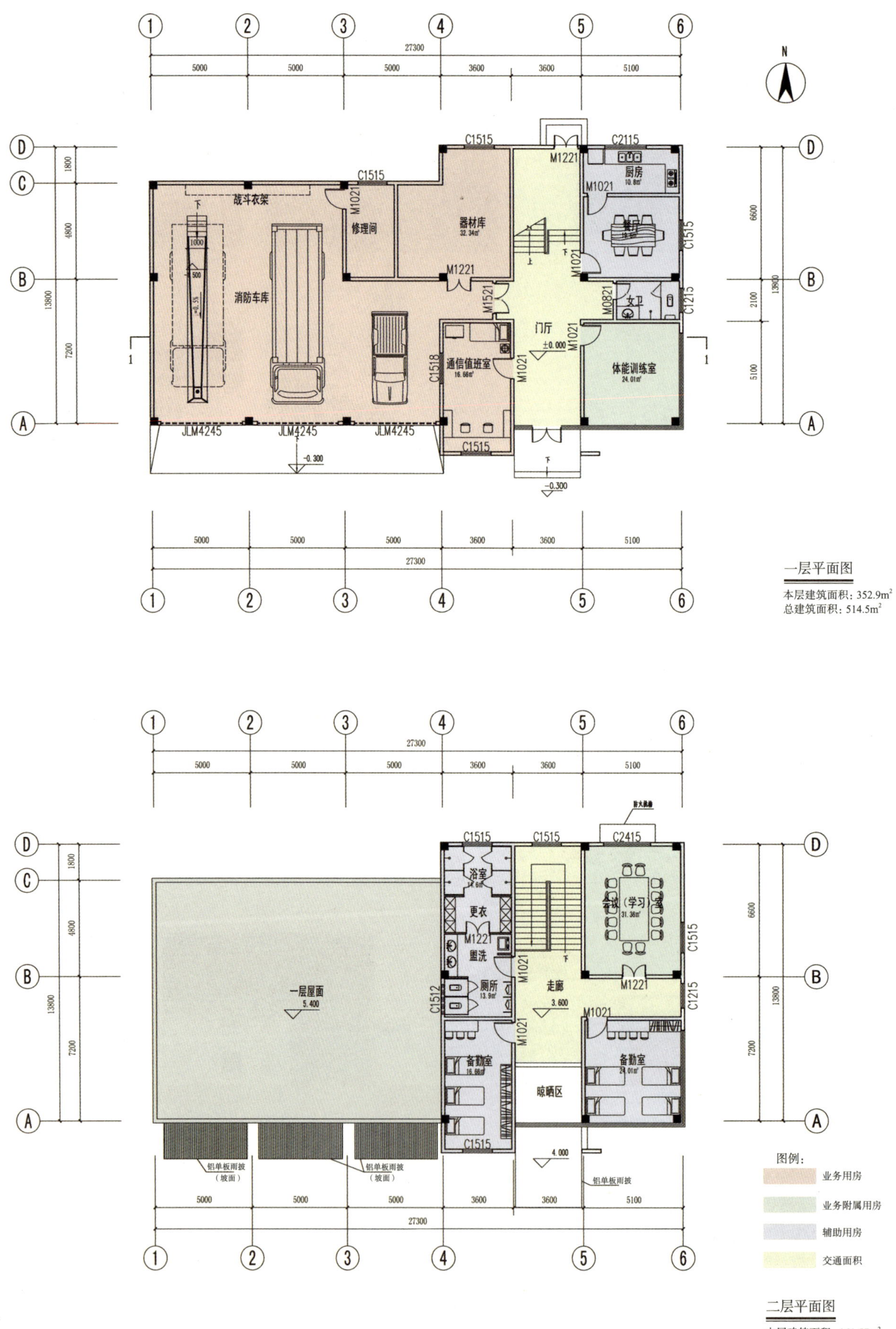

战斗衣架
修理间
器材库
消防车库
通信值班室
门厅
厨房
餐厅
女卫
体能训练室
一层平面图
本层建筑面积：352.9m²
总建筑面积：514.5m²
一层屋面
浴室
更衣
盥洗
厕所
备勤室
晾晒区
走廊
会议（学习）室
备勤室
铝单板雨披（坡面）
铝单板雨披（坡面）
铝单板雨披
图例：
业务用房
业务附属用房
辅助用房
交通面积
二层平面图
本层建筑面积：161.57m²
总建筑面积：514.5m²

# 岭南风格二级乡镇消防队

## 总平规划

将建筑主入口置于基地北侧，消防车出入口预留大于10m的退距，方便消防车进出。建筑偏向东南侧，留出集中的训练场地，方便日常训练和进行其他活动。

## 平面布局

将消防车库、通信值班、门厅、厨房、餐厅等部分紧密布置在一层空间，保证了队员出勤的高效和便捷。人员出入口设置在建筑北侧，通过门厅组织各类人流，宣传教育陈列室和消防安全管理办公室放在一层，便于外来人员进出。二层主要设置日常训练用房和生活辅助用房。功能划分明确，动区与静区形成明显分区，互不干扰，提高了消防站的工作效率。

## 立面设计

建筑立面采用青砖与红砂岩结合，体现低稳并向两边伸长，以最简单的线形设计最大程度地便于消防员快速出警。正立面采用双层百叶，可以达到很好的遮阳效果，同时加入消防建筑的红色元素，结合岭南建筑特色，更能体现消防站建筑的力量感和速度感。

## 设计单位：广东省东莞市建筑设计院有限公司

设计指导：向葳、李雄业　　设计人员：田乐坤、谭文杰

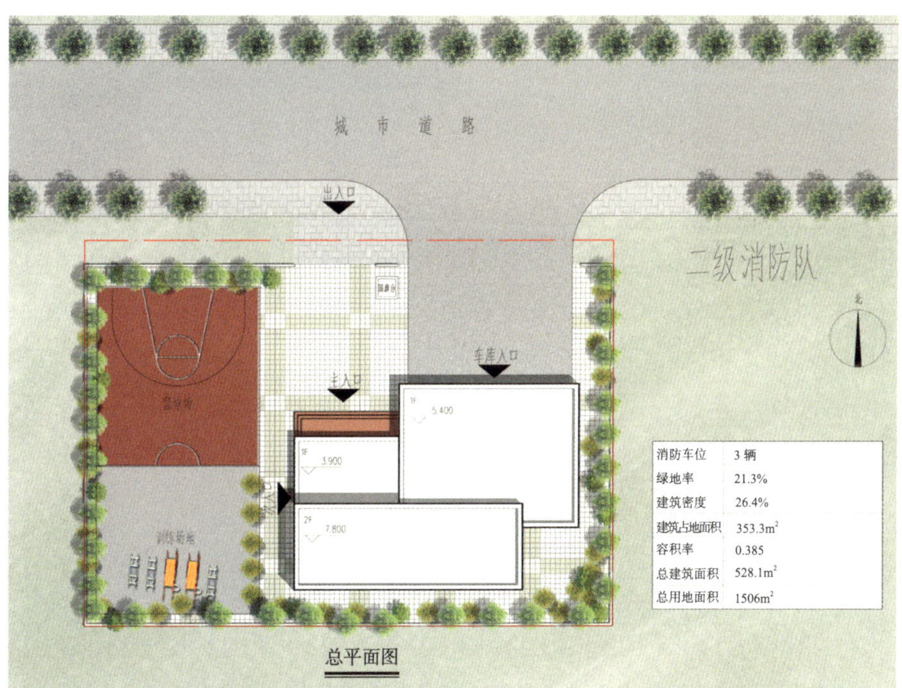


总平面图

鸟瞰图

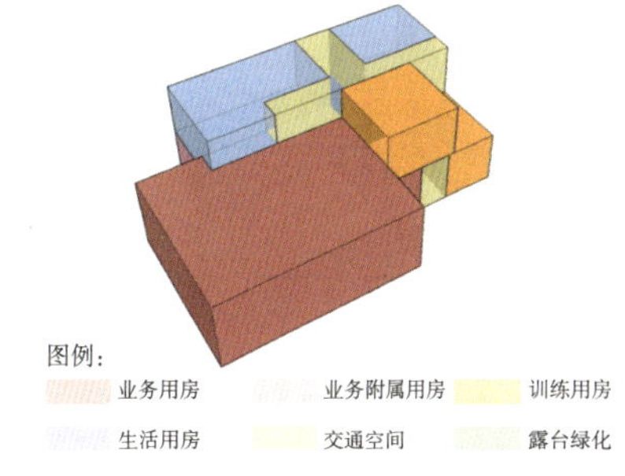


功能分析图

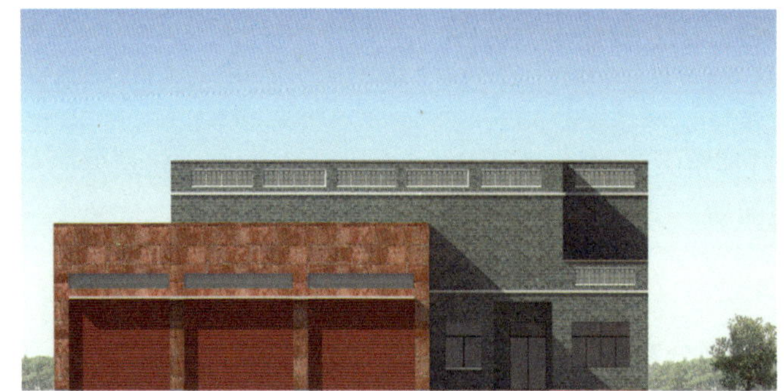

立面图　　透视图

岭南四大园林—可园

岭南现代建筑的代表—西汉南越王博物馆

地域融合，经济适用：

在岭南园林、博物馆建筑设计手法中提炼升华，车库部分采用红砂岩贴面作立面，即作为消防站红色元素，也体现出消防员的严肃、认真。生活办公部分提取传统建筑元素，呼应了岭南地域性，而且经济适用美观。

设计理念分析

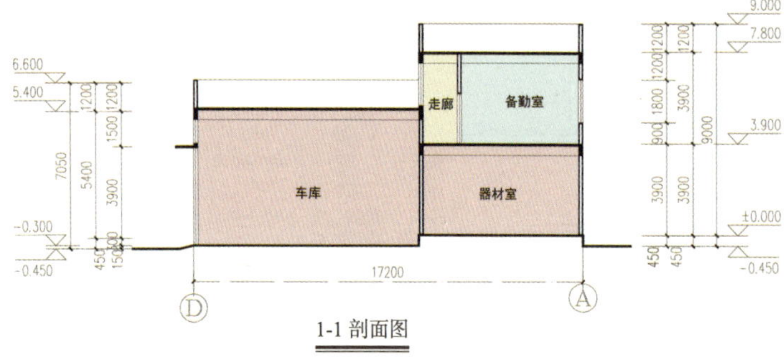


1-1 剖面图

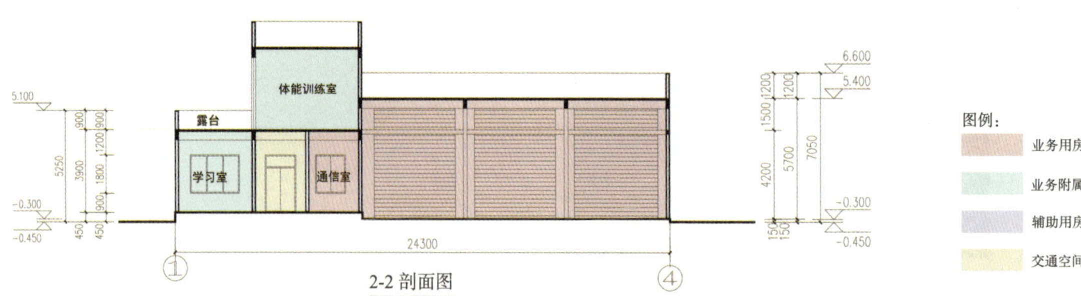


2-2 剖面图

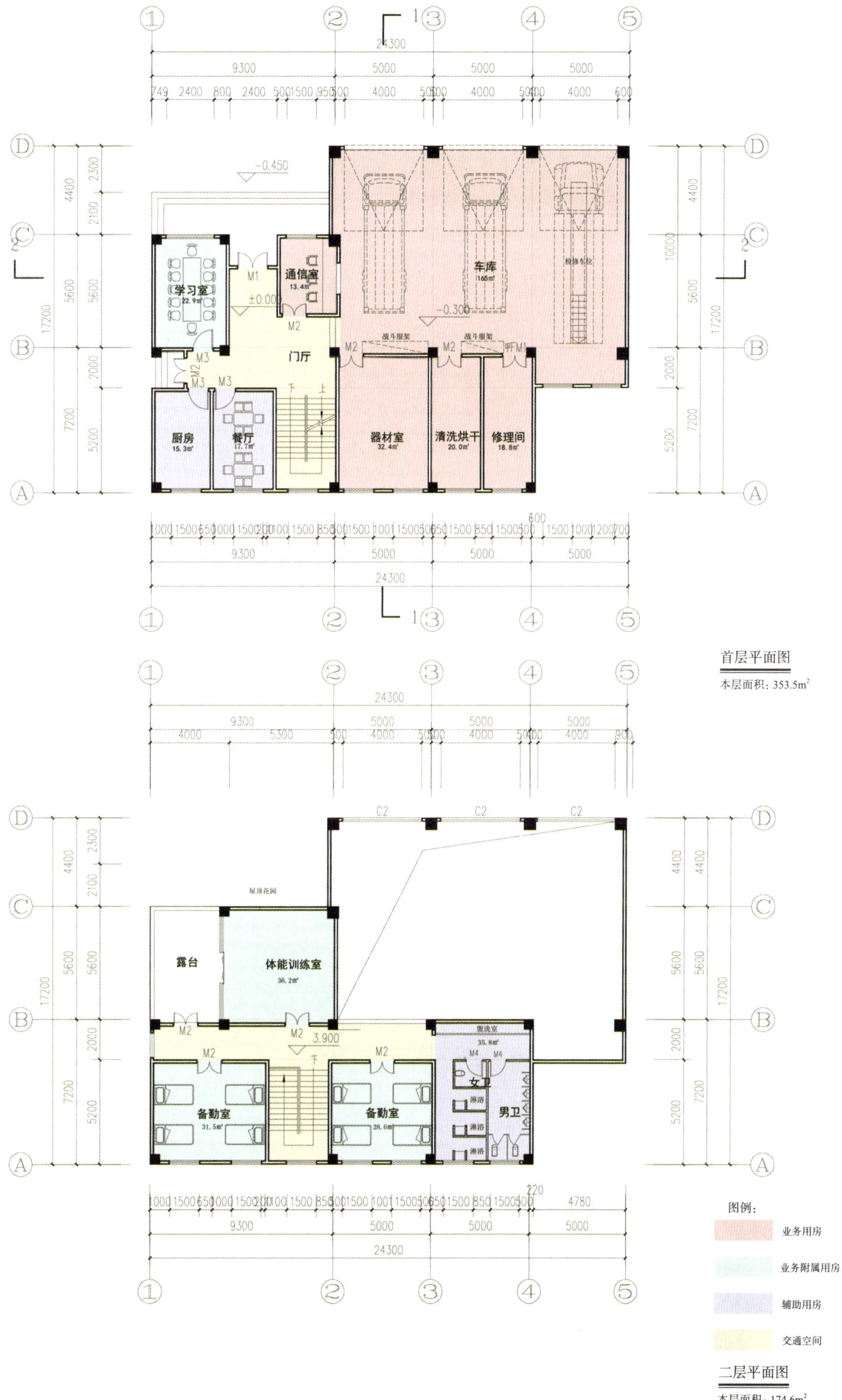
学习室
22.9m²
通信室
13.4m²
车库
165m²
门厅
厨房
15.3m²
餐厅
17.7m²
器材室
32.4m²
清洗烘干
20.0m²
修理间
18.8m²
首层平面图
本层面积：353.5m²
露台
体能训练室
36.2m²
备勤室
31.5m²
备勤室
28.6m²
女卫
男卫
图例：
业务用房
业务附属用房
辅助用房
交通空间
二层平面图
本层面积：174.6m²

# 黔南风格二级乡镇消防队

## ■ 总平规划

项目用地为贵州典型的山地地形，东低西高，南北高差 10m。消防站的入口毗邻城市道路，位于西南侧，分设人员出入口和车辆出入口。消防站位于用地的东侧，人员出入口设置于建筑西南侧，消防车出入口布置在建筑西侧，消防车出入口前预留大于 12m 的广场内院，满足方便消防车进出的要求。由于场地高差较大，为避免大开挖深回填，选择吊脚楼的建筑形式充分利用地形。

## ■ 平面布局

车辆、人员出入口分开布置，人员出入口设置在建筑二层西南侧，通过门厅、楼梯组织疏散各类人流，消防车出入口设置在建筑二层西侧。建筑一层为吊层，布置有会议（学习）室、餐厅、厨房等辅助用房；消防车库、通信室、器材库等功能紧凑布置在二层，并设置一个备用车位。建筑二层入口在场地西侧广场，保证了队员出勤的高效和便捷。消防安全管理办公室、消防宣传教育展室设置在二层毗邻门厅及人员入口处，便于外来人员进出。三层主要设置有消防员备勤室、体能训练室及辅助用房。

## ■ 立面设计

以黔南民居建筑风格作为建筑立面设计的基础，提取黔南传统民居特有的穿斗式木结构吊脚楼，保留了穿斗式木结构、垂花柱、美人靠、小青瓦坡屋面等典型的黔南民居建筑元素，经过简化提炼，使得建筑立面设计在保留地域建筑特色的同时，去掉了过于繁复的装饰，融入现代乡镇建筑环境。

## ■ 设计单位：贵州省建筑设计研究院有限责任公司

设计指导：程鹏、张媛　　设计人员：孙明恩、刁兴慧、杨亮亮、肖戎、郑远莹

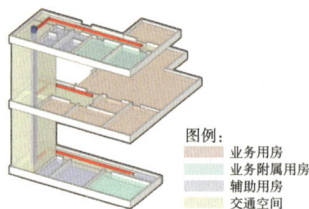

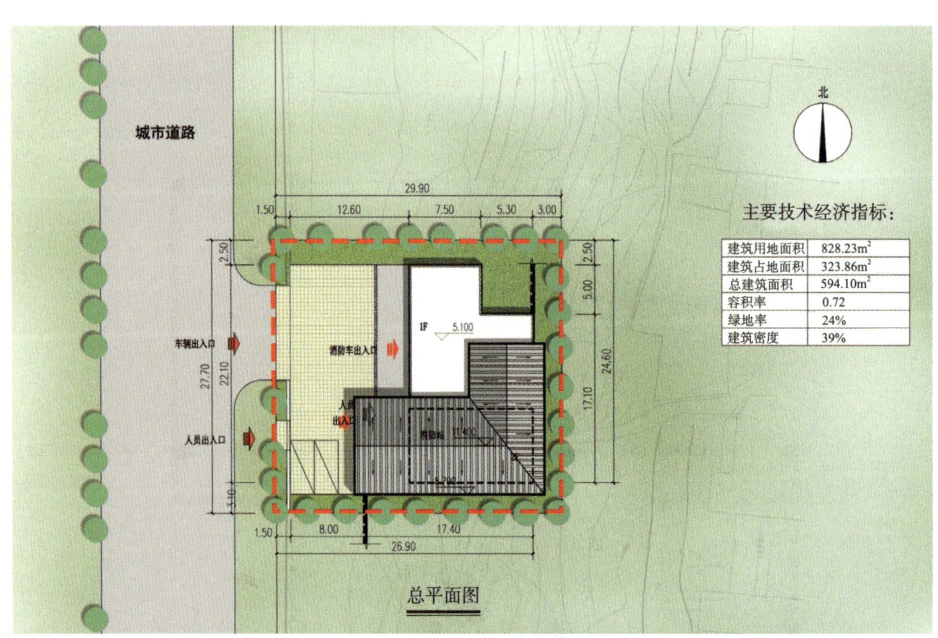


| 建筑用地面积 | 828.23m² |
|---|---|
| 建筑占地面积 | 323.86m² |
| 总建筑面积 | 594.10m² |
| 容积率 | 0.72 |
| 绿地率 | 24% |
| 建筑密度 | 39% |

总平面图

北立面图　　西立面图

图例：
业务用房
业务附属用房
辅助用房
交通空间

功能分析图

鸟瞰图

关注消防
珍爱生命

透视图

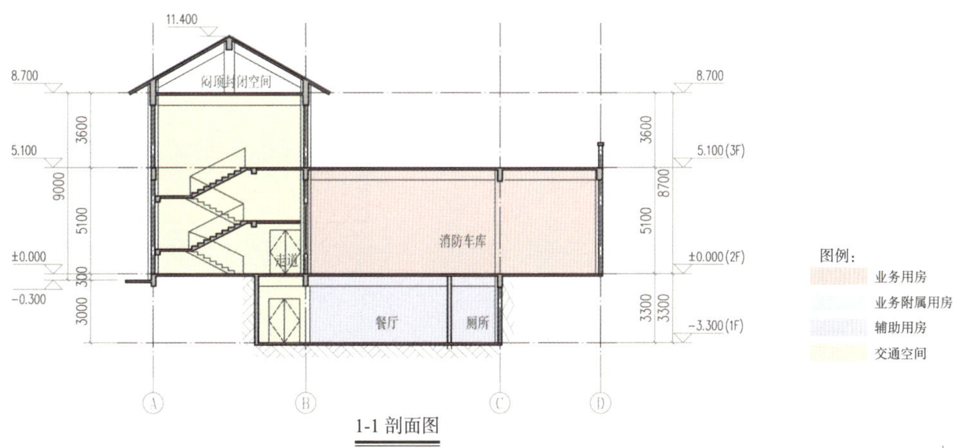
11.400
8.700
闷顶封闭空间
8.700
3600
3600
5.100
5.100(3F)
9000
5100
8700
5100
消防车库
走道
±0.000
±0.000(2F)
300
-0.300
3000
餐厅
厕所
3300
3300
-3.300(1F)
A
B
C
D
图例：
业务用房
业务附属用房
辅助用房
交通空间

1-1 剖面图

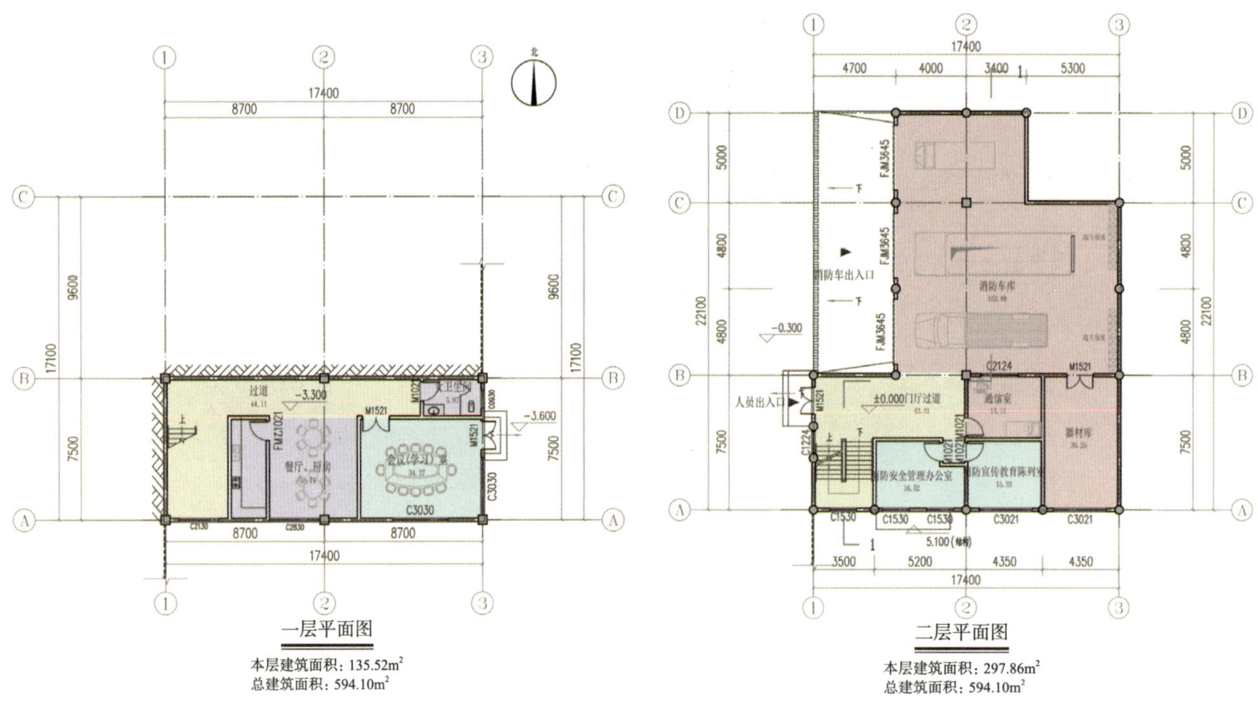


一层平面图

本层建筑面积：135.52m²
总建筑面积：594.10m²

二层平面图

本层建筑面积：297.86m²
总建筑面积：594.10m²

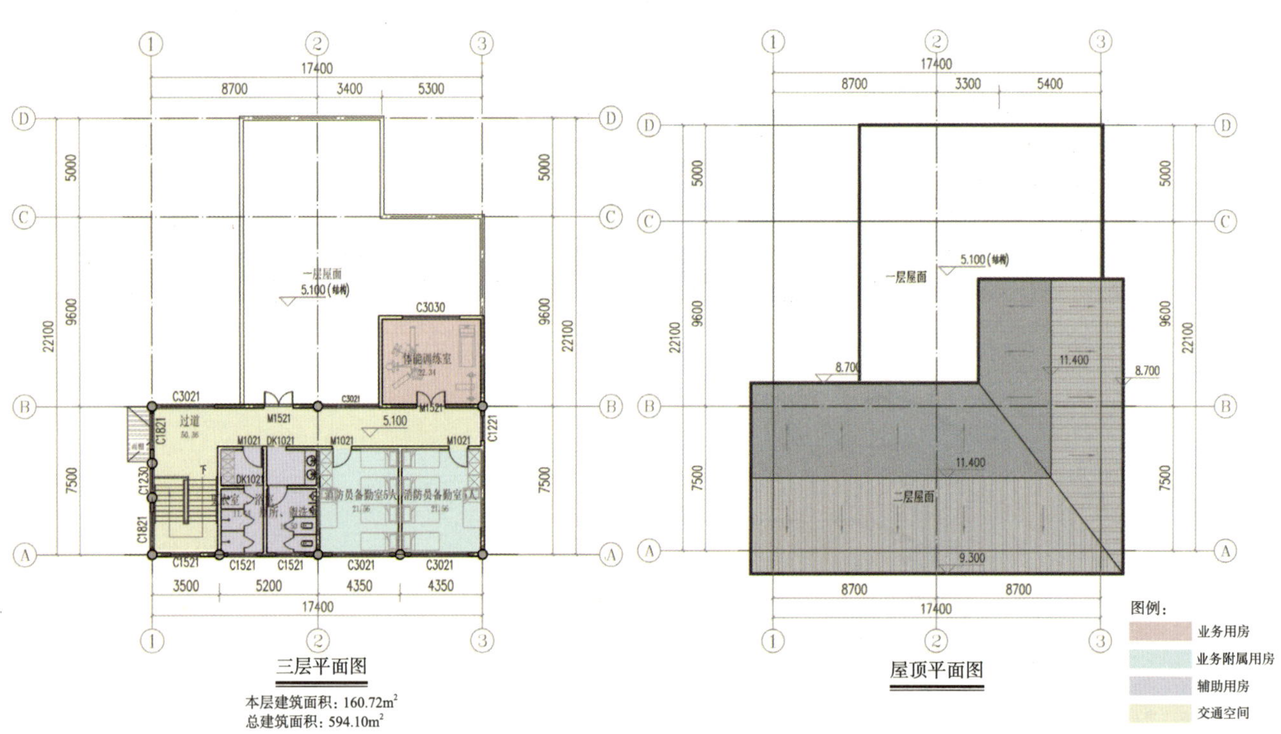


三层平面图

本层建筑面积：160.72m²
总建筑面积：594.10m²

屋顶平面图

图例：
业务用房
业务附属用房
辅助用房
交通空间

# 关中风格二级乡镇消防队

## ■ 总平规划

总体规划突出用地的适应性，在保证消防车出车和人员主入口面向道路的同时，尽量减少项目面临道路的面宽。项目位于东西方向乡镇道路的北侧，消防站位于用地西北部，消防车库紧邻城市道路，消防车回车场兼作训练跑道，训练塔位于项目东南角。用地东北角为景观绿化，西南角和西北角各设临时车位。

## ■ 平面布局

将消防车库与人员办公生活区明确分开，除餐厅、通信值班室外，将其他人员活动均设置在建筑二层，最大限度减少首层的建筑面积，以利于减小用地面积。消防队员备勤室和部分对外功能房间布置在二层，并保证消防员备勤室的南向采光。在备勤室的南侧设置阳光屋顶花园，供消防员休息观景之用。

## ■ 立面设计

突出乡镇消防站保障百姓安居乐业的功能特点，以传统墙头装饰的方式体现传统建筑特点，墙面的颜色体现陕西关中民居常有的黄土与灰砖融合后的独有人文色彩。局部使用传统垂花屋檐，点睛文化内涵。整体上以实体墙面为主，体现一种安定祥和的气息，让社区居民有稳固安全的感受。

## ■ 设计单位：中国建筑西北设计研究院第七设计所

设计指导：嵇珂　　设计人员：刘磊

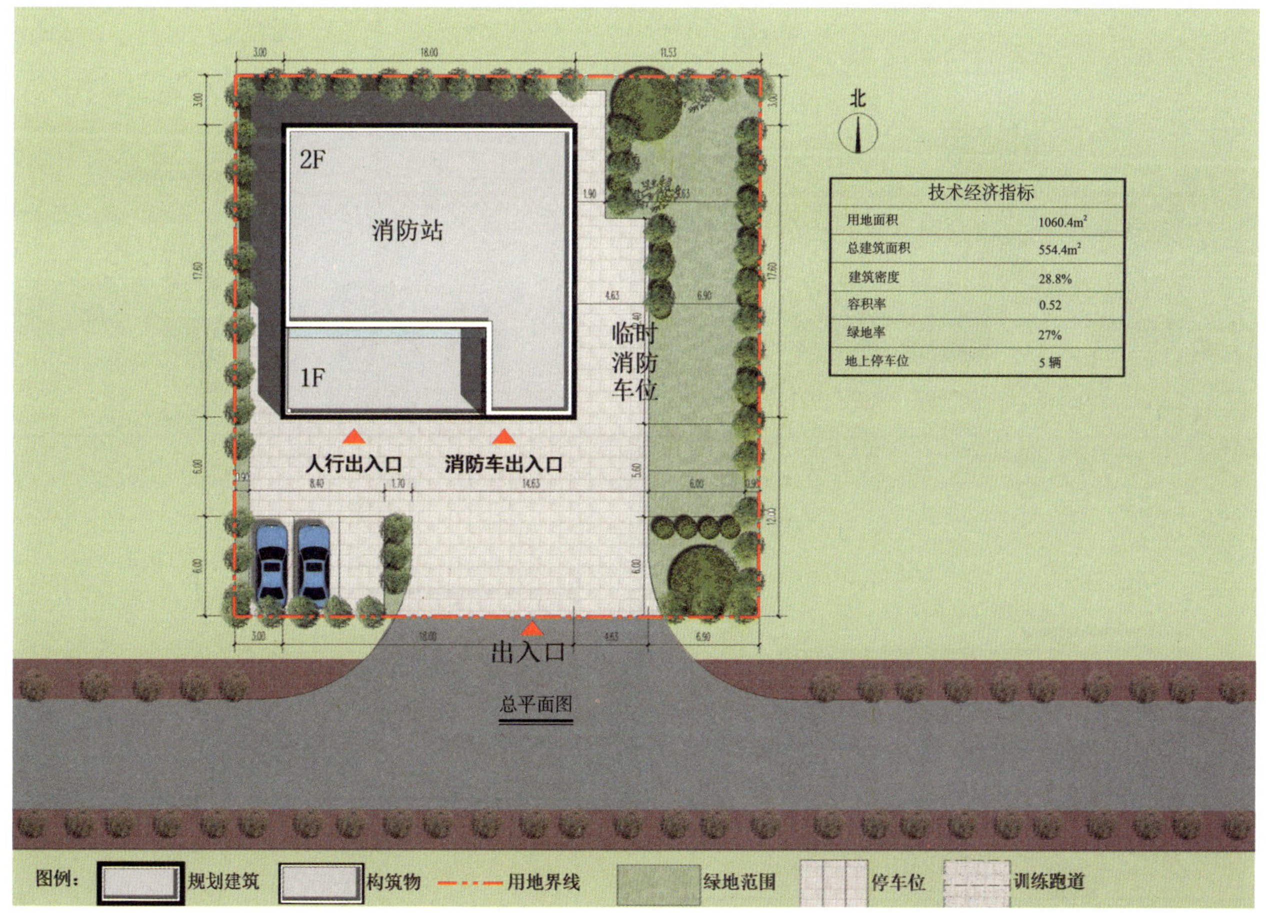


总平面图

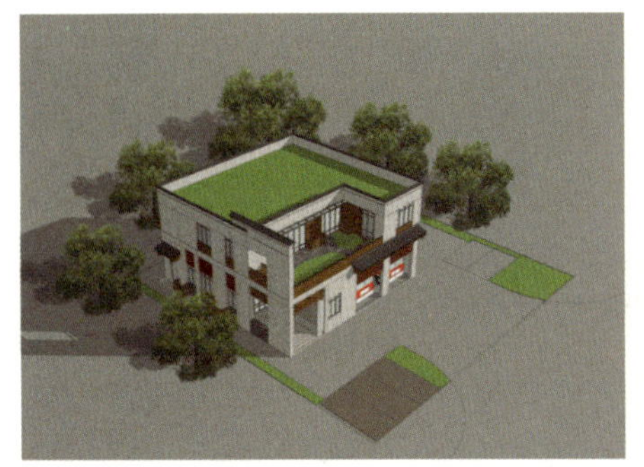

鸟瞰图

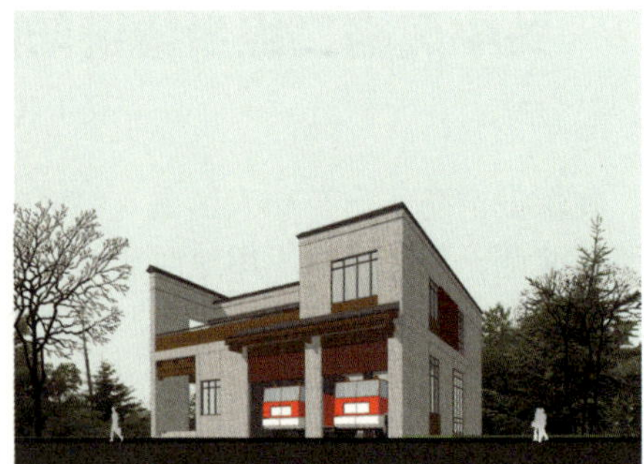

透视图

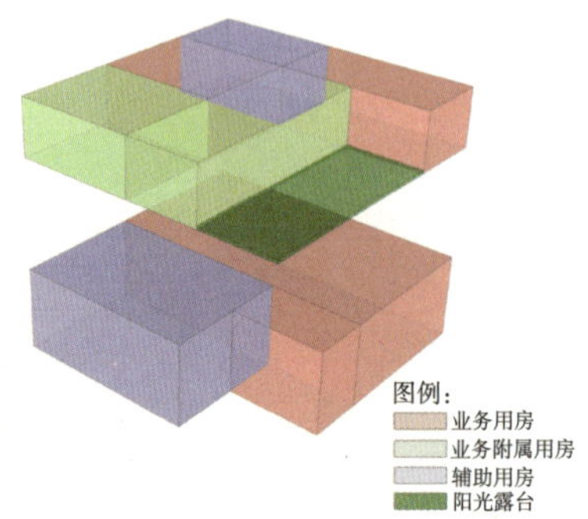

图例：
业务用房
业务附属用房
辅助用房
阳光露台

功能分析图

北
2F
消防站
1F
临时
消防
车位
人行出入口
出入口
1:500
消防车流线
轿车流线
人员流线

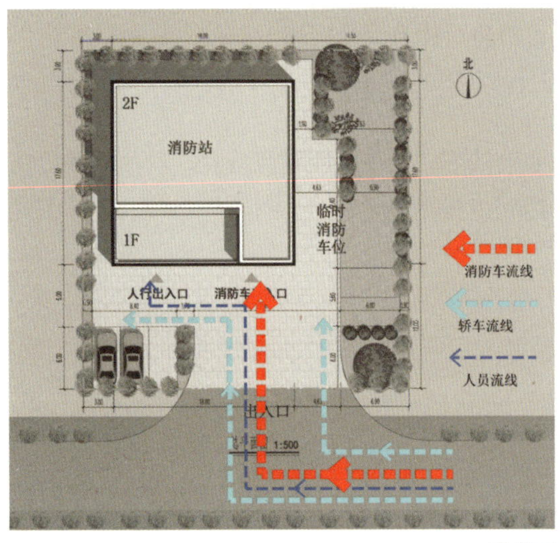

流线图

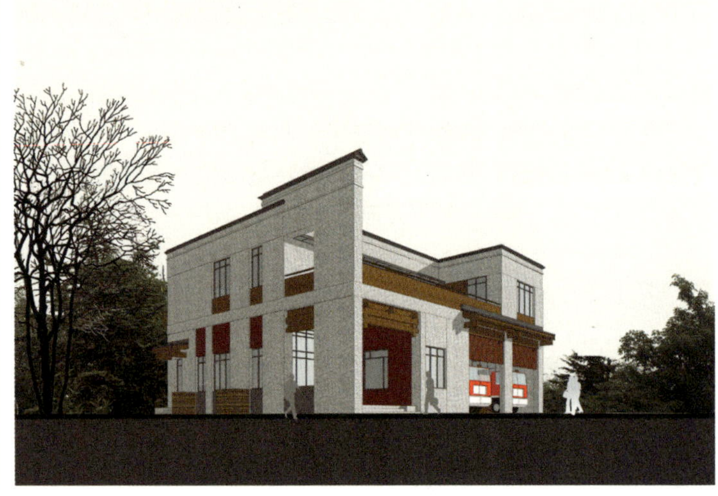

透视图

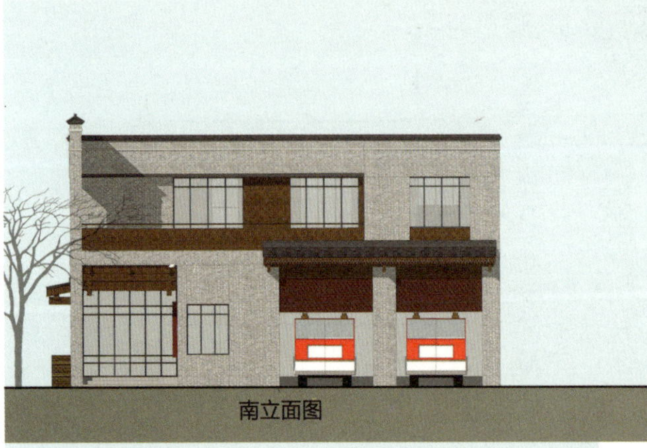

南立面图

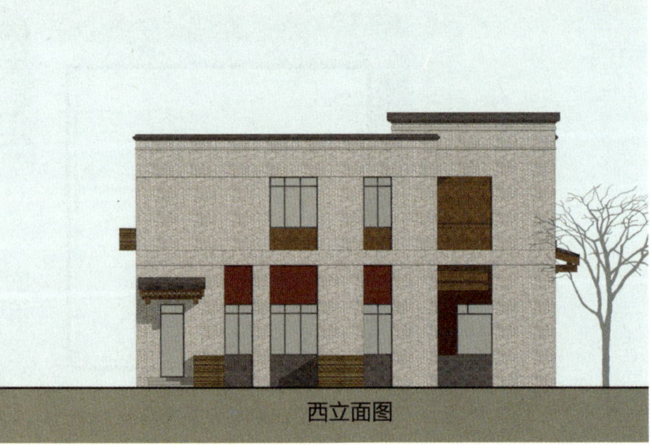

西立面图

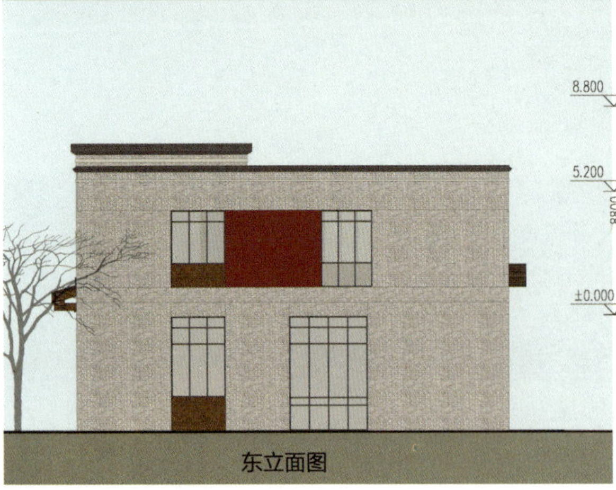

东立面图

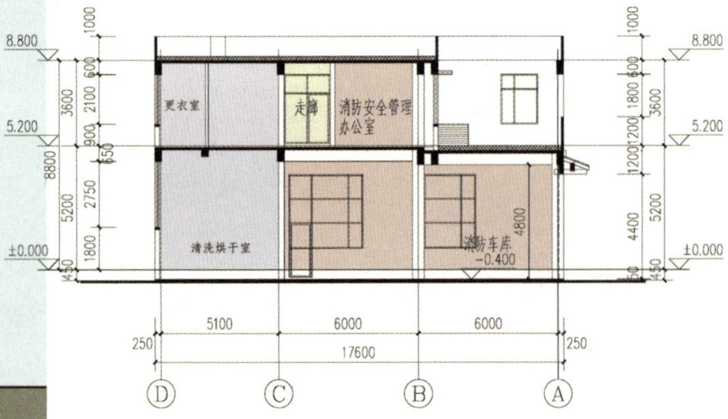

8.800
5.200
±0.000
更衣室
走廊
消防安全管理
办公室
清洗烘干室
消防车库
-0.400
5100
6000
6000
17600
250
250
D
C
B
A

1-1 剖面图

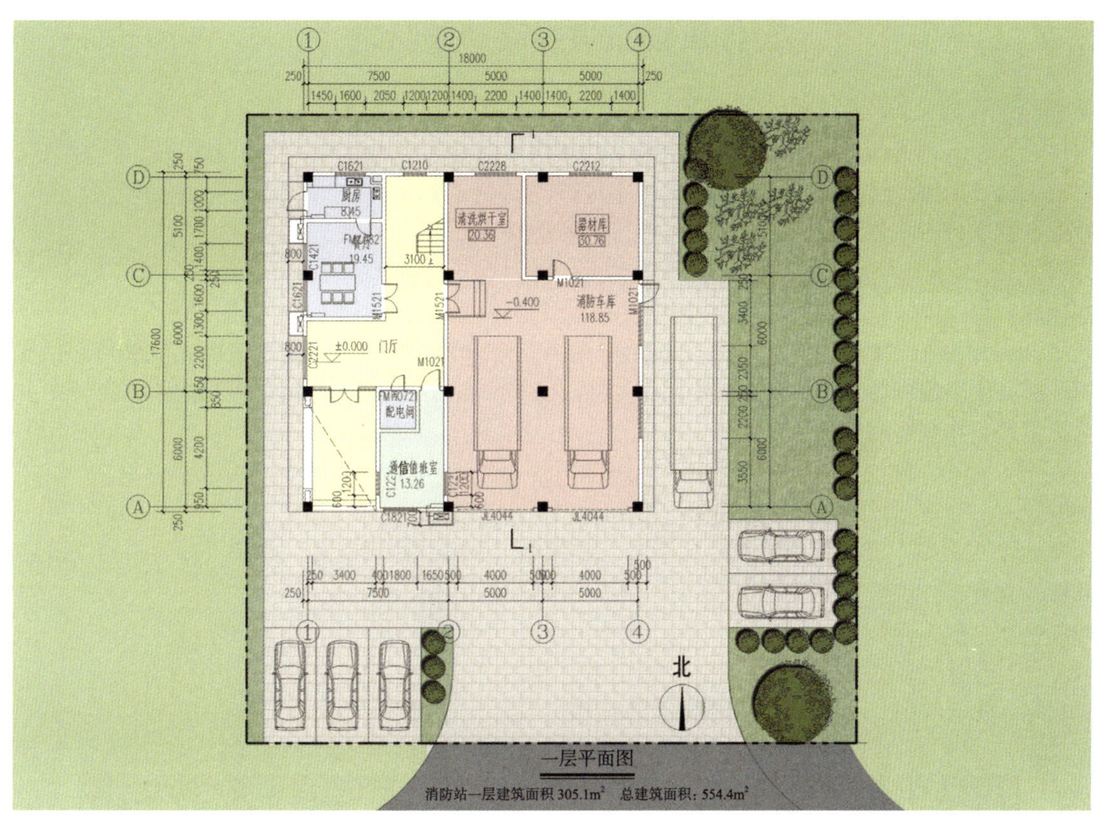


一层平面图

消防站一层建筑面积 305.1m² 总建筑面积：554.4m²

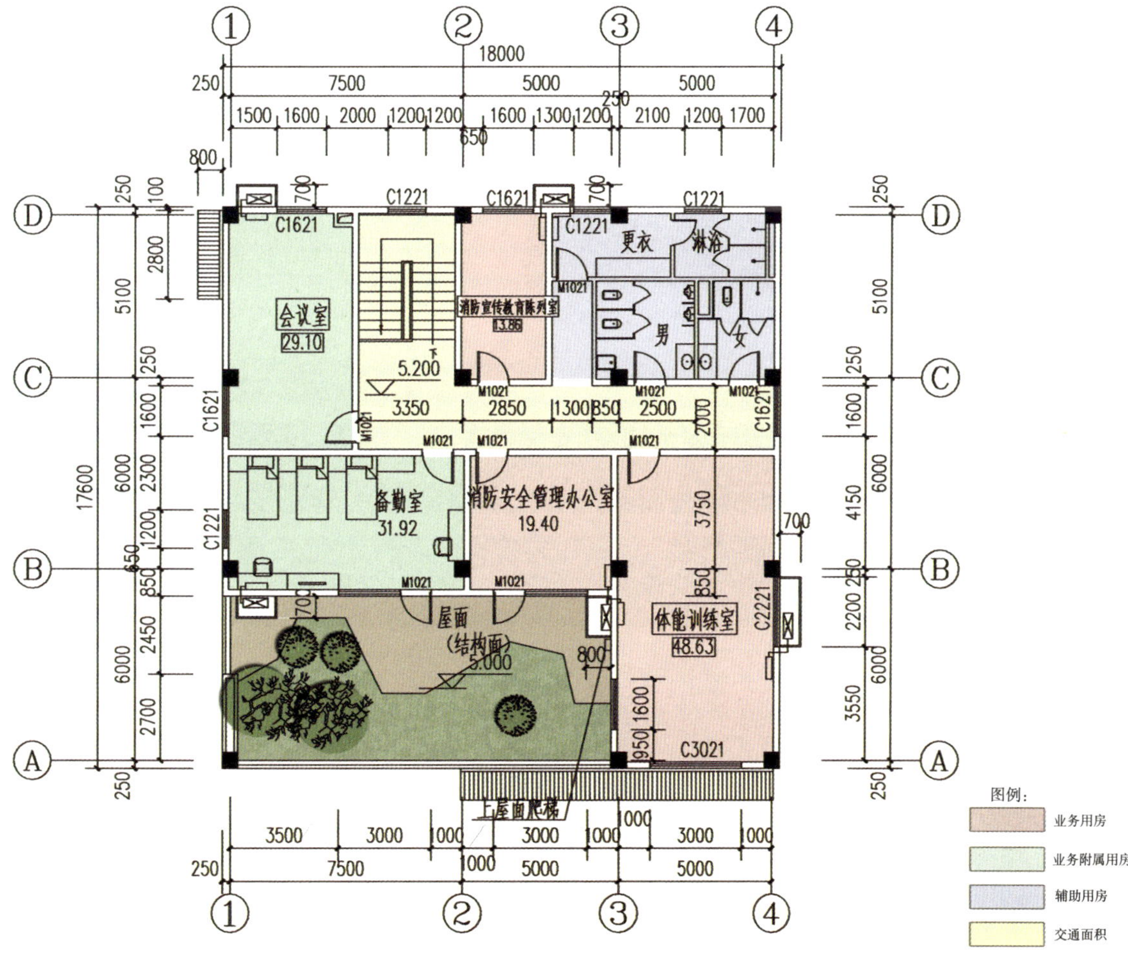


二层平面图

消防站二层建筑面积 249.3m² 总建筑面积：554.4m²

# 现代风格二级乡镇消防队之 1

## ■ 总平规划

主入口设置于基地南侧，西南侧为入口广场。建筑主体布置为南北朝向，消防车库平行于南侧城市道路布置且预留出 12m 的距离，方便进出。

场地根据要求进行布置，做到流线清晰、充分利用地块。

## ■ 平面布局

建筑平面采用 L 形布局，建筑内主要功能用房均南北向采光，严格控制建筑进深，流线清晰，布局紧凑，方便使用，提高使用的舒适性、功能性和效率性。将消防车库、门厅、办公、值班等功能紧密布置在一层空间，确保消防员接警后在最短时间到达车库。

## ■ 立面设计

采用现代中式风格，汲取传统建筑的马头墙，坡屋面，突出“白墙灰瓦”的特点，简洁的立面装饰线条，丰富的韵律变化。

## ■ 设计单位：福建省建筑设计研究院有限公司

设计指导：黄晓冬　　设计人员：李智杰、陈启浩

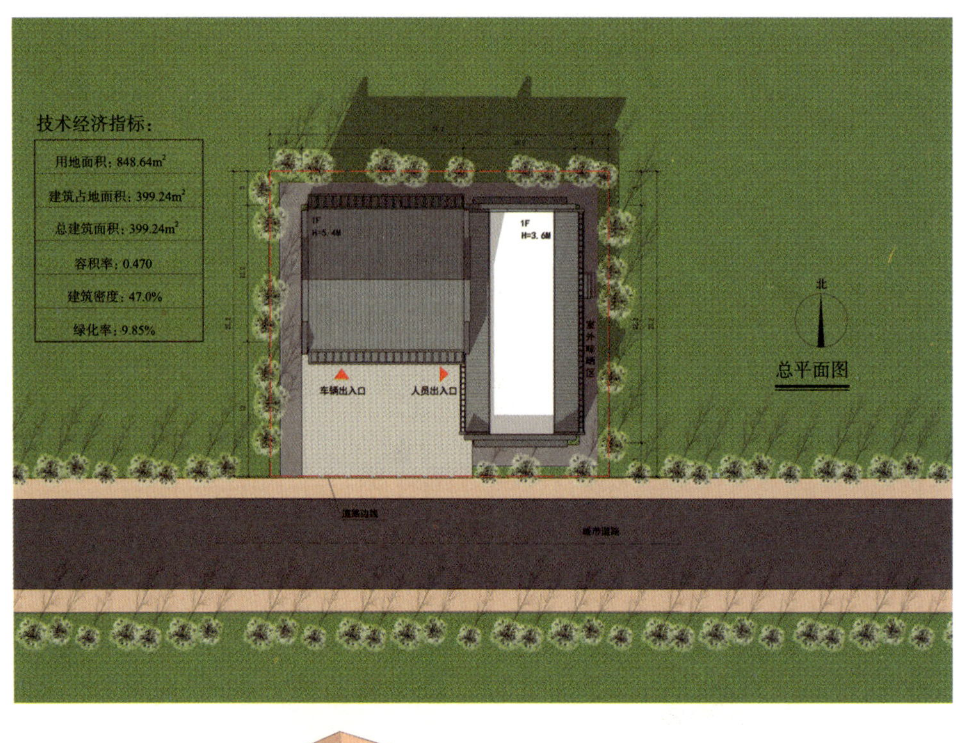


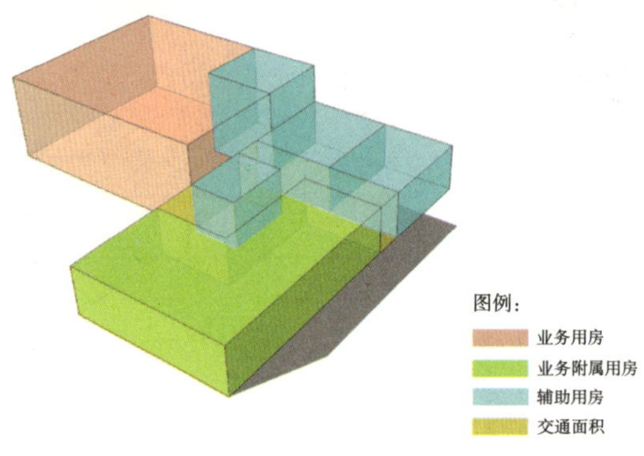


功能分析图

鸟瞰图

透视图

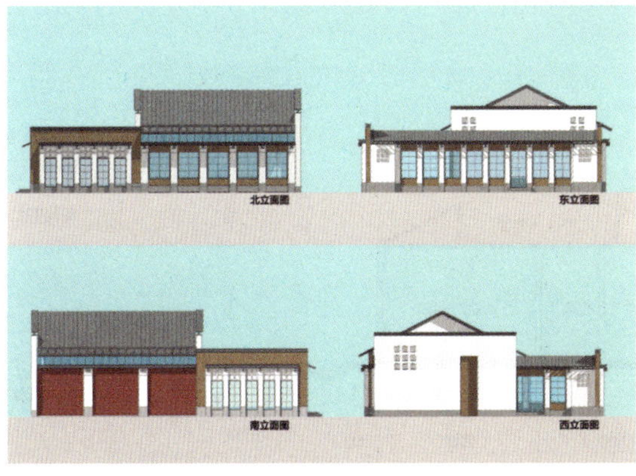


立面图

坡屋面　窗饰

马头墙

马头墙

设计理念分析

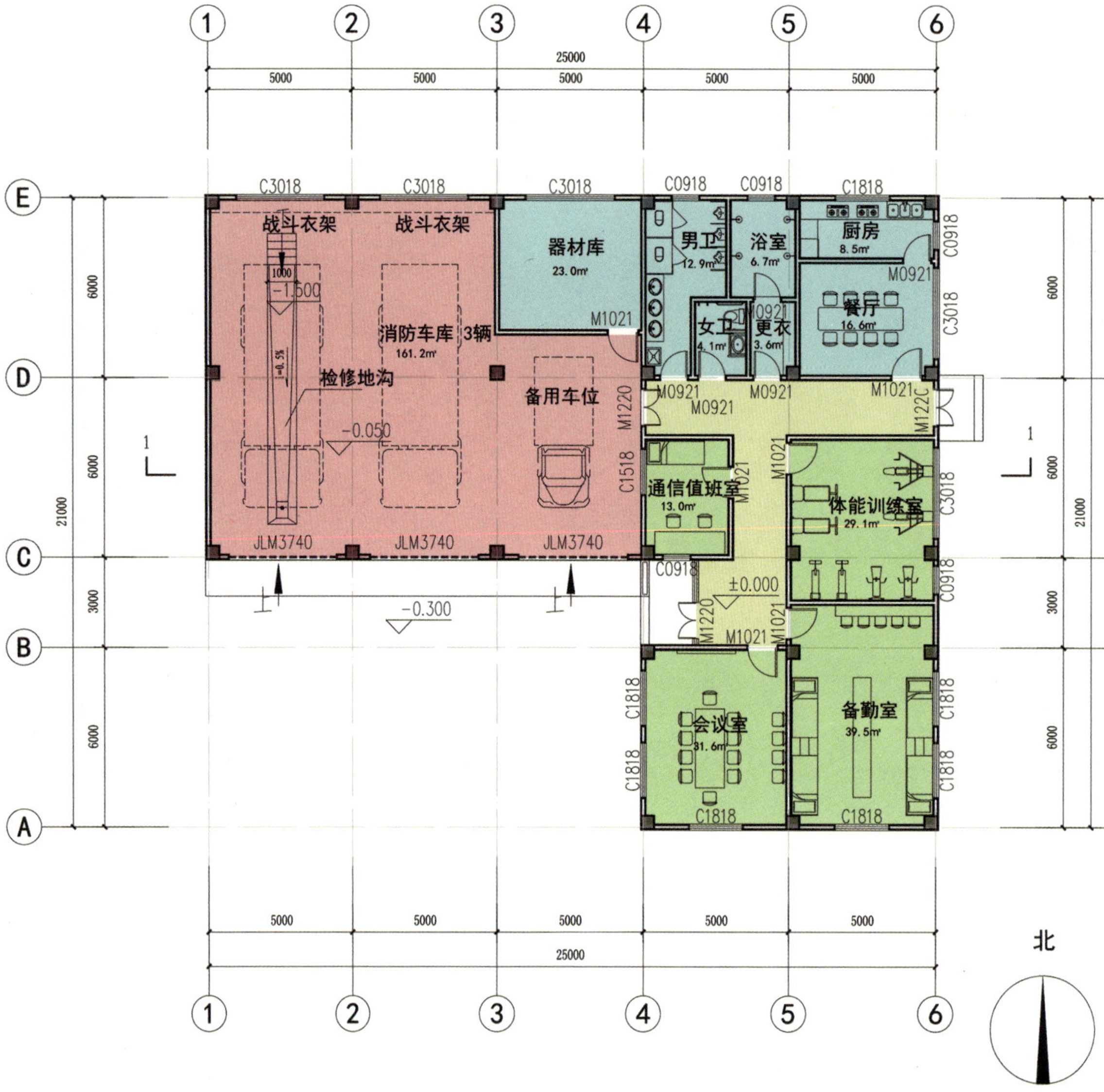

战斗衣架 战斗衣架

器材库
23.0㎡

男卫
12.9㎡

浴室
6.7㎡

厨房
8.5㎡

餐厅
16.6㎡

女卫
4.1㎡

更衣
3.6㎡

消防车库 3辆
161.2㎡

检修地沟

备用车位

通信值班室
13.0㎡

体能训练室
29.1㎡

会议室
31.6㎡

备勤室
39.5㎡

C3018 C3018 C3018 C0918 C0918 C1818

M1021 M0921 M1021

M0921 M0921 M1021C M122C

JLM3740 JLM3740 JLM3740

C1518 C0918 C0918

C1818 C1818

−1.500
−0.050
−0.300
±0.000

北

一层平面图

本层建筑面积：399.24m²
总建筑面积：399.24m²

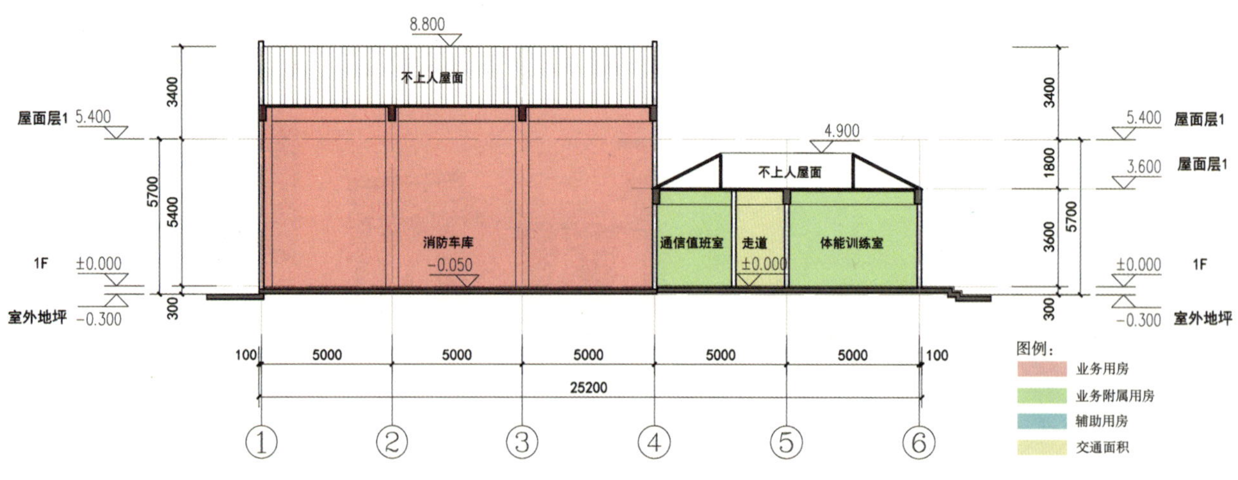


1-1 剖面图

8.800

不上人屋面

4.900

不上人屋面

屋面层1 5.400

消防车库
−0.050

通信值班室

走道
±0.000

体能训练室

1F ±0.000

室外地坪 −0.300

屋面层1 5.400
屋面层1 3.600
1F ±0.000
室外地坪 −0.300

3400 5700 5400 300

3400 1800 3600 5700 300

100 5000 5000 5000 5000 5000 100
25200

图例：
业务用房
业务附属用房
辅助用房
交通面积

# 现代风格二级乡镇消防队之 2

## ■ 总平规划

入口毗邻城市道路毗邻城市道路，位于北侧，分设人员出入口和车辆出入口。消防站用地的东侧布置长轴南北向的训练场地。人员出入口布置在建筑西北侧，消防车出入口布置在建筑东北侧，预留进深大于 12m 的广场内院，满足方便消防车进出的要求。

## ■ 平面布局

车辆、人员出入口分开布置，人员出入口设置在建筑西北侧毗邻门厅，通过门厅、楼梯组织人流，消防车出入口设置在建筑北侧。消防车库、通信值班、器材库、餐厅厨房等功能紧凑布置在一层，并设置 1 个备用车位；二层设置了消防员备勤室、体能训练室、会议（学习）室及辅助用房。

## ■ 立面设计

建筑立面设计以现代建筑语言解构地域建筑，以黔西地域特点鲜明的屯堡建筑为参照，通过对屯堡建筑富有特色的石墙、塔楼、石头窗等的提取加工，融合极简现代主义建筑风格的水平长窗和白色墙体、钢和玻璃的建筑肌理，表现出现代乡镇消防功能建筑的时代感和地域特色。

## ■ 设计单位：贵州省建筑设计研究院有限责任公司

设计指导：程鹏、张媛　设计人员：孙明恩、习兴慧、杨亮亮、肖戎、郑远莹

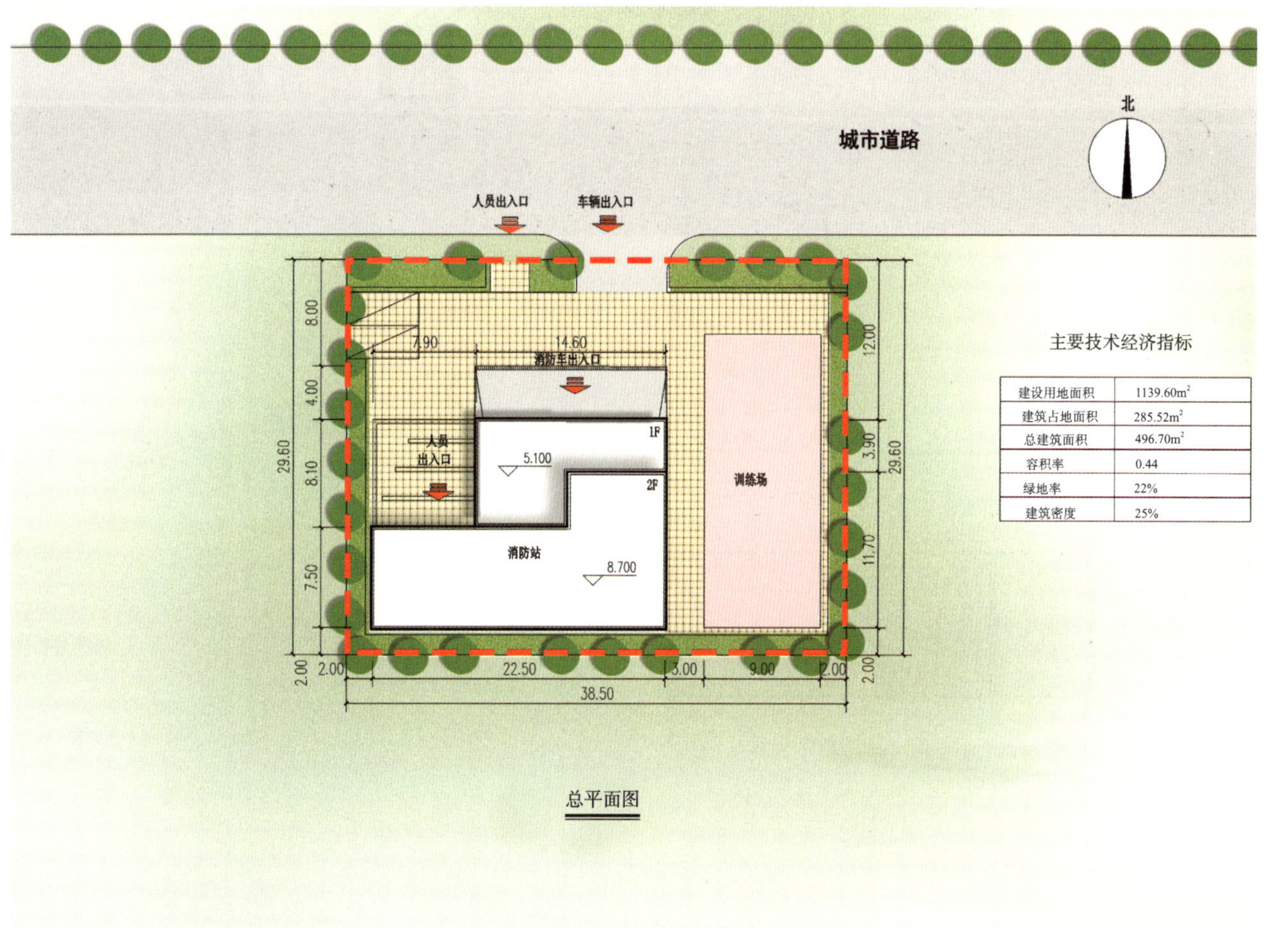


| 建设用地面积 | 1139.60m² |
|---|---|
| 建筑占地面积 | 285.52m² |
| 总建筑面积 | 496.70m² |
| 容积率 | 0.44 |
| 绿地率 | 22% |
| 建筑密度 | 25% |

总平面图

鸟瞰图

透视图

北立面图　　东立面图

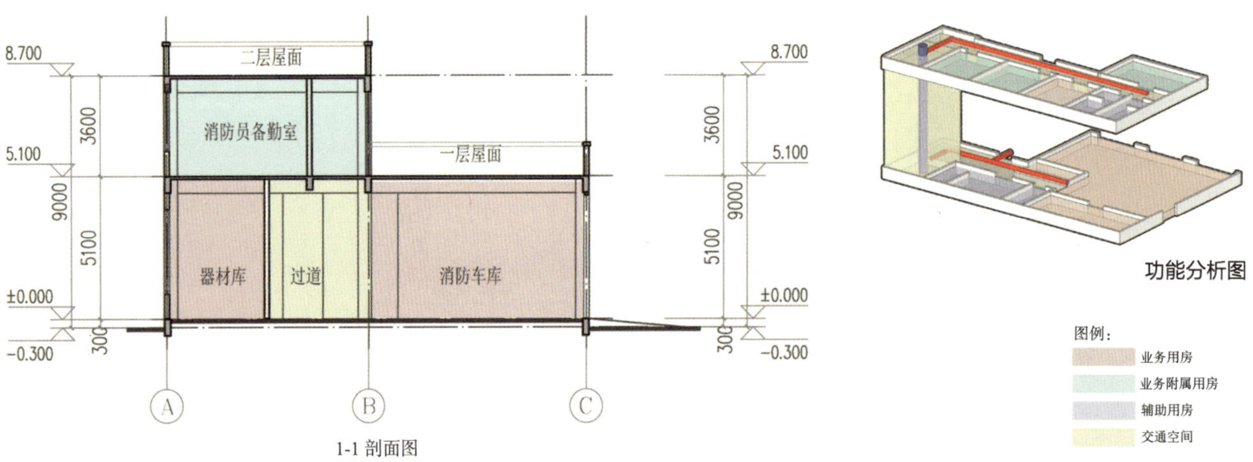


1-1 剖面图

功能分析图

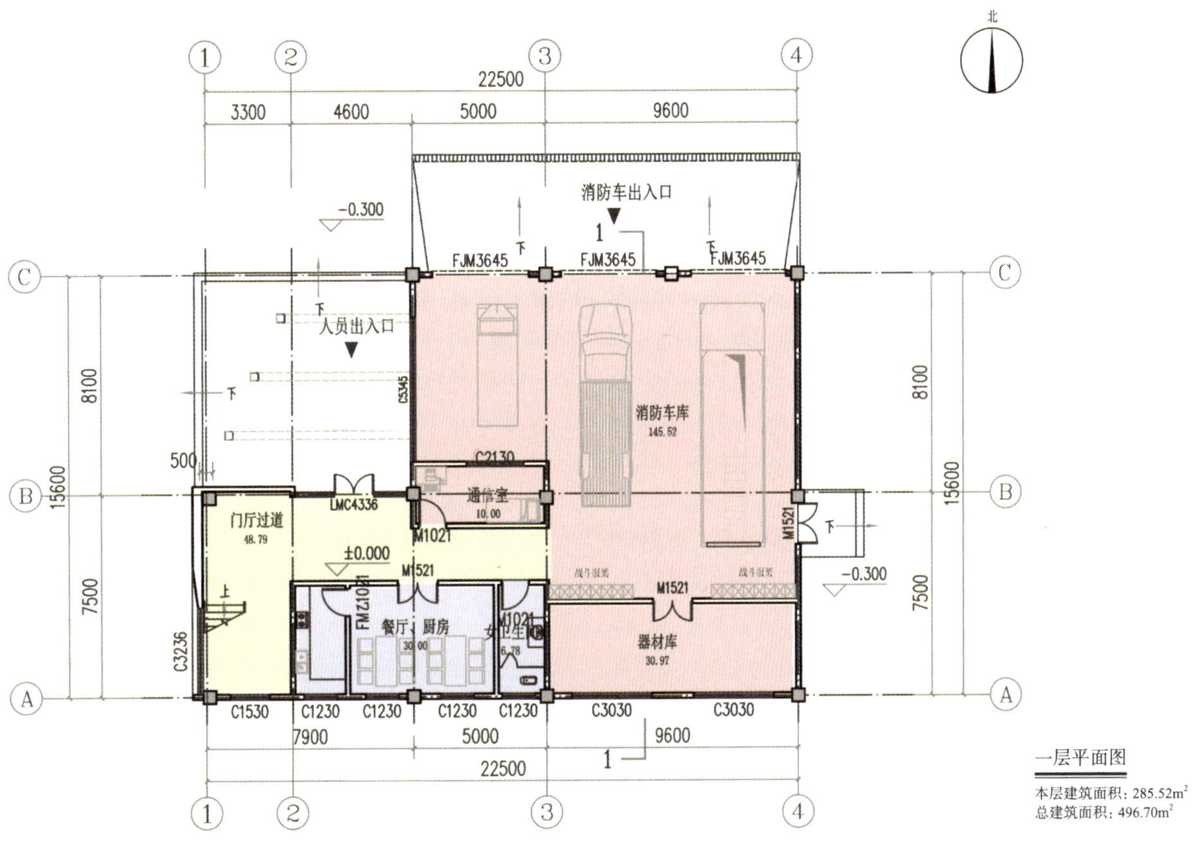


一层平面图

本层建筑面积：285.52m²

总建筑面积：496.70m²

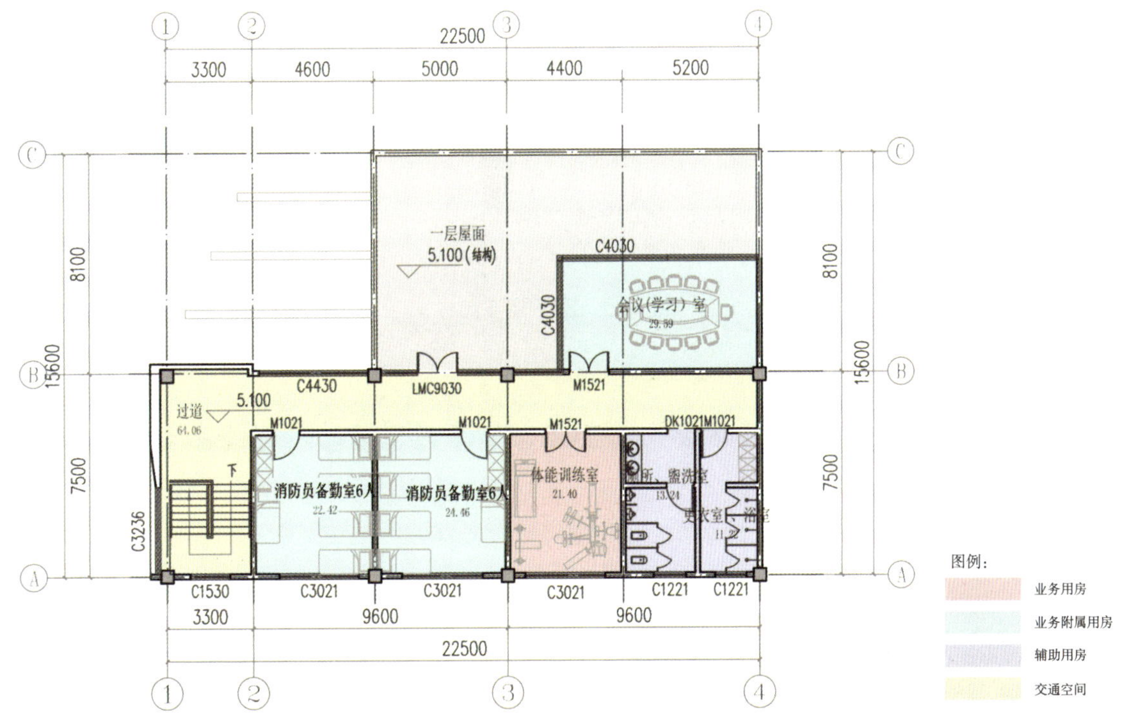


二层平面图

本层建筑面积：211.18m²

总建筑面积：496.70m²

# 现代风格二级乡镇消防队之 3

## ■ 总平规划

建筑主入口设置于用地的南侧，消防车出入口预留出大于 12m 的退距，方便消防车进出。建筑居中用地的偏北布置，留出前广场，结合消防车出入口距离，方便演练和进行其他活动。前广场东侧布置机动车位，满足平时办公及访客需要。

## ■ 平面设计

首层的消防车库设 3 个消防车位（2 个标准车位、1 个备用车位），附设器材库；门厅旁设有通信值班室，与车库紧邻。餐厅及厨房设置在东侧，有独立出入口。二层设有学习（会议）室、体能训练室、盥洗室、卫生间、浴室和消防员备勤室。一层车库屋顶可作为屋顶花园及晾衣场，通过女儿墙遮挡，既保证建筑形象，又方便乡镇消防队员的日常生活使用。

## ■ 立面设计

本方案提取江南建筑的灰白黑色调，通过现代手法演绎，利用高低变化型体，互相穿插咬合，塑造动感建筑形态，同时引入消防红色搭配其中，结合消防车库大门的红色主色调，以及消防宣传提示语，体现消防建筑特点，达到建筑功能与形式的有机结合。

## ■ 设计单位：浙江宏正建筑设计有限公司

设计指导：徐奇立、戴锋　　设计人员：莫鑫杰

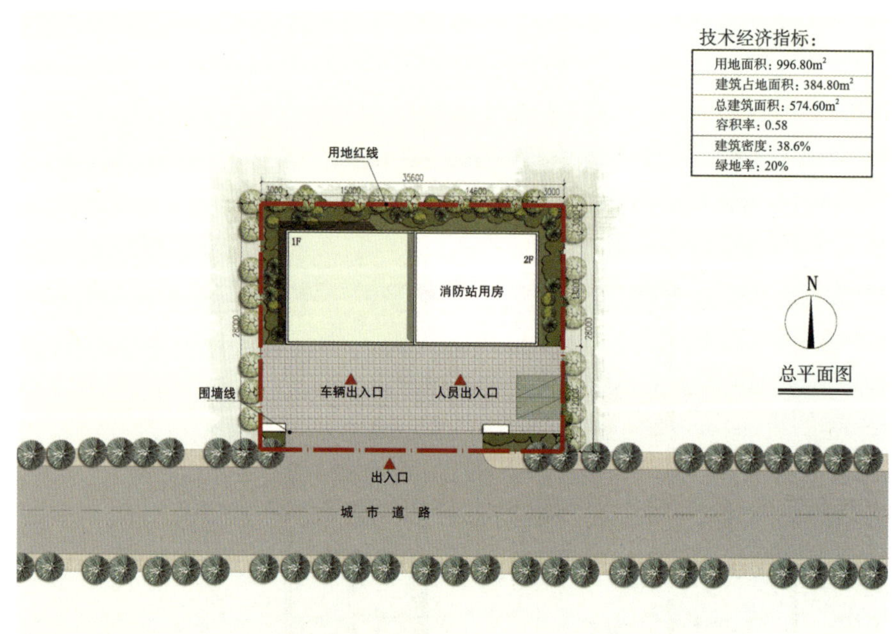


总平面图

鸟瞰图

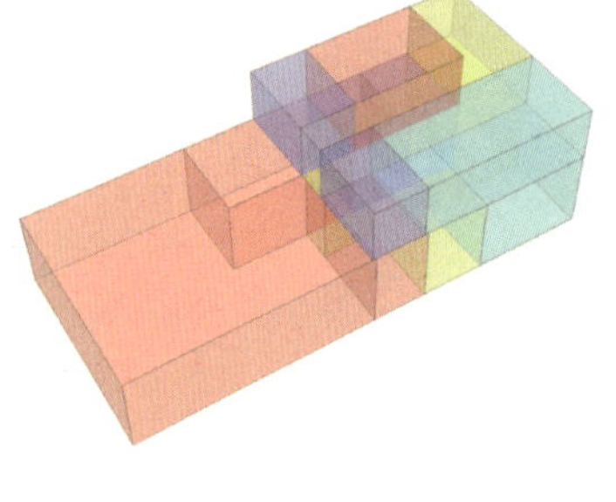


功能分析图

北立面图

南立面图

透视图

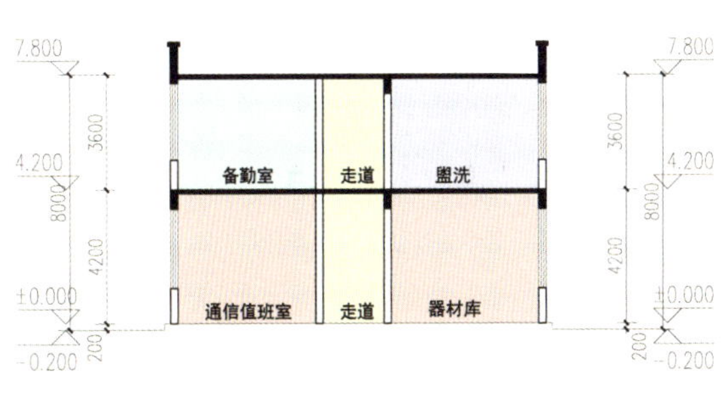


1-1 剖面图

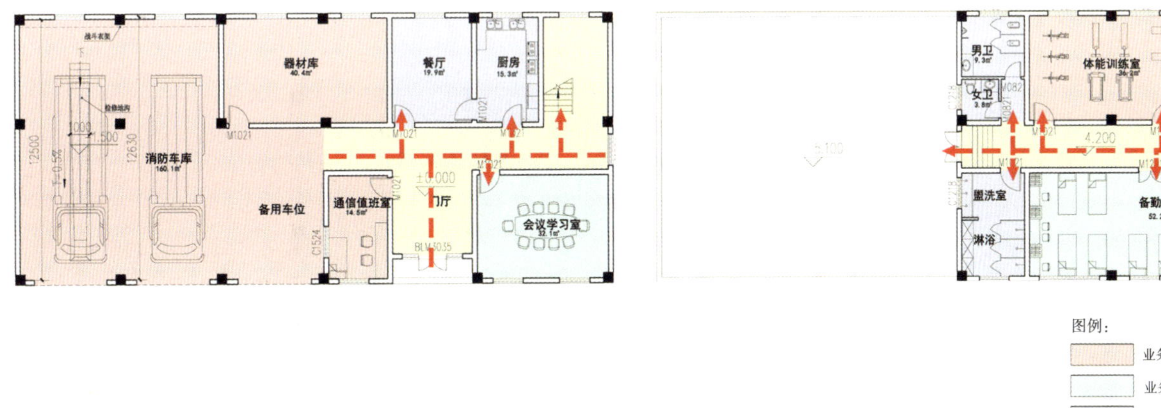

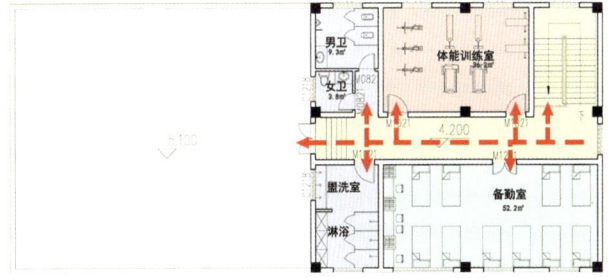

图例：

业务用房

业务附属用房

辅助用房

交通空间

流线分析：首层设有两个消防车位和一个备用车位，车库末端设有器材库，门厅旁设有通信值班室、会议学习室和厨房、餐厅。二层设有体能训练室和消防员备勤室。

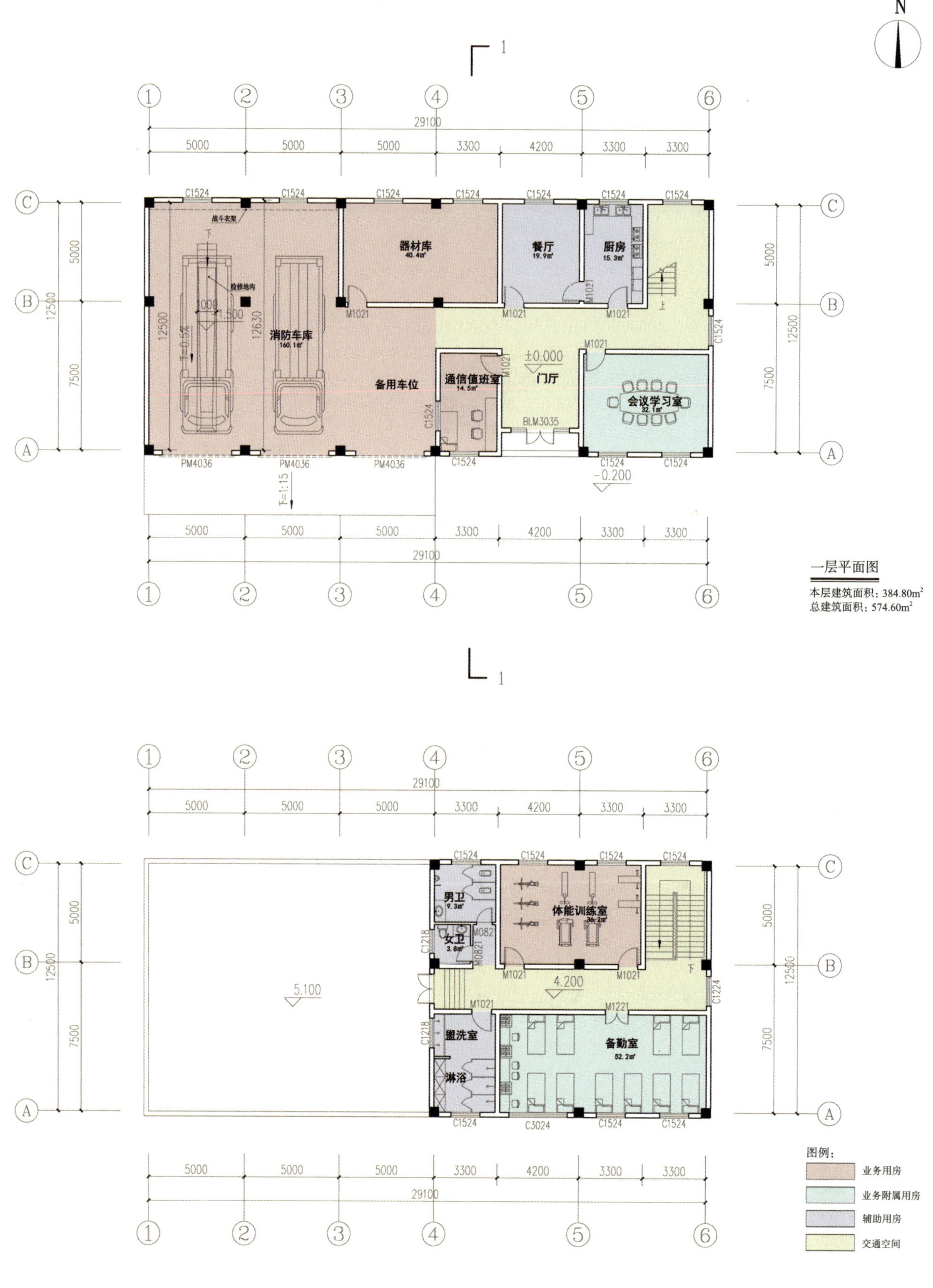
N
29100
5000
3300
4200
C1524
器材库
40.4㎡
餐厅
19.9㎡
厨房
15.3㎡
消防车库
160.1㎡
备用车位
通信值班室
14.5㎡
±0.000
门厅
会议学习室
32.1㎡
M1021
BLM3035
PM4036
C1524
12500
7500
−0.200
下=1:15
一层平面图
本层建筑面积：384.80m²
总建筑面积：574.60m²
男卫
9.3㎡
女卫
3.8㎡
体能训练室
36.2㎡
4.200
5.100
盥洗室
淋浴
备勤室
52.2㎡
C3024
C1224
C1218
M1221
图例：
业务用房
业务附属用房
辅助用房
交通空间
二层平面图
本层建筑面积：189.80m²
总建筑面积：574.60m²

# 现代风格二级乡镇消防队之 4

## ■ 总平规划

主入口设置于用地的南侧，消防车出入口预留出大于 12m 的退距，方便消防车进出。前广场结合部分训练场地，达到节省用地。

## ■ 平面布局

首层的消防车库设 3 个消防车位（2 个标准车位、1 个备用车位），附设器材库；门厅旁设有通信值班室，与车库紧邻。餐厅及厨房设置在东侧，有独立出入口。二层设有学习（会议）室、体能训练室、盥洗室、卫生间、浴室和消防员备勤室。一层车库屋顶可作为屋顶花园及晾衣场，通过女儿墙遮挡，既保证建筑形象，又方便乡镇消防队员的日常生活使用。

## ■ 立面设计

本方案建筑以灰白为主色，用极简的元素表达新中式建筑风格，通过现代构成手法，辅以消防红色点缀，使建筑形象与使用功能有机融合，建筑整体感觉清新优雅，但又充满张力，使消防形象融入江南文化之中。

## ■ 设计单位：浙江宏正建筑设计有限公司

设计指导：徐奇立、戴锋　　设计人员：莫鑫杰

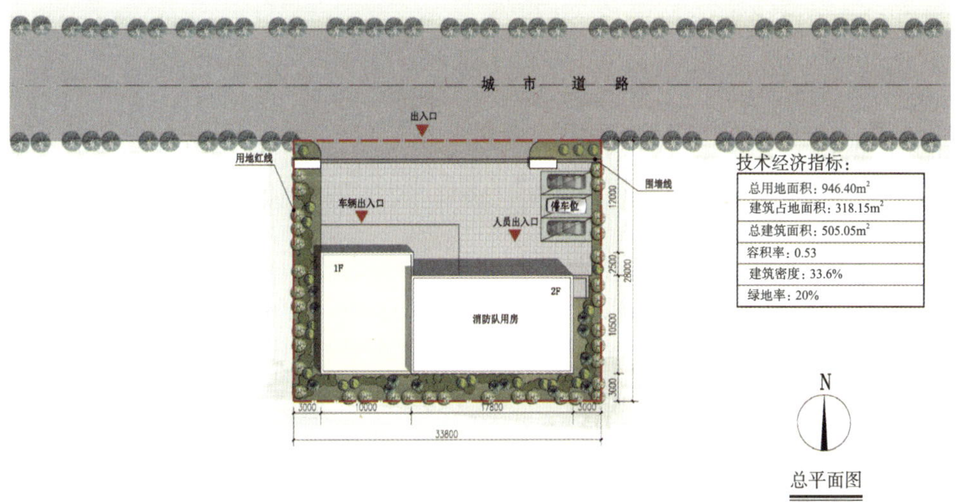


技术经济指标：

| 技术经济指标 |
| --- |
| 总用地面积：946.40m² |
| 建筑占地面积：318.15m² |
| 总建筑面积：505.05m² |
| 容积率：0.53 |
| 建筑密度：33.6% |
| 绿地率：20% |

总平面图

鸟瞰图　　功能分析图

北立面图

南立面图

透视图

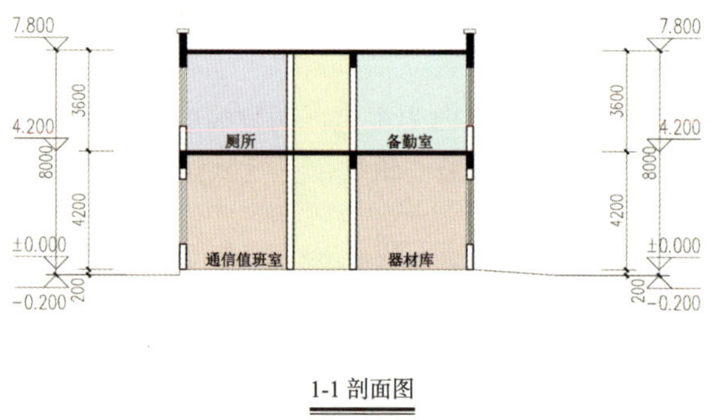


1-1 剖面图

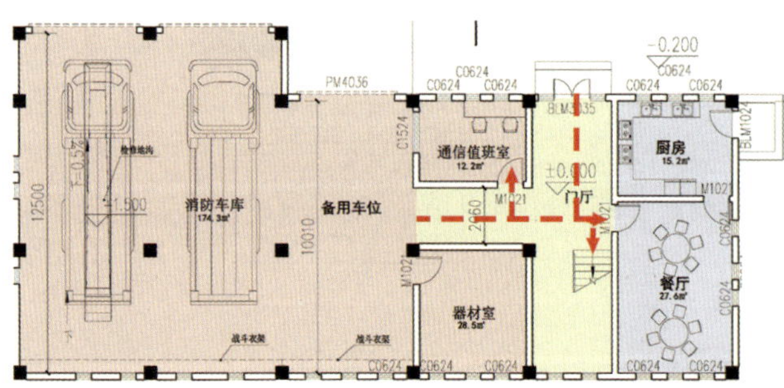


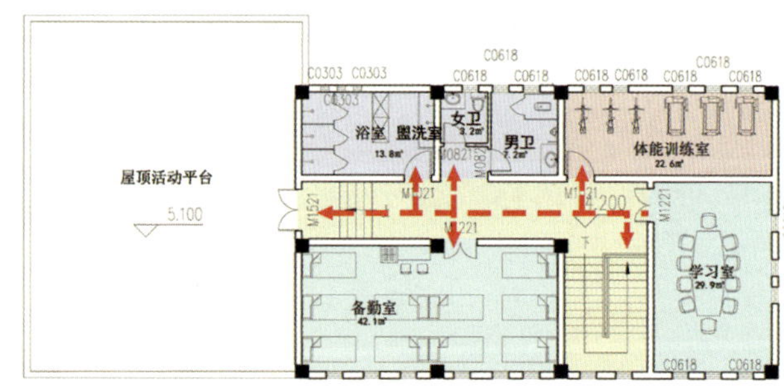


图例：
- 业务用房
- 业务附属用房
- 辅助用房
- 交通空间

流线分析：首层设有两个消防车位和一个备用车位，车库末端设有器材库，门厅旁设有通信值班室、会议学习室和厨房、餐厅。二层设有体能训练室和消防员备勤室。

N
一层平面图
本层建筑面积：318.15m²
总建筑面积：505.05m²
消防车库
备用车位
通信值班室
门厅
厨房
餐厅
器材室
二层平面图
本层建筑面积：186.90m²
总建筑面积：505.05m²
屋顶活动平台
浴室
盥洗室
女卫
男卫
体能训练室
备勤室
学习室
图例：
业务用房
业务附属用房
辅助用房
交通空间

# 现代风格二级乡镇消防队之 5

## ■ 总平规划

主入口设在南侧主干路，建筑距主干路留出 12m 距离，方便消防车出入，东西两侧距红线各留出 3m 距离。

## ■ 平面布局

将消防车库、通信值班室、会议室、消防安全管理办公室、消防宣传教育陈列室、厨房、餐厅等对外联系紧密的房间布置在一层。二层设置备勤室、队长备勤室、体能训练室、更衣、淋浴等日常训练和生活用房，与一层的工作空间分开，避免相互干扰。

## ■ 立面设计

建筑立面设计以功能为基础，采用仿清水砖墙暖色涂料，配以白色涂料对比，突出体块的对比变化。在减少不必要装饰的同时，通过窗格大小变化，使建筑整体造型简约、现代、富有动感和亲切感，更能体现消防站建筑的力量感和速度感。

## ■ 设计单位：吉林省长春工程学院建筑与设计学院

设计指导：王丽颖　　设计人员：马明昌、曹家玮

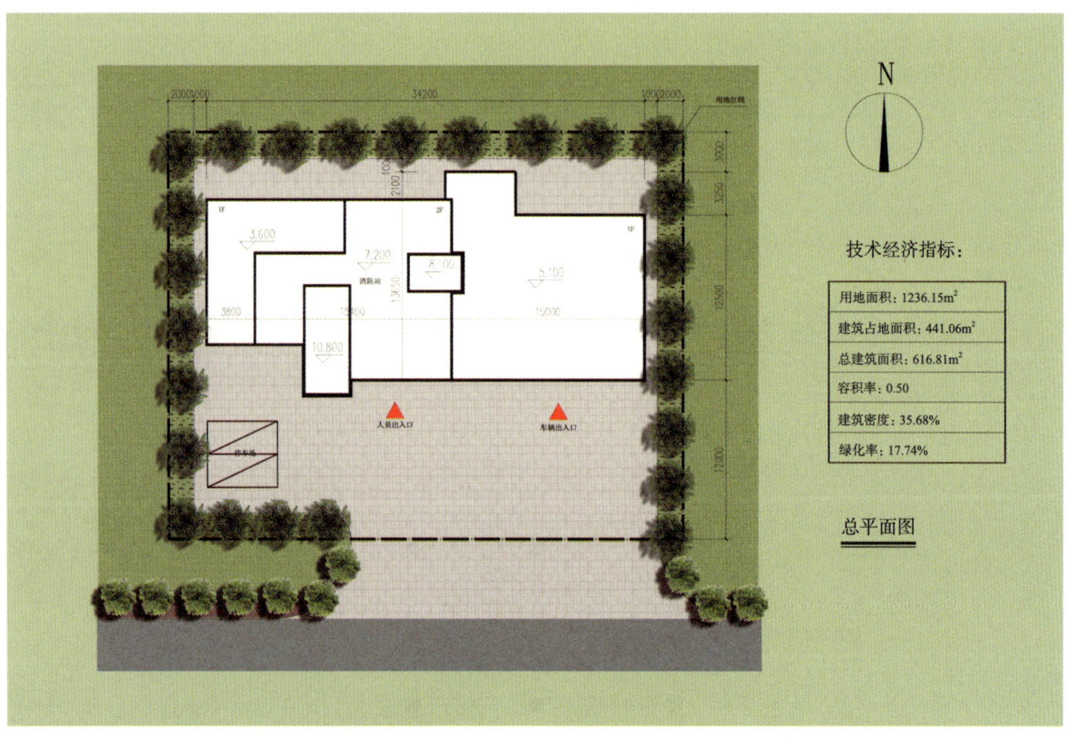

鸟瞰图

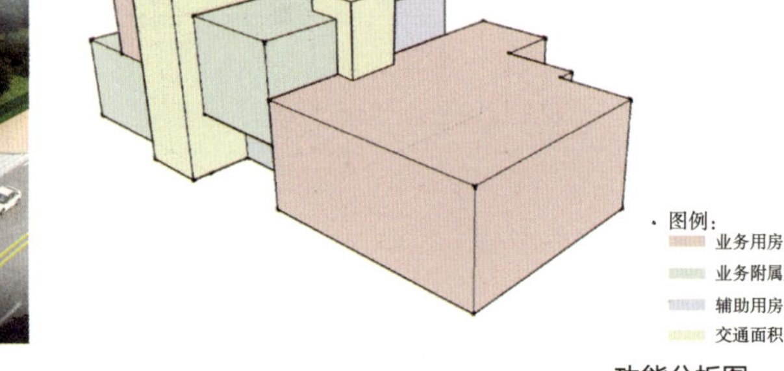


功能分析图

透视图

立面图

立面图

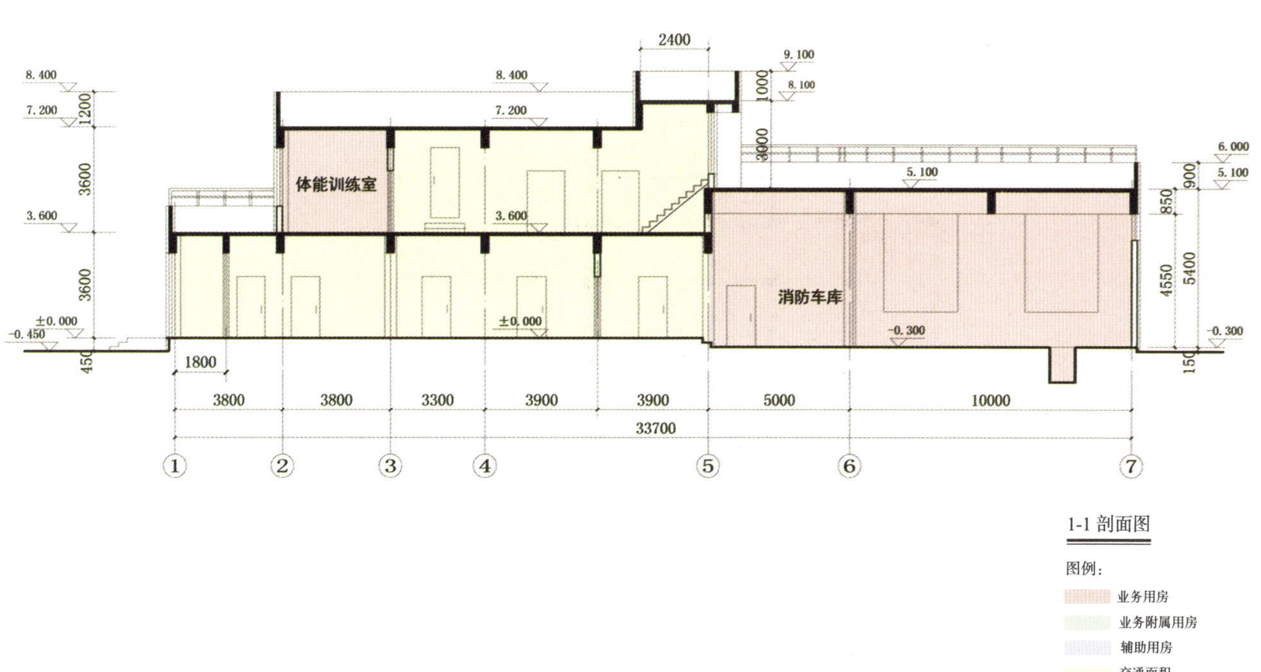


1-1 剖面图

图例：

业务用房

业务附属用房

辅助用房

交通面积

厨房
餐厅
消防安全管理办公室
消防宣传教育陈列室
清洗烘干室
执勤器材室
门厅
会议室
通信值班室
消防车库
备用车位(小型车车位)
中型消防车位
中型消防车位
一层平面图
本层建筑面积：446.0m²
总建筑面积：624.79m²
上人屋面 3.600
体能训练室
男
浴室
女
洗
洗
更衣
备勤室
备勤室
5.100 车库屋面 上人屋面
图例：
业务用房
业务附属用房
辅助用房
交通面积
二层平面图
本层建筑面积：178.79m²

# 现代风格二级乡镇消防队之 6

## ■ 总平规划

入口置于基地南侧，设有消防车出入口和人员出入口，预留了较大的退距，方便消防车进出。外来车辆停车场设置于建筑西侧，既方便车辆进出，又利于管理。

## ■ 平面布局

将消防车库与消防站的办公、休息空间平行布置，分别设置单独的出入口。公共空间与私密空间分区明确，互不干扰，提高了工作效率和舒适度。各功能房间紧凑布置，确保消防员接警后能在最短时间到达车库。厨房单独入口，将消防人员出行与后勤人员出行有效的分开。

## ■ 立面设计

建筑立面设计提取河北传统民居中红砖、白墙等典型元素，结合现代设计理念进行设计，局部加入消防标识“119”，突显建筑的消防属性。建筑整体造型简约、现代、亲切，体现消防建筑快速、振奋的形象。

## ■ 设计单位：河北建筑设计研究院有限责任公司

设计指导：张震　　设计人员：粟一晟、庄天爽、李广、张天翔

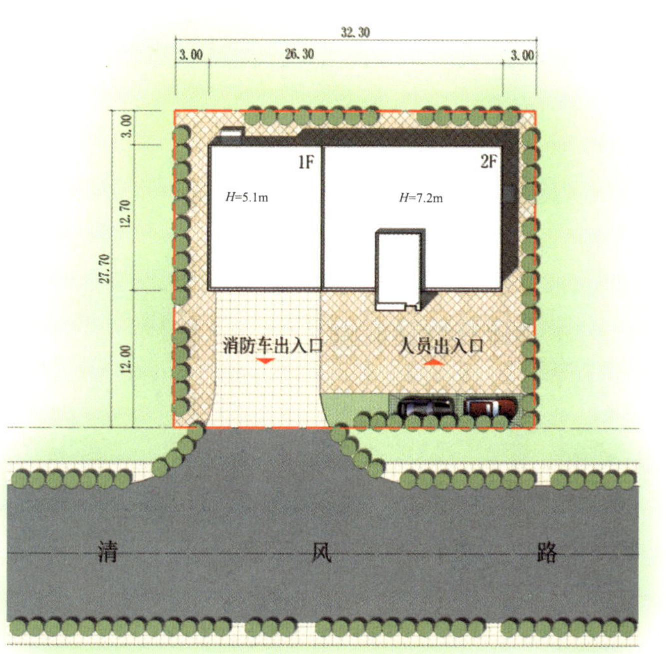


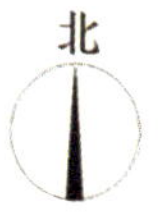


技术经济指标：

| | |
| --- | --- |
| 用地面积 | 894.72m² |
| 建筑占地面积 | 339.48m² |
| 总建筑面积 | 550.72m² |
| 容积率 | 0.62 |
| 建筑密度 | 37.94% |
| 绿化率 | 23.93% |

注：加设清洗室、消防宣传教育展室、消防安全管理办公室

总平面图

鸟瞰图

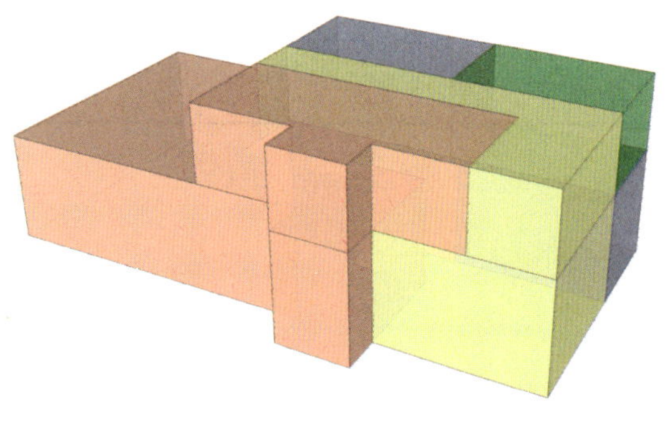

图例：
业务用房
交通面积
辅助用房
业务附属用房

功能分析图

透视图

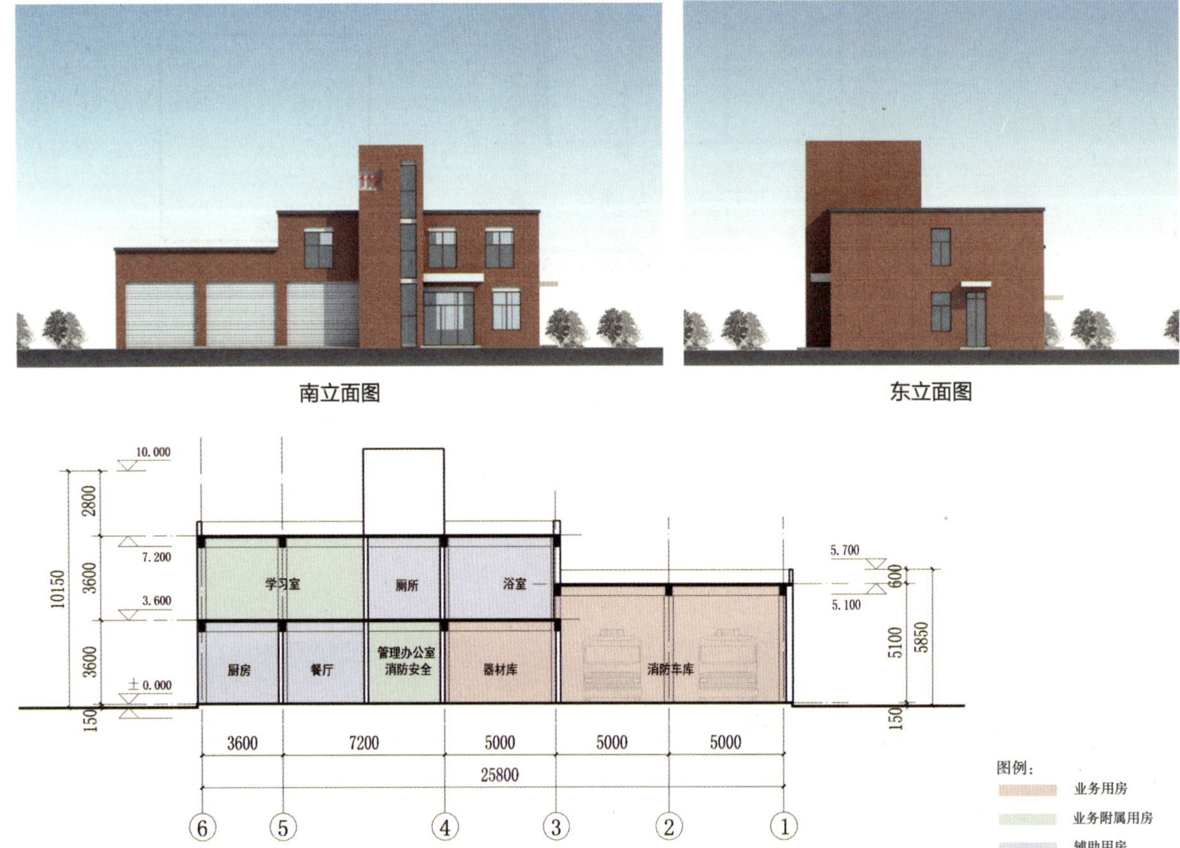
南立面图
东立面图
10.000
7.200
3.600
±0.000
5.700
5.100
2800
3600
3600
150
10150
600
5100
150
5850
学习室
厕所
浴室
厨房
餐厅
管理办公室
消防安全
器材库
消防车库
3600
7200
5000
5000
5000
25800
6
5
4
3
2
1
图例：
业务用房
业务附属用房
辅助用房

1-1 剖面图

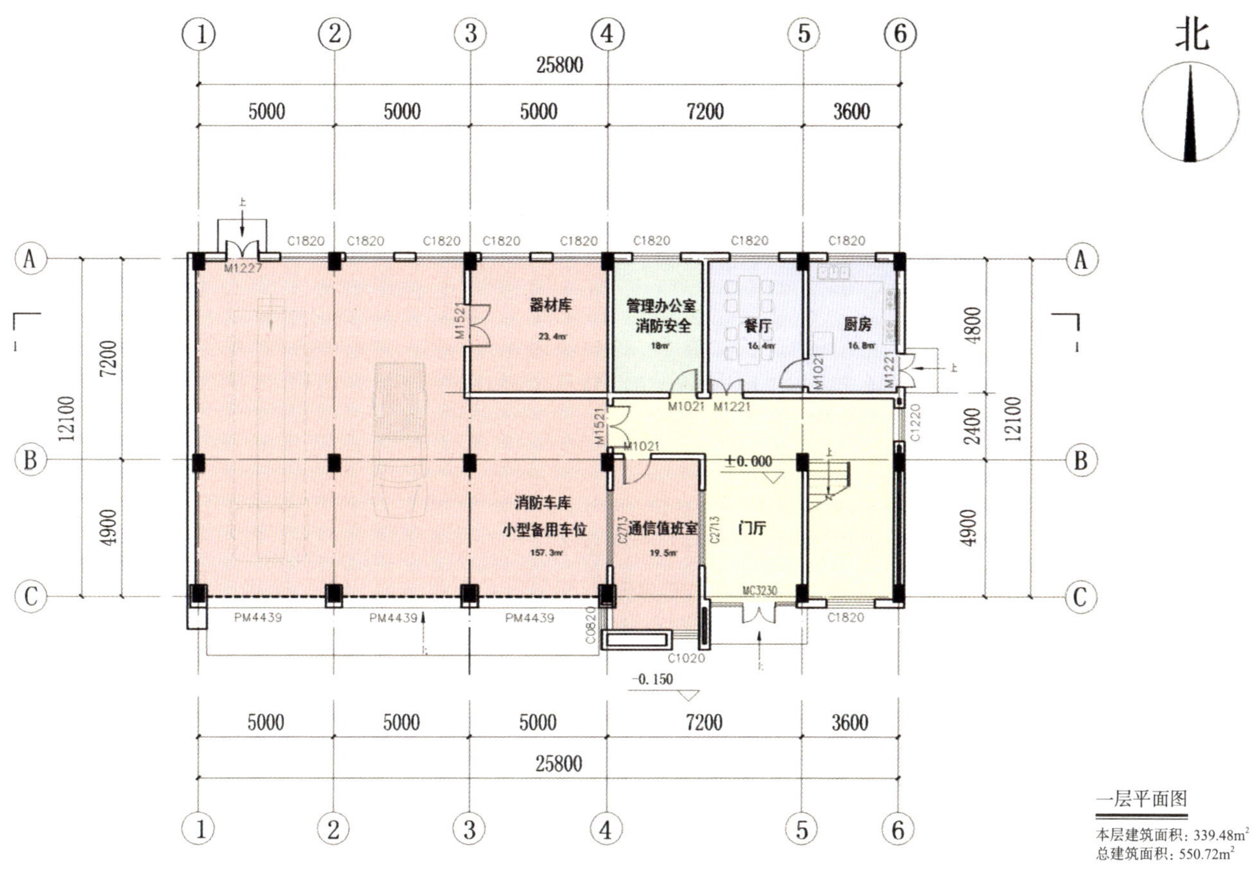


一层平面图

本层建筑面积：339.48m²
总建筑面积：550.72m²

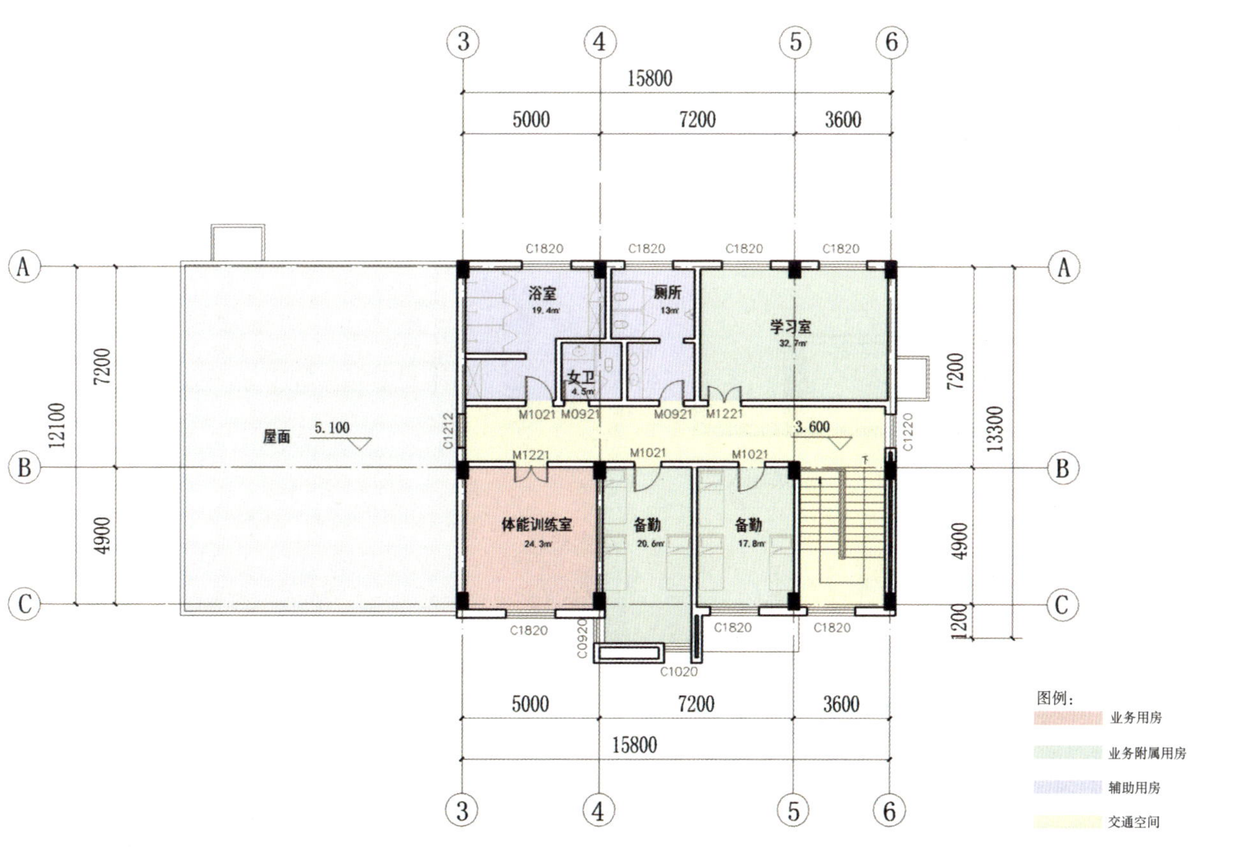


二层平面图

本层建筑面积：211.24m²
总建筑面积：550.72m²

# 现代风格二级乡镇消防队之 7

## ■ 总平规划

总体规划突出用地的适应性，在保证消防车出车和人员主入口面向道路的同时，尽量减少项目面临道路的面宽。消防站位于东西方向乡镇道路的北侧，建筑位于用地的西北部，消防车库紧邻城市道路，消防车回车场兼作训练跑道，训练塔位于项目东南角。用地东北角为景观绿化，西南角和西北角各设临时车位。

## ■ 平面布局

将消防车库与人员办公生活区明确分开，除餐厅、通信值班室外，将其他人员活动均设置在建筑二层，最大限度减少首层的建筑面积，以利于减小用地面积。消防队员备勤室和部分对外功能房间布置在二层，并保证消防员备勤室的南向采光。在备勤室的南侧设置阳光屋顶花园，供消防员休息观景之用。

## ■ 立面设计

突出乡镇消防站保障百姓安居乐业的功能特点，将体量不大的建筑塑造成安定基石的形象，增加社区居民的安全感。墙面颜色由灰白色真石漆为主，辅以红色外墙涂料搭配，局部用木质材料装饰。灰白色是陕西秦岭山石的主要颜色，灰白色真石漆使建筑显得稳重安宁；红色是消防功能的标志颜色，产生更强的信任感；局部木材的装饰，是对亲切自然人陕西文化风土人情的诠释。这三个颜色以现代手法呈现，充分体现了现代建筑简洁清新的特色和消防功能建筑内在的力量与文化情怀。

## ■ 设计单位：中国建筑西北设计研究院第七设计所

设计指导：嵇珂　　设计人员：刘磊

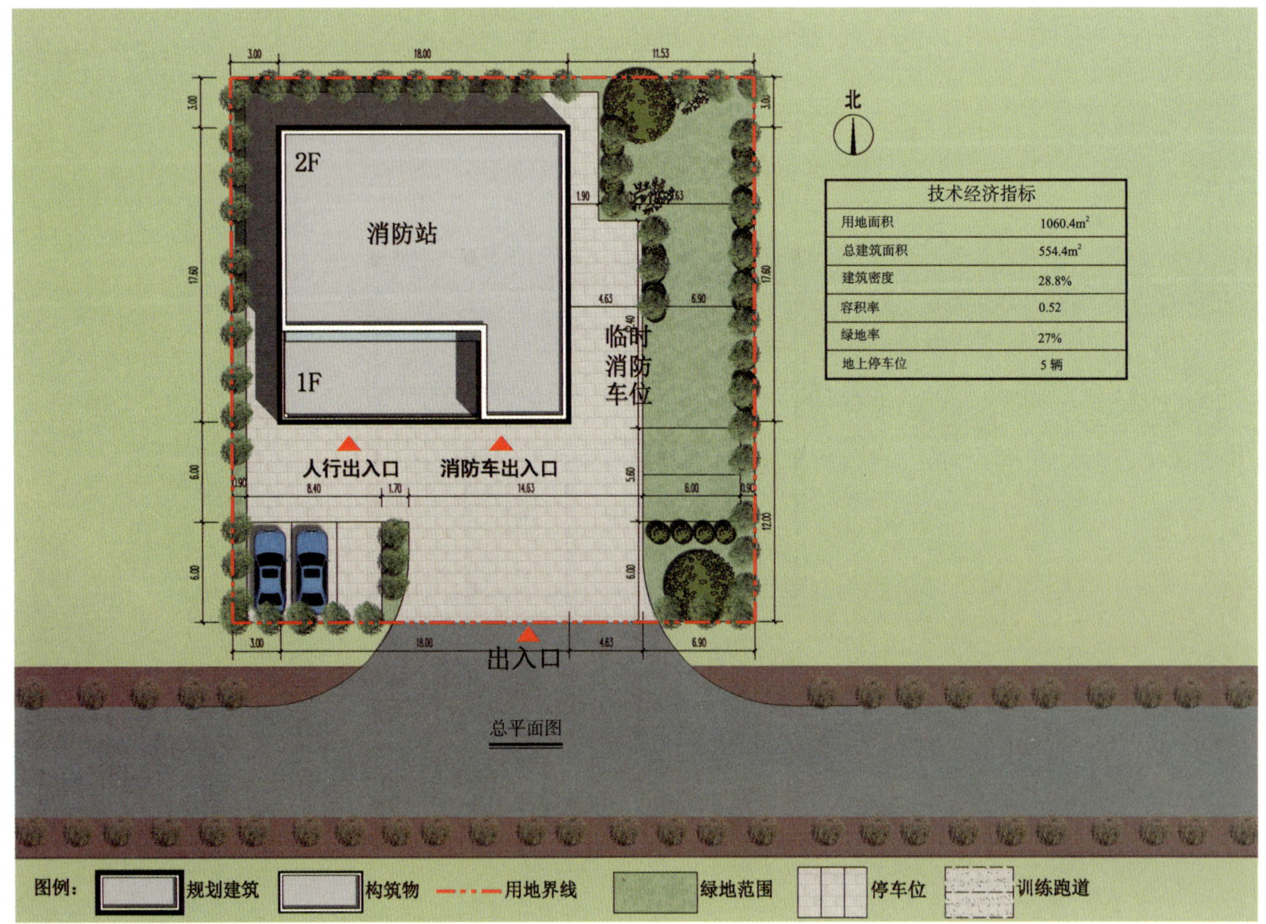


总平面图

鸟瞰图

透视图

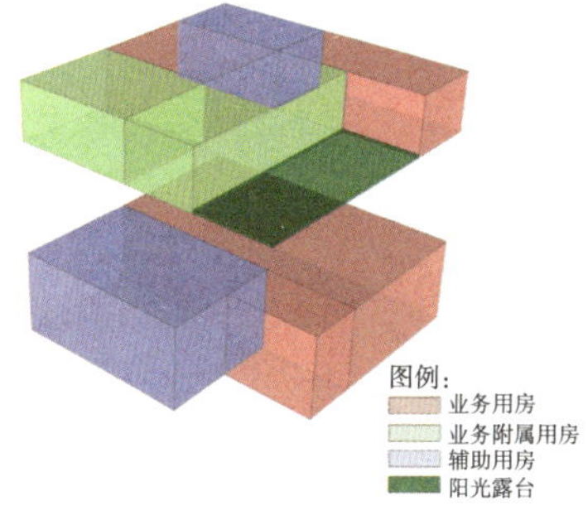


功能分析图

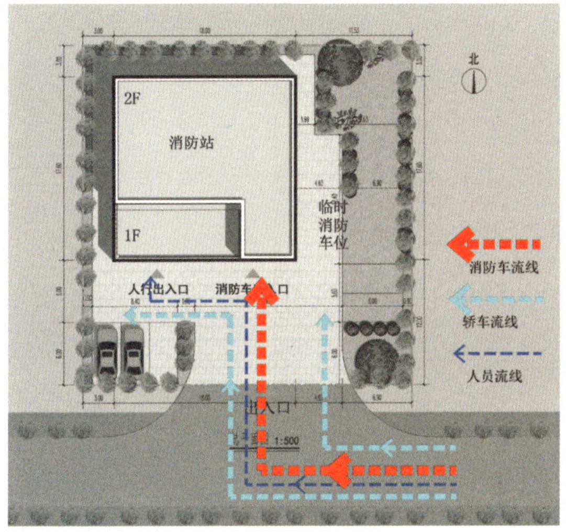


流线图

透视图

南立面图

西立面图

东立面图

1-1 剖面图

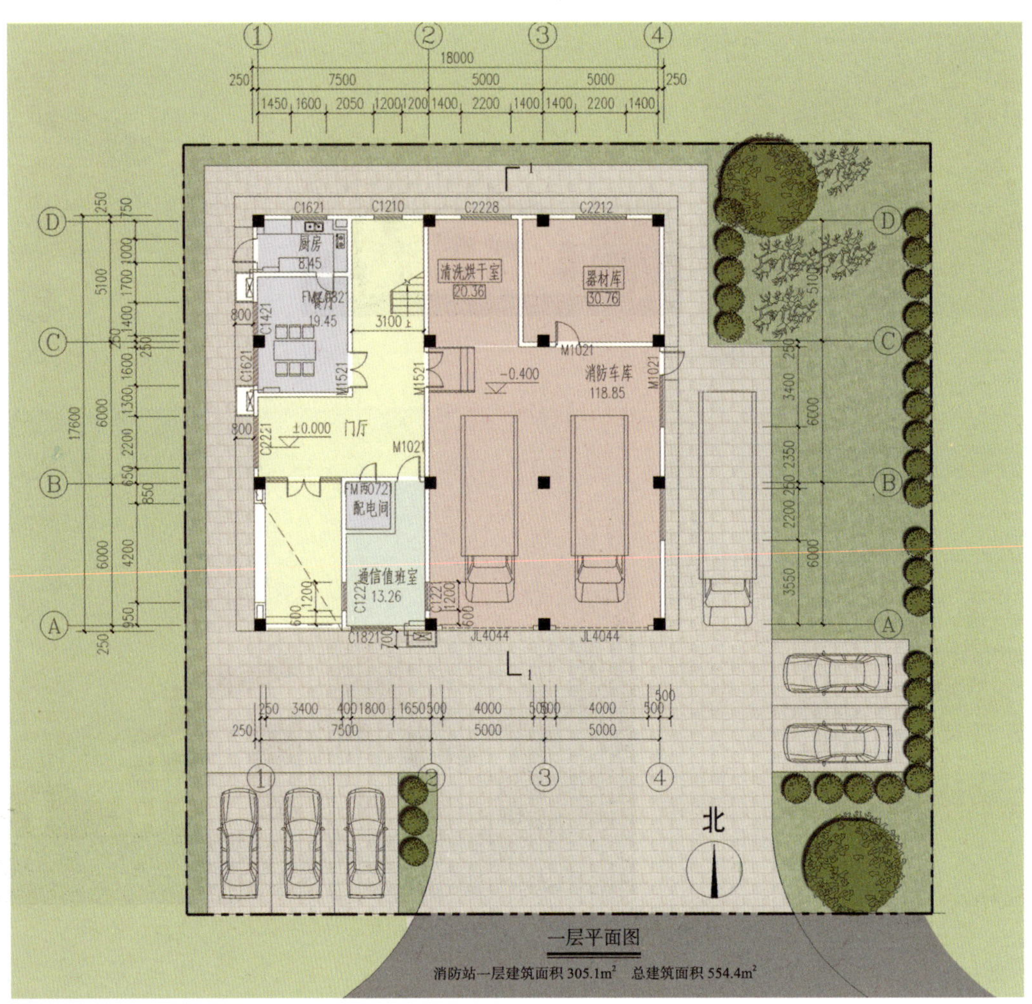


一层平面图

消防站一层建筑面积 305.1m² 总建筑面积 554.4m²

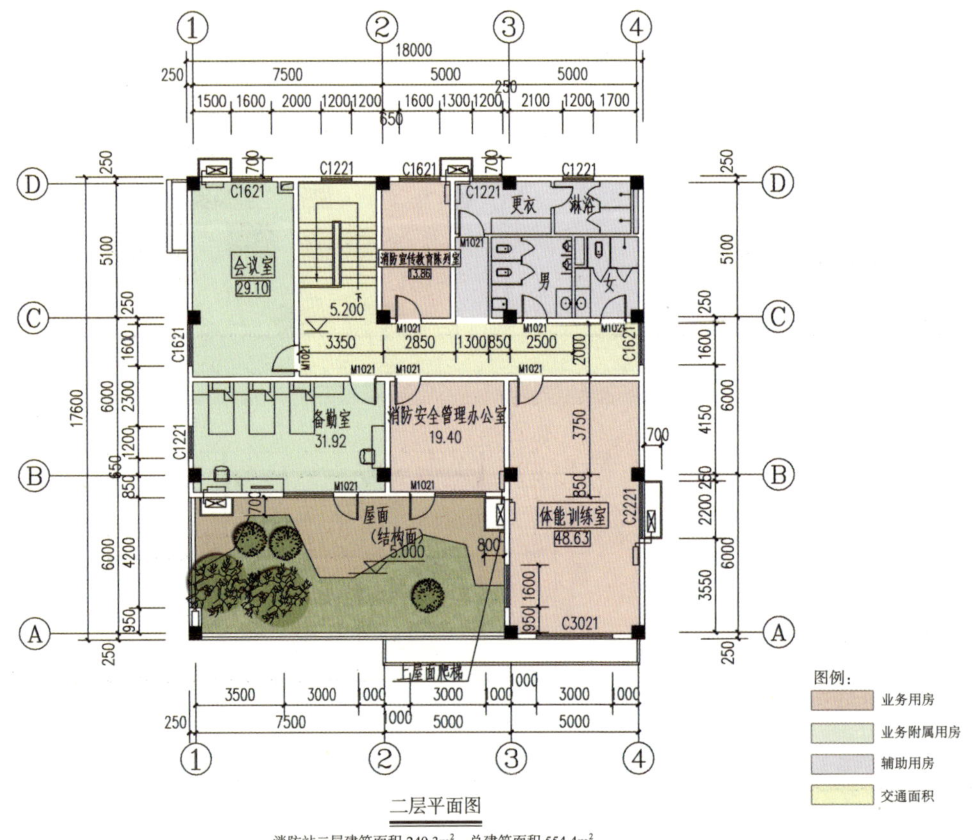


二层平面图

消防站二层建筑面积 249.3m² 总建筑面积 554.4m²

# 03 乡镇志愿消防队设计方案

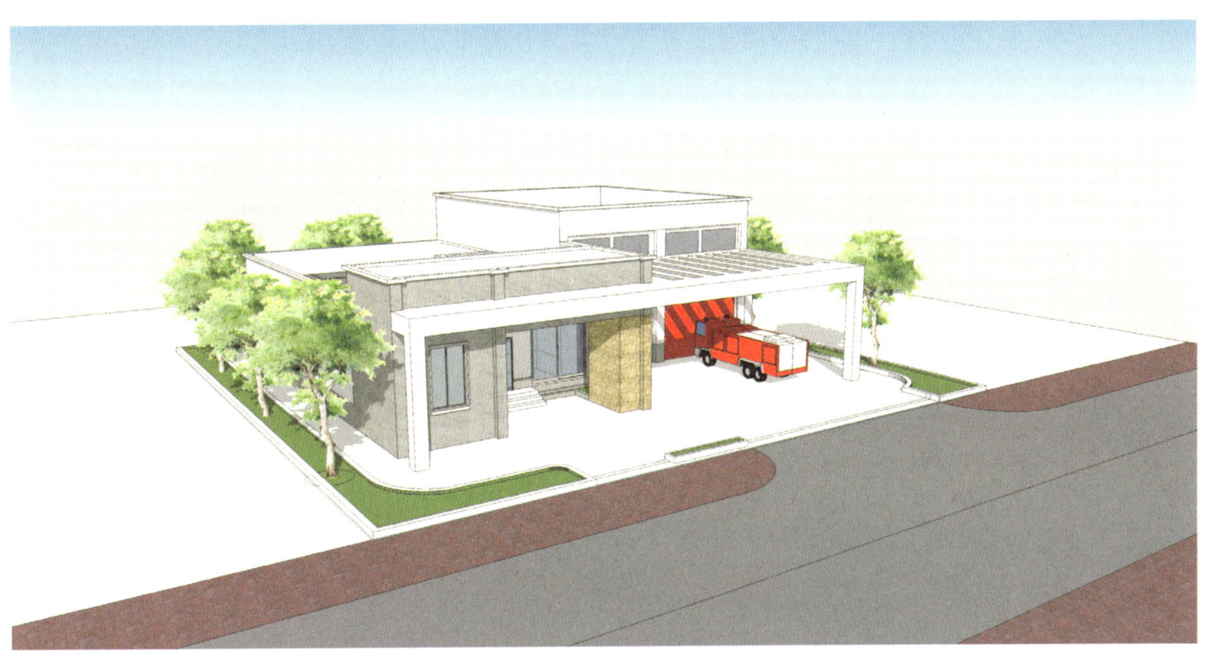

# 黔南风格乡镇志愿消防队

## ■ 总平规划

入口毗邻城市道路，位于南侧，分设人员出入口和车辆出入口。消防站主体建筑位于用地北侧，人员出入口设置在建筑西南侧，消防车出入口布置在建筑南侧，消防车出入口前预留大于12m的广场内院，满足方便消防车进出的要求。

## ■ 平面布局

车辆、人员出入口分开布置，人员出入口设置在建筑一层西侧，通过门厅、楼梯组织疏散各类人流，消防车出入口设置在建筑一层南侧。消防车库、通信室、器材库、修理间等功能紧凑布置在一层，保证了队员出勤的高效和便捷。二层设置了消防员备勤室、体能训练室及辅助用房。

## ■ 立面设计

以黔南民居建筑风格作为建筑立面设计的基础，提取黔南传统民居特有的穿斗式木结构吊脚楼，保留了穿斗式木结构、垂花柱、美人靠、小青瓦坡屋面等典型的黔南民居建筑元素，经过简化提炼，使得建筑立面设计在保留地域建筑特色的同时，去掉了过于繁复的装饰，融入现代乡镇建筑环境。

## ■ 设计单位：贵州省建筑设计研究院有限责任公司

设计指导：程鹏、张媛　　设计人员：孙明恩、习兴慧、杨亮亮、肖戎、郑远莹

| 建设用地面积 | 622.74m² |
| --- | --- |
| 建筑占地面积 | 191.54m² |
| 总建筑面积 | 353.32m² |
| 容积率 | 0.57 |
| 绿地率 | 25% |
| 建筑密度 | 31% |

总平面图

鸟瞰图

透视图

南立面图

西立面图

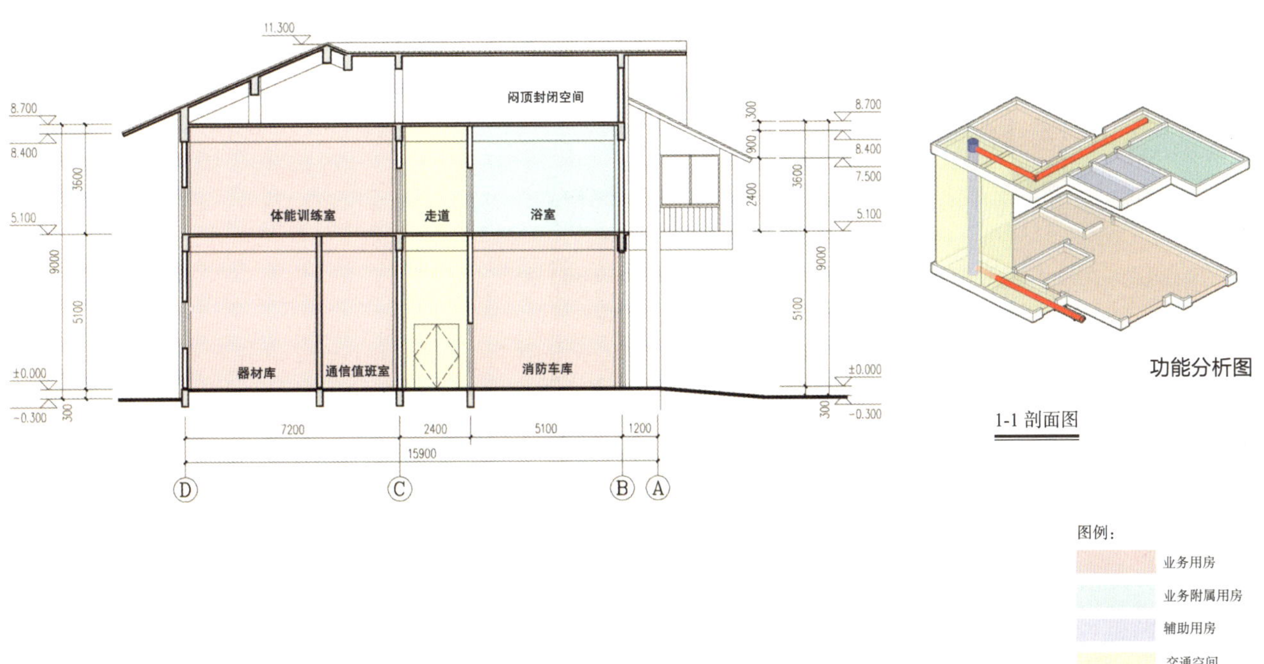


功能分析图

1-1 剖面图

图例：

业务用房

业务附属用房

辅助用房

交通空间

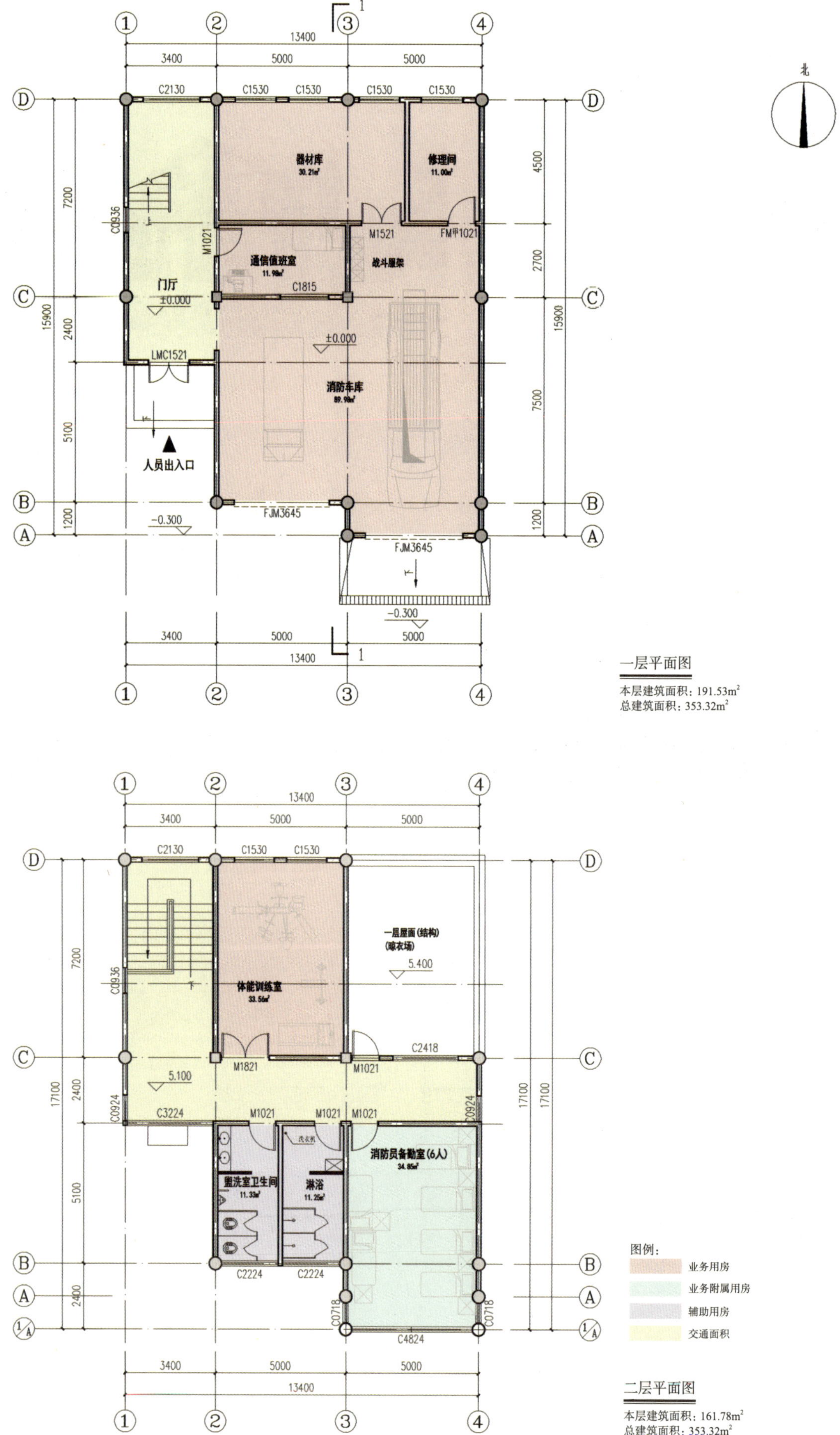


一层平面图

本层建筑面积：191.53m$^2$
总建筑面积：353.32m$^2$

二层平面图

本层建筑面积：161.78m$^2$
总建筑面积：353.32m$^2$

# 岭南风格乡镇志愿消防队

## ■ 总平规划

建筑主入口置于基地北侧，消防车出入口预留大于 10m 的退距，方便消防车进出。建筑偏向南侧，留出集中的训练场地，方便训练和进行其他活动。

## ■ 平面布局

根据设计要求优化功能流线，将消防车库、通信值班、门厅、厨房、餐厅等部分紧密布置在一层，保证了消防员出勤的高效和便捷。人员出入口设置在建筑北侧，通过门厅组织各类人流，于外来人员进出。

## ■ 立面设计

建筑立面采用青砖与红砂岩结合，体现低稳并向两边伸长，以最简单的线形设计最大程度地便于消防员快速出警。正立面采用双层百叶，可以达到很好的遮阳效果，同时加入消防建筑的红色元素，结合岭南建筑特色，更能体现消防站建筑的力量感和速度感。

## ■ 设计单位：广东省东莞市建筑设计院有限公司

设计指导：向葳、李雄业　　设计人员：田乐坤、谭文杰

鸟瞰图　　功能分析图

透视图

立面图

岭南四大园林—可园

岭南现代建筑的代表—西汉南越王博物馆

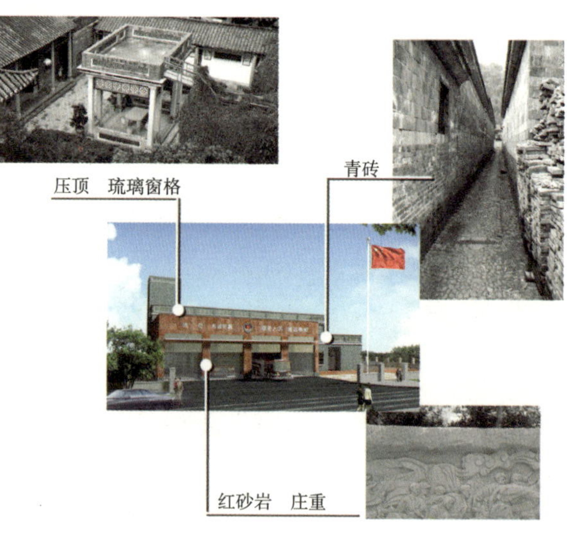


设计理念分析

地域融合，经济适用：

在岭南园林、博物馆建筑设计手法中提炼升华，车库部分采用红砂岩贴面作立面，既作为消防站红色元素，也体现出消防员的严肃、认真。生活办公部分提取传统建筑元素，呼应了岭南地域性，而且经济适用美观。

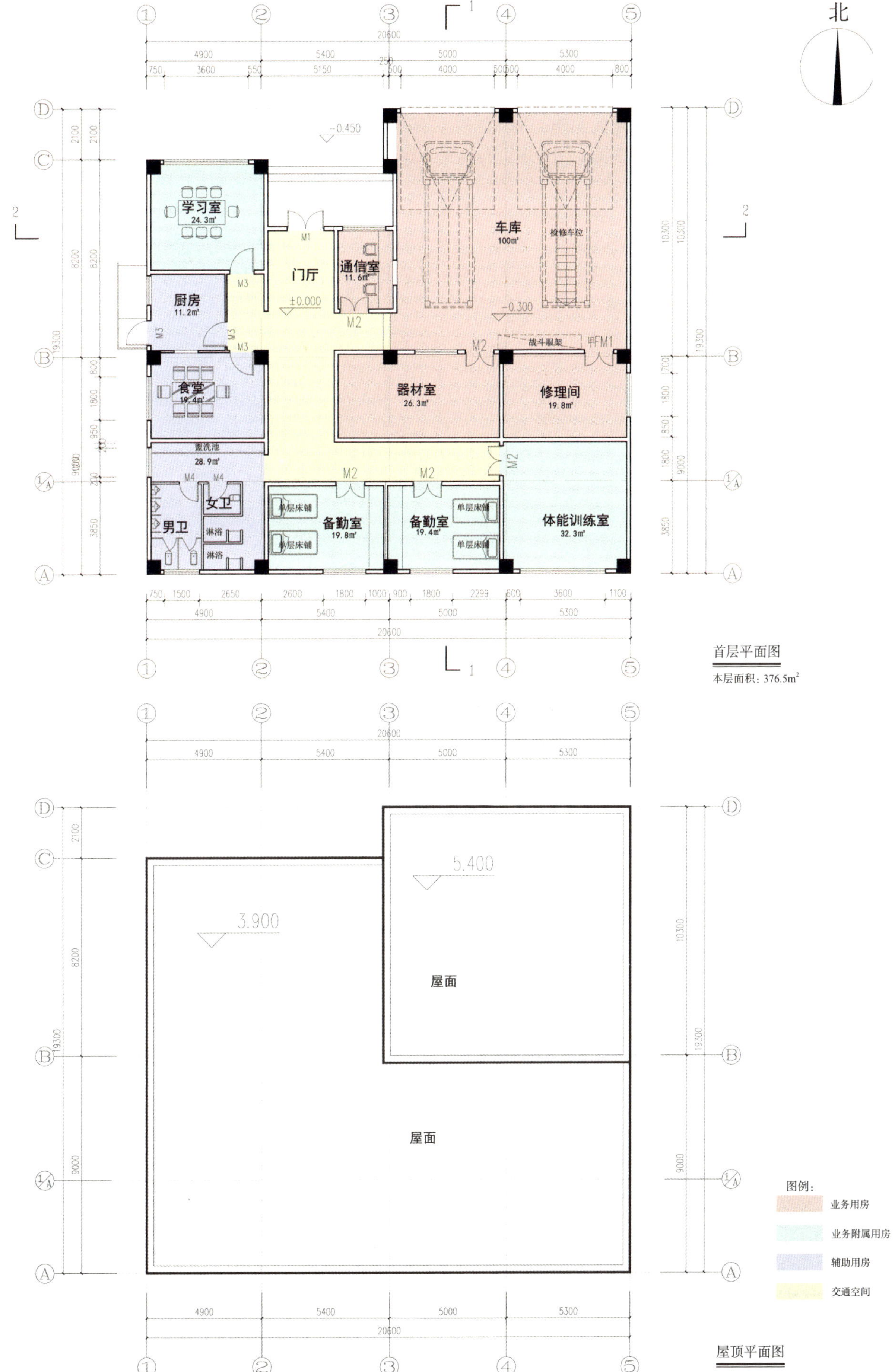


首层平面图

本层面积：376.5m²

屋顶平面图

# 关中风格乡镇志愿消防队

## ■ 总平规划

总体规划上突出用地的适应性，在保证消防车出车和人员主入口面向道路的同时，尽量减少项目面临道路的面宽。项目位于东西方向乡镇道路的北侧，消防站位于用地西北部，消防车库紧邻城市道路，消防车回车场兼作训练跑道，训练塔位于项目东南角。用地东北角为景观绿化，西南角和西北角各设临时车位。

## ■ 平面布局

将消防车库与人员办公生活区明确分开，除餐厅、通信值班室外，将其他人员活动均设置在建筑二层，最大限度减少首层的建筑面积，以利于减小用地面积。消防队员备勤室和部分对外功能房间布置在二层，并保证消防员备勤室的南向采光。在备勤室的南侧设置阳光屋顶花园，供消防员休息观景之用。

## ■ 立面设计

突出乡镇消防站保障百姓安居乐业的功能特点，以传统墙头装饰的方式体现传统建筑特点，墙面的颜色体现陕西关中民居常有的黄土与灰砖融合后的独有人文色彩。局部使用传统垂花屋檐，点睛文化内涵。整体上以实体墙面为主，体现一种安定祥和的气息，让社区居民有稳固安全的感受。

## ■ 设计单位：中国建筑西北设计研究院第七设计所

设计指导：嵇珂　　设计人员：刘磊

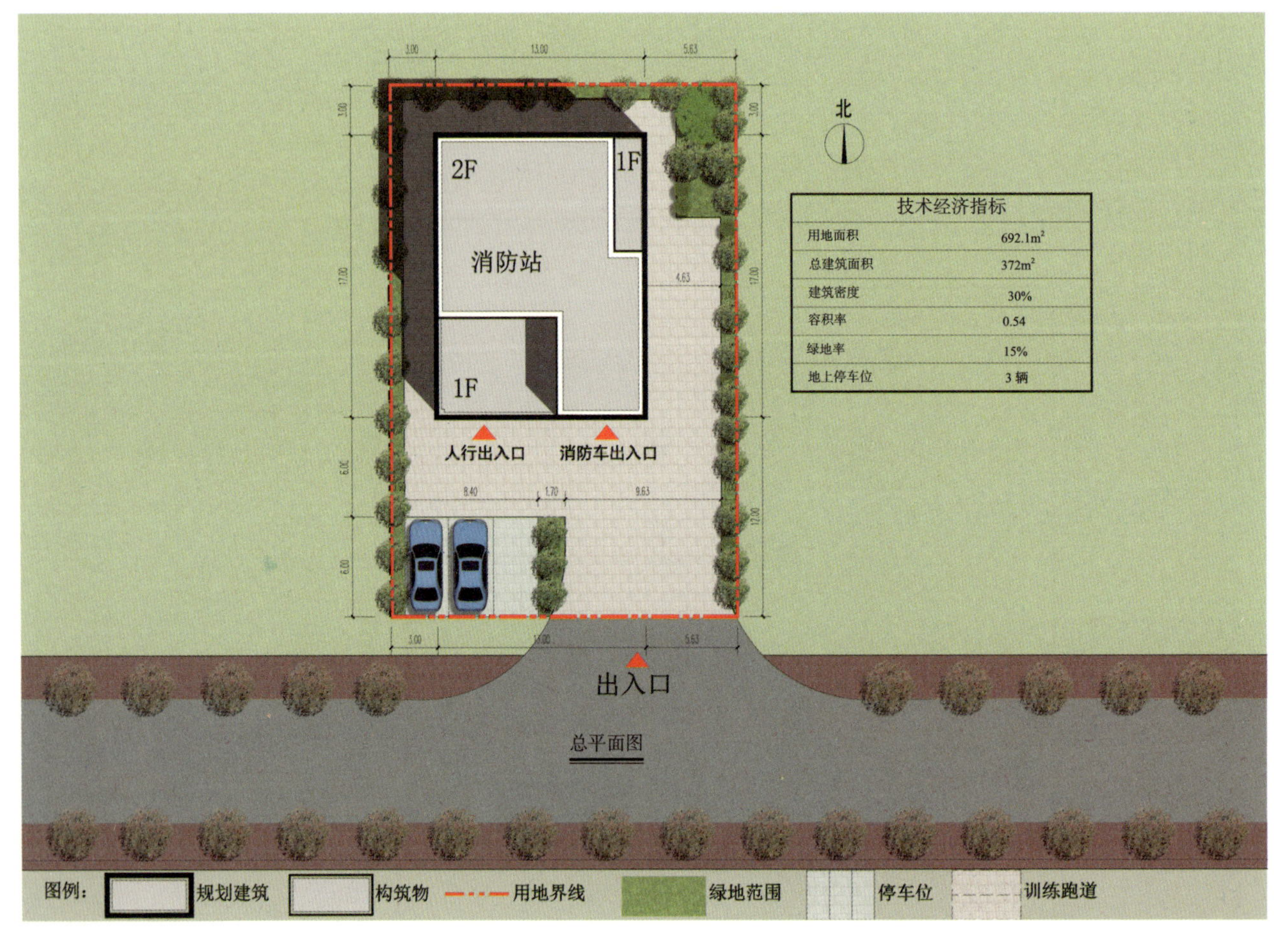

总平面图

鸟瞰图

透视图

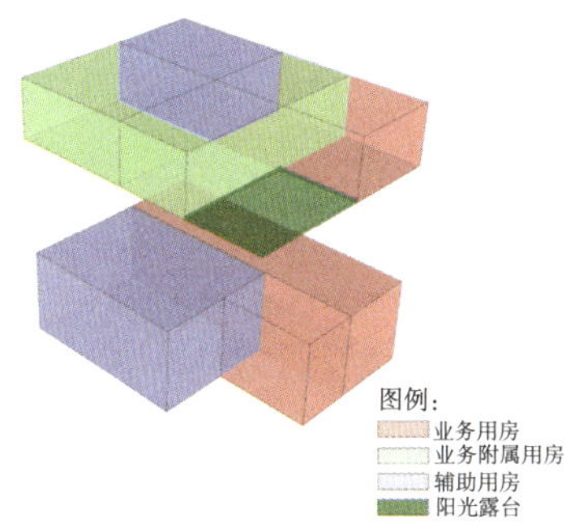


功能分析图

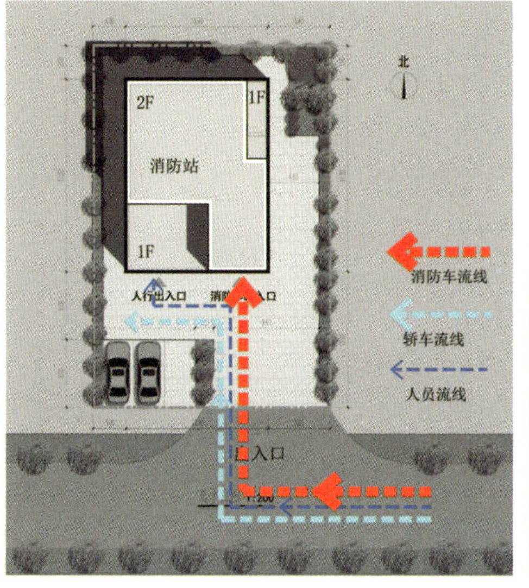


流线图

透视图

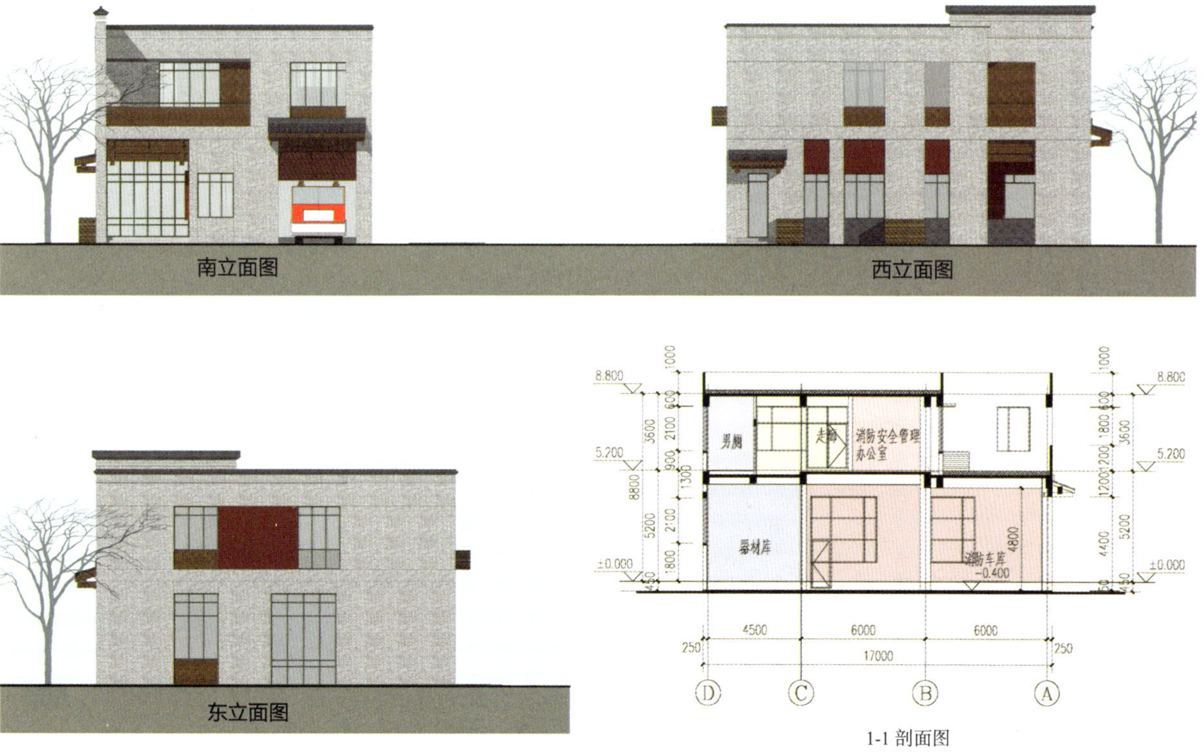


南立面图

西立面图

东立面图

1-1 剖面图

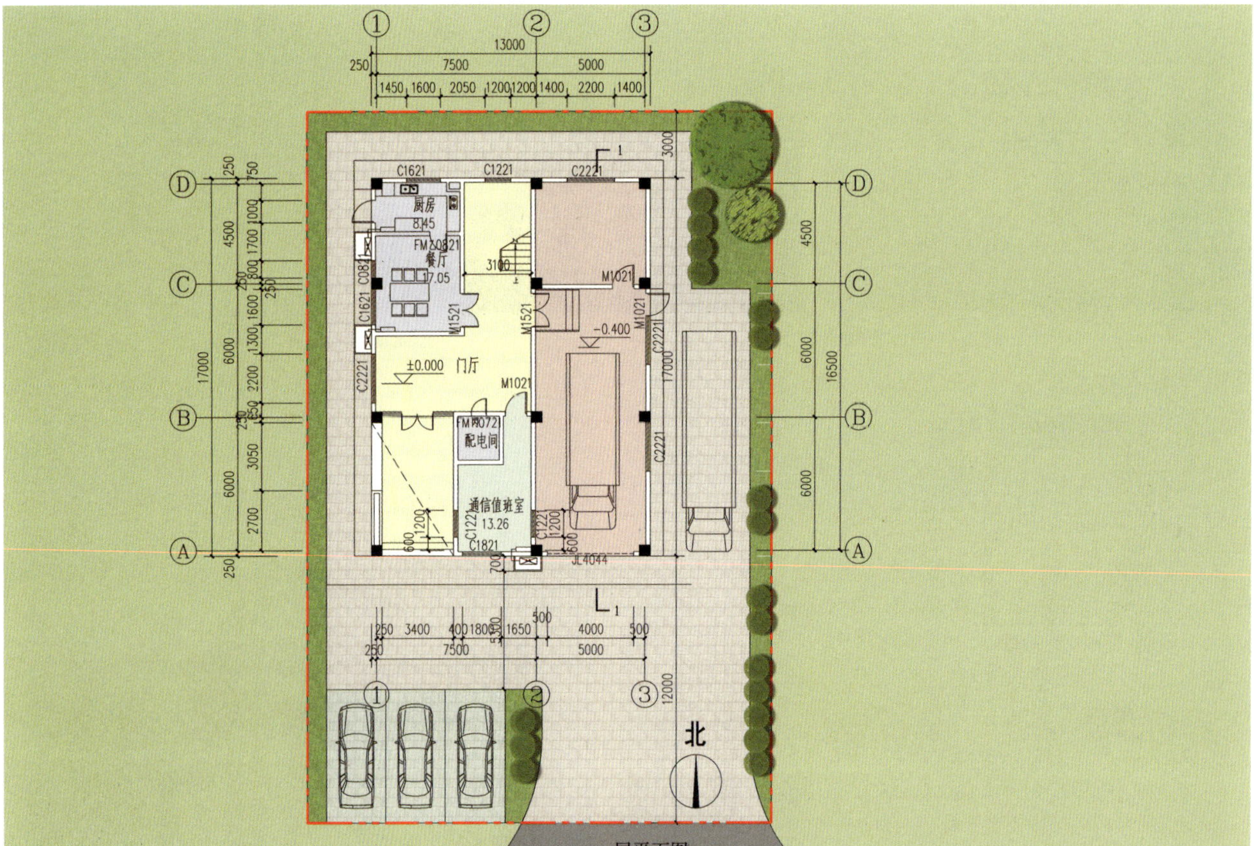

一层平面图

消防站一层建筑面积 209.3m$^2$ 总建筑面积 554.4m$^2$

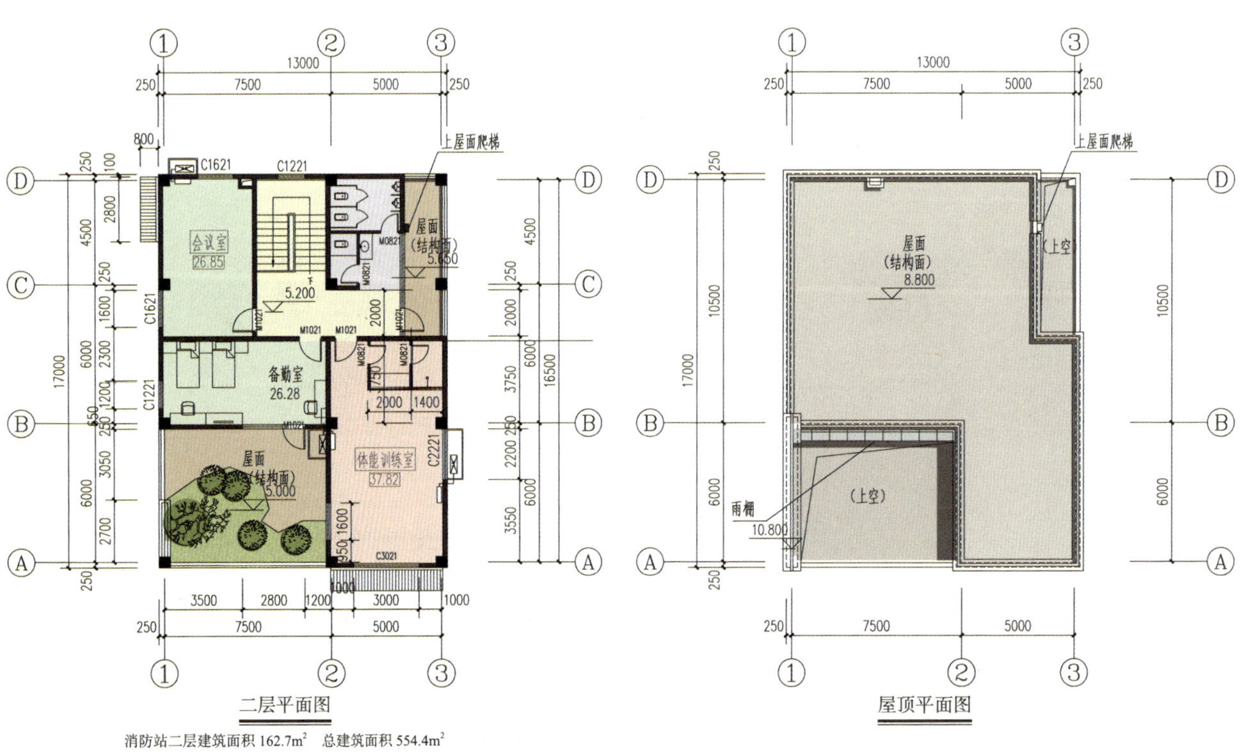


二层平面图

消防站二层建筑面积 162.7m$^2$ 总建筑面积 554.4m$^2$

屋顶平面图

图例:

- 业务用房
- 业务附属用房
- 辅助用房
- 交通面积

# 现代风格乡镇志愿消防队之 1

## 总平规划

主入口设置于基地南侧，消防车库平行于南侧城市道路布置且预留出 12m 的距离，方便进出。建筑主体布置为南北朝向，场地根据要求进行总平面布置，做到布局紧凑、节约用地。

## 平面布局

建筑平面采用一字形布局，严控建筑进深，功能流线清晰，提高建筑的方便性、舒适性、功能性和效率性。将消防车库、门厅、备勤、值班等功能紧密布置在一层空间，保证了消防员出勤的高效和便捷。将一些辅助功能用房布置在二楼，既满足了房间的功能，又达到了空间对私密性的需求。

## 立面设计

建筑采用卡其色与深灰色混搭的现代建筑风格，突出极简特点，采用大落地玻璃幕墙与实木混搭，让建筑造型趋于大气沉稳，极具现代特色。设计整体采光良好，四方形的结构突出消防站的庄重和现代感。选用较为古典的卡其色和深灰色，与消防站专属的红色相碰撞，具有视觉上的冲击感。

## 设计单位：福建省建筑设计研究院有限公司

设计指导：黄乐颖　　设计人员：杨汇杰、卢国辉

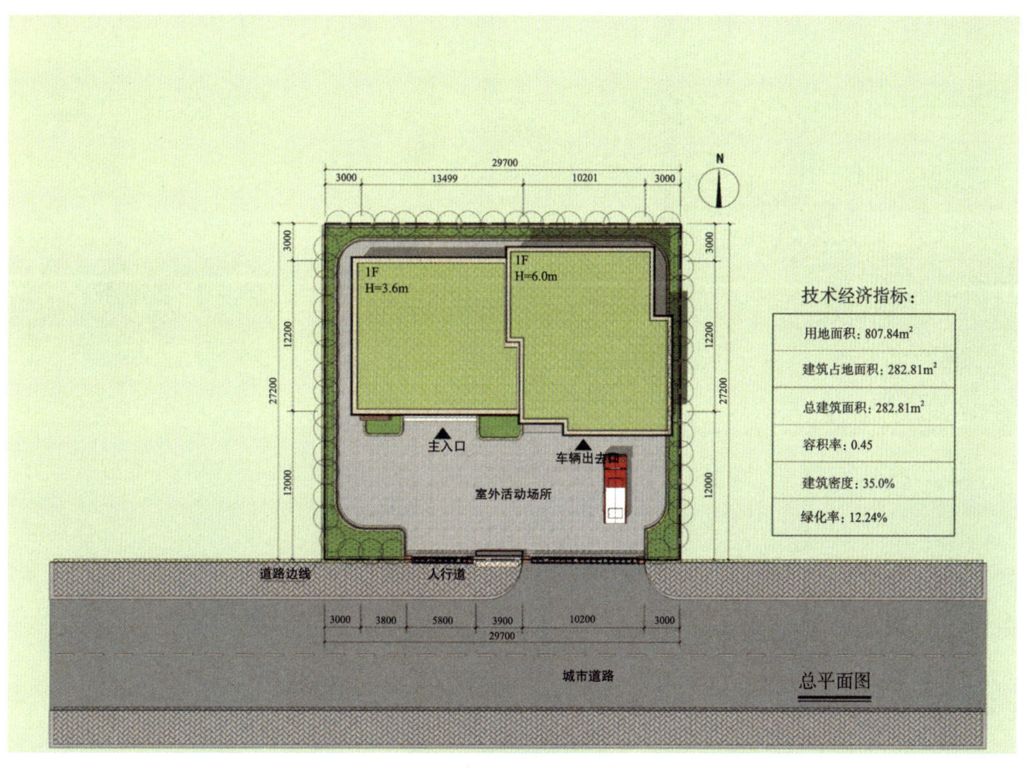

总平面图

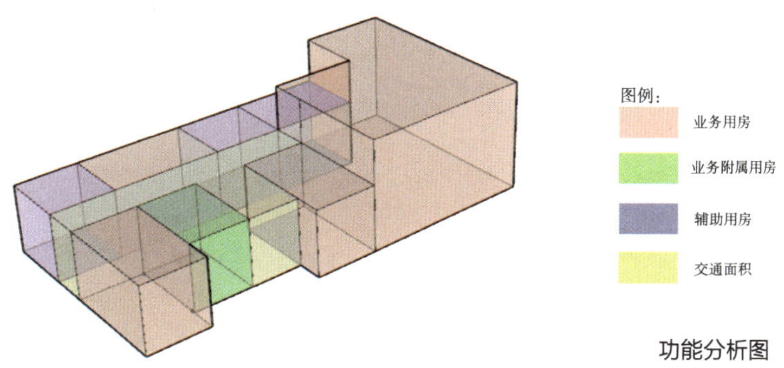

功能分析图

鸟瞰图

透视图

立面图

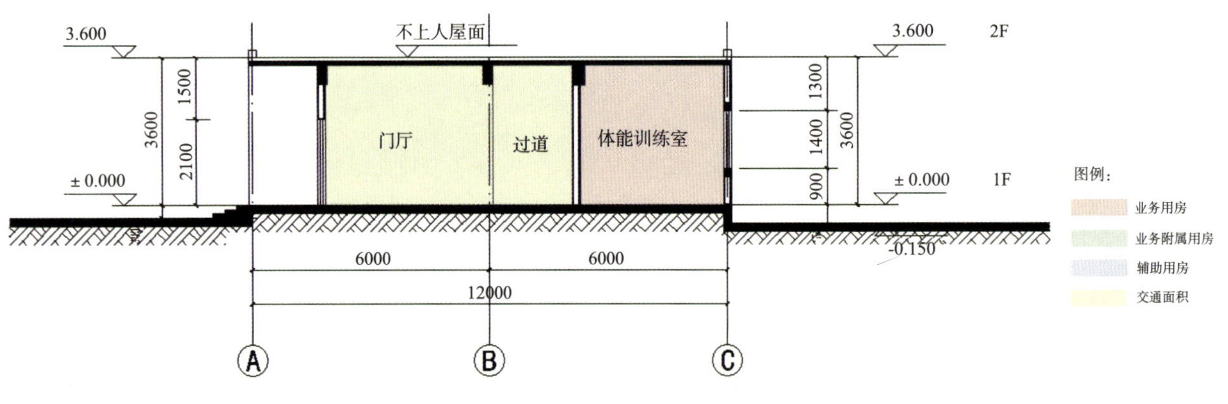


1-1 剖面图

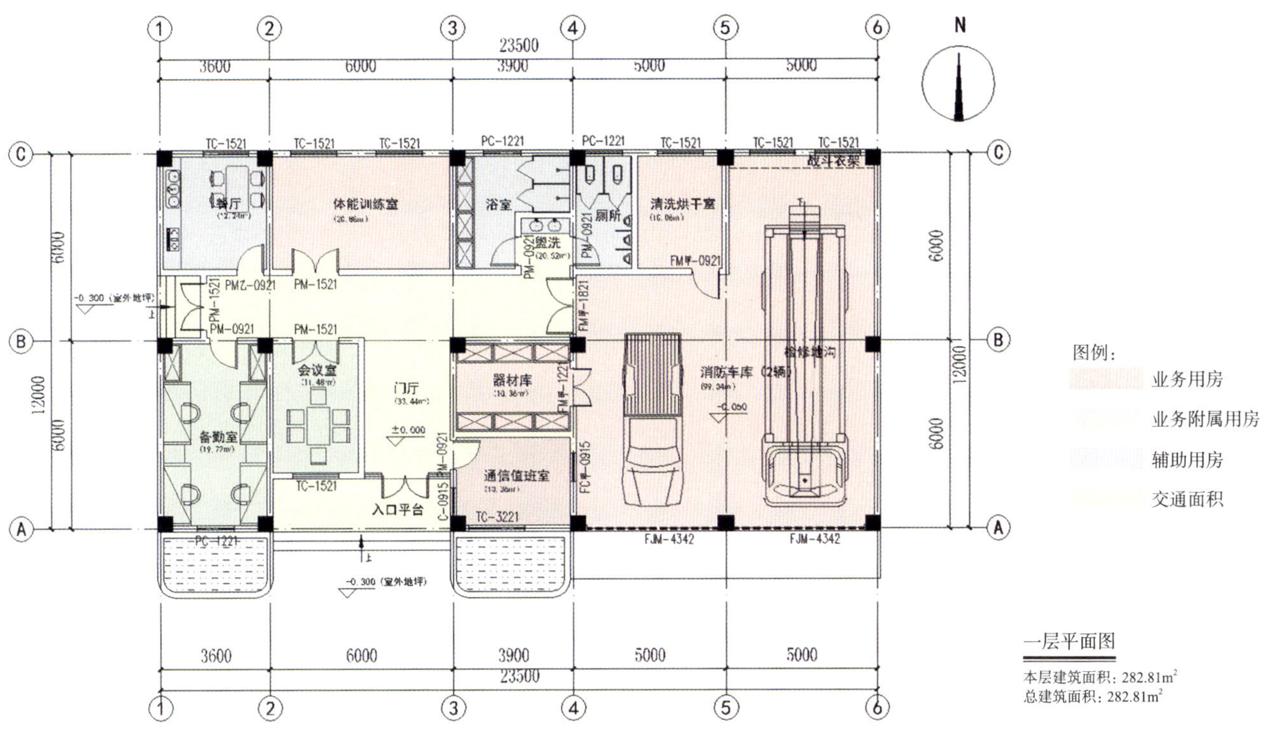


一层平面图

本层建筑面积：282.81m²

总建筑面积：282.81m²

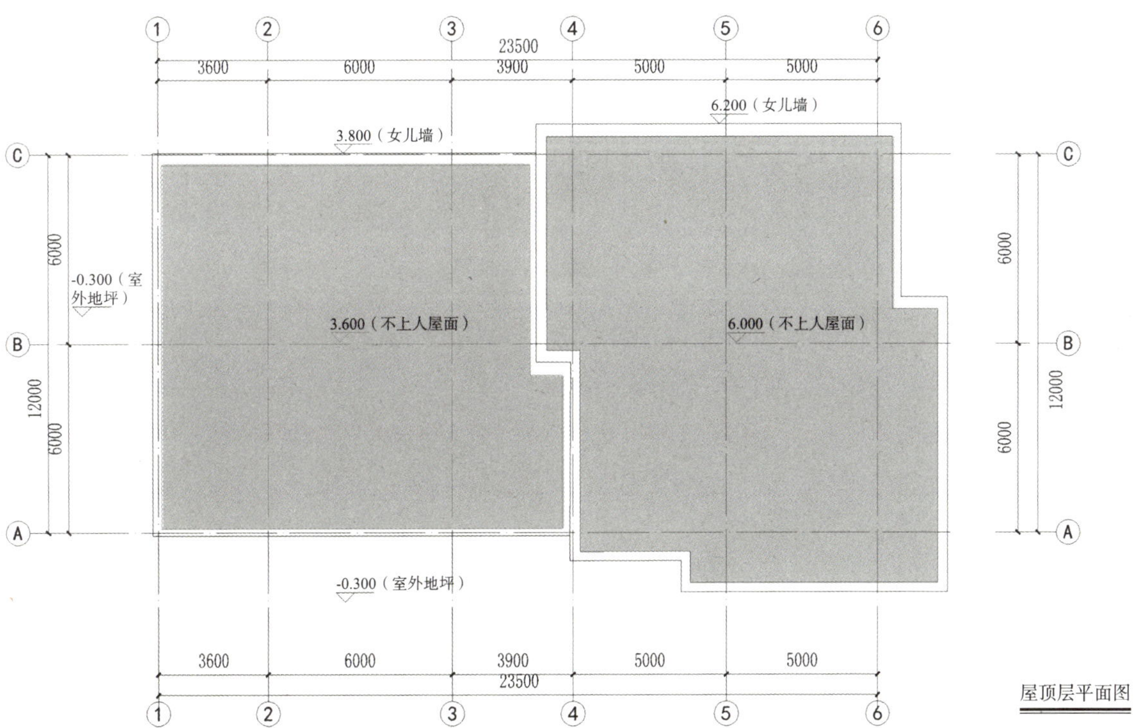


屋顶层平面图

# 现代风格乡镇志愿消防队之 2

## ■ 总平规划

主入口设置于基地南侧，消防车库紧邻城市道路布置且预留出 12m 的距离，方便进出。建筑主体布置为南北朝向，场地根据要求进行总平面布置，布局紧凑、节约用地。

## ■ 平面布局

建筑平面采用 L 形布局，严控制筑进深，优化功能流线，提高建筑的方便性、舒适性、功能性和效率性。将消防车库、门厅、办公、值班等功能紧密布置在一层空间靠近出入口位置，保证了消防员出勤的高效和便捷。

## ■ 立面设计

建筑采用的是现代建筑风格，突出现代建筑“少即是多”的特点，采用灰白对比，在正立面中间引入了黄色石材，增加了立面的特色，屋顶采用平屋面，不同标高的屋顶，让建筑有了高低错落的变化。

## ■ 设计单位：福建省建筑设计研究院有限公司

设计指导：黄春风、黄晓冬　　设计人员：卢国辉、陈启浩

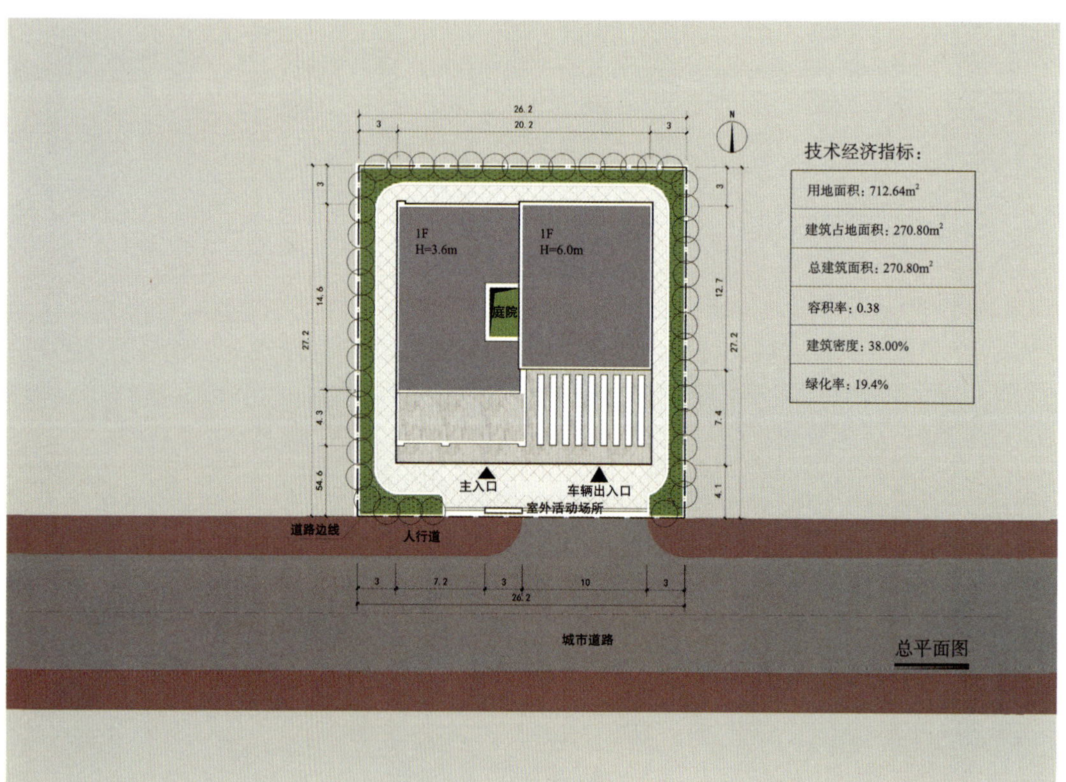


总平面图

鸟瞰图

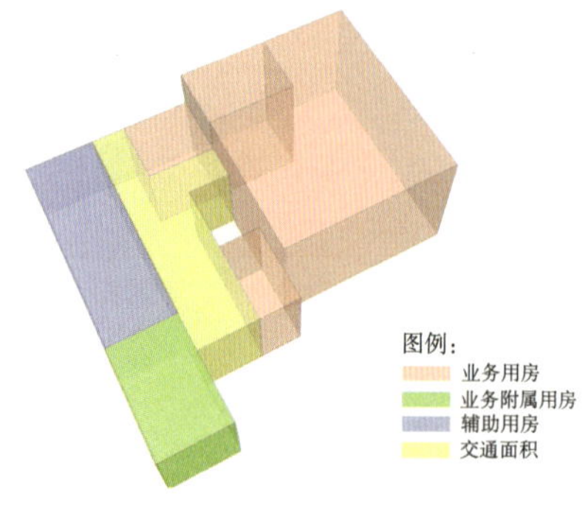


功能分析图

透视图

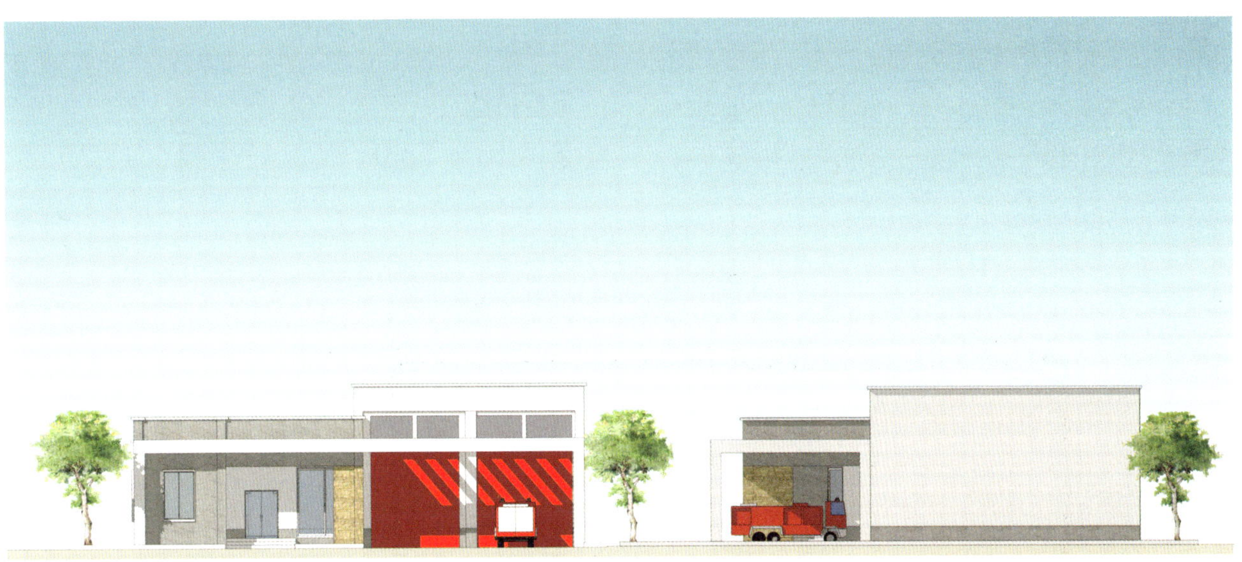

南立面图　　　　东立面图

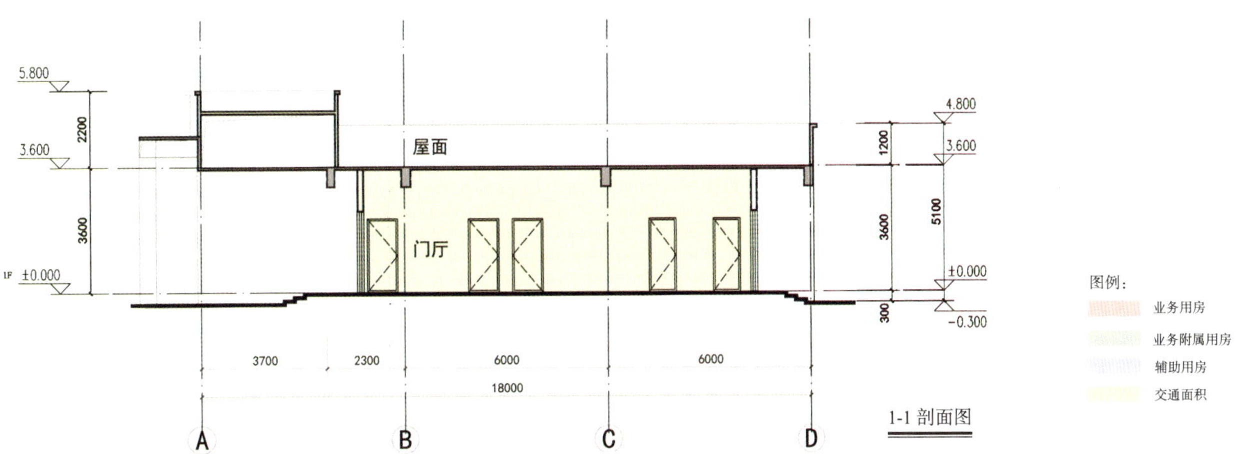
5.800
3.600
±0.000
2200
3600
屋面
门厅
4.800
3.600
±0.000
-0.300
1200
3600
5100
300
3700
2300
6000
6000
18000
A
B
C
D
1-1 剖面图
图例：
业务用房
业务附属用房
辅助用房
交通面积

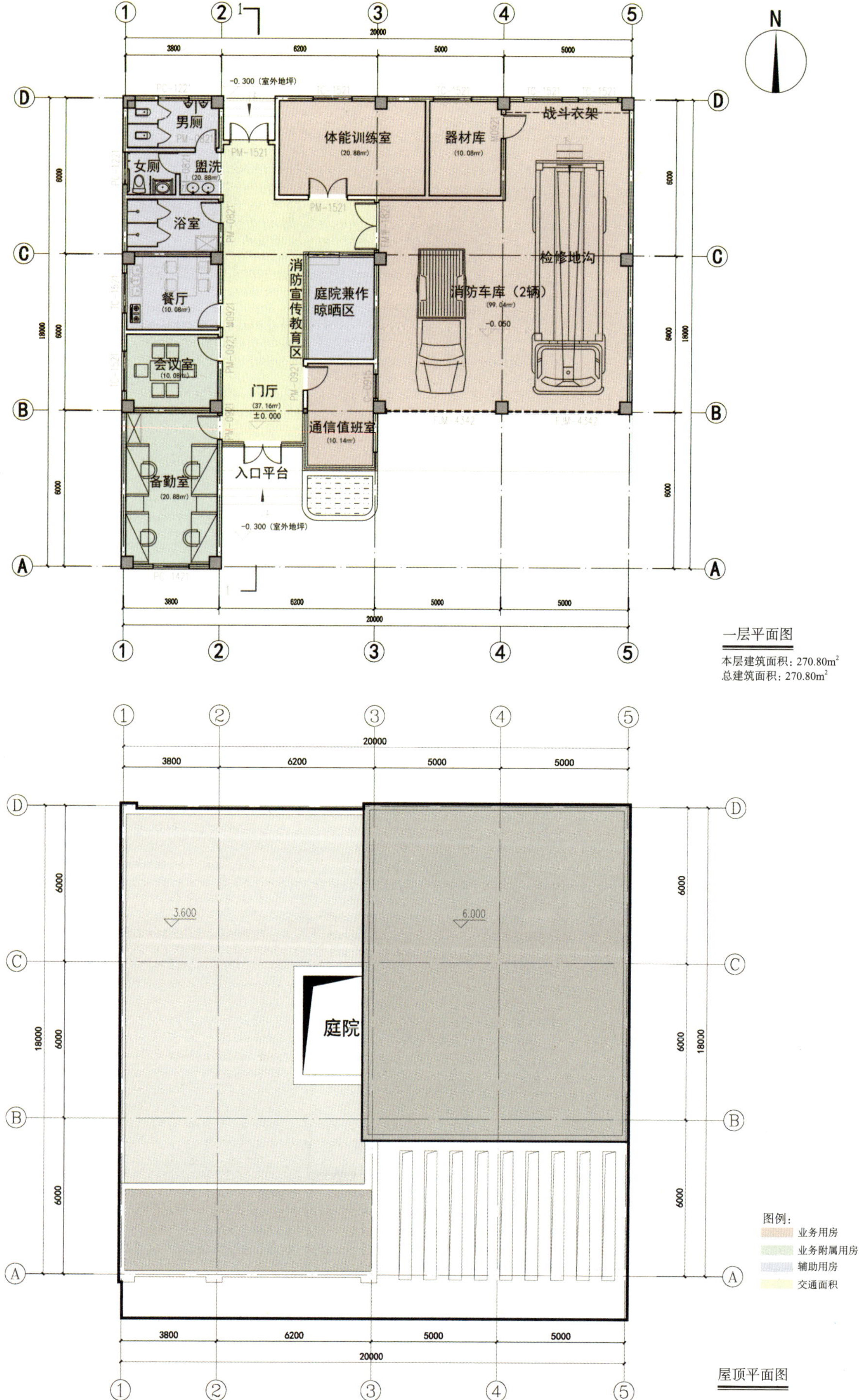

N
男厕
女厕
盥洗
浴室
餐厅
会议室
备勤室
体能训练室
器材库
战斗衣架
检修地沟
消防宣传教育区
庭院兼作晾晒区
消防车库（2辆）
门厅
通信值班室
入口平台
-0.300（室外地坪）
±0.000
-0.050
3800
6200
5000
20000
6000
18000
一层平面图
本层建筑面积：270.80m²
总建筑面积：270.80m²
3.600
6.000
庭院
图例：
业务用房
业务附属用房
辅助用房
交通面积
屋顶平面图

# 现代风格乡镇志愿消防队之 3

## ■ 总平规划

入口毗邻城市道路，位于北侧，分设人员出入口和车辆出入口。消防站的主体建筑位于用地南部，在用地的东北侧布置训练场地。人员主要出入口布置在建筑北侧，次要出入口布置在建筑南侧。消防车出入口布置在建筑北侧，消防车出入口前预留进深大于 12m 的广场内院，满足方便消防车进出的要求。

## ■ 平面布局

车辆、人员出入口分开布置，人员出入口设置在建筑北侧，通过门厅、楼梯组织人流，消防车出入口设置在建筑北侧、门厅左侧。消防车库、通信值班、器材库、修理间等功能紧凑布置在一层，保证了消防队员出勤的高效和便捷。餐厅、厨房设置在建筑一层东南侧并设置单独出入口；二层设置了消防员备勤室、体能训练室及辅助用房。

## ■ 立面设计

建筑立面设计以现代建筑语言解构地域建筑，以黔西地域特点鲜明的屯堡建筑为参照，通过对屯堡建筑富有特色的石墙、塔楼、石头窗等的提取加工，融合极简现代主义建筑风格的水平长窗和白色墙体、钢和玻璃的建筑肌理，表现出现代乡镇消防建筑的时代感和地域特色。

## ■ 设计单位：贵州省建筑设计研究院有限责任公司

设计指导：程鹏、张媛　　设计人员：孙明恩、刁兴慧、杨亮亮、肖戎、郑远莹

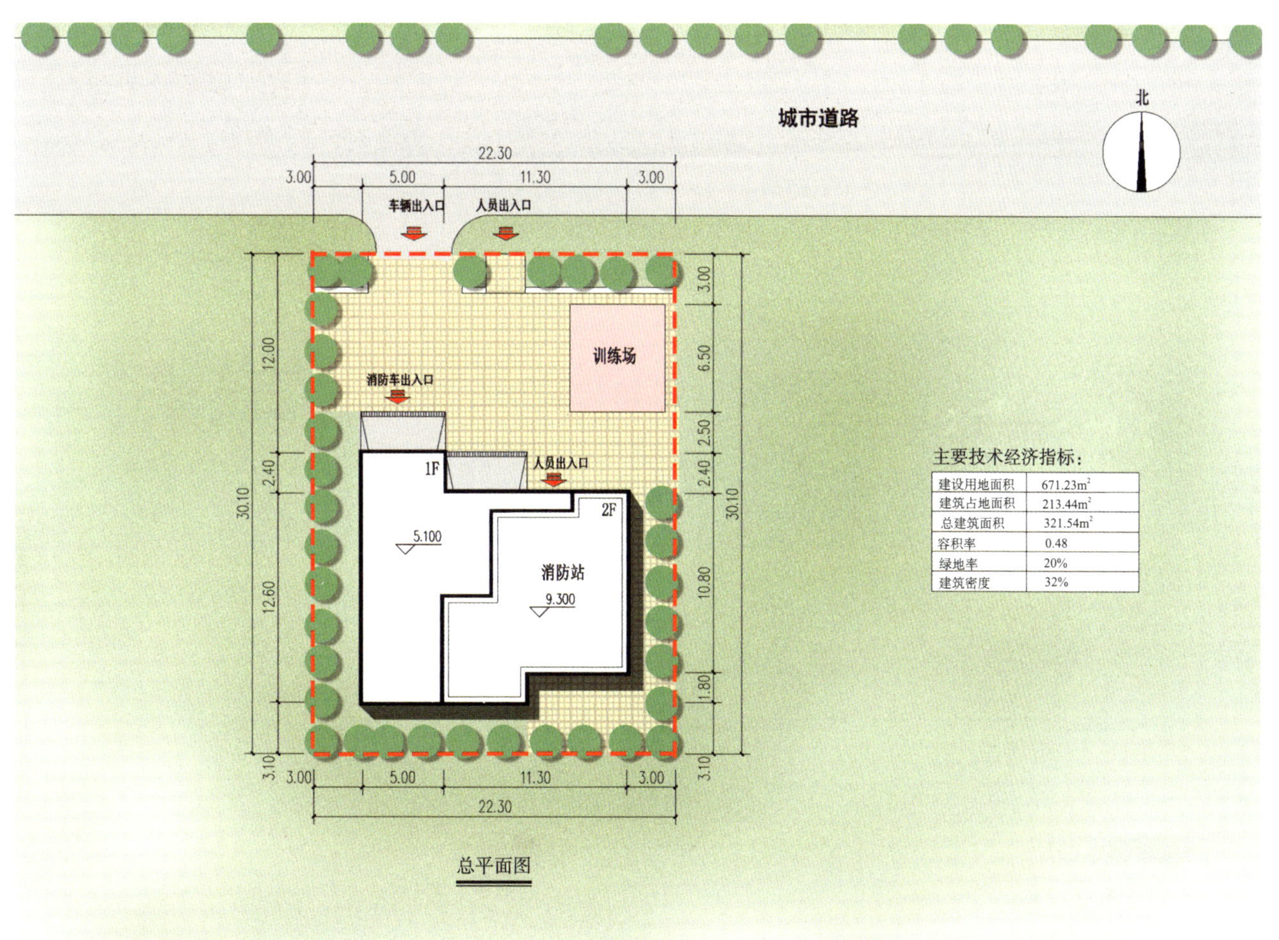


| 建设用地面积 | 671.23m² |
|---|---|
| 建筑占地面积 | 213.44m² |
| 总建筑面积 | 321.54m² |
| 容积率 | 0.48 |
| 绿地率 | 20% |
| 建筑密度 | 32% |

总平面图

鸟瞰图

透视图

北立面图

东立面图

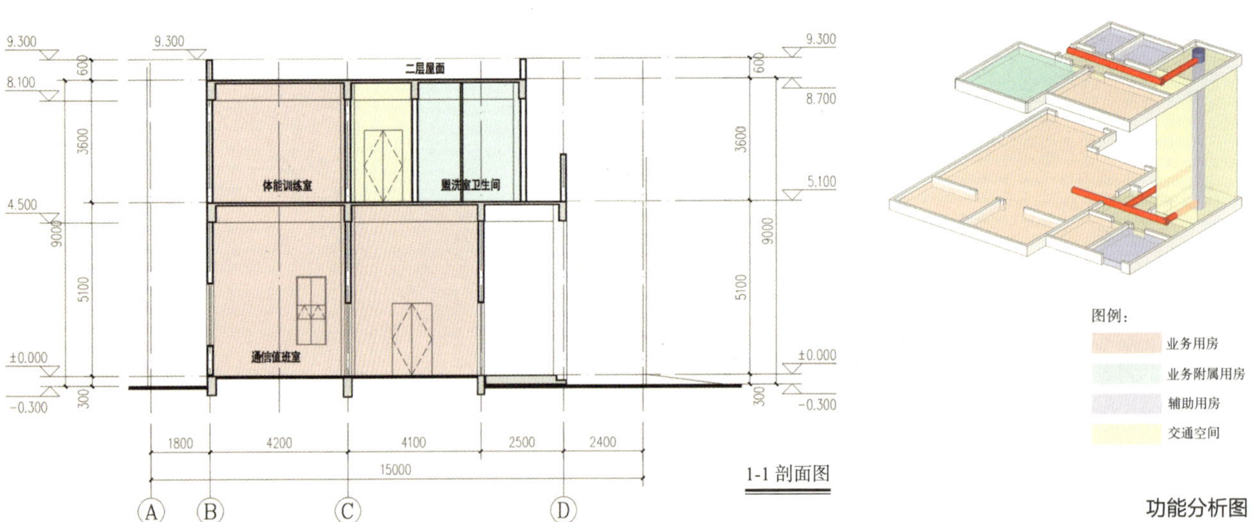


1-1 剖面图

功能分析图

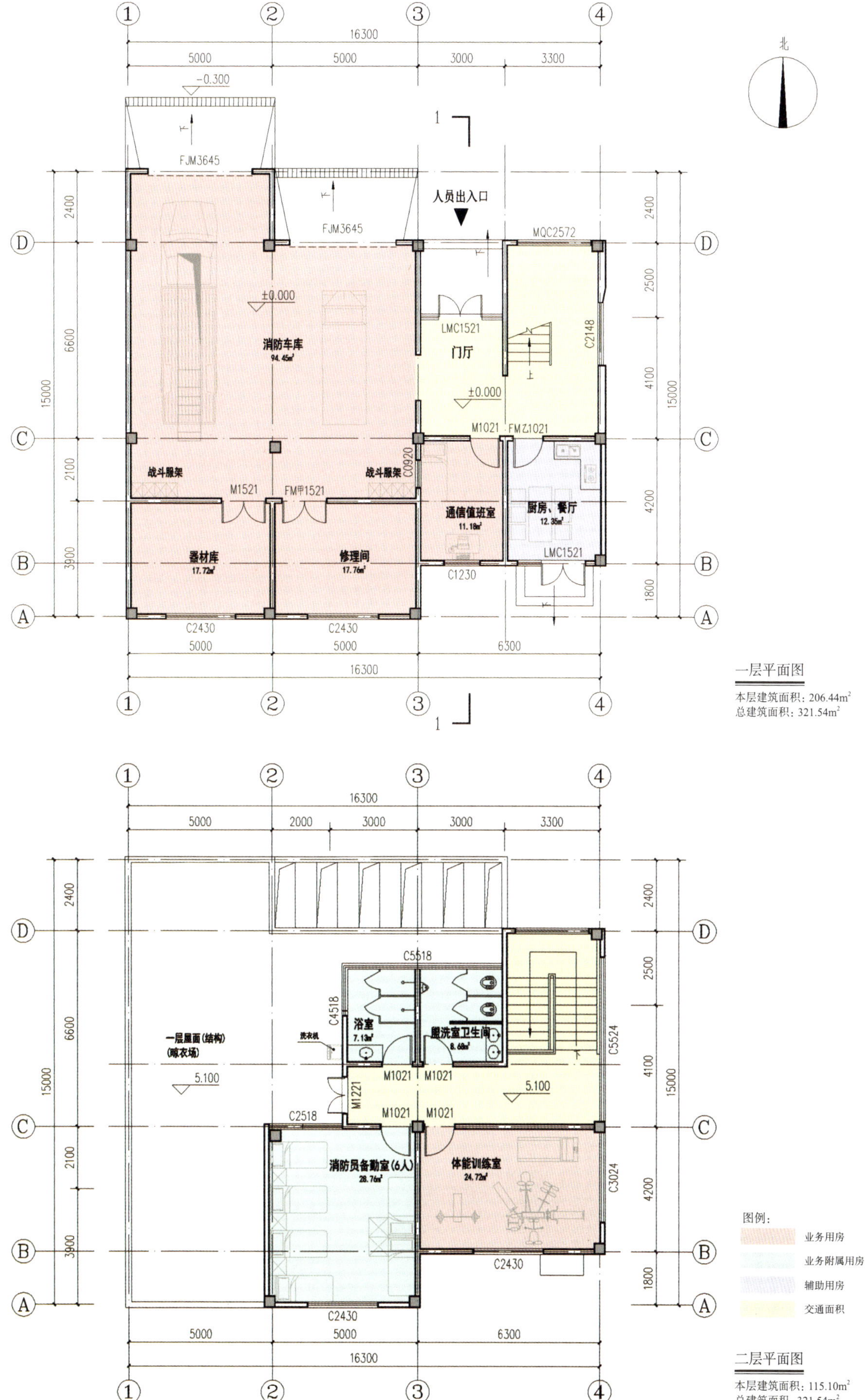


一层平面图

本层建筑面积：206.44m²
总建筑面积：321.54m²

二层平面图

本层建筑面积：115.10m²
总建筑面积：321.54m²

# 现代风格乡镇志愿消防队之 4

## ■ 总平规划

主入口设置于用地的南侧，消防车出入口预留出大于 12m 的退距，方便消防车进出。建筑居中基地布置，留出前广场，结合消防车出入口距离，方便日常训练和进行其他活动。

## ■ 平面布局

将消防车库、通信值班、门厅、厨房、餐厅等各功能紧凑布置在一层空间，人员出入口设置在建筑西侧，通过门厅组织各类人流。消防车库、器材室和通信值班室布置在门厅东侧，生活辅助的餐厅和厨房等布置在门厅西侧，保证队员出勤的高效和便捷。二层设置会议（学习）室、消防员备勤室、体能训练室和淋浴、卫生间。

## ■ 立面设计

本方案建筑以灰白为主色，用极简的元素表达新中式建筑风格，通过现代构成手法，辅以消防红色点缀，使建筑形象与使用功能有机融合，建筑整体感觉清新优雅，但又充满张力，使消防形象融入江南文化之中。

## ■ 设计单位：浙江宏正建筑设计有限公司

设计指导：徐奇立、戴锋　　设计人员：胡文滔

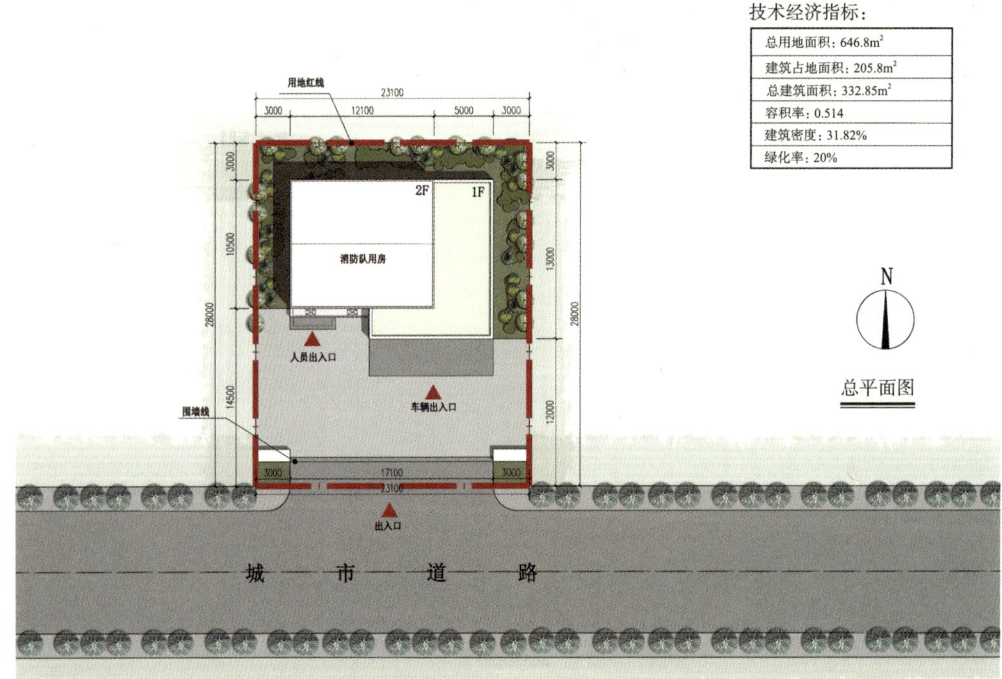

技术经济指标：

| 总用地面积：646.8m² |
| --- |
| 建筑占地面积：205.8m² |
| 总建筑面积：332.85m² |
| 容积率：0.514 |
| 建筑密度：31.82% |
| 绿化率：20% |



总平面图

鸟瞰图　　功能分析图

南立面图

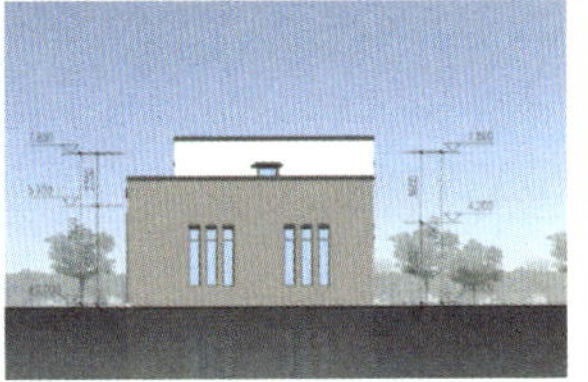
东立面图

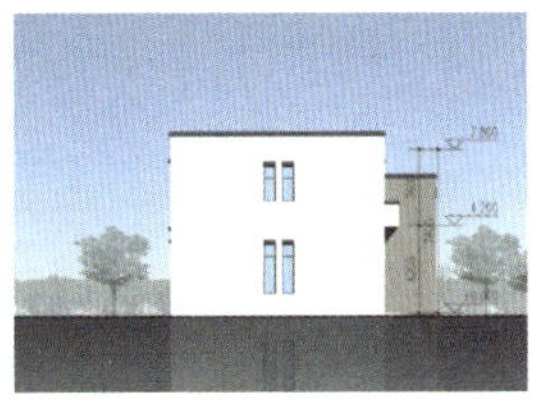
西立面图

北立面图

透视图

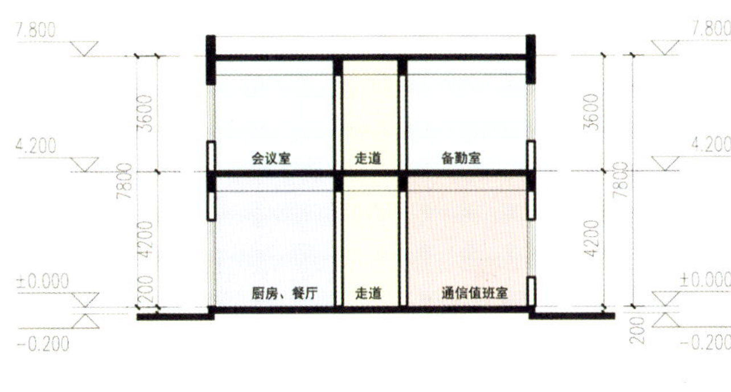

1-1 剖面图

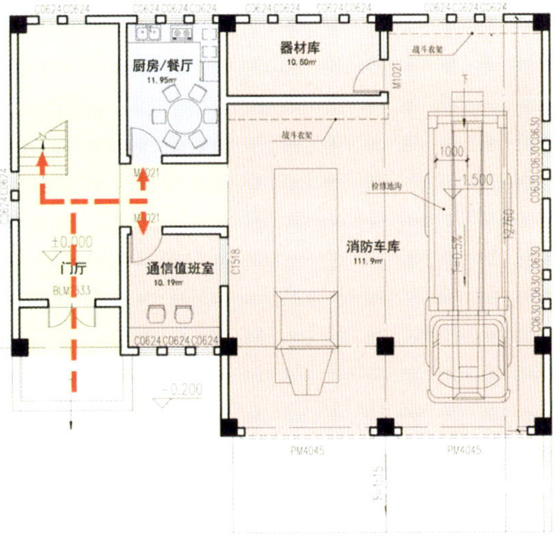


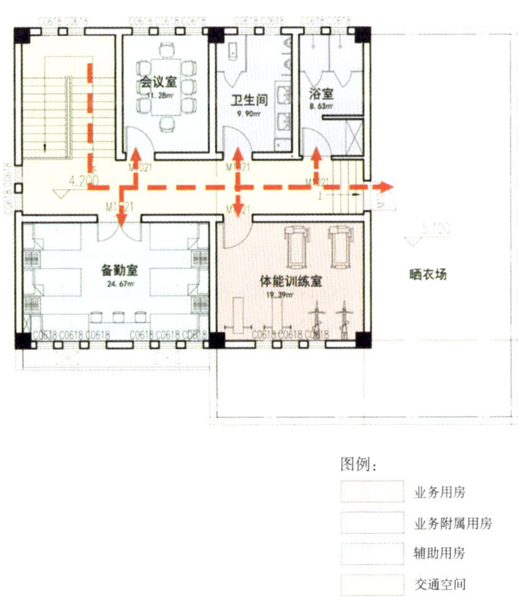


流线分析：首层设有两个消防车位，车库末端设有器材库，门厅旁设有通信值班室和厨房、餐厅。二层设有会议室、体能训练室和消防员备勤室。一层车库屋顶可以作为消防官兵的晾衣场使用，既保证建筑形象，又方便官兵日常使用。

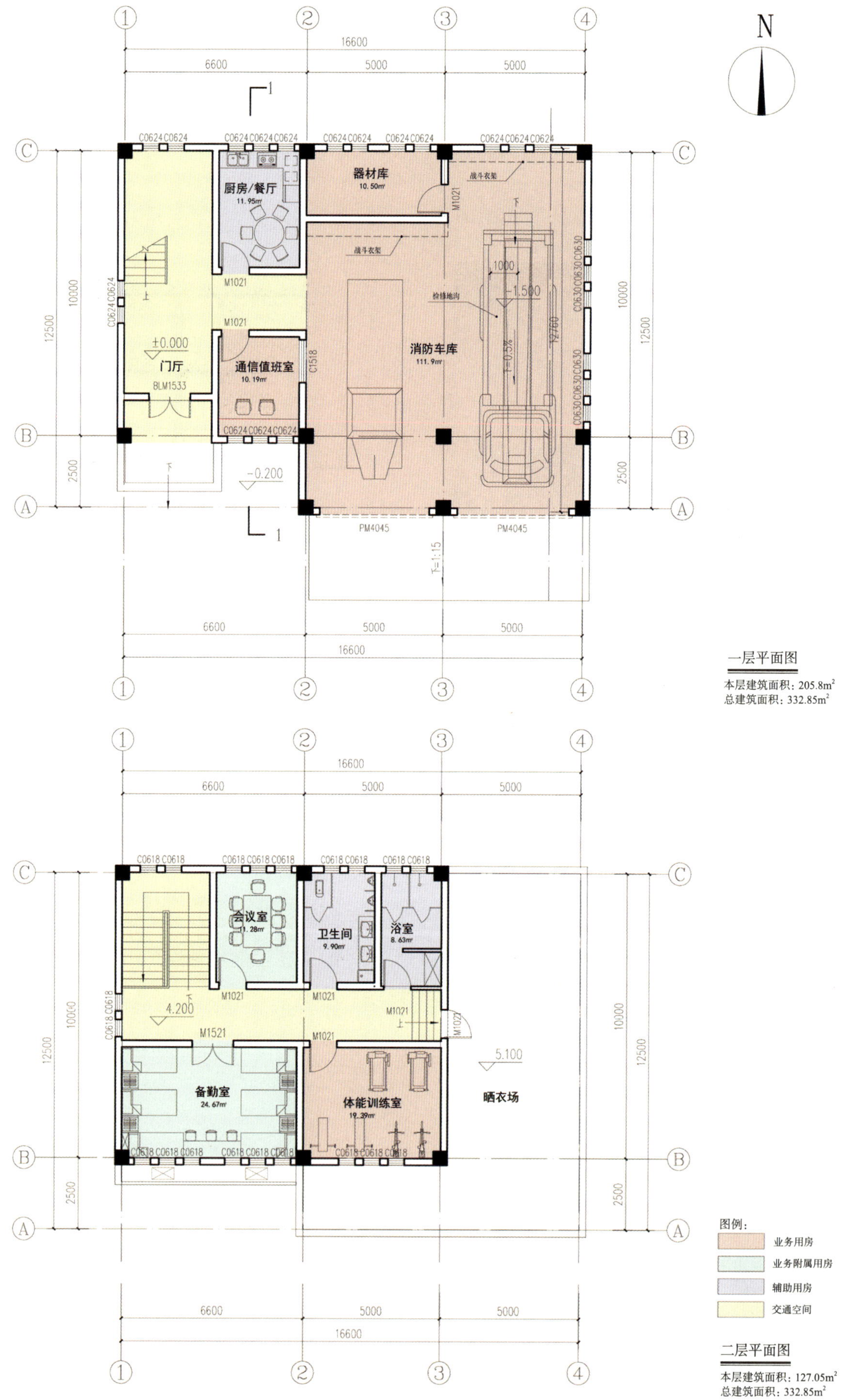


一层平面图

本层建筑面积：205.8m$^2$
总建筑面积：332.85m$^2$

二层平面图

本层建筑面积：127.05m$^2$
总建筑面积：332.85m$^2$

# 现代风格乡镇志愿消防队之 5

## 总平规划

主入口置于用地的南侧，消防车出入口预留出大于 12m 的退距，方便消防车进出。建筑居中基地布置，留出前广场，结合消防车出入口距离，方便日常训练和进行其他活动。

## 平面布局

将消防车库、通信值班、门厅、厨房、餐厅等各功能紧凑布置在一层空间，人员出入口设置在建筑西侧，通过门厅组织各类人流。消防车库、器材室和通信值班室布置在门厅东侧，生活辅助的餐厅和厨房等布置在门厅西侧，保证队员出勤的高效和便捷。二层设置会议（学习）室、消防员备勤室、体能训练室和淋浴、卫生间。

## 立面设计

建筑从江南多雨潮湿的环境出发，对民居形象进行简化演绎，平坡结合，以白墙、黑瓦为主色调，局部采用灰色涂料以及花窗装饰，让建筑体现江南特点同时不失现代感。结合消防宣传提示语，体现消防建筑的功能，达到建筑功能与形式的有机结合。

## 设计单位：浙江宏正建筑设计有限公司

设计指导：徐奇立、戴锋　　设计人员：胡文滔

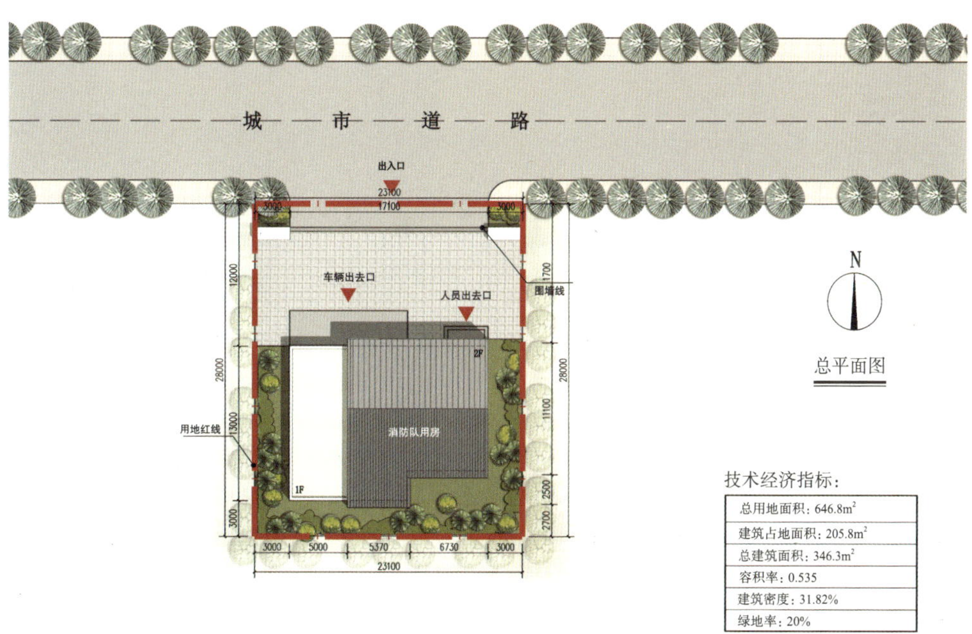


| 技术经济指标： |
| --- |
| 总用地面积：646.8m² |
| 建筑占地面积：205.8m² |
| 总建筑面积：346.3m² |
| 容积率：0.535 |
| 建筑密度：31.82% |
| 绿地率：20% |

鸟瞰图

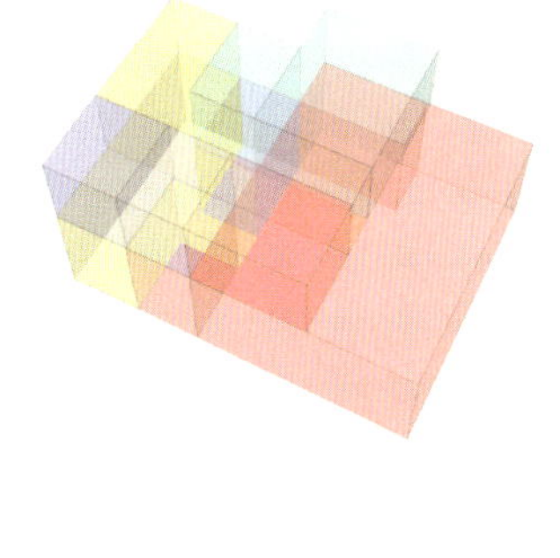

图例：
业务用房
业务附属用房
辅助用房
交通空间

功能分析图

东立面图

北立面图

西立面图

南立面图

透视图

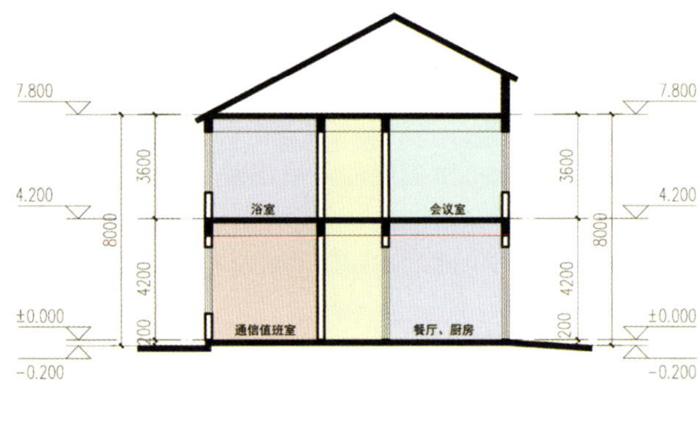


1-1 剖面图

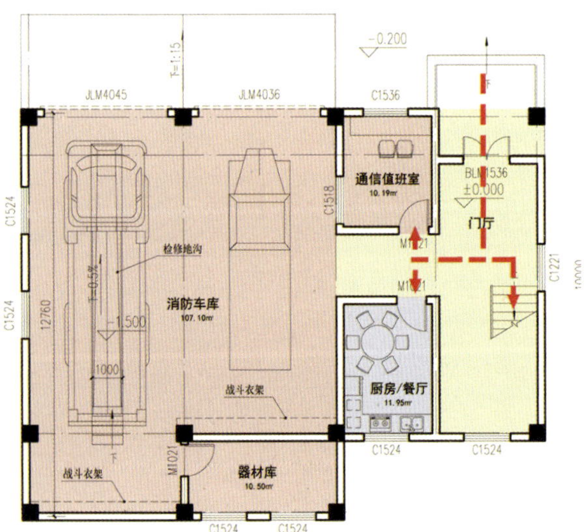

流线分析：首层设有两个消防车位，车库末端设有器材库，门厅旁设有通信值班室和厨房、餐厅。二层设有会议室、体能训练室和消防员备勤室。一层车库屋顶可以作为消防官兵的晾衣场使用，既保证建筑形象，又方便官兵日常使用。

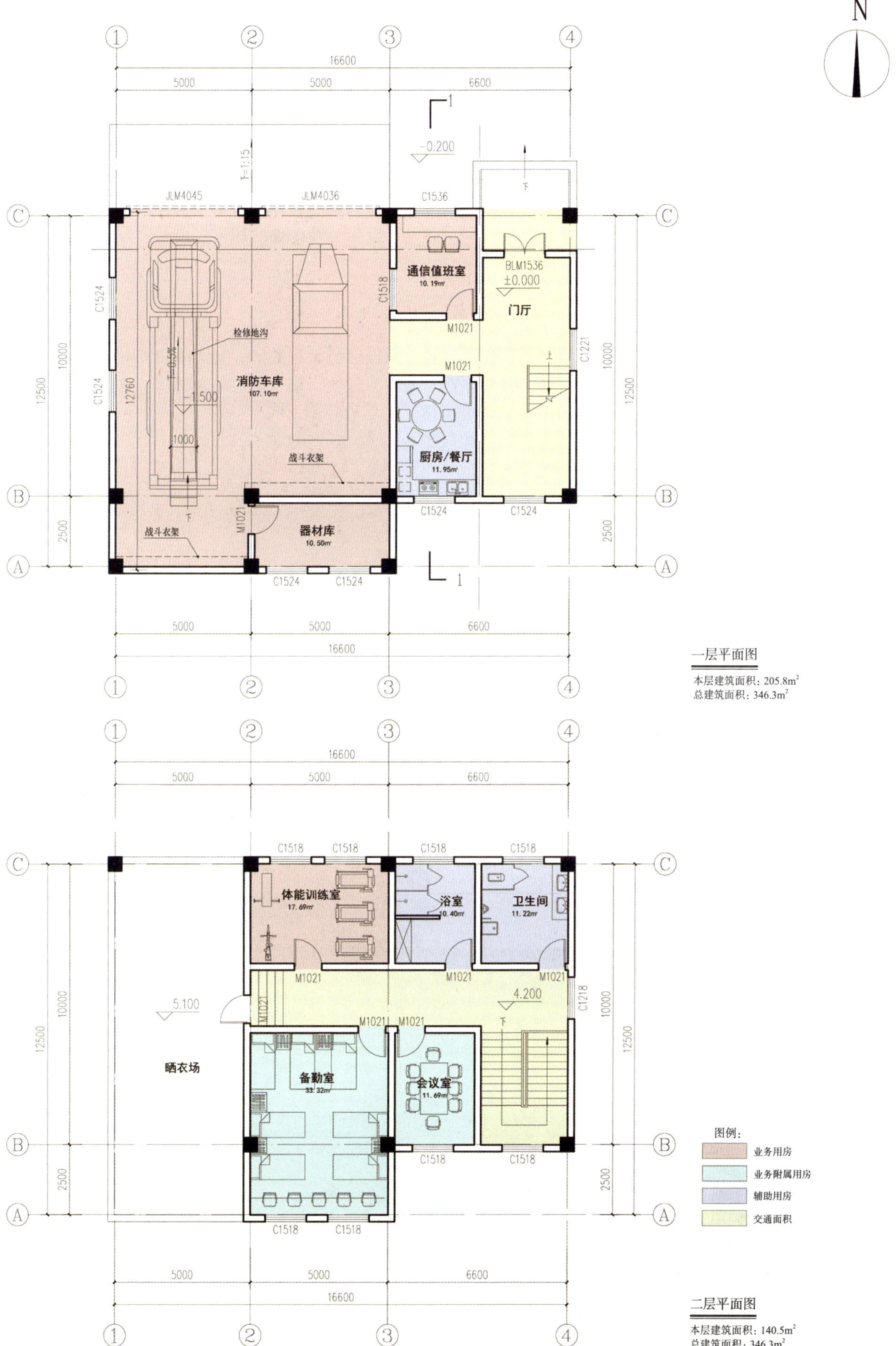
N
16600
5000
6600
-0.200
JLM4045
JLM4036
C1536
通信值班室
10.19㎡
BLM1536
±0.000
门厅
C1518
C1524
检修地沟
M1021
消防车库
107.10㎡
C1221
厨房/餐厅
11.95㎡
战斗衣架
器材库
10.50㎡
一层平面图
本层建筑面积：205.8m²
总建筑面积：346.3m²
体能训练室
17.69㎡
浴室
10.40㎡
卫生间
11.22㎡
5.100
4.200
C1218
晒衣场
备勤室
33.32㎡
会议室
11.69㎡
图例：
业务用房
业务附属用房
辅助用房
交通面积
二层平面图
本层建筑面积：140.5m²
总建筑面积：346.3m²

# 现代风格乡镇志愿消防队之 6

## ■ 总平规划

主入口设在南侧主干路，建筑距主干路留出 12m 的距离，方便消防车出入。东西两侧距红线各留出 3m 的距离。

## ■ 平面布局

将消防车库、通信值班室、会议室、消防安全管理办公室、消防宣传教育陈列室、厨房、餐厅等对外联系紧密的房间布置在一层。二层设置备勤室、体能训练室、更衣、淋浴等日常训练和生活用房，与一层的工作空间分开，避免相互干扰。

## ■ 立面设计

建筑立面设计以功能为基础，采用仿清水砖墙暖色涂料，配以白色涂料对比，突出体块的对比变化，减少不必要的装饰，同时又通过窗格大小变化，使建筑整体造型简约、现代、富有动感和亲切感，更能体现消防站建筑的力量感和速度感。

## ■ 设计单位：吉林省长春工程学院建筑与设计学院

设计指导：王丽颖　　设计人员：马明昌、曹家玮

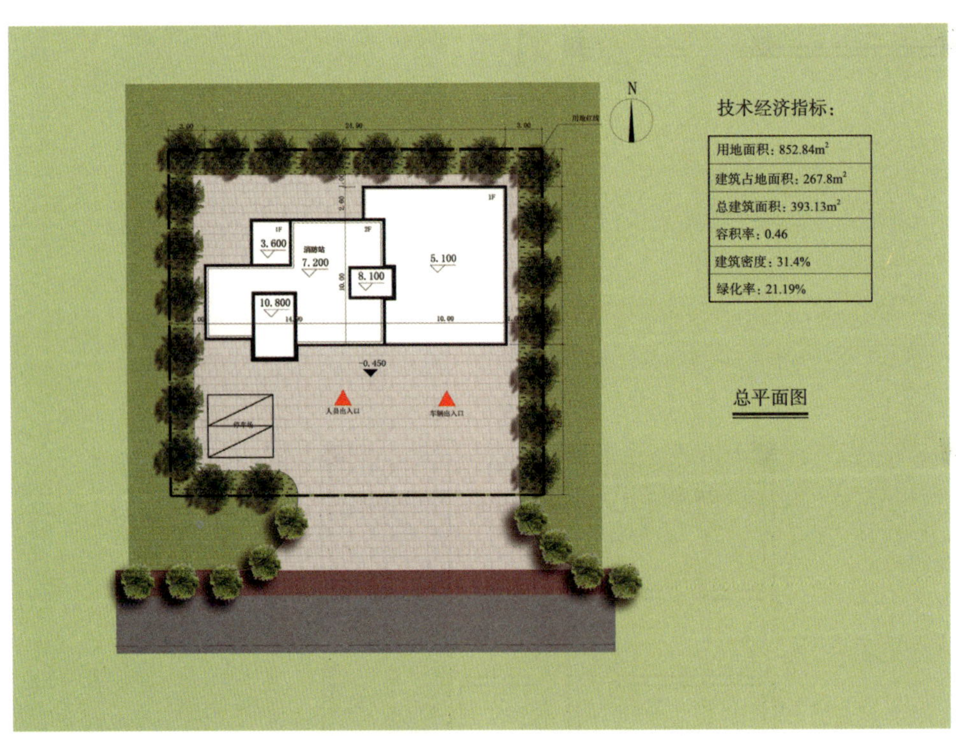


总平面图

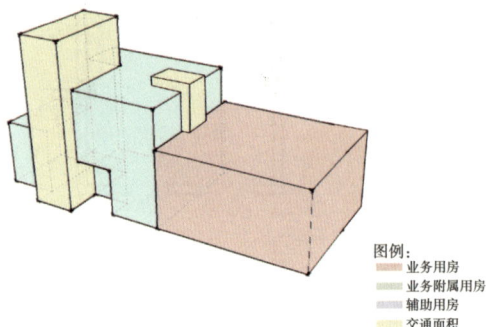

鸟瞰图

图例：
业务用房
业务附属用房
辅助用房
交通面积

功能分析图

透视图

立面图

立面图

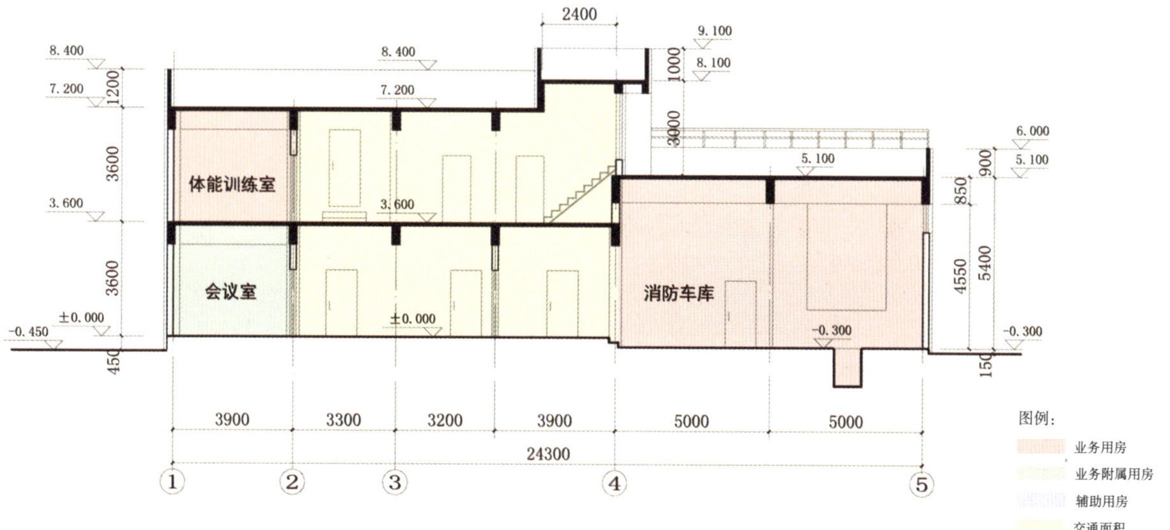


1-1 剖面图

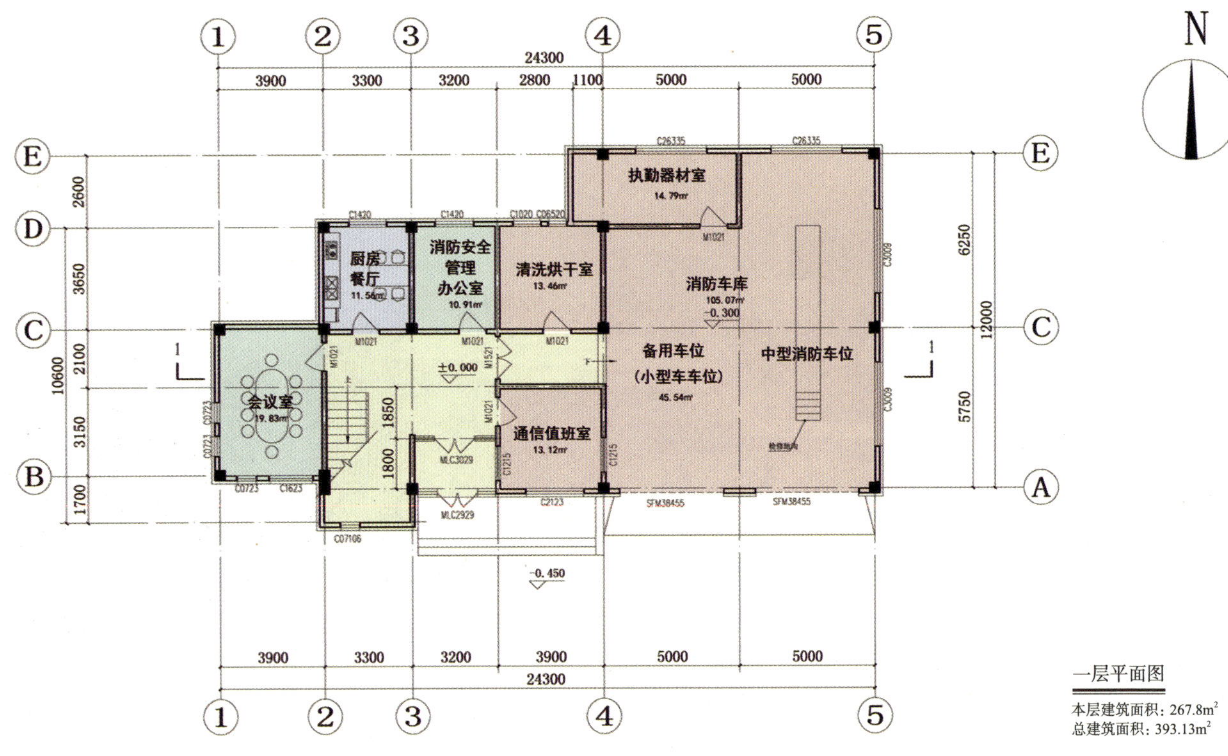


一层平面图

本层建筑面积：267.8m$^2$

总建筑面积：393.13m$^2$

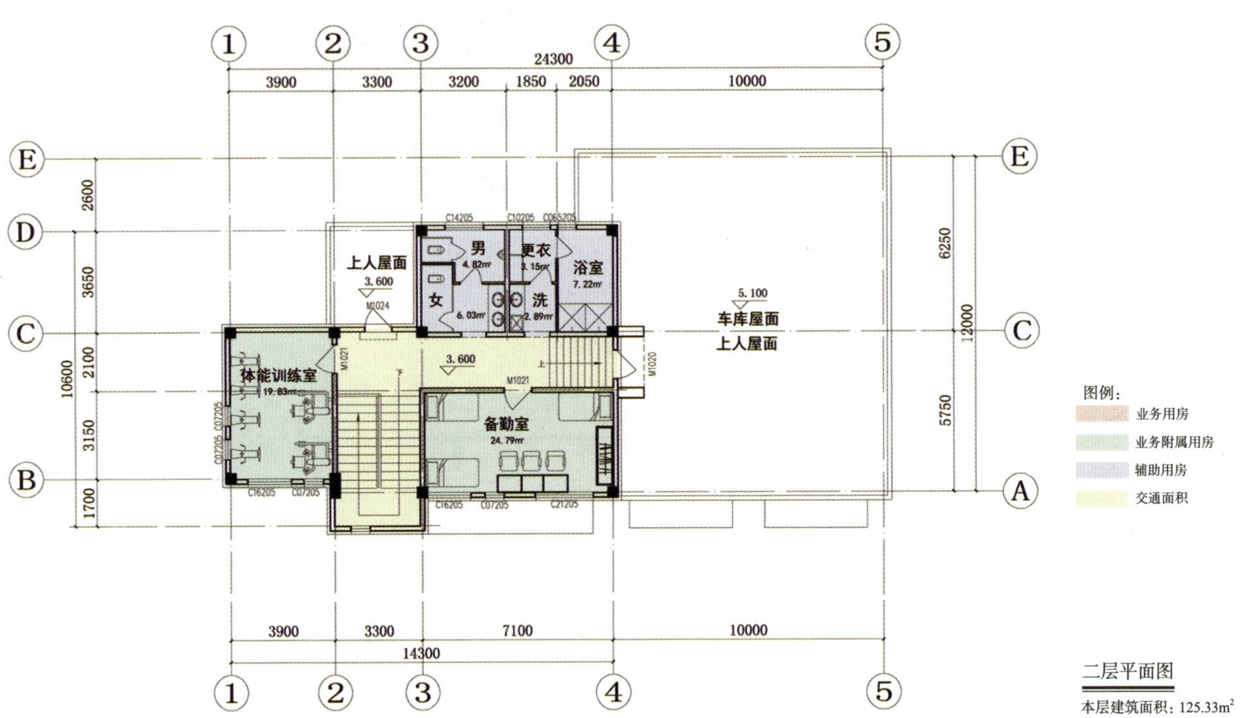


二层平面图

本层建筑面积：125.33m$^2$

# 现代风格乡镇志愿消防队之 7

## 总平规划

入口置于基地北侧，分别设有消防车出入口和人员出入口，预留 12m 的退距，方便消防车进出。外来车辆停车场设置于建筑西侧，既方便车辆进出，又利于管理。

## 平面布局

将消防车库与消防站的办公、休息空间平行布置，且分别设置单独出入口。公共空间与私密空间分区明确，互不干扰，提高了工作效率和舒适度。各功能房间紧凑布置，确保消防员接警后在最短时间到达车库。厨房单独入口，将消防人员出行与后勤人员出行有效地分开。

## 立面设计

建筑立面设计提取河北传统民居中红砖、白墙等典型元素，结合现代设计理念进行设计，局部加入消防标识“119”，突显建筑的消防属性。建筑整体造型简约、现代、亲切，体现消防建筑快速、振奋的形象。

## 设计单位：河北建筑设计研究院有限责任公司

设计指导：张震　　设计人员：粟一晟、庄天爽、李广、张天翔

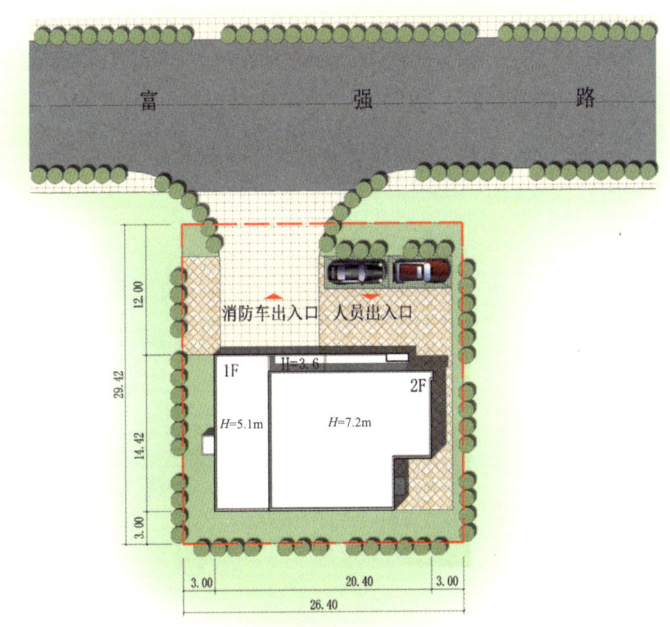


技术经济指标：

| 用地面积 | 776.62m$^2$ |
|---|---|
| 建筑占地面积 | 258.57m$^2$ |
| 总建筑面积 | 433.20m$^2$ |
| 容积率 | 0.56 |
| 建筑密度 | 33.29% |
| 绿化率 | 25.10% |

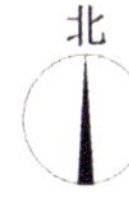


总平面图

鸟瞰图

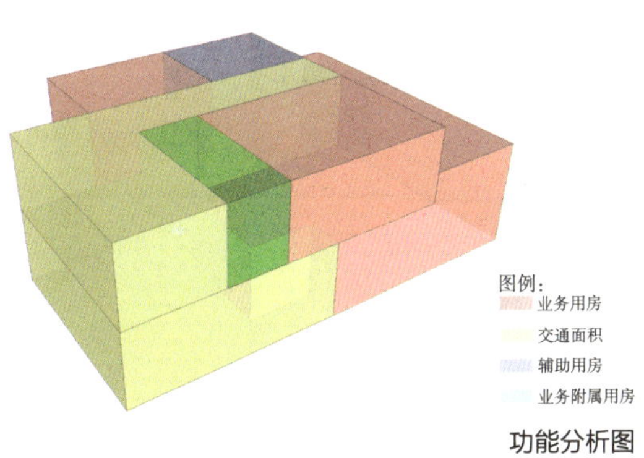


功能分析图

透视图

北立面图

东立面图

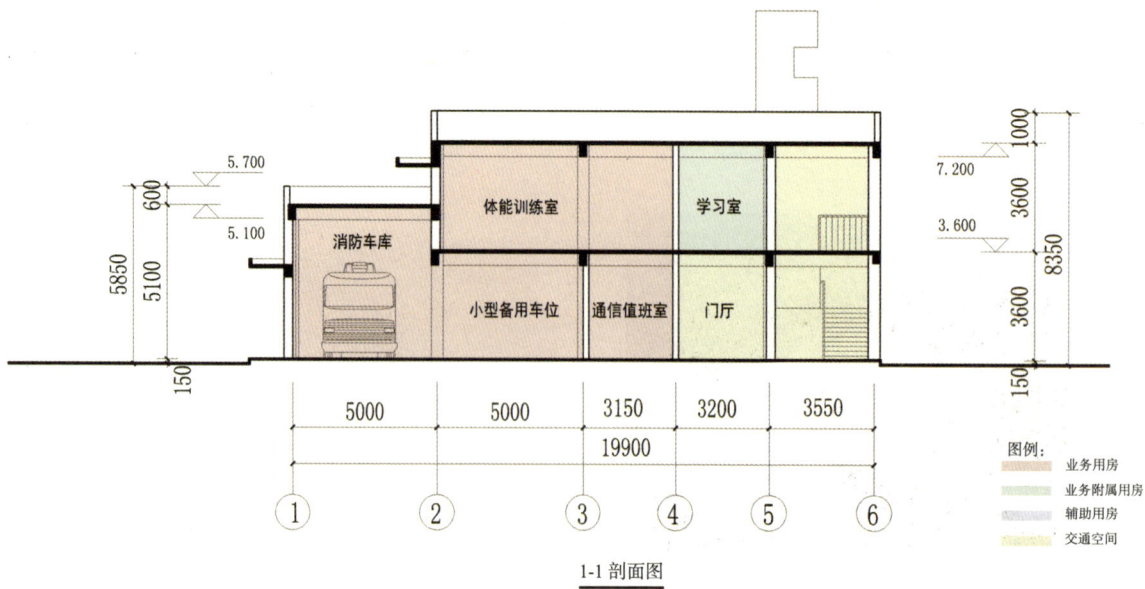

5.700
5.100
600
5100
5850
150
消防车库
体能训练室
学习室
小型备用车位
通信值班室
门厅
7.200
3.600
1000
3600
3600
8350
150
5000 5000 3150 3200 3550
19900
① ② ③ ④ ⑤ ⑥

图例：
业务用房
业务附属用房
辅助用房
交通空间

1-1 剖面图

北
19900
5000
3150
3200
3550
PM4439
-0.150
C1520
C2130
消防车库
小型备用车位
105.5㎡
C2713
通信值班室
14㎡
门厅
±0.000
M1021
M1227
M1521
M1221
器材库
13.8㎡
洗衣
14.4㎡
餐厅
13.5㎡
厨房
13.3
C1220
1700
5100
2300
4800
7100
13900
一层平面图
本层建筑面积：258.57m²
总建筑面积：433.20m²
14900
阳台
3.600
雨篷
C1529
屋面
5.100
体能训练室
38.8㎡
学习室
14.7㎡
M1221
M0921
C1212
浴室
10.1㎡
厕所
10.6㎡
备勤室
13.5㎡
备勤室
13.8㎡
图例:
业务用房
业务附属用房
辅助用房
交通空间
二层平面图
本层建筑面积：174.63m²
总建筑面积：433.20m²

# 现代风格乡镇志愿消防队之 8

## ■ 总平规划

总体规划突出用地的适应性，在保证消防车出车和人员主入口面向道路的同时，尽量减少项目面临道路的面宽。项目位于东西方向乡镇道路的北侧，消防站位于用地西北部，消防车库紧邻城市道路，消防车回车场兼作训练跑道，训练塔位于项目东南角。用地东北角为景观绿化，西南角和西北角各设临时车位。

## ■ 平面布局

将消防车库与人员办公生活区明确分开，除餐厅、通信值班室外，将其他人员活动均设置在建筑二层，最大限度减少首层的建筑面积，以利于减小用地面积。消防队员备勤室和部分对外功能房间布置在二层，并保证消防员备勤室的南向采光。在备勤室的南侧设置阳光屋顶花园，供消防员休息观景之用。

## ■ 立面设计

突出乡镇消防队保障百姓安居乐业的功能特点，将体量不大的建筑塑造成安定基石的形象，增加社区居民的安全感。墙面颜色由灰白色真石漆为主，辅以红色外墙涂料搭配，局部用木质材料装饰。灰白色是陕西秦岭山石的主要颜色，灰白色真石漆使建筑显得稳重安宁；红色是消防功能的标志颜色，产生更强的信任感；局部木材的装饰，是对亲切自然人陕西文化风土人情的诠释。这三个颜色以现代手法呈现，充分体现了现代建筑简洁清新的特色和消防功能建筑内在的力量与文化情怀。

## ■ 设计单位：中国建筑西北设计研究院第七设计所

设计指导：嵇珂　　设计人员：刘磊

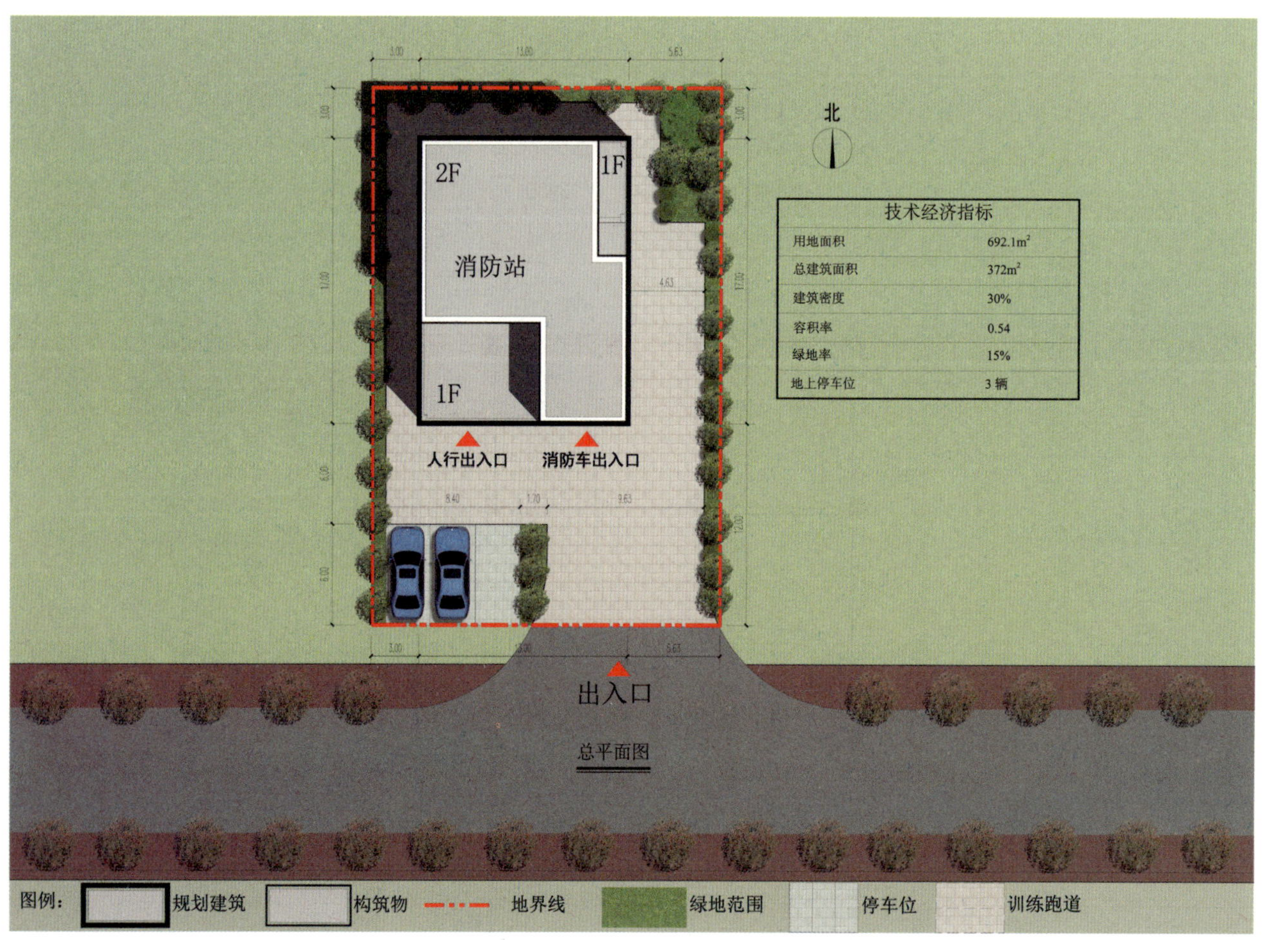


| 技术经济指标 | |
|---|---|
| 用地面积 | 692.1m² |
| 总建筑面积 | 372m² |
| 建筑密度 | 30% |
| 容积率 | 0.54 |
| 绿地率 | 15% |
| 地上停车位 | 3 辆 |

鸟瞰图

透视图

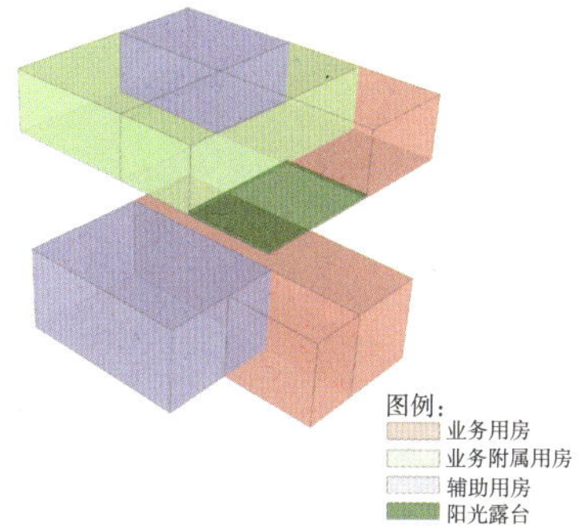

功能分析图

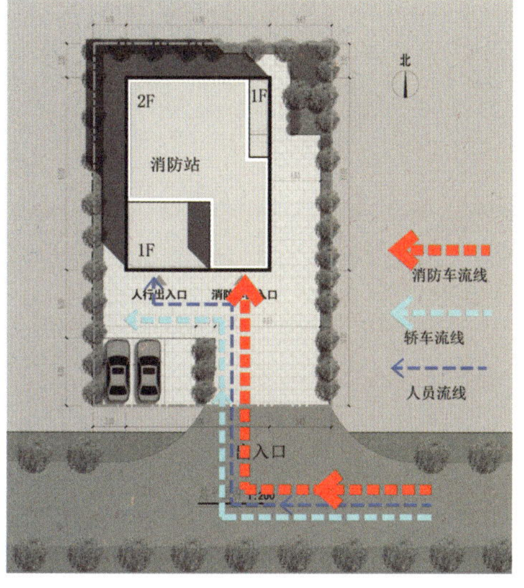

流线图

透视图

1-1 剖面图

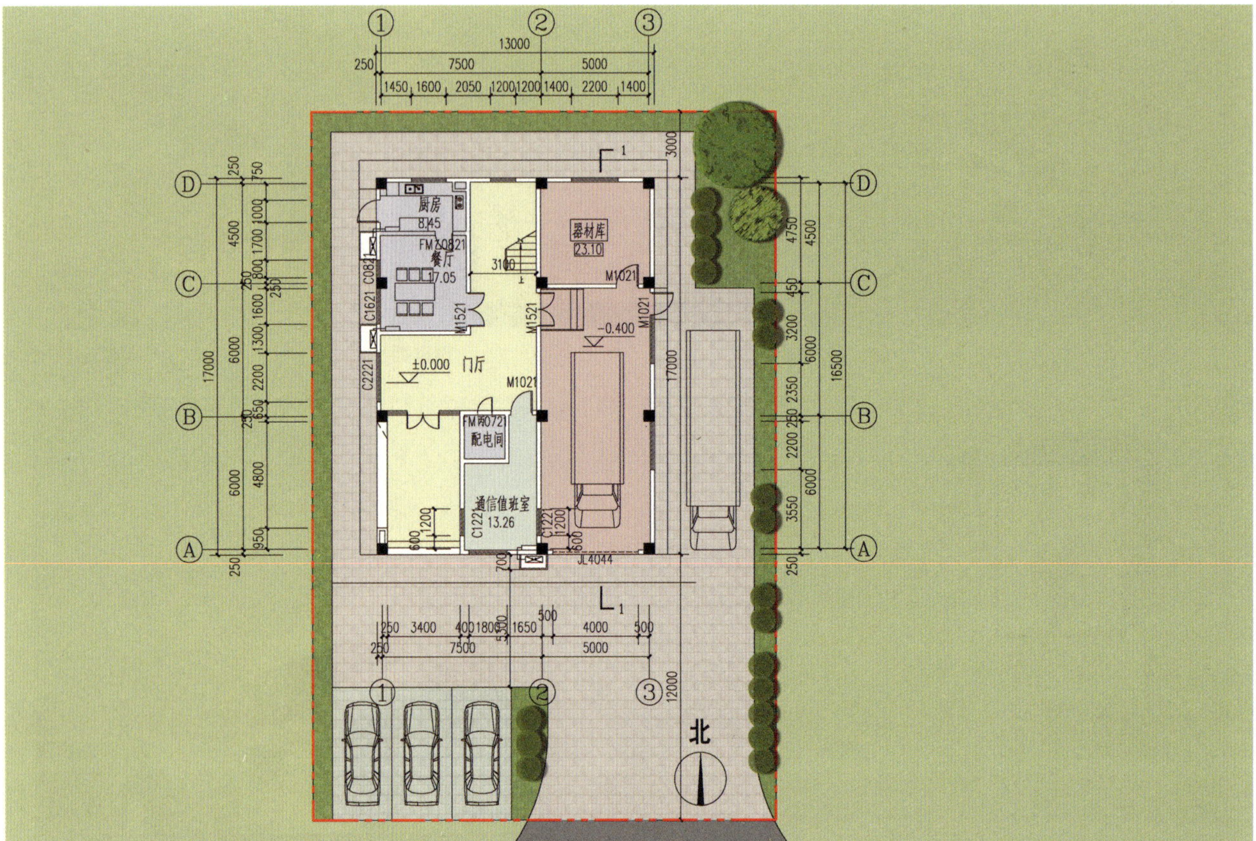

一层平面图

消防站一层建筑面积 209.3m² 总建筑面积 554.4m²

二层平面图

消防站二层建筑面积 162.7m² 总建筑面积 554.4m²

屋顶平面图

图例：

- 业务用房
- 业务附属用房
- 辅助用房
- 交通面积

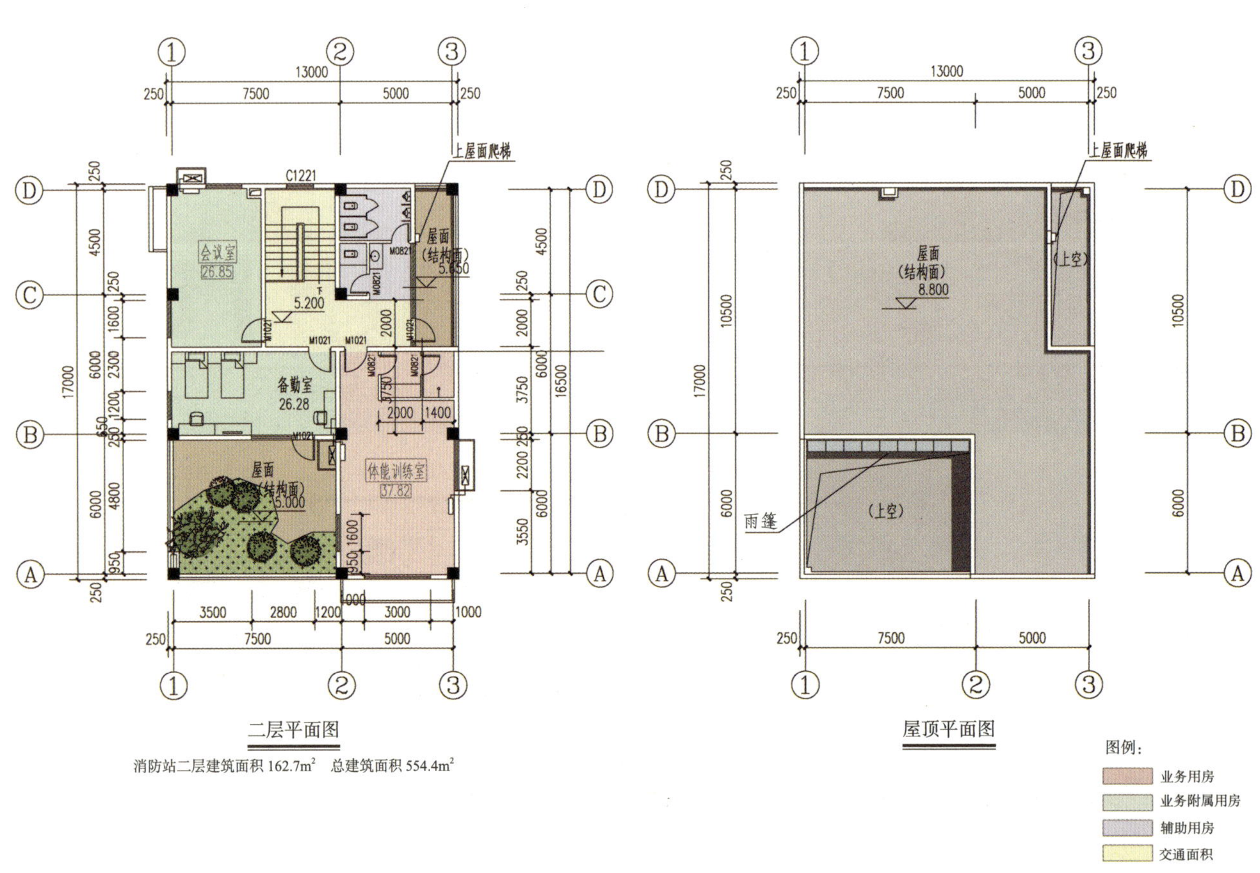

# 04 乡镇消防队设计实例

# 福建省宁德市蕉城区飞鸾镇专职消防队

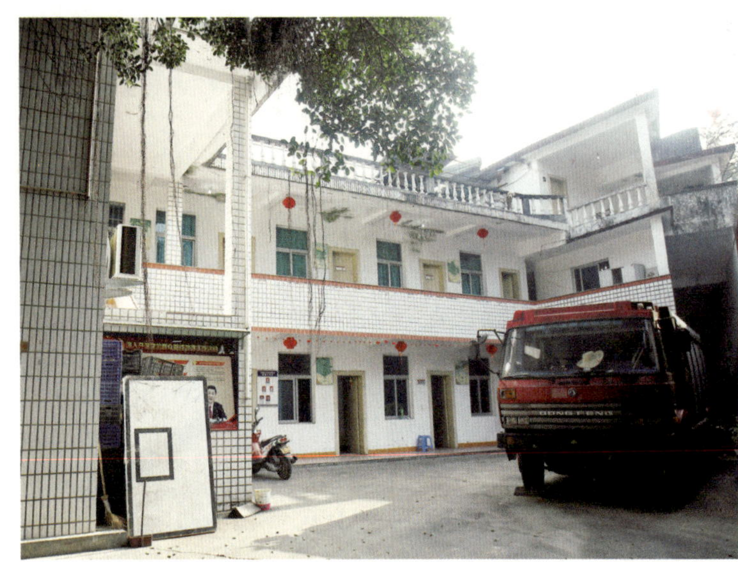

2014 年 6 月组建，占地面积 500m²，建筑面积 200m²，配备 1 台水罐消防车，消防员 15 名。辖区包括 4 个自然村，11 个村民小组约 23000 人。（摄影：刘依豪）

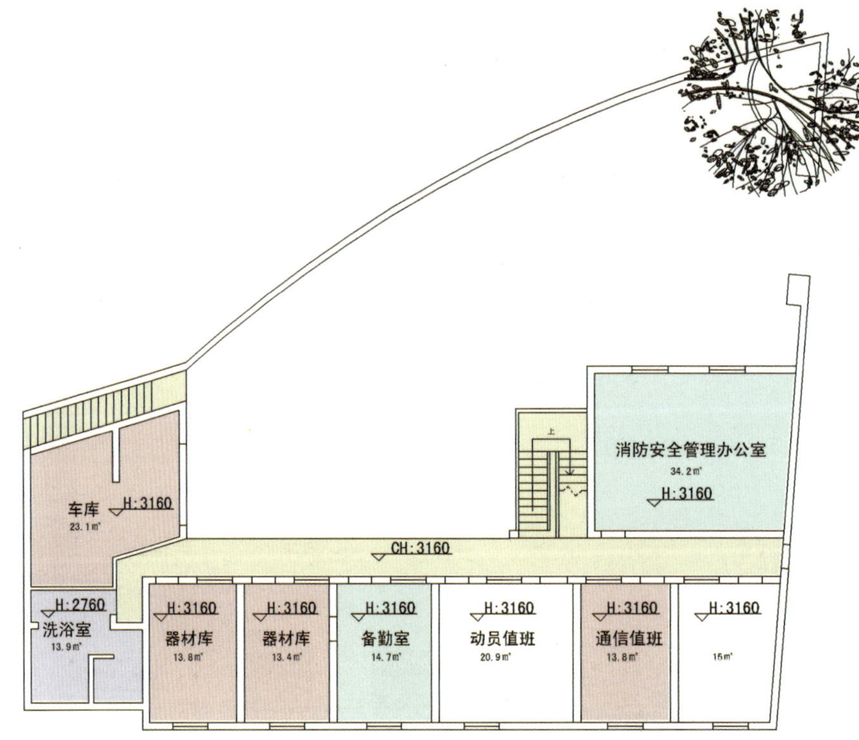


场地和一层平面图

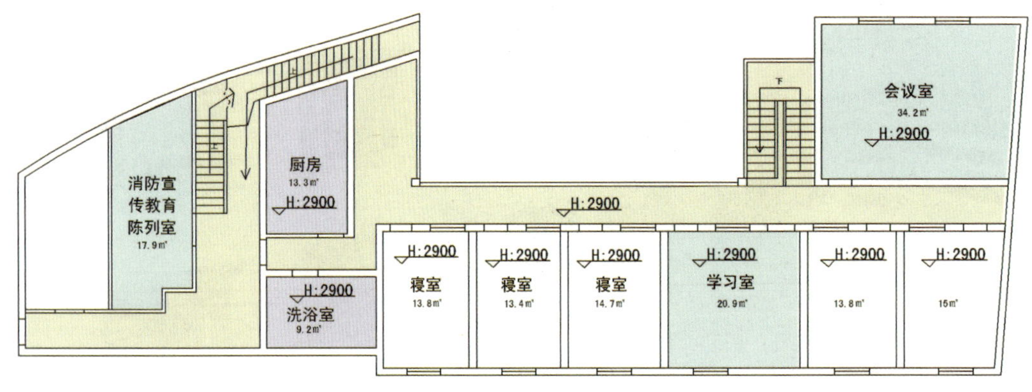


二层平面图

# 福建省福州市长乐区金锋志愿消防队

1921 年组建，现站舍建于 1990 年，位于金峰镇勤农巷 333 路，占地面积 1484m$^2$，建筑面积 667m$^2$，配备 4 台消防车，18 名专职消防员。辖区包括 70 个行政村、3 个居民委员会，面积 158km$^2$，常住人口 30 余万人。

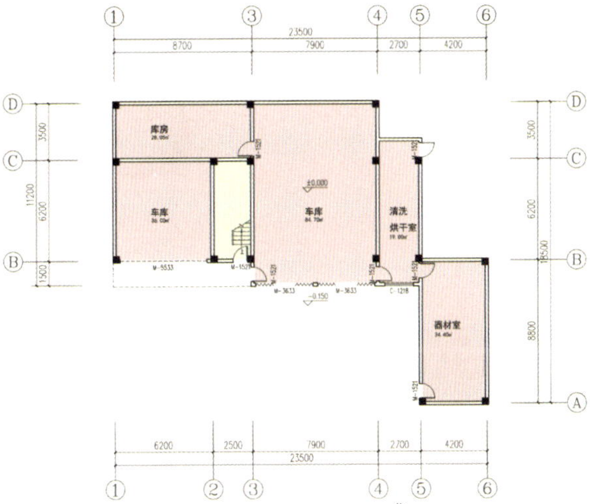

一层平面图

本层建筑面积：242.30m$^2$
总建筑面积：666.92m$^2$

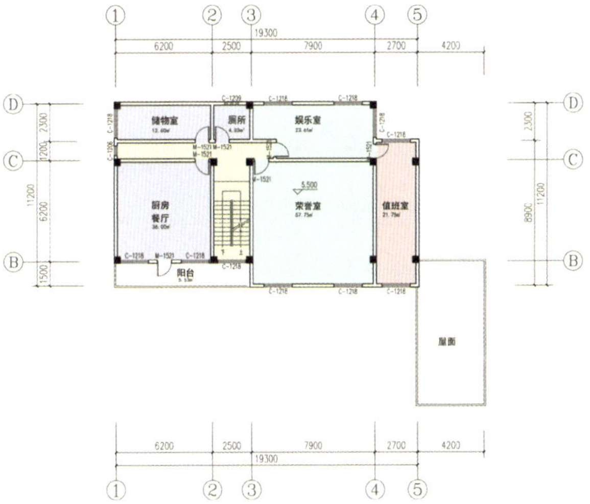

二层平面图

本层建筑面积：216.09m$^2$
总建筑面积：666.92m$^2$

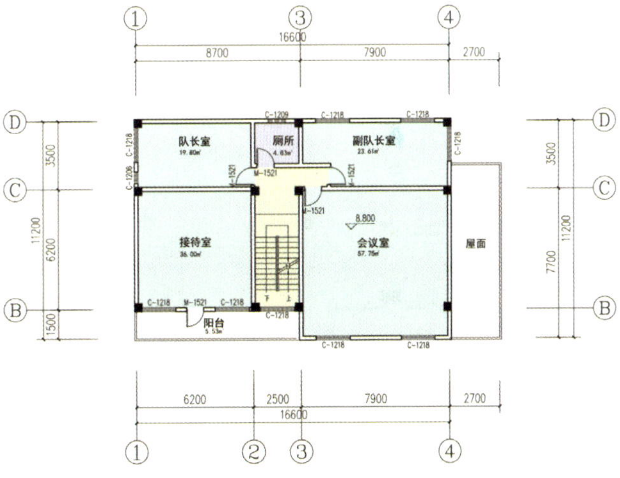

三层平面图

本层建筑面积：191.52m$^2$
总建筑面积：666.92m$^2$

# 福建省厦门市集美区后溪镇专职消防队

2015 年 12 月组建，占地面积 700m²，建筑面积 1200m²。配备 2 台水罐消防车、4 台 2 轮消防摩托车，专职消防员 11 名。辖区包括 9 个行政村、4 个居民委员会和两个农场，面积 44.1km²，常住人口约 8 万人。

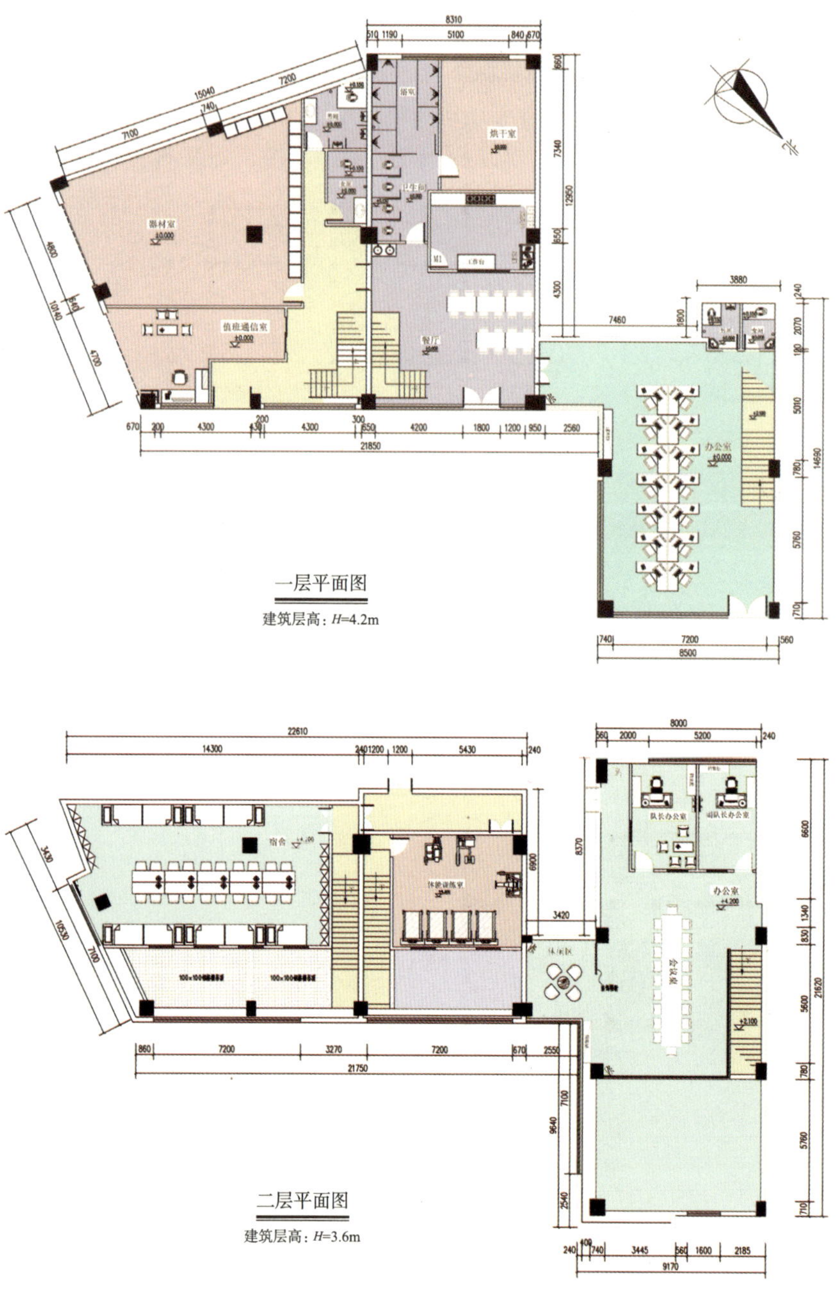

一层平面图

建筑层高：*H*=4.2m

二层平面图

建筑层高：*H*=3.6m

# 广东省揭阳市普宁市流沙北街道专职消防队

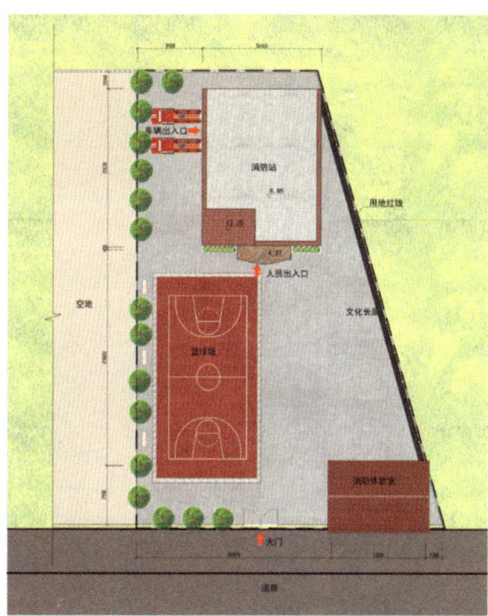


2017 年组建，占地面积 2064m$^2$，建筑面积 723m$^2$，配备消防车 1 台，专职消防队员 11 名。辖区包括 3 个街道的 35 个行政村、6 个居委会和 1 个社区，面积约 83km$^2$，常住人口约 25 万人。（设计单位：广东普宁建筑工程总公司；摄影：王博磊）

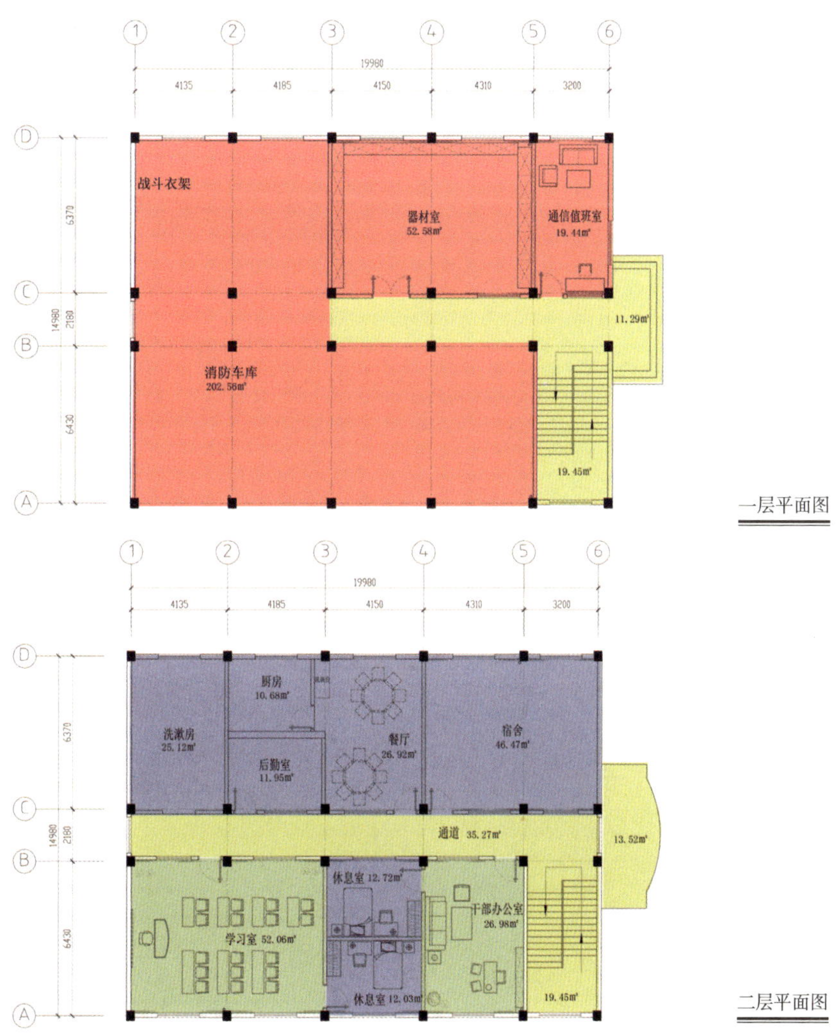


一层平面图

二层平面图

# 广东省广州市增城区凤凰城政府专职消防队

2017 年组建，模块化站舍占地面积 1200m²，建筑面积 495m²，配备泡沫水罐等 2 台消防车，专职消防员 14 名。辖区包括永宁街及下属的 30 个村（社区），面积 99km²，常住人口约 30 万。（设计单位：迅捷安消防及救援科技深圳有限公司；摄影：邓志权）

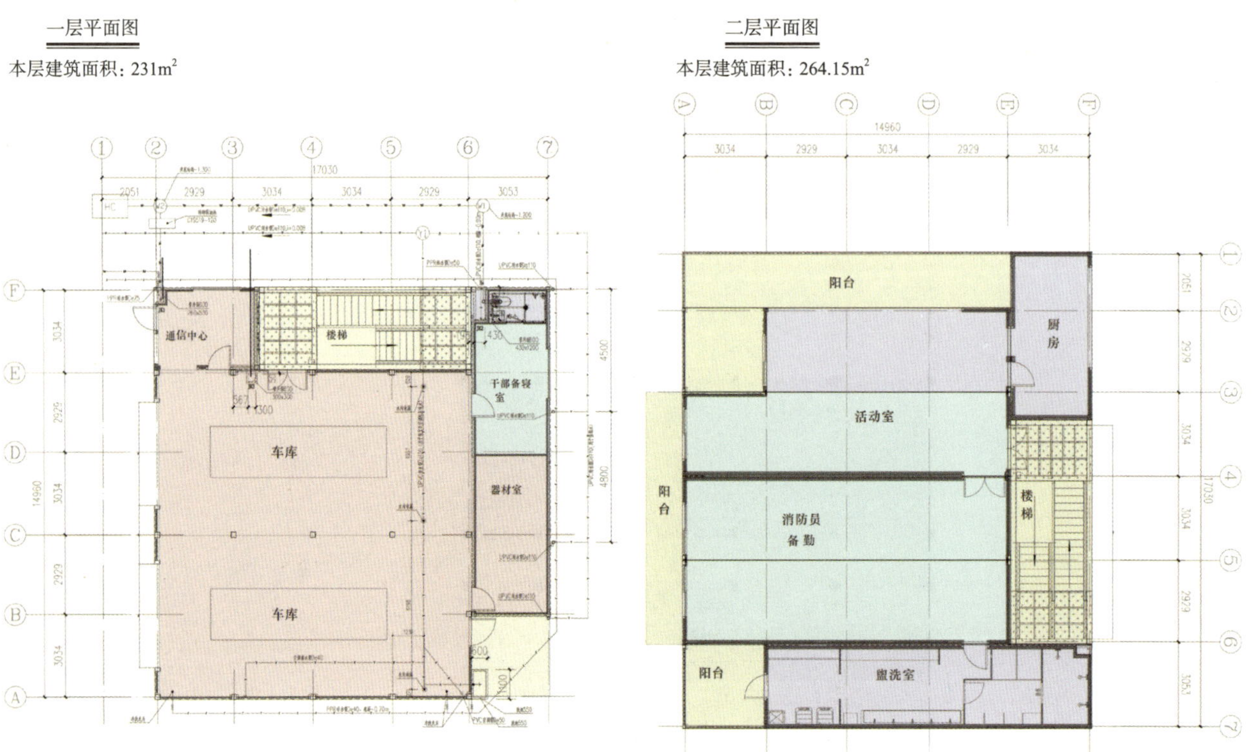


一层平面图

本层建筑面积：231m²

二层平面图

本层建筑面积：264.15m²

# 广东省鹤山江门市共和镇专职消防队

2017 年 10 月成立，占地面积 1220m$^2$，建筑面积 750m$^2$，配备 5 吨泡沫消防车、3.5 吨水罐消防车各 1 台，消防员 15 名、消防文员 1 名。辖区面积 105.8km$^2$，其中工业用地 28km$^2$，包括 11 个村（居）民委员会，112 个自然村，户籍人口 2.4 万人，外来人口 1.9 万人。（设计单位：广东鹤山市建筑设计院有限公司；摄影：麦琼瑶）

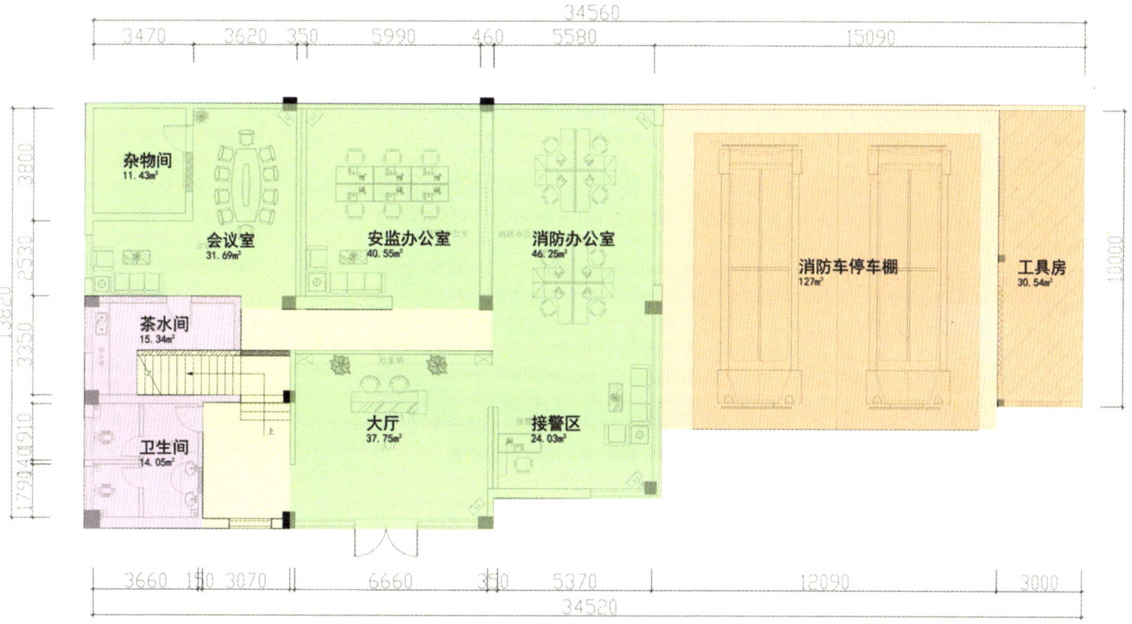

一层平面图

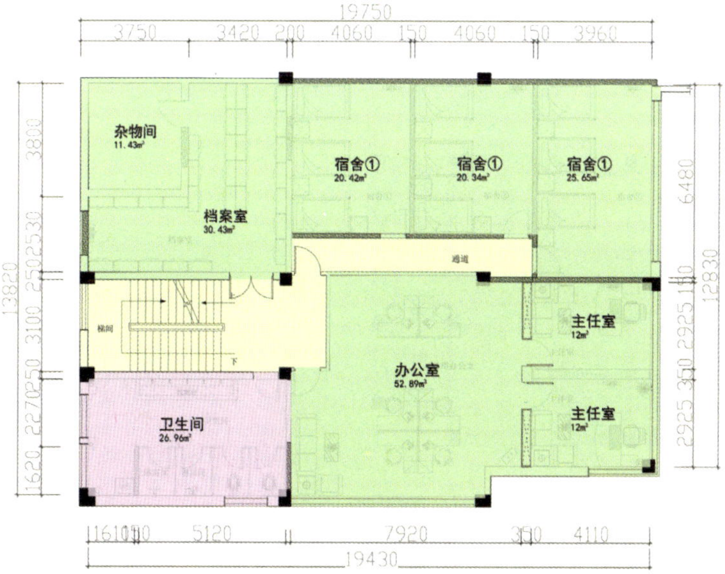

二层平面图

# 江苏省宿迁市宿城区龙河专职消防队

2017 年组建，占地面积 2668m²，建筑面积 835m²，配备泡沫水罐车等 2 台消防车，专职消防员 8 名。辖区包括 3 个乡镇的 41 个行政村和 6 个居民委员会，169km²，常住人口 12.3 万。（设计单位：江苏省扬州市天宇森禾园林景观有限公司）

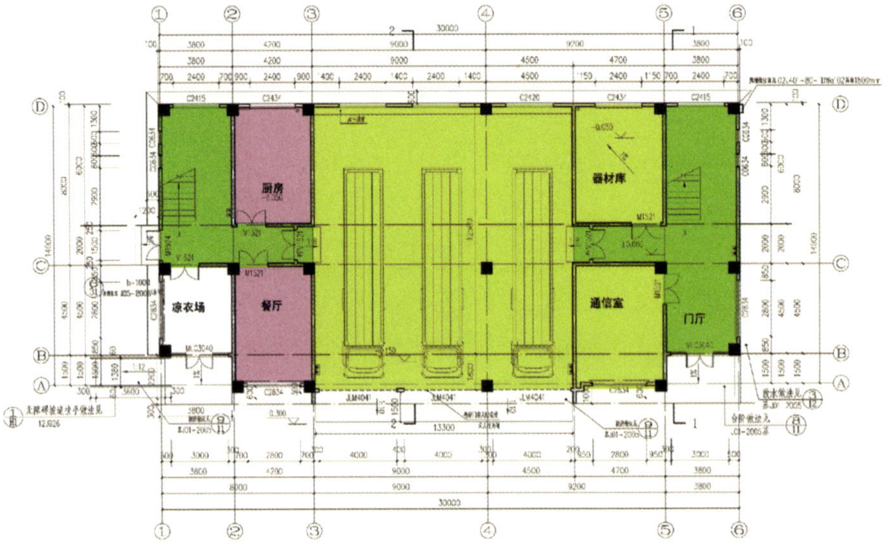

一层平面图

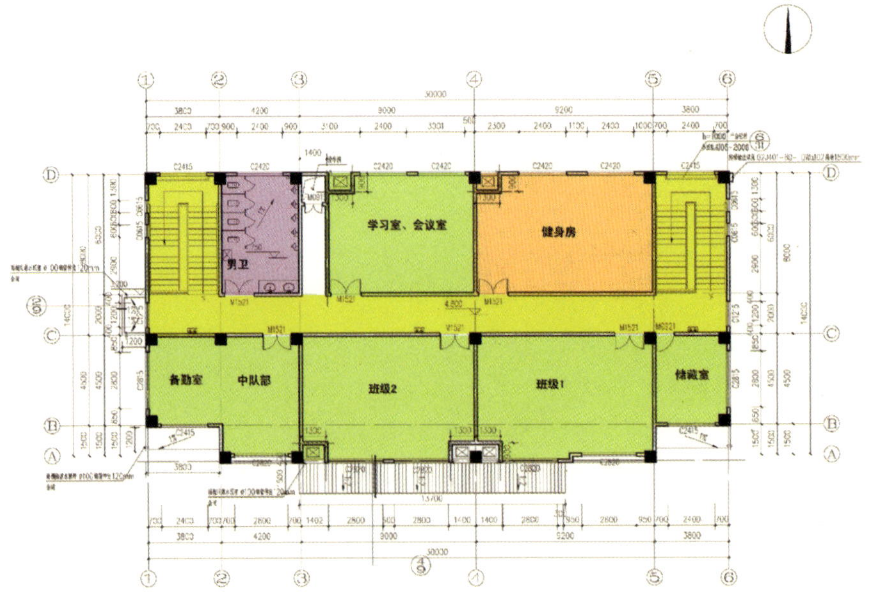

二层平面图

# 江苏省扬州市邗江区公道镇专职消防队

消防
FIRE SERVICES

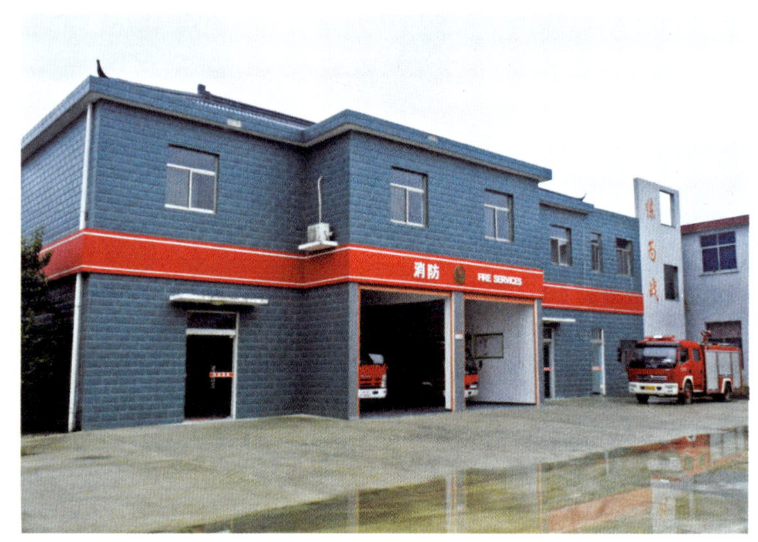

组建于2013年11月，占地面积1850m$^2$，建筑面积630m$^2$，配备2台消防车，专职消防员12名。辖区包括5个乡镇的66个行政村、8个居民委员会，面积106.46km$^2$，常住人口18万人。

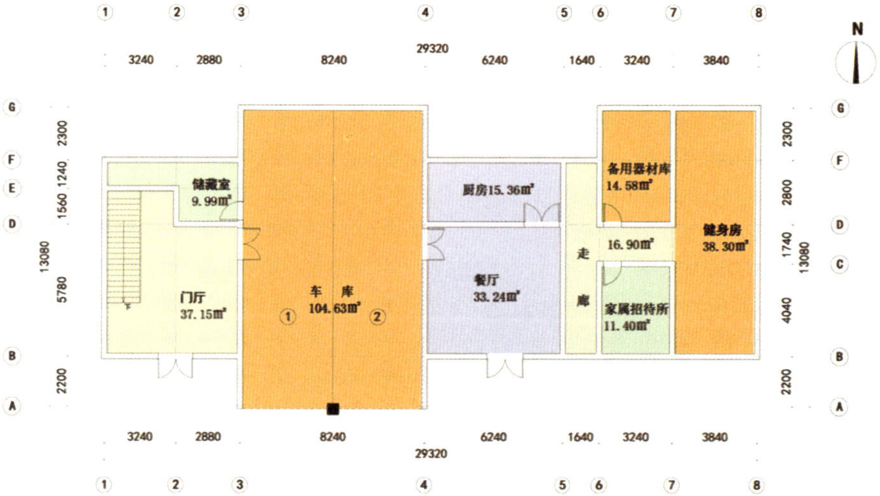

N
29320
储藏室
9.99㎡
门厅
37.15㎡
车　库
104.63㎡
厨房15.36㎡
餐厅
33.24㎡
走廊
备用器材库
14.58㎡
16.90㎡
家属招待所
11.40㎡
健身房
38.30㎡
13080

一层平面图

本层建筑面积：315.72m$^2$

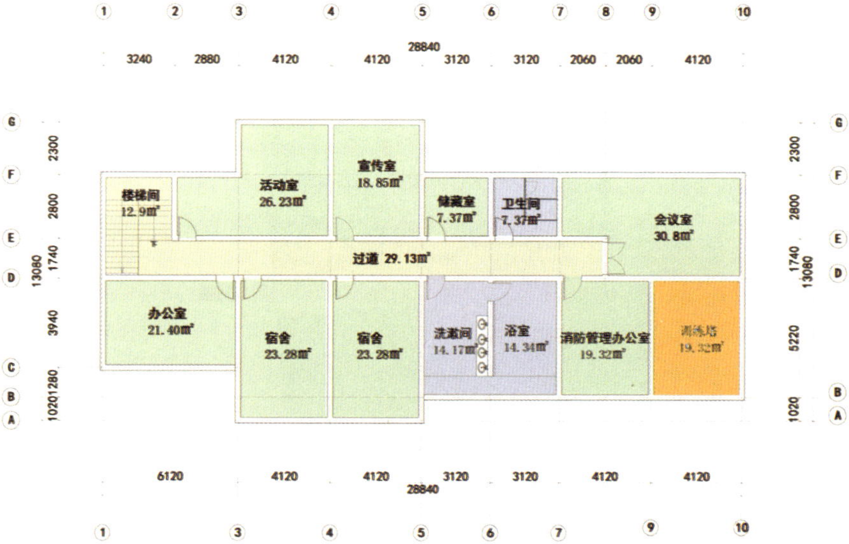

28840
楼梯间
12.9㎡
活动室
26.23㎡
宣传室
18.85㎡
储藏室
7.37㎡
卫生间
7.37㎡
会议室
30.8㎡
过道 29.13㎡
办公室
21.40㎡
宿舍
23.28㎡
宿舍
23.28㎡
洗漱间
14.17㎡
浴室
14.34㎡
消防管理办公室
19.32㎡
训练塔
19.32㎡
13080

二层平面图

本层建筑面积：311.54m$^2$

# 吉林省四平市伊通满族自治县大孤山镇专职消防站

2009年组建，建筑面积946m²，配备3台水罐消防车，专职消防员16名。辖区5个乡镇的58个行政村、8个居民委员会，面积798km²，常住人口14万。（摄影：张耀楠）

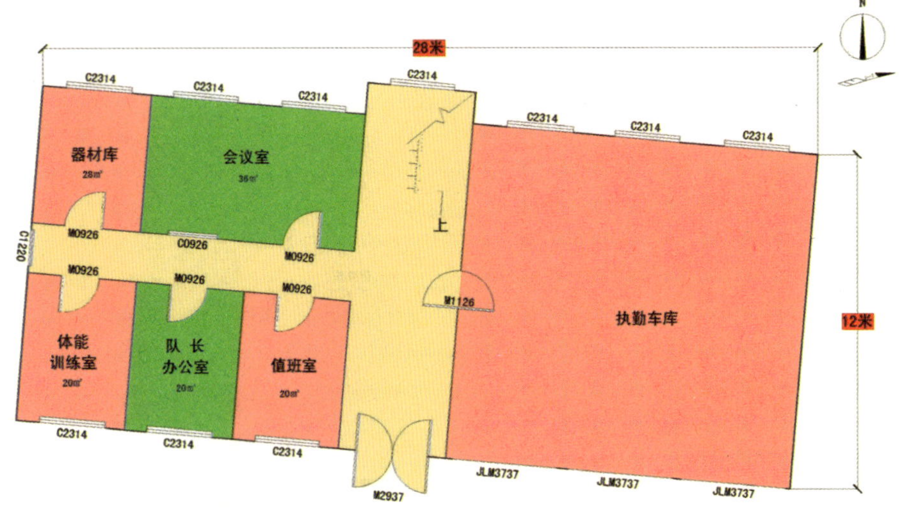


一层平面图

本层建筑面积445m²

总建筑面积946m²

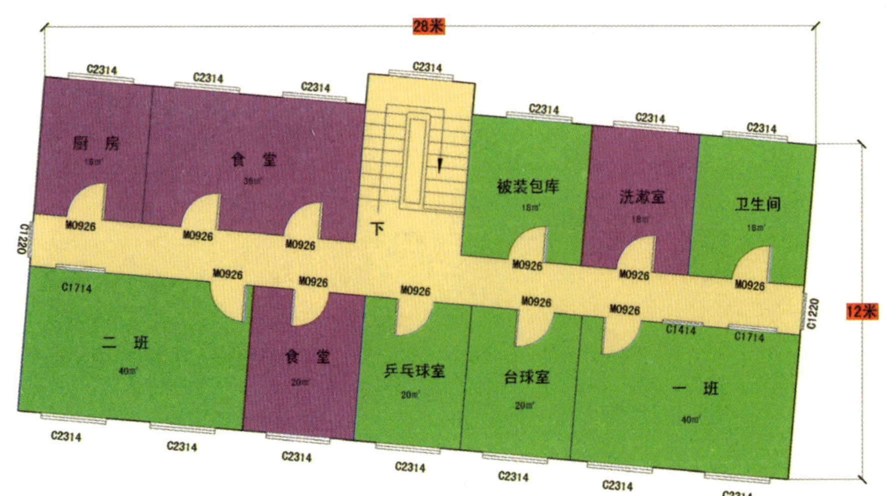


二层平面图

本层建筑面积445m²

总建筑面积946m²

# 吉林省延边朝鲜族自治州延吉市头道政府专职消防队

2008 年组建，占地面积 550m$^2$，建筑面积 470m$^2$，配备 2 台消防车，专职消防员 11 名。辖区包括 2 个社区、16 个行政村，面积 519km$^2$，常住人口 2.9 万人。（设计：延边建筑设计研究有限责任公司）

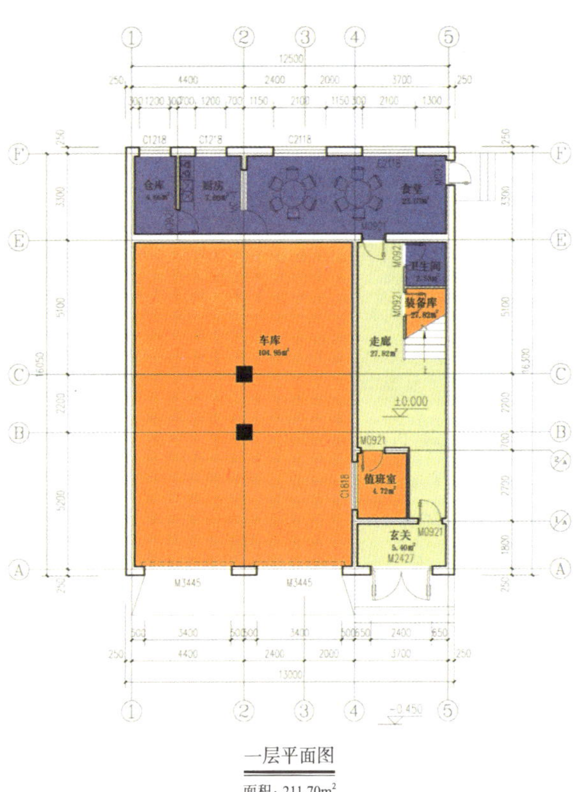


一层平面图

面积：211.70m$^2$

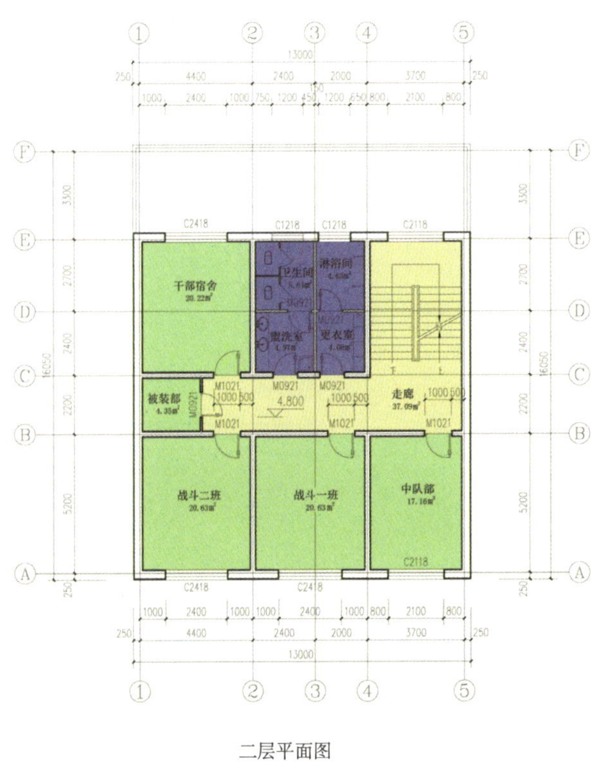


二层平面图

面积：169.00m$^2$

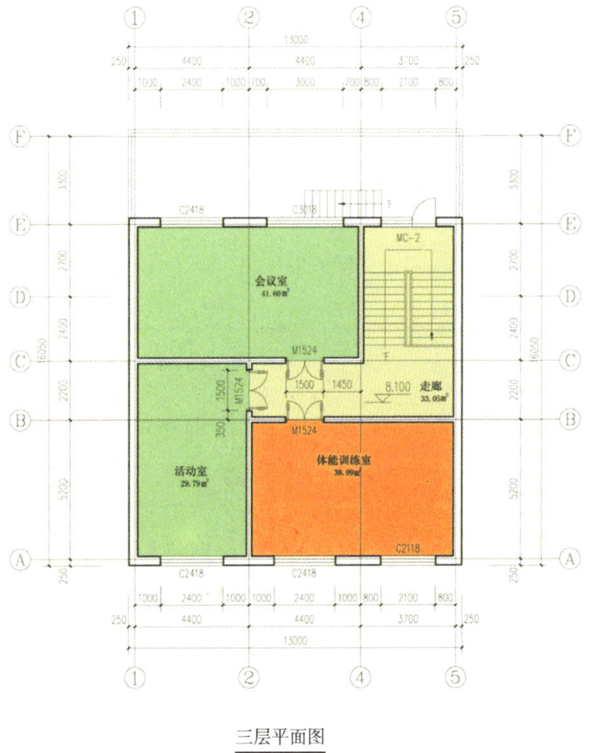


三层平面图

面积：169.00m$^2$

# 浙江省湖州市埭溪镇专职消防队

2012 年 8 月建队，占地面积 2500m²，建筑面积 1000m²。一队多能，防消结合，同时是吴兴区化工集中区应急救援队和埭溪镇森林消防中队、消防综合应急救援队、消防安全工作站。配备 4 台消防车，16 名专职消防员。辖区区域面积 173km²，包括 20 个行政村、4 个居委会和 1 个社区，总人口 4.1 万。（设计单位：湖州建工设计院有限公司；摄影：任勇）

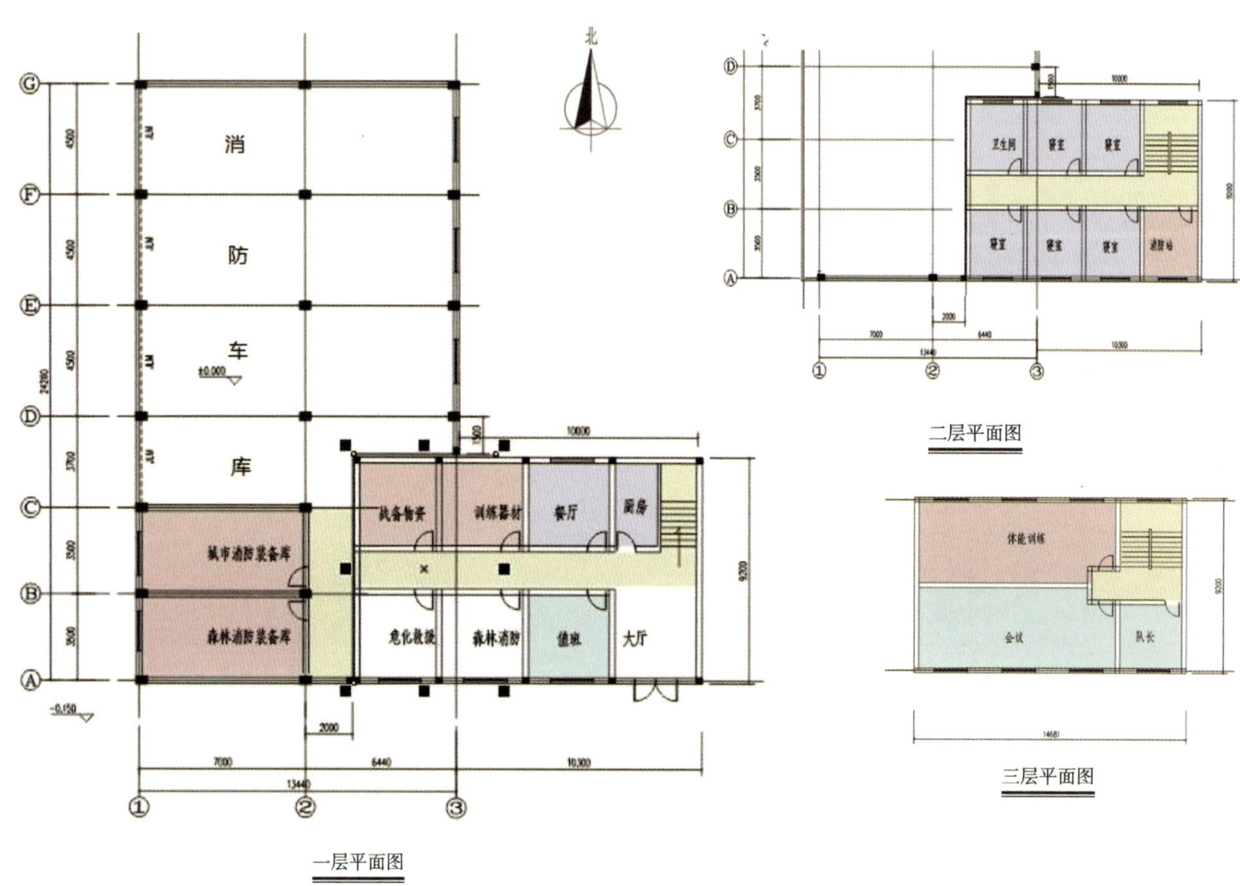


一层平面图

二层平面图

三层平面图

# 浙江省湖州市妙西镇专职消防队

2014年组建，由车站办公楼改建，占地面积3742m²，建筑面积1000m²，配备1台泡沫水罐消防车、1台森林消防车，专职消防员10名。辖区包括2个镇的15个行政村，面积106km²，常住人口约2.6万。（设计单位：杭州经纬建筑设计有限公司；摄影：任勇）

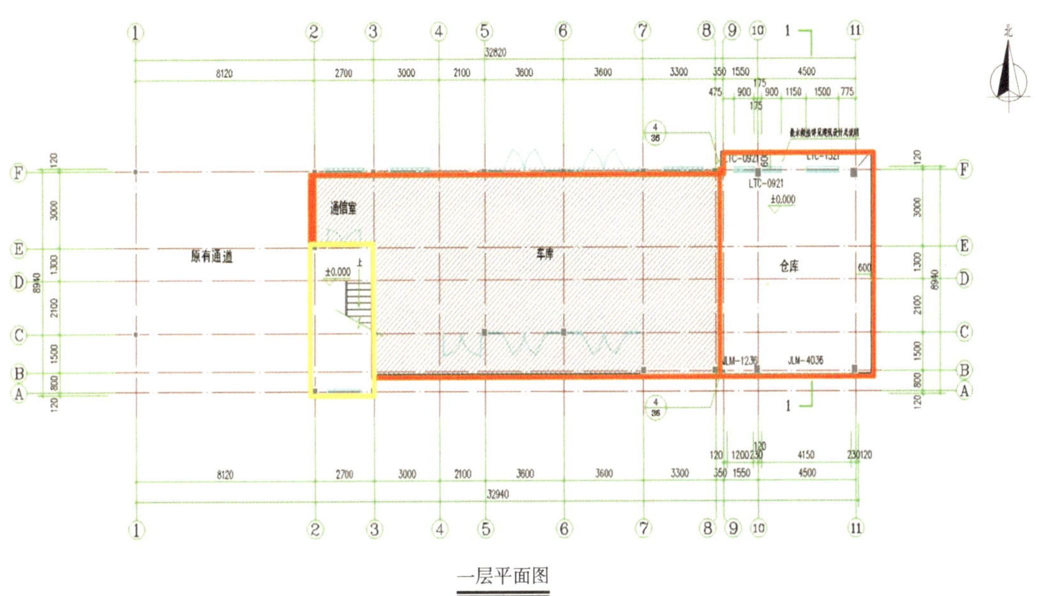


一层平面图

建筑面积289.4724m²

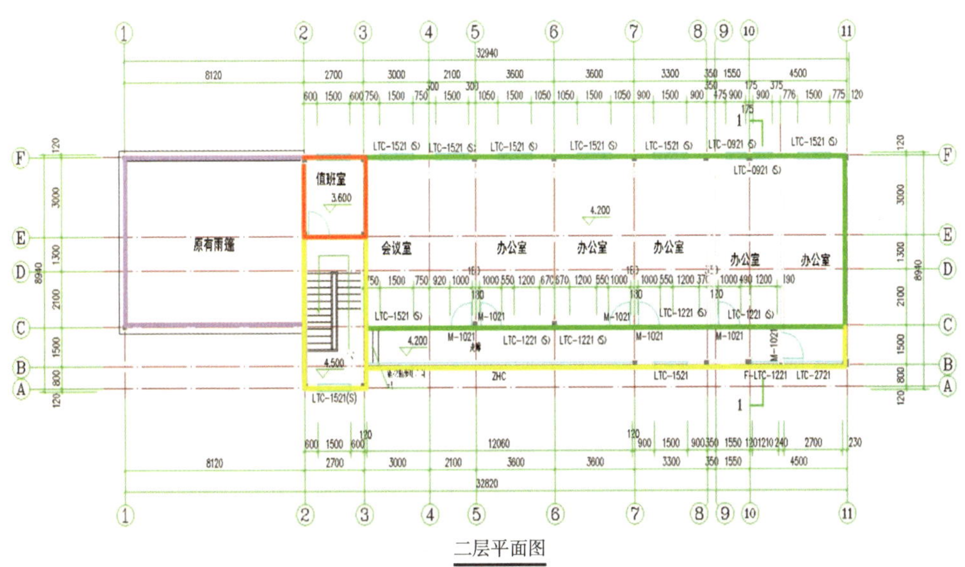


二层平面图

建筑面积289.4724m²

# 重庆市合川区土场镇专职消防队

2016年组建，占地面积3116m²，建筑面积978m²，配备1参考消防车辆，专职消防员8人、兼职消防员7人。辖区包括3个居民委员会、4个行政村，面积40.24km²，常住人口3.8万人。（设计单位：重庆惠庭都市建筑设计事务所；摄影：秦勇）

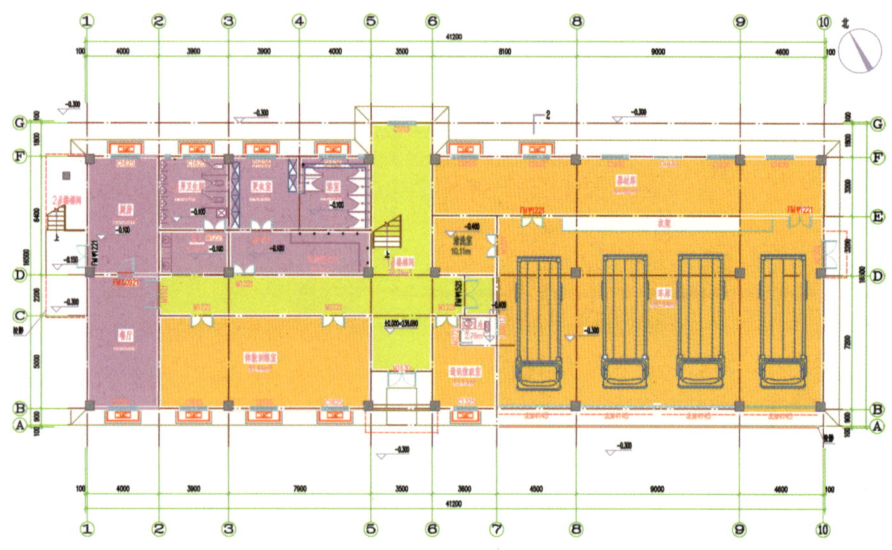

一层平面图

总建筑面积：977.62m²

本层建筑面积：588.59m²

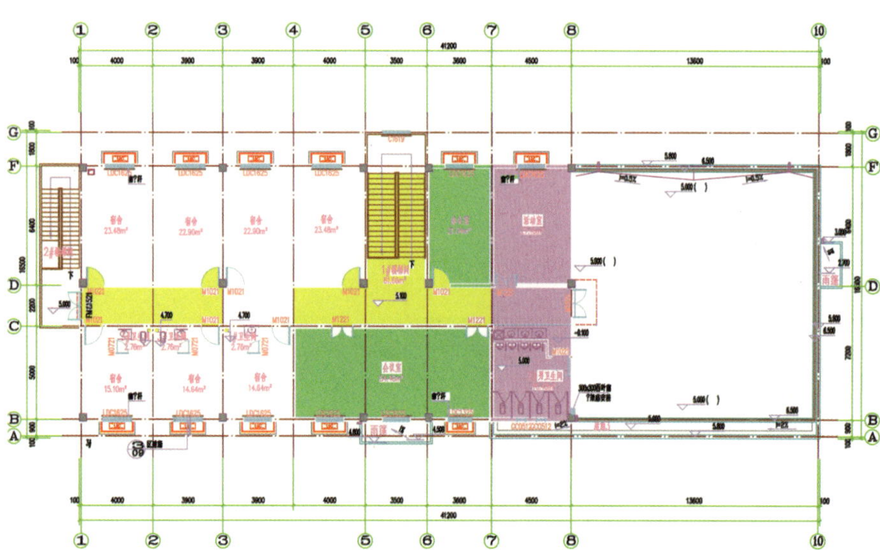

二层平面图

本层建筑面积：388.99m²

# 重庆市渝北区茨竹镇专职消防队

2014 年组建，占地面积 500m²，建筑面积 515m²，配备 2 台消防车，专职消防员 10 名。辖区包括 16 个行政村、2 个居民委员会，面积 113km²，常住人口约 3.5 万人。（摄影：傅渝）

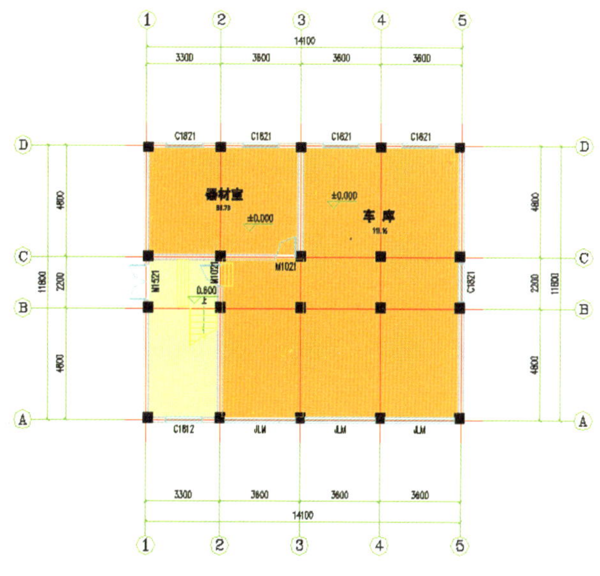


一层建筑面积：174.46m²

总建筑面积：514.80m²

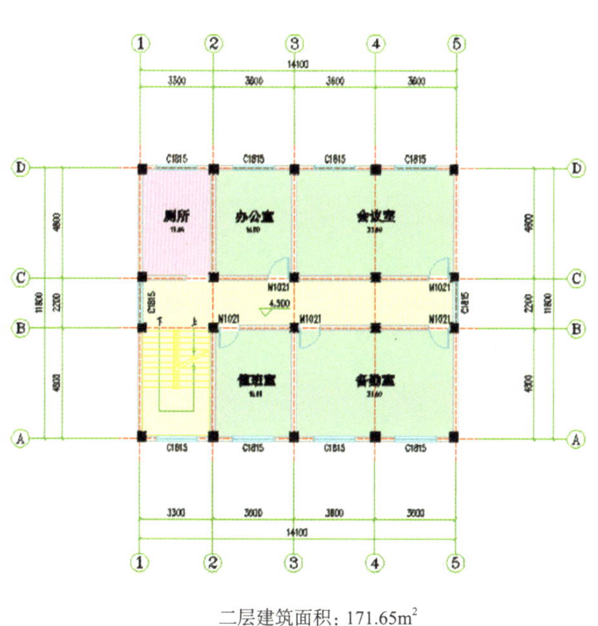


二层建筑面积：171.65m²

总建筑面积：514.80m²

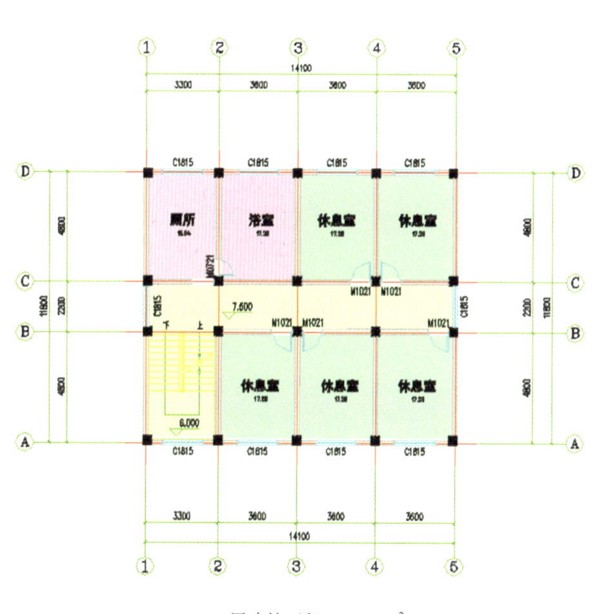


三层建筑面积：168.69m²

总建筑面积：514.80m²

ICS 13.22.10
C 83

# 中华人民共和国国家标准

GB/T 35547—2017

# 乡镇消防队

**Rural fire department**

2017-12-29 发布　　2018-07-01 实施

中华人民共和国国家质量监督检验检疫总局
中国国家标准化管理委员会　发布

# 目　次



# 前　言

本标准按照 GB/T 1.1—2009 给出的规则起草。

本标准由中华人民共和国公安部提出。

本标准由全国消防标准化技术委员会灭火救援分技术委员会（SAC/TC 113/SC 10）归口。

本标准负责起草单位：公安部消防局。

本标准参加起草单位：广东省公安消防总队、重庆市公安消防总队、浙江省公安消防总队、吉林省公安消防总队、贵州省公安消防总队、福建省公安消防总队、内蒙古自治区公安消防总队、中国城市建设研究院建筑院。

本标准主要起草人：司戈、王宝伟、张国庆、靳威、李金明、王富尧、李大超、姜小勤、李汕、赵胜权、马金桩、潘宏。

# 引　言

乡镇消防队在乡镇、农村承担火灾扑救、应急救援和其他消防安全工作，是覆盖城乡的灭火救援力量体系的重要组成部分。为适应新型城镇化建设，充分体现乡镇、农村的实际情况和阶段性特点，分类指导各地推进乡镇消防队建设管理，制定本标准。

# 乡镇消防队

## 1 范围

本标准规定了乡镇消防队的术语和定义、总则、选址、建队要求、项目构成、房屋建筑、建设用地、装备配备、人员配备、执勤管理。

本标准适用于地方人民政府建立的乡镇专职消防队、志愿消防队，村民委员会、居民委员会建立的志愿消防队可参照使用。

## 2 规范性引用文件

下列文件对于本文件的应用是必不可少的。凡是注日期的引用文件，仅注日期的版本适用于本文件。凡是不注日期的引用文件，其最新版本（包括所有的修改单）适用于本文件。

GB / T 3181　漆膜颜色标准
GB 8108　车用电子警报器
GB 13954　警车、消防车、救护车、工程救险车标志灯具
GB 50011　建筑抗震设计规范
GB 50015　建筑给水排水设计规范
GB 50016　建筑设计防火规范
GB 50313　消防通信指挥系统设计规范
GBZ 221　消防员职业健康标准
建标 152　城市消防站建设标准
GA 856（所有部分）　合同制消防员制式服装

## 3 术语和定义

下列术语和定义适用于本文件。

**3.1　乡镇消防队 rural fire department**

地方人民政府建立的在乡镇、农村承担火灾扑救、应急救援和其他消防安全工作的消防组织。

**3.1.1　乡镇专职消防队 rural career fire department**

专职消防员占半数以上，承担乡镇、农村火灾扑救和其他消防安全工作，并按照国家规定承担重大灾害事故和其他以抢救人员生命为主的应急救援工作的消防组织。

**3.1.2　乡镇志愿消防队 rural volunteer fire department**

志愿消防员占半数以上，承担乡镇、农村大灾扑救、应急救援和其他消防安全工作的消防组织。

**3.2　乡镇消防员 rural firefighter**

在乡镇消防队从事火灾扑救、应急救援和其他消防安全工作的人员。

**3.2.1　乡镇专职消防员 rural career firefighter**

在乡镇消防队专职从事火灾扑救、应急救援和其他消防安全工作的人员。

**3.2.2　乡镇志愿消防员 rural volunteer firefighter**

在乡镇消防队志愿从事火灾扑救、应急救援和其他消防安全工作的人员。

## 4 总则

4.1 乡镇消防队应纳入城镇体系规划、镇（乡）规划及消防专项规划，统筹建设，规范管理。

4.2 乡镇消防队应承担以下任务：

a）火灾扑救和应急救援；

b）消防安全检查和消防宣传教育培训；

c）地方政府和有关部门交办的其他消防安全工作。

4.3 乡镇消防队的建设管理，应遵循安全实用、经济合理和利于执勤值班、方便生活的原则。

## 5 选址

5.1 乡镇消防队应设在辖区内的适中位置和便于车辆迅速出动的临街地段，并宜设在独立的院落内。

5.2 乡镇消防队的消防车辆出入口两侧宜设置交通信号灯、标志、标线或隔离设施，距医院、学校、幼儿园、托儿所、影剧院、商场、体育场馆、展览馆等公共建筑的主要疏散出口和公交站台以及加油站、加气站等易燃易爆危险场所的距离不应小于 100m。

5.3 乡镇消防队辖区内有生产、贮存危险化学品单位的，乡镇消防队应设置在常年主导风向的上风或侧风处，其边界距生产、贮存危险化学品单位不宜小于 300m。

5.4 乡镇消防队的消防车库门应朝向道路并后退红线不小于 12m，满足消防车辆的转弯半径要求。

5.5 乡镇消防队的消防车出动通道不应为上坡。

## 6 建队要求

6.1 分类分级

6.1.1 乡镇消防队分为乡镇专职消防队和乡镇志愿消防队两类。

6.1.2 乡镇专职消防队分为一级乡镇专职消防队和二级乡镇专职消防队。

6.2 适用

6.2.1 距公安消防队较远的乡镇，应按 6.2.2~6.2.4 的规定建立乡镇消防队。经济发达、城镇化水平较高地区的乡镇消防队，以及相邻乡镇联合建立的乡镇消防队，宜按照《城市消防站建设标准》建设管理。

**注**：距公安消防队较远，是指公安消防队接到出动指令后到达该乡镇的时间超过 5min。

6.2.2 符合下列情况之一的，应建立一级乡镇专职消防队：

a）建成区面积超过 2km$^2$ 或者建成区内常住人口超过 10000 人的全国重点镇；

b）建成区面积超过 4km$^2$ 或者建成区内常住人口超过 20000 人的其他乡镇；

c）易燃易爆危险品生产、经营单位或劳动密集型企业集中的其他乡镇；

d）中国历史文化名镇。

6.2.3 符合下列情况之一的，应建立二级乡镇专职消防队：

a）6.2.2 a）以外的其他全国重点镇；

b）省级重点镇、中心镇；

c）建成区面积 2km$^2$ ~ 4km$^2$ 或者建成区内常住人口 10000 ~ 20000 人的其他乡镇；

d）经济较为发达、人口较为集中的其他乡镇。

6.2.4 属于 6.2.2 和 6.2.3 规定以外的乡镇，应建立乡镇志愿消防队。

## 7 项目构成

7.1 乡镇消防队的建设项目由场地、房屋建筑、装备等组成。

7.2 乡镇消防队的场地，主要是指室外训练场。

7.3 乡镇消防队的房屋建筑，包括业务用房，业务附属用房和辅助用房。其中，业务用房包括：消防车库、通信值班室、器材库、体能训练室、清洗（烘干）室、训练塔等；业务附属用房包括：备勤室、会议（学习）室；辅助用房包括：餐厅、厨房、浴室、厕所、盥洗室。

7.4 消防车库的车位数应符合表1的规定，每个车位的面积宜为 $60m^2$，并可根据需要增设备用车位。

**表 1 车库的车位数量**

单位为个

| 一级乡镇专职消防队 | 二级乡镇专职消防队 | 乡镇志愿消防队 |
| --- | --- | --- |
| 3 | 2 | 1 |

7.5 乡镇消防队可根据需要增设消防安全管理办公室、消防宣传教育陈列室等用房。

7.6 乡镇消防队的场地和房屋建筑，可在满足使用功能需要的前提下与其他单位合用。

## 8 房屋建筑

8.1 乡镇消防队业务用房、业务附属用房和辅助用房的使用面积可参照表2确定。

**表 2 业务用房、业务附属用房和辅助用房的使用面积**

单位为平方米

| 房屋类别 | 名称 | 一级乡镇专职消防队 | 二级乡镇专职消防队 | 乡镇志愿消防队 |
| --- | --- | --- | --- | --- |
| 业务用房 | 消防车库 | 180 | 120 | 60 |
| | 通信值班室 | 10~20 | 10~20 | 10~20 |
| | 器材库 | 50~70 | 30~50 | 10~30 |
| | 体能训练室 | 20~40 | 20~30 | 20~30 |
| | 清洗（烘干）室* | 20~40 | 20~30 | 10~20 |
| | 训练塔* | 120 | 120 | 120 |
| 业务附属用房 | 备勤室 | 50~90 | 30~50 | 20~30 |
| | 会议（学习）室 | 40 | 30 | 10~20* |
| 辅助用房 | 餐厅、厨房 | 40 | 30 | 10~20* |
| | 浴室 | 20 | 15 | 10 |
| | 厕所、盥洗室 | 20 | 15 | 10 |
| 合计 | | 430~520 | 300~360 | 140~190 |

* 该项要求可根据当地实际情况自行确定。

8.2 乡镇消防队的建筑面积应符合下列规定：

a）一级乡镇专职消防队 $600m^2$~$700m^2$；

b）二级乡镇专职消防队 $400m^2$~$500m^2$；

c）乡镇志愿消防队 $200m^2$~$250mm^2$。

注：设有表2中选项用房或者消防安全管理办公室、消防宣传教育陈列室等用房和备用车位时，可适当增加建筑面积。

8.3 建筑构造应符合下列规定：

a）一级乡镇专职消防队宜采用独立设置的单层或多层建筑。二级乡镇专职消防队、乡镇志愿消防队附设在其他单层或多层建筑内时应自成一区，并设专用出入口。

b）乡镇消防队建筑的防火设计，应符合 GB 50016 的有关规定。建筑物的耐火等级不应低于二级；附设在其他建筑物中的，应采用耐火极限不低于 2.00h 的隔墙和不低于 1.50h 的楼板与其他部位隔开，并有独立的功能分区。

c）乡镇消防队建筑物位于抗震设防烈度为 6 度 ~9 度地区的，应按乙类建筑进行抗震设计，并应按本地区设防烈度提高 1 度采取抗震构造措施。其中，位于抗震设防烈度 8 度 ~9 度地区乡镇消防队的消防车库的框架、门框、大门等影响消防车出动的重点部位，应按 GB 50011 的有关规定进行抗震变形验算。

d）乡镇消防队建筑物内的走道、楼梯等供出动用通道的净宽，单面布房时不应小于 1.4m，双面布房时不应小于 2.0m，楼梯梯段净宽不应小于 1.4m。通道和楼梯两侧的墙面应平整、无突出物，地面应采用防滑材料。楼梯踏步高度宜为 0.15m~0.16m，宽度宜为 0.28m~0.30m，楼梯两侧应设扶手，楼梯倾角不应大于 30° 。

e）乡镇消防队建筑外观、装修、采暖通风空调和给排水设施的设置，应符合下列规定：

——建筑外观应主题鲜明，造型庄重简洁，宜采用体现消防工作特点的装修风格，具有明确的标识性和可识别性，并应与周边环境相协调；

——内装修应适应乡镇消防员的生活和训练需要，并宜采用色彩明快和容易清洗的装修材料；

——位于采暖地区的乡镇消防队应按国家有关规定设置采暖设施，最热月平均温度超过 25℃地区的乡镇消防队备勤室、通信值班室、餐厅、体能训练室等宜设空调等降温设施，或预留安装空调等降温设施的位置；

——乡镇消防队建筑的生活给排水设计，应按 GB 50015 的有关规定执行；

——乡镇消防队的训练场或消防车库内宜设置取水用的室外消火栓或墙壁消火栓。

f）乡镇消防队建筑的供电负荷等级不宜低于二级，应设火灾报警受理电话和电视、网络、广播系统，并按照规定设置应急照明系统。

8.4　消防车库应保障消防车辆停放、出动和维护保养需要，并符合下列条件：

a）应布置在建筑物正面一层便于车辆迅速出动的部位；

b）车库内消防车外缘之间的净距不应小于 2.0m，消防车外缘至边墙、柱表面的距离不应小于 1.0m，消防车外缘至后墙表面的距离不应小于 2.5m，消防车外缘至前门垛的距离不应小于 1.0m，车库的净高不应小于 4.5m，且不应小于所配消防车最大车高加 0.3m；

c）车库门应按每个车位独立设置，并宜设自动开启装置。车库门的宽度不应小于 3.5 m，高度不应小于 4.3m；

d）宜设 1 个修理间和 1 个检修地沟。修理间应采用防火墙、防火门与其他部位隔开，并不宜靠近通信值班室；

e）应设置车辆充气、充电和废气排放的设施；

f）内外地面及沟、管盖板的承载能力应按最大吨位消防车的满载轮压进行设计，车库应设倒车定位、限高装置；

g）地面和墙面应便于清洗，地面应有排水设施。

8.5　通信值班室设置应符合下列规定：

a）宜设置在消防车库旁边，火警受理终端台应设在便于观察消防车辆出动情况的位置；

b）地面应设置防水层，并应铺设防静电地板；

c）墙面应设置不少于 5 个电源插座，且不宜设置在同一墙面上；

d）火警电话呼入线路和设备、供电、防雷与接地、综合布线、防静电、照度、室内温、湿度等应符合 GB 50313 的有关规定。

8.6　器材库设置应符合下列规定：

a）宜设置在一楼，各存储分区之间的通道和间隔应合理设置；

b）应通风良好并保持干燥，门窗应开关灵活、密封性好；

c）地面应采用耐磨、不起灰砂、强度较高的面层材料，并应采取防潮措施。

8.7　体能训练室设置应符合下列规定：

a）净高不宜低于 2.8m；

b）地面宜选用耐擦洗的木地板或橡胶底座的塑料地板；

c）墙面、顶棚和地面宜采取隔声、减噪、隔振措施；

d）训练设施的配置应保障两组人员同时开展训练。

8.8 备勤室设置应符合下列规定：

a）应有良好的朝向，宜靠近卫生间，且应有通往消防车库的直接通道，通道净宽不应小于2.0m；

b）不应设在3层或3层以上；

c）单个备勤室的床位数不宜超过8个，条件许可时宜在备勤室内设置独立的卫生间；

d）备勤室内两个单床长边之间的距离不应小于0.6m，两床床头之间的距离不应小于0.1m，两排床或床与墙之间的走道宽度不应小于1.2m；

e）应按人数设置固定的个人用品柜。

8.9 餐厅、厨房宜设置于首层，并宜有通往消防车库的通道。餐厅的门宽、门高应满足紧急情况下快速出动的要求，并应向外开启，地面应采取防滑措施。

8.10 浴室、盥洗室应与备勤室处于同一楼层，浴室内宜设有独立的更衣区域，并设置必要的取暖、通风和给排水设施。

8.11 厕所应设前室或经盥洗室进入，前室和盥洗室的门不宜与备勤室相对。卫生设备的数量参见GBJ 36的内容，并设1个女厕位。

8.12 清洗（烘干）室应有良好的通风，并应设置地漏。

8.13 训练塔宜设置在靠近训练场地尽端的位置。

## 9 建设用地

9.1 乡镇消防队的建设用地面积，应根据建筑占地面积、绿地、道路和室外训练场地面积等确定。

9.2 乡镇消防队的建设用地面积应符合下列规定；

a）一级乡镇专职消防队 $1000m^2$~$1200\ m^2$；

b）二级乡镇专职消防队 $700m^2$~$850m^2$；

c）乡镇志愿消防队 $350m^2$~$500m^2$。

注：设有表2中选项用房或者消防安全管理办公室、消防宣传教育陈列室和备用车位以及篮球场等活动场地时，可适当增加建设用地面积。

## 10 装备配备

10.1 乡镇消防队的装备，包括灭火救援装备、通信装备、训练装备和通用装备等。

10.2 乡镇消防队的装备配备，应满足扑救本辖区内火灾和应急救援的需要。经济发达、城镇化水平较高地区的乡镇消防队和相邻乡镇联合建立的乡镇消防队，宜按照《城市消防站建设标准》配备装备。

10.3 乡镇消防队的消防车辆配备，应符合表3的规定。水罐消防车的载水量不应小于1.5t。

**表3 乡镇消防队配备车辆**

单位为辆

| 消防车种类 | 一级乡镇专职消防队 | 二级乡镇专职消防队 | 乡镇志愿消防队 |
|---|---|---|---|
| 水罐消防车 | ≥1 | ≥1 | ≥1* |
| 其他灭火消防车或专勤消防车 | 1 | 1* | 1* |
| 消防摩托车 | 2* | 1* | 1 |

* 该项要求可根据当地实际情况自行确定。

10.4 乡镇消防队水罐消防车的随车器材配备不应低于表4的规定，可根据实际情况选配其他装备。消防摩托车应根据需要配备相应随车器材。消防枪炮、输水器材及附件等主要灭火器具的工作压力及流量应相匹配。

表 4　水罐消防车随车器材配备标准

| 序号 | 器　材　名　称 | 数　量 |
|---|---|---|
| 1 | 直流水枪 | 4 支 |
| 2 | 多功能消防水枪 | 2 支 |
| 3 | 水带 | 240m~400m |
| 4 | 水带挂钩 | 6 个 |
| 5 | 水带包布 | 4 个 |
| 6 | 水带护桥 | 4 个 |
| 7 | 分水器 | 2 个 |
| 8 | 异型接口 | 4 个 |
| 9 | 异径接口 | 4 个 |
| 10 | 机动消防泵（手抬泵或浮艇泵） | 1 台 |
| 11 | 集水器 | 1 个 |
| 12 | 吸水管 | 8m |
| 13 | 吸水管扳手 | 2 把 |
| 14 | 消火栓扳手 | 2 把 |
| 15 | 多功能挠钩 | 1 套 |
| 16 | 手提式强光照明灯 | 2 具 |
| 17 | 消防斧 | 2 把 |
| 18 | 单杠梯 | 1 架 |
| 19 | 两节拉梯 | 1 架 |
| 20 | 手动破拆工具组 | 1 套 |
| 21 | 干粉灭火器 | 3 具 |

10.5　乡镇消防队可结合实际配备抢险救援器材和其他装备，配备标准不宜低于表 5 的规定。

表 5　抢险救援器材配备标准

| 序号 | 器　材　名　称 | 数　量 |
|---|---|---|
| 1 | 手持扩音器 | 1 个 |
| 2 | 各类警示牌 | 1 套 |
| 3 | 闪光警示灯 | 2 个 |
| 4 | 隔离警示带 | 5 盘 |
| 5 | 液压破拆工具组 | 1 套 |
| 6 | 机动链锯 | 1 具 |
| 7 | 无齿锯 | 1 具 |
| 8 | 绝缘剪断钳 | 2 把 |
| 9 | 救生缓降器 | 2 个 |
| 10 | 消防过滤式自救呼吸器 | 10 具 |
| 11 | 救援支架 | 1 组 |
| 12 | 医药急救箱 | 1 个 |

续表

| 序号 | 器 材 名 称 | 数 量 |
|---|---|---|
| 13 | 两节拉梯 | 1架 |
| 14 | 消防专用救生衣 | 6件 |
| 15 | 外壳内充式救生圈 | 6个 |
| 16 | 气动起重气垫 | 1套 |

10.6 乡镇消防员防护装备的配备参见 GA 621 的内容，并不应低于表 6 的规定；正压式消防空气呼吸器的配备数量可适当减少，但应保证本队乡镇专职消防员和同一时间参加值班备勤的乡镇志愿消防员每人一具。

**表 6 乡镇消防员防护装备配备标准**

| 序号 | 器材名称 | 配备标准 | |
|---|---|---|---|
| | | 数量 | 备份比例 |
| 1 | 消防头盔 | 1 顶 / 人 | 4 : 1 |
| 2 | 消防员灭火防护服 | 1 套 / 人 | 2 : 1 |
| 3 | 消防手套 | 2 副 / 人 | 2 : 1 |
| 4 | 消防安全腰带 | 1 根 / 人 | 4 : 1 |
| 5 | 消防员灭火防护靴 | 1 双 / 人 | 4 : 1 |
| 6 | 消防通用安全绳 | 4 根 / 队 | 1 : 1 |
| 7 | 正压式消防空气呼吸器 | 1 具 / 人 | 5 : 1 |
| 8 | 佩戴式防爆照明灯 | 1 个 / 人 | 6 : 1 |
| 9 | 消防员呼救器 | 1 个 / 人 | 4 : 1 |
| 10 | 方位灯 | 1 个 / 人 | 4 : 1 |
| 11 | 消防轻型安全绳 | 1 根 / 人 | 4 : 1 |
| 12 | 消防腰斧 | 1 把 / 人 | 5 : 1 |
| 13 | 消防员抢险救援头盔 | 1 顶 / 人 | 4 : 1 |
| 14 | 消防员抢险救援手套 | 1 副 / 人 | 4 : 1 |
| 15 | 消防员抢险救援防护服 | 1 套 / 人 | 4 : 1 |
| 16 | 消防员抢险救援靴 | 1 双 / 人 | 4 : 1 |
| 17 | 消防员灭火防护头套 | 1 个 / 人 | 2 : 1 |
| 18 | 消防坐式半身安全吊带或消防全身式安全吊带 | 2 根 / 队 | 2 : 1 |
| 19 | 消防护目镜 | 1 个 / 人 | 5 : 1 |
| 20 | 消防员防蜂服 | 2 套 / 队 | 1 : 1 |

10.7 乡镇消防队应结合实际选择配备通信摄影摄像器材，并不宜低于表 7 的规定。

表 7　乡镇消防队通信摄影摄像器材配备标准

| 类别 | 器材名称 | 配备标准 |
| --- | --- | --- |
| 通信器材 | 基地台 * | 1 台 / 队 |
| | 车载台 | 1 台 / 车 |
| | 对讲机 | 2 台 / 班 |
| | | 1 台 / 人 |
| 摄影摄像器材 | 数码相机 | 1 台 / 队 |
| | 摄像机 * | 1 台 / 队 |

* 该项要求可根据当地实际情况自行确定。

10.8　乡镇消防队的消防水带、灭火剂等易损耗装备，应按照不低于投入执勤配备量 1 : 1 的比例保持库存备用量。

## 11　人员配备

### 11.1　人员数量

乡镇专职消防员和乡镇志愿消防员的数量不应低于表 8 的规定。

表 8　乡镇消防员数量

单位为名

| 项目 | 一级乡镇专职消防队 | 二级乡镇专职消防队 | 乡镇志愿消防队 |
| --- | --- | --- | --- |
| 乡镇消防员 | ≥ 15 | ≥ 10 | ≥ 8 |
| 其中乡镇专职消防员 | ≥ 8 | ≥ 5 | ≥ 2 |

### 11.2　人员构成

11.2.1　乡镇消防队应设正、副队长各 1 名。

11.2.2　乡镇消防以每班次的执勤人员配备。可按执勤消防车每台平均定员 4 名确定，其中包括 1 名班（组）长和 1 名驾驶员，其他人员配备应按有关规定执行。

11.2.3　乡镇消防队应明确 1 名通信员、1 名安全员；乡镇志愿消防队的通信员可兼任安全员。

### 11.3　岗位职责

11.3.1　乡镇消防队的队长、副队长应履行以下职责：

a）组织指挥火灾扑救和应急救援；

b）组织制定和落实执勤、管理制度，掌握人员和装备情况，组织开展灭火救援业务训练、落实安全措施；

c）组织熟悉所在乡镇、农村的道路、水源和单位情况以及灭火救援预案，掌握常见火灾及其他灾害事故的特点及处置对策，组织建立业务资料档案；

d）组织开展消防安全检查、消防宣传教育培训；

e）及时报告工作中的重要情况；

f）副队长协助队长工作，队长离开工作岗位时履行队长职责。

11.3.2　乡镇消防队的班（组）长应履行以下职责：

a）组织指挥本班（组）开展火灾扑救和应急救援；

b）掌握所在乡镇、农村的道路、水源、单位情况和常见火灾及其他灾害事故的处置程序及行动要求，熟悉灭火救援预案；

c）熟悉装备性能和操作使用方法，落实维护、保养；

d）组织开展消防安全检查、消防宣传教育培训；

e）管理本班（组）人员，确定任务分工。

11.3.3 乡镇消防队的驾驶员应履行以下职责：

a）熟悉所在乡镇、农村的道路、水源、单位情况，熟悉灭火救援预案；

b）熟悉消防车辆的构造及车载固定灭火救援装备的技术性能，掌握操作使用方法，能够排除一般故障；

c）负责消防车辆和车载固定灭火救援装备的维护保养，及时补充油、水、电、气和灭火剂。

11.3.4 乡镇消防队的通信员应履行以下职责：

a）接收灾害事故报警求助或地方政府、公安机关及其消防机构的指令，立即发出出动信号，并做好记录；

b）熟练使用和维护通信装备，及时发现故障并报修；

c）掌握所在乡镇、农村的道路、水源、单位情况，熟记通信用语和有关单位．部门的联系方法；

d）及时整理灭火与应急救援工作档案；

e）及时向值班队长报告工作中的重要情况。

11.3.5 乡镇消防队的战斗员应履行以下职责：

a）根据职责分工，完成火灾扑救和应急救援任务；

b）熟悉所在乡镇、农村的道路、水源和单位情况；

c）保持个人防护装备和负责保养装备完整好用，掌握装备性能和操作使用方法；

d）参加消防安全检查、消防宣传教育培训。

11.3.6 乡镇消防队的安全员应履行以下职责：

a）掌握有关安全常识和防护技能；

b）熟悉各类防护装备操作和检查方法，检查安全防护器材和安全防护措施；

c）掌握现场警戒、安全撤离方法和要求，遇有突发险情及时发出撤离信号、清点核查人数等。

### 11.4 从业条件和特遇

11.4.1 乡镇消防员应具有初中以上文化程度，身体健康，年满 18 周岁。

11.4.2 乡镇消防员上岗前应经健康体检，身体条件应符合 GBZ 221 的规定。

11.4.3 乡镇专职消防员应取得与其岗位职责相适应的国家职业资格。

11.4.4 乡镇专职消防员的工资待遇应与其承担的高危险性职业相适应，并按照有关规定落实社会保险、人身意外伤害保险、工作津贴和补助、伤残抚恤待遇等；乡镇志愿消防员应享受必要的交通、食宿津贴。

## 12 执勤管理

### 12.1 日常管理

12.1.1 乡镇专职消防队由地方政府或者公安机关管理，达到《城市消防站建设标准》的，可委托公安机关消防机构管理。乡镇志愿消防队由乡镇政府或者公安派出所管理。

12.1.2 乡镇专职消防队的经费保障宜参照事业单位管理。

12.1.3 乡镇消防员应经培训考核合格后上岗，并每年进行在岗培训和考核。乡镇专职消防员的培训时间不少于 240 标准学时，学习消防法律法规、火灾预防和扑救及应急救援业务，开展体能和消防技能训练；乡镇志愿消防员的培训时间和培训内容由省或市级公安机关消防机构参照国家职业技能标准确定。

12.1.4 乡镇消防队应建立健全日常管理制度，落实考核奖惩。

12.1.5 乡镇消防队应建立安全防事故制度，定期开展安全防事故检查，及时消除不安全因素。

12.1.6 乡镇专职消防员应按照 GA 856 的要求统一着装。

### 12.2 执勤训练

12.2.1 乡镇消防队应建立值班备勤制度，分班编组执勤，确保 24h 值班（备勤），值班驾驶员数量不应少于执勤消防车总数。乡镇志愿消防队每班应保证至少 3 名人员在队值班，包括队长、驾驶员、通信员（安全员），其他值班人员可在队外备勤。

12.2.2 乡镇消防队可参照《公安消防部队执勤战斗条令》《公安消防部队灭火救援业务训练与考核大纲（试行）》建立执勤训练制度，开展业务训练，规范执勤行动。

12.2.3 乡镇消防队应建立器材装备检查保养制度，定期检查、及时维护保养。

12.2.4 乡镇消防队接到灾害事故报警求助或地方政府、公安机关及其消防机构的指令后，应立即出动赶赴现场处置；乡镇消防队受非公安机关消防机构调派出动的，应及时将出动信息报告当地公安机关消防机构。

12.2.5 乡镇消防队宜接入当地 119 消防通信指挥系统，接受当地公安机关消防机构的统一调度。

## 12.3 称谓和标识

12.3.1 乡镇消防队的称谓：××（市、县、区）××乡（镇）专职（志愿）消防队。

12.3.2 乡镇消防队的消防车辆（艇）应纳入特种车（艇）管理范围，按特种车辆（艇）上牌，警报器和标志灯具配备应符合 GB 8108 和 GB 13954 的规定；车身应喷涂符合 GB/T 3181 规定的 R03 大红色，在显著位置喷涂“消防”字样或标志图案；车辆前门适当位置设置车辆编号。

12.3.3 乡镇消防员灭火防护服、抢险救援防护服的背面和消防头盔、抢险救援头盔的侧面统一喷涂“××（乡镇名称简称）乡（镇）消防”。

# 参考文献

[1] JGJ 36 宿舍建筑设计规范
[2] GA 621 消防员个人防护装备配备标准
[3] 公安消防部队执勤战斗条令 . 公安部，2009 年 5 月 16 日
[4] 公安消防部队灭火救援业务训练与考核大纲（试行）. 公安部消防局，2009 年 6 月 3 日

# 一次超大尺度风景园林实践

## ——大同古长城文化遗产廊道

冯潇　著

# Mega Landscape

## — Revitalizing the Great Wall

Feng Xiao

中国建筑工业出版社

## 贡献者

本规划由北京林业大学园林学院、林学院、水土保持学院的师生和北京林业大学风景园林规划设计研究院（BLLA）的设计师通力合作完成，他们是（包括但不限于）：

主持人：李运远、冯潇
总设计师：冯潇
总体规划：李运远、张云路
风景园林：赵晶、白桦琳、顿实、王宏达、税嘉陵、李爽、赵可极、陈思琪、王亚迪、刘昱含、程文宇、黄思成、武亚男
地理信息系统：王佳、张隆裕
生态修复：李国雷、史文辉、姚光刚
风景建筑：段威、周超
文化旅游：王忠君、吴若云

本规划在设计和实施的过程中，得到了大量来自大同市政府、大同市林业局、长城保护协会等机构专家和领导的支持，他们是（包括但不限于）：

大同市政府：刘振国
大同市林业局：张宏东、武俊胜、宋昌、李辉、王杰、李建刚
山西长城保护协会：陈福仁

在本书成文的过程中，我的研究生王宏达、税嘉陵、陈思琪贡献了部分研究内容；钱小琴、卢靖、谢家琪、李婷协助完成了部分后期整理和编纂工作。在出版的过程中，中国建筑工业出版社杜洁、李玲洁女士给予了大量的支持和帮助。

本书的出版得到了北京市科技计划项目“基于植被种群选育优化的城市生态系统功提升”（编号D171100007117003）的资助。

# 前言

## 一次挑战

本书的成文源于一次探索：2017 年，大同市政府、大同市林业局委托北京林业大学、北京林业大学风景园林规划设计研究院（BLLA）开展关于“大同古长城文化遗产廊道”的研究。长城是世界文化遗产，民族精神图腾，其份量不言而喻，本次研究所涉及的尺度特别巨大，问题极为复杂，对于风景园林师来说可谓是一个严苛的挑战。

## 为什么是风景园林师

风景园林是一门交叉学科，融合了自然地理学、人文地理学、地理信息系统等地理科学，植物学、生态学等生物科学，建筑学、城乡规划、环境科学等工程科学，园艺学、林学、草学等农业科学，文学、历史学、艺术学等人文科学，横跨众多领域，其综合性前所未有。当代的风景园林，已经从单纯的造园，扩展到在更宏大的尺度和更复杂的领域中改造和影响人工环境及自然系统。正如詹姆士 · 科纳（James Corner）所述：“当代风景园林的概念不仅是风景……更多的是由生态学、经验、诗意和生存空间维度共同形成的复杂局面”[1]。大同古长城文化遗产廊道正是这样一种巨系统，其涉及领域有遗产保护、生态修复、农林经济、文化旅游、基础设施、风景建筑、地理信息系统等众多方面，项目所涵盖的专业知识和复杂性已经超出了单一专业的限度，需要通识型的专业人士作为项目的组织协调人，而风景园林师恰好具备这种能力。在本次实践中，由风景园林师牵头，构建了一支由地理信息系统、生态造林、水土保持、建筑学、文化旅游、文物保护等多专业的专家团队，并且聘请当地长城保护协会、植物学和农村经济专家形成顾问团队。实践证明，通过从更宏观的视角组织相关专业人员通力合作，风景园林师完全有能力总体把控这种巨系统的发展方向，综合解决错综复杂的问题。

## 谦卑的对待遗产

文化遗产作为遗产廊道的基础，历经时光磨砺，每一寸都弥足珍贵。在整个规划设计过程中，我们对长城遗产保持了尊重和谦卑的态度，并以遗产保护作为所有工作的基础，每一步都谨小慎微，严格保证长城遗产本体不受干扰，以尽可能低限度的方式进行后续介入。

## 引导自然的过程

遗产廊道往往拥有巨大的尺度，随着尺度的放大，人类的力量显得越来越渺小，而自然的力量则愈加显著。在生态修复的过程中，通过对于地域内自然系统的分析，规划团队以引入和引导自然过程的方式，向自然“借力”，以开启或促进环境的自修复过程，把许多工作留给自然，极大的降低了生态修复的成本，构建了许多低维护的、可持续的植被景观。正如乔治·哈格里夫斯（George Hargreaves）所倡导的“在大地上建立一个框架，植物、人和水是上面的过客……它的原则是：你建立一个过程，但你不能控制最终的产品”[2]。

## 科学理性的规划设计

数字化技术的进步，为这类巨系统的规划设计带来了便利的科学工具。在本次规划中，无人机（Unmanned Aerial Vehicle, UAV）航测获得了高精度的现场数据，地理信息系统（Geographic Information System, GIS）整合了遗产分布、基础设施、地形地貌、植被覆盖、土地性质等关键信息，为各专业制定保护和发展策略提供了科学的依据。对于规划设计者而言，是一种巨大的进步，规划设计的依据从数据出发，保证了决策的逻辑和理性。

## 为更广阔的天地服务

规划中让我们最为感慨的，就是长城沿线淳朴的村民，这些戍边人的后代，正经历着农村经济的萧条、青壮年流失造成的家庭分裂等痛楚，他们的生存状态，时刻提醒着我们中国存在的巨大城乡差异、区域差异。这要求风景园林师和更多的规划设计专业人士建立起一种社会责任感：为更广大的民众服务，为更广阔的自然服务，为人与自然的和谐发展服务。

[1] 詹姆士·科纳，论当代景观建筑学的复兴 [M] 吴琨等译 . 2008:16.
[2] 刘晓明，风景过程主义之父——美国风景园林大师乔治·哈格里夫斯 [J]. 中国园林，2001，（03）：56-58.

# 目录

# 1

# 历史、现状

# HISTORY, CURRENT SITUATION

# 1.1 历史

这里凝聚了万千筑造者的血汗
这里曾经是血雨腥风的沙场
这里一度是民族交融的特区
这里留下了大历史碾压的印迹
这里有一道沉睡了 400 年的墙

## 分界线

大同自古就在游牧民族和农耕民族的分界线上。*“长城口南，多雨多暑，其人耕稼以食，桑麻以衣，宫室以居，城郭以治。大漠之间，多寒多风，畜牧畋渔以食。皮毛以衣，转徙随时，车马为家。此天时地利所以限南北也”*[3]。至今，这里仍是我国农、牧业生产的分界线[4]。

历史上中国北方的游牧民族有匈奴、乌桓、鲜卑、柔然、突厥、契丹、党项、色目、女真、蒙古等[5]。古代游牧民族的生活来源是极不稳定的，在高寒贫瘠的草原戈壁，必须追随水草不断迁徙，无时无刻不在为生计而战。部落氏族之间为了争夺牧场互相杀戮，当出现强大的部落或英雄人物时，游牧民族就会将矛头指向农耕地区。大同扼晋、冀、内蒙古之咽喉要道，为北方之门户，是历代兵家必争之地，自古战事不断。仅明代有记载的发生在大同镇的明蒙战争就多达 172 次[6]，其中著名的有常遇春北取大同逐元、也先“土木之变”大破明军俘虏明英宗等，直至“隆庆封贡”协议后俺答归顺，战事才逐渐消弭。

## 长城的防御体系

长城就是农耕民族构建的一套防御体系。春秋时期，人们就在大同修建长城，之后，历朝历代都在之前长城的基础上进行巩固和加建，规模最大的修建工程在明代。大同镇作为北部边疆“九边重镇”之一，拥有宏大的规模：当代遗存的长城统计长度为 343.167km[7]，沿线军事堡寨甚多，这些堡寨沿长城成网状分布，十里一大堡，五里一小堡，一二里一墩，形成了一道既能覆盖全线快速反应，又具备战略纵深的防御体系。

不熟悉长城的人往往将它理解为一道巨大尺度的城墙，实际上，长城远比想象中复杂。明代长城由防御敌军的城墙系统、传递情报的烽火系统和驿传系统、驻扎军队的屯兵系统以及为军人军属提供给养的屯田系统组成。它是一套严密、完整、连续的具有相当战略纵深的防御体系，也许是当时农耕民族所能拥有的最好的防御机制。

[3] [ 元 ] 脱脱等撰 . 辽史 · 营卫志中 [M]. 北京：中华书局，1974. 卷三十二 .
[4] 周小棣 常军富 . 边隅要冲 . 京师藩屏——明长城大同镇段的地理与建造信息 [M]. 东南大学出版社，2013：107.
[5] 李少文，梁嵘 . 图文长城：山西卷 [M]. 中国旅游出版社，2006：11.
[6] 张玉坤，范熙晅，李严，et al. 明代北边战事与长城军事聚落修筑 [J]. 天津大学学报（社会科学版），2016，18（2）：135-139.
[7] http://www.dt.gov.cn/dtzww/jdjq/201709/72ae21cfc60b4f6eb7944774d65f5b7a.shtml.

图 1-1 大同古长城历史轴
Fig 1-1 Historical milestones of Datong Ancient Great Wall

长城的历史最早可以追溯到西周，在春秋时期，各国都在自己的边境上修建了长城。

明朝初期，在之前长城的基础上大规模地修筑长城，并形成了防御体系。

14 世纪以来，明王朝每年实行大规模烧荒的政策，大同长城周边的生态环境遭到严重破坏。

清朝，来自北方的威胁已经减弱，长城的军事价值也逐渐消失。

在农村
民拆墙
面积破

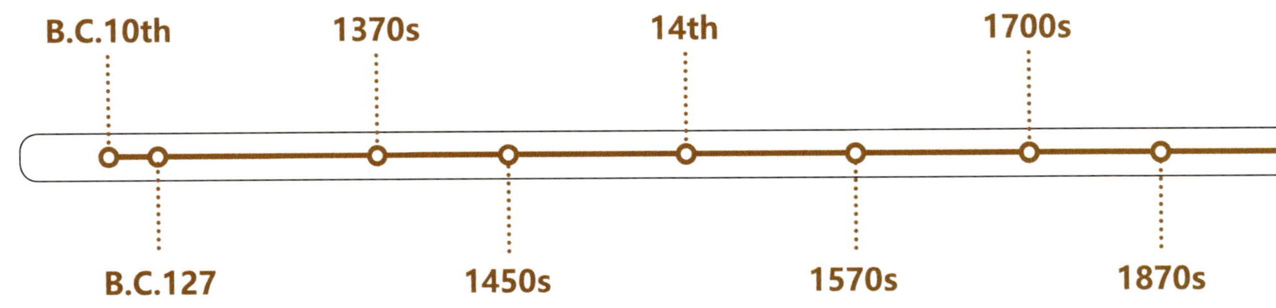


长城在汉代被重筑和新建，汉亭障是现今大同长城沿线唯一的汉代遗存，位于左云县内。

长城由城墙系统、烽火台系统、驿传系统和屯兵系统组成。大同是当时长城沿线的主要城镇之一。

隆庆和议后，蒙、汉民族贸易建交并在大同开辟了马市，同时促进了明时期晋商的崛起。

八台子教堂位于左云段长城
它是东西方文明、草原文明
农耕文明相结合的文化景观。

生产队组织村
长城遗址遭到大

20 世纪末，大同长城附近的过度放牧情况严重破坏了山西和内蒙古的生态环境。

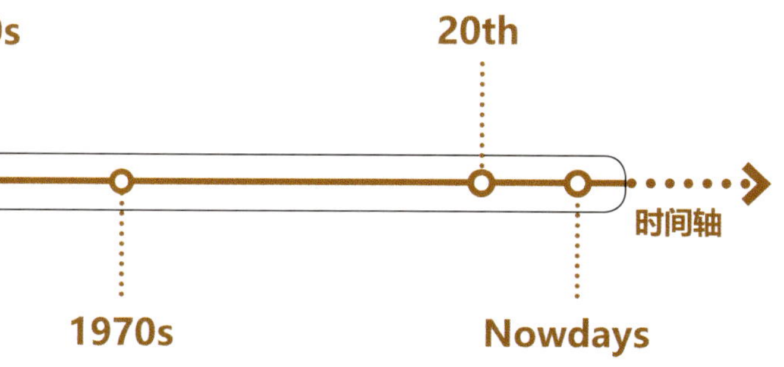


]在“除四旧”运动中，大同长
周边地区的许多珍贵文化遗产
破坏。

如今，长城周围的生态环境遭到了严重的破坏，随着经济的衰退，人口也大量减少，长城正逐渐被遗忘。

## 一笔经济账

在那个时代，长城是一套最经济的防御体系，战争不仅是军事战略战术上的较量，也是一种经济的较量，所谓“兵马未动，粮草先行”，中原军队到茫茫戈壁上去作战，粮草的运输是一笔可怕的开销。明朝成化年间，蒙古鞑靼部常进犯陕西甘肃一带。延绥巡抚余子俊算了一笔账：若派八万大军征讨，仅粮草每年耗银 825 万两；若征集五万劳工，在两个月内修建长城，耗银不过 8 万两，战争成本一目了然[8]。

在修建和保卫长城的过程中，大量军人、劳工及家属在长城周边落地生根，边卫戍边生产，既节省了从内地调运粮食的巨额成本，也逐渐形成了长城沿线的村镇聚落，于是，大量田地和牧场在堡寨周边发展起来，也带来了长城内外铁器、粮食、布匹、茶叶等贸易的繁荣。

## 长城的衰败

清初时大同镇的战略地位仍然十分重要，在清朝统一青海蒙古、准噶尔蒙古等藩部，实现大一统之前，这里依然是清朝控御藩部的依托[9]。康熙时期实行的怀柔政策，采用盟旗制、年班制、围班制，以及满蒙贵族联姻等笼络手段[10]，改守城术为攻心术，改修长城为盖喇嘛庙，平抚蒙古统治阶级：“*本朝不设边防，以蒙古部落为之屏藩耳*”[11]，从此罢修长城，使得农耕民族和游牧民族的战争终于逐渐平息。随着长城的军事作用不复存在，长城周边的村镇聚落也日渐衰败（图 1-1 为大同古长城历史轴）。

[8] [ 清 ] 张廷玉等 . 明史 [ M ]. 北京：中华书局，1987．卷一百七十八 · 列传第六十六 .
[9] 邓涛．“边地”与“腹地”的复合体——军事防御视野下清前期长城以南沿边地带的战略地位 [J]. 内蒙古社会科学 ( 汉文版 )，2019，( 04 )：1-8.
[10] 宁侠 . 康熙“本朝不设边防，以蒙古部落为之屏藩”辨 [J]. 阴山学刊，2012，25 ( 2 )：18-22.
[11] 佚名 . 清圣祖实录 [ M ]． 北京：中华书局，1985；卷二七五 .

# 1.2 缘起

## 项目背景

2017 年，伴随山西省经济战略转型，发展“全域旅游”的新形势，大同市政府提出将沿大同古长城建设“一路一带”的构想，即：建设一条全长 250km 的沿古长城旅游公路，再依托旅游公路，以长城沿线森林生态景观的构建和营造为基础，整合沿长城沿线文化和自然遗产，打造一条长 250km、平均宽度 1km 的绿色廊道。项目涉及大同市左云县、新荣区、南郊区、阳高县及天镇县五个区县（图 1-2 为研究范围区位图）。

## 现场感触

接到规划任务，我带领团队前往现场调研，现场的景象极为震撼：不同于八达岭、居庸关这样“印象中的长城”，大同长城以一种近乎赤裸的、不加修饰的面貌扑面而来，历经风霜的黄色夯土墙，毫不掩饰它的粗粝、质朴与残破，站在长城脚下，如同打开时光机，恍惚间穿越了一般。也许因为这个区域经济发展缓慢，反而使长城的原真性得到了非常好的延续，长城的体系整体上保存了下来，长城的边墙、墩台、堡寨，长城沿线的村落，甚至村中戍边军民的后代，以及长城周边的地貌植被，基本上比较好的遗存至今。许多地方的时间像停止了一样，几百年间都没有太大的变化，如此的粗犷壮美，摄人心魄（图 1-3 为长城印象、图 1-4 为汉亭障）。

然而，经济社会发展缓慢，同样造成了整个区域的衰败和萧条。

图 1-2 研究范围区位图
Fig 1-2 Research area location

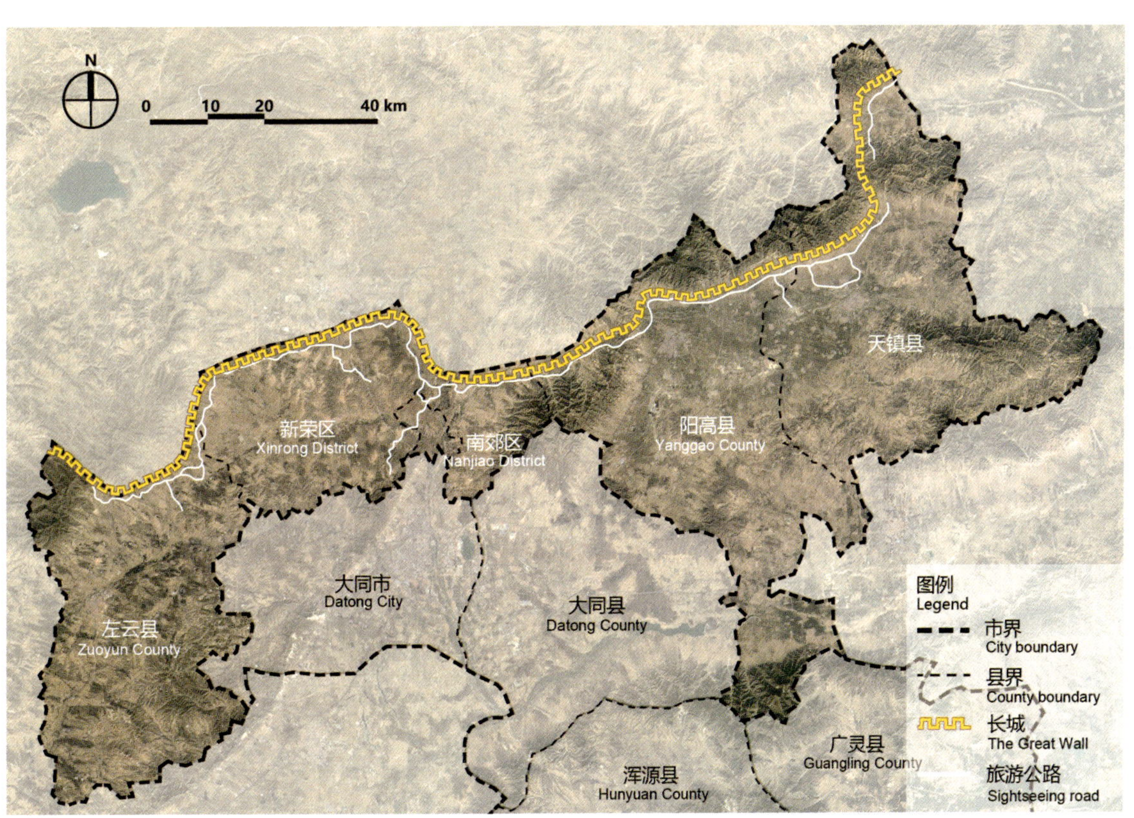

图 1-3 长城印象
Fig 1-3 Impression of the Great Wall

图 1-4 汉亭障
Fig 1-4 Hantingzhang

# 1.3 挑战

## 文化遗产

明代以后，长城基本上处于废置状态，屡遭破坏。“大跃进”时期，许多村民扒城墙砖盖房，垒猪圈。“文化大革命”时期，“破四旧”又掀起新一轮破坏浪潮。即使到了当代，城墙砖依然是一种“免费”的建材。根据史料记载，大同长城堡寨的墙体大多是先由黄土夯筑内墙体后，再外部砌砖形成外包砖墙。现在，绝大部分城墙砖都被扒下来建房垒墙（图1-5）。另外，人为破坏长城夯土墙体的行为也随处可见，一些村民把长城当作自家建房的山墙（图1-6），考察时，我们发现一处庙宇修建的工地，施工车辆为作业方便居然将长城挖开一个十几米宽的大口子。几个世纪的风雨侵蚀，许多城墙和堡寨结构性开裂，摇摇欲坠……令人揪心（图1-7）。

## 生态环境

大同地处半干旱与半湿润、温带草原与荒漠交错带，降水稀少（年均400mm左右），蒸发量大（年均1100mm左右）。长城沿线地处阴山山脉以南，地形多山地丘陵，水土流失严重，植被稀少，生态环境非常脆弱。

史料记载，明初时期大同长城沿线一带的树木很多，“*大者合抱千云，小者密比如栉*”[12]。大同镇建立后，一系列的军政措施使得该区域的生态资源被过度消耗。修筑长城多进山伐木，大规模烧造墙砖，对周围的林草造成了很大的破坏。大规模的军队驻扎兴建营房，烧火做饭、取暖都需要大量的木材和柴薪，过度的开垦也严重破坏了地表植被，造成了生态恶化。此外，明王朝在长城内外实行坚壁清野政策，更使这里的生态环境雪上加霜。一道明洪武时期的军令这样记载：“*既今秋深，草木枯槁，正当烧荒，以使瞭望……且哨且行，出于境外或二三百里，或四五百里，分将野草林木焚烧尽绝，使贼马不得久牧，边防宜为瞭守*”[13]，频繁的大规模烧荒，使长城内外的生态环境遭到毁灭性的破坏，植被稀疏，沟壑密布，大量修建于山地的长城由于水土流失而倾覆。另外，过度放牧使得本来就很脆弱的草本和灌丛群落不断被蚕食，无序采矿又大量破坏原始地貌……长城内外可谓满目疮痍（图1-8）。

[12] 佚名．明经世文编[M]. 1962：卷四百一十六．
[13]［明］张钦．［正德］大同府志[M]. 大同市方志办，1986：卷十二．

图 1-5 沦为建材的城墙砖
Fig 1-5 Great Wall bricks were used as building materials

图 1-6 沿长城盖房子
Fig 1-6 Building houses along the Great Wall

图 1-7 墙体结构性开裂
Fig 1-7 Structural cracking on the Great Wall

图 1-8 长城周边生态恶化
Fig 1-8 Ecological deterioration around the Great Wall

## 旅游开发

本该围绕长城发展的旅游产业迟滞不前，大部分的长城沿线及周边尚处于原始未开发的状态。长城遗址资源并未得到合理的开发利用，旅游项目大多处于游客自发的状态，品质低下。近年来逐渐兴起的一股野长城旅游热，加剧了对古长城的破坏。许多游客厌倦了经过整修和装饰后的长城，转而去爬“野长城”，任意攀爬造成的破坏随处可见（图 1-9）。

旅游服务设施严重不足，由于长城沿线的公路呈片段化分布，未形成连续的交通体系，想沿长城行车非常困难（图 1-10）。长城沿线并没有足够的食宿配套，许多游客们慕名而来，却发现道路难行，食宿难觅，设施的滞后严重阻碍了旅游产业的发展。

图 1-9　爬野长城
Fig 1-9　Climb the undeveloped Great Wall

图 1-10　年久失修的道路
Fig 1-10　Disrepair roads

图 1-11 留守老人
Fig 1-11 Left-behind elderly

## 社会经济

由于气候寒冷，土地贫瘠，干旱缺水，长城沿线大部分地区只能种植一年一熟的耐寒粗粮作物，如：莜麦、山药、谷子、豆类、荞麦和胡麻等，这些作物产量低下，经济效益不高，导致大部分农民收入较低（2017 年大同市农村人均可支配收入为 8862 元）[14]。年轻人纷纷背井离乡出外务工，大部分村子只剩下少量老人和儿童留守（图 1-11），原本很有特色的民居建筑（图 1-12），因为无人居住变得残破不堪，甚至大量垮塌（图 1-13）。

[14] 佚名 . 大同年鉴 [M]. 方志出版社，2018：611.

图 1-12 被遗弃的窑洞民居
Fig 1-12 Abandoned cave dwellings

图 1-13 坍塌的民宅
Fig 1-13 Collapsed houses

# 1.4 调研

## 团队构建

考虑到项目规模之大、情况之复杂，我们构建了一支由风景园林、地理信息系统、生态造林、水土保持、建筑学、文化旅游、文物保护等多专业的规划团队，并且聘请当地长城保护协会、植物学和农村经济专家形成顾问团队。为保证项目推进，大同市政府组织林业局、交通局、旅发委以及五个相关区县主要负责人形成项目推进委员会。

## 现场调研

设计团队对于古长城历史资料进行了细致的研究，并且在接近 200km$^2$ 的范围内进行了为期超过 2 个月、历程超过 2000km 的现场调研，相当于每个人用身体丈量长城 10 次。我们走访了沿线十几个村镇，与村民和地方林业、交通、文保工作人员进行了广泛的交流，收集到大量宝贵的信息。

## 数字信息收集与工作模型架构

数字信息的采集至关重要，基于项目宏大的尺度，我们聘请了专业的航拍机构进行航空影像采集、分析和建模（图 1-14），结合卫星遥感图像、旅游公路规划以及国土和林业信息系统，团队建立了一套详细的基于 GIS 系统的数据模型，这套模型整合了遗产分布、旅游公路、地形地貌、植被覆盖、土地性质等关键信息，成为未来工作的基础。

图 1-14 无人机影像采集
Fig 1-14 Unmanned aerial vehicle (UAV) image acquisition

# 1.5 定位、目标

## 从初始定位升级

整个项目的定位，大同市政府的初始构想是“一路一带”，即沿长城建设一条旅游公路，一条生态绿廊。经过反复探讨，规划团队认为项目定位有必要超越“交通纽带”和“生态绿带”的限制，调整为“国家级文化遗产廊道”，以更全面的视角综合审视整个沿长城区域的发展，这个建议得到了大同市政府的支持。

图 1-15 哈德良长城国家步道
Fig 1-15 Hadrian's Wall National Trail

## 遗产廊道的概念与组成

遗产廊道 (heritage corridor) 的概念源于美国，其普遍接受的定义为“拥有特殊文化资源集合的线性景观，通常有明显的经济中心、蓬勃发展的旅游、老建筑的适应性再利用、娱乐及环境改善”[15]。它结合了绿色廊道与遗产保护，强调生态系统修复、历史文化保护、社会经济发展及文化旅游开发并举的线性区域化遗产保护方法，在空间格局上由生态廊道系统、游步道系统、遗产资源系统、解说系统构成[16]。

英国的哈德良长城国家步道就是一个典型的案例，该项目在遗产保护的基础上，通过建设适度的步道和服务设施体系，一举整合了总长度为 135km 的文化遗产及周边风景资源，实现了文化遗产沿线区域保护与发展的双赢（图 1-15[17]）。在中国遵义赤水河谷，一条全长 160km 的旅游公路和自行车慢行系统将若干红色文化遗产和国家级自然景区成功串联起来，促生了一条千亿级文化旅游产业带（图 1-16[18]）。

## 规划目标

结合国内外经验，基于大同长城的现状，团队提出了廊道的四大规划目标：严格的遗产保护，明确遗产廊道的空间结构、确立保护措施；集约的生态修复，寻找生态安全关键区域并进行生态修复、构建连贯的生态廊道；适度的设施建设，确定游憩系统格局，建立游览分区和游憩系统；协调的产业引导，引导相关产业协调发展。随后，规划工作围绕着以上四大核心目标展开。

图 1-16 遵义赤水河谷
Fig 1-16 Zunyi Chishui river valley

[15] Charles A Flink, Robert M Searns. Greenways[M].Washington: Island Press, 1993:167.
[16] 王志芳，孙鹏 . 遗产廊道——一种较新的遗产保护方法 [J]. 中国园林，2001（05）：86-89.
[17] https://www.macsadventure.com/holiday-179/hadrians-wall-short-break.
[18] http://www.mafengwo.cn/i/6988817.html.

# 2

# 空间格局

## SPATIAL PATTERN

# 2.1 空间格局构建

## 空间格局构建是首要任务

线性文化遗产的保护和发展是国际性难题，由于这类遗产具有线性带状分布、时空跨度大、遗产构成复杂、周边情况庞杂等特征，导致其保护和发展难度巨大；另外，文化遗产保护与旅游开发的矛盾日益凸显，特别是高等级的文化遗产，学术界在其保护和发展的平衡问题上依然争论不休。从规划和实践的角度上看，遗产保护、生态修复、基础设施建设和产业协调都需要先依据实际情况，对于遗产廊道涉及的物质空间划分出清晰的层次，并且明确各层次之间的组织关系[19]，因此对于遗产廊道进行空间格局构建就成为当务之急。

## 空间格局构建的三个层次

规划团队认为，廊道空间格局的构建需要展开以下三个层次的工作：首先，对廊道内的物质、非物质要素进行识别、空间信息提取并进行评价；其次，依据要素的性质、评价结果和分布情况制定遗产廊道的宏观空间格局，即多维度多层次保护和发展范围的划定；最后，针对不同遗产层次范围制定相应保护和发展策略，组织各要素空间关系。

[19] 李伟，俞孔坚，李迪华．遗产廊道与大运河整体保护的理论框架 [J]. 城市问题，2004（01）：28-31+54.

# 2.2 廊道要素识别、空间信息提取与评价

## 古长城文化遗产廊道的要素

大同古长城文化遗产廊道构建所包含的要素，可分为物质文化遗产资源、自然资源和相关非物质文化遗产资源三部分（表 2-1）。

## 物质文化遗产要素识别

长城文物资源不是一道单独的城墙，包括多种防御工事（表 2-2），其主要代表性要素有长城、堡寨、箭楼、烽火台、墓葬、宗教建筑等（图 2-1）。

依功能差异，长城物质文化遗产资源可分为以下 7 类：

（1）边墙系统——防御敌军

边墙系统主要包括长城本体以及边墙上的敌台，是抵御敌军的主要防线。边墙是长城最主要的组成部分，因为工程量最大，边墙往往就地取材，像我们熟悉的八达岭长城，是出产石料的山地，边墙多用石头筑成，而大同遍地黄土，边墙多由夯土建造。修建时，在黄土地上挖壕一丈三尺（4.1m），夯土筑墙一丈四尺（4.4m），上下共计二丈七尺（8.5m），所谓“凿崖筑墙，掘垫其下，连比不绝”[21]（图 2-2）。城墙的斜度一般在 70° ~80° 之间，且内外斜度相差不大[22]。此外，边墙上还建有许多高达 15m 的敌台，在敌人逼近的危急时刻进行最后的防御（图 2-3）[23]。

[20] 中华人民共和国国家文物局 . WW/T 0029-2010. 长城资源要素分类、代码图式 [S]. 北京：文物出版社，2010.
[21] 韩振远，大同明长城随记，山西长城 [J]. 山西省长城保护研究会，2011( 7 ): 30-35.
[22] 周小棣，常军富，汪涛 . 边隅要冲，京师藩屏 - 明长城大同镇段的地理与建造信息 [M]. 南京：东南大学出版社，2013：35.
[23] 图 2-2 和图 2-3 均改绘于——周小棣，常军富，汪涛 . 边隅要冲，京师藩屏 - 明长城大同镇段的地理与建造信息 [M]. 南京：东南大学出版社，2013：31.

大同古长城文化遗产廊道构建要素分类　表 2-1
Classification of corridor elements of ancient Great Wall cultural heritage corridor in Datong　Tab 2-1

| 文化遗产廊道要素类型 | | 大同古长城文化遗产廊道要素类型 | |
|---|---|---|---|
| 物质要素 | 物质文化遗产资源 | 线性文化遗产本体<br>与线路功能相关的历史遗存，如相关历史建筑、生产和贸易设施、交通设施等 | 长城文物资源（包括边墙系统、烽传系统、驿传系统、屯兵系统、<br>屯田系统、宗教建筑、进行边关贸易的马市等） |
| | 自然资源 | 动植物资源等（地理地貌） | 石山、黄土丘陵、湿地、河川阶地等<br>农田、森林、灌丛、草原等 |
| 非物质要素 | 非物质文化遗产资源 | 线性文化遗产相关历史事件<br>遗产相关非物质遗存<br>地方性民俗文化 | 长城人物故事及攻防传说等<br>防御编制、屯田体系、马市贸易等<br>传统手工艺、民风民俗等 |

长城文物资源构成[20]　表 2-2
Constitution of cultural relics of the ancient Great Wall　Tab 2-2

| | | |
|---|---|---|
| 长城防御工事 | 长城墙体<br>单体建筑<br>关堡<br>其他相关设施<br>壕堑 / 界壕 | 分为土墙、石墙、砖墙、木障墙、山险墙、山险、河险、其他墙体 8 种类型<br>分为敌台、马面、水关（门）、铺房、烽火台 5 种类型<br>为关（口）和堡 2 种类型<br>分为挡马墙、品字窖、壕沟 3 种类型<br>墙体和壕沟的组合防御体 |
| 与长城防御体系相关的遗址遗迹 | 照壁、采石场、砖瓦窑、戍卒墓、居住址、古驿站、碑碣、刻石、碑刻等 | |

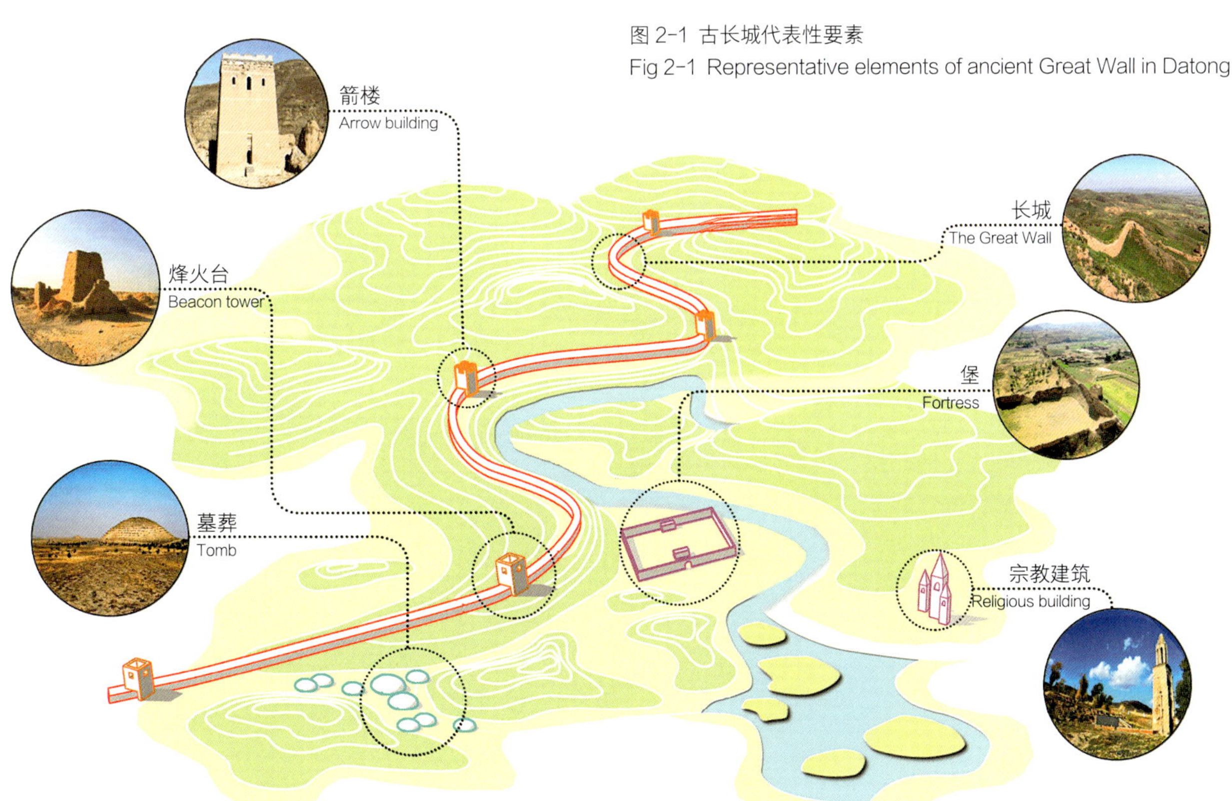


图 2-1 古长城代表性要素
Fig 2-1 Representative elements of ancient Great Wall in Datong

图 2-2 大同古长城边墙建造方式
Fig2-2 Construction Method about the Side Wall of the ancient Great Wall in Datong

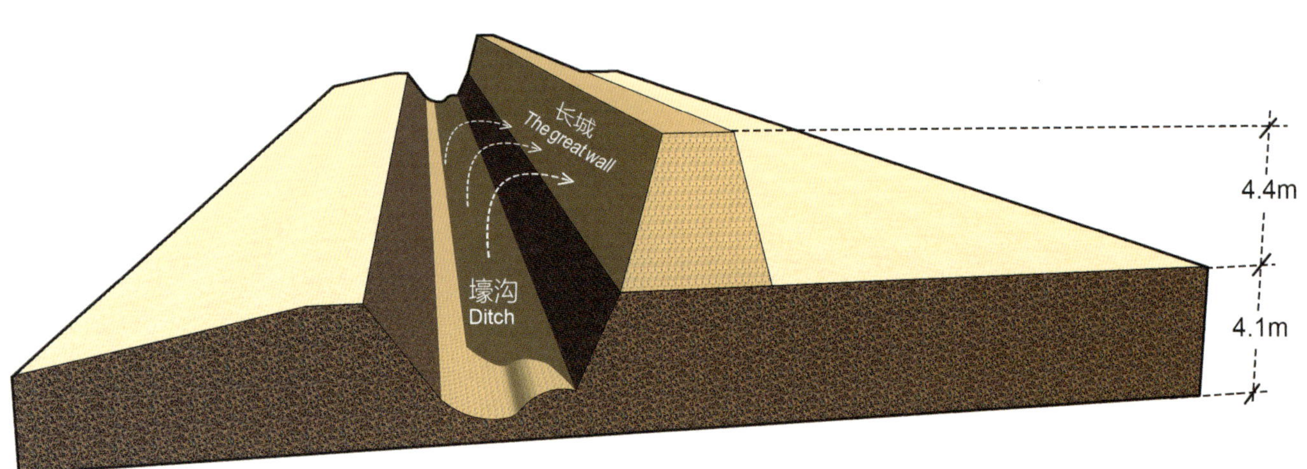


图 2-3 大同古长城构筑物示意（改绘）
Fig 2-3 Diagrammatic sketch about structures of the ancient Great Wall in Datong

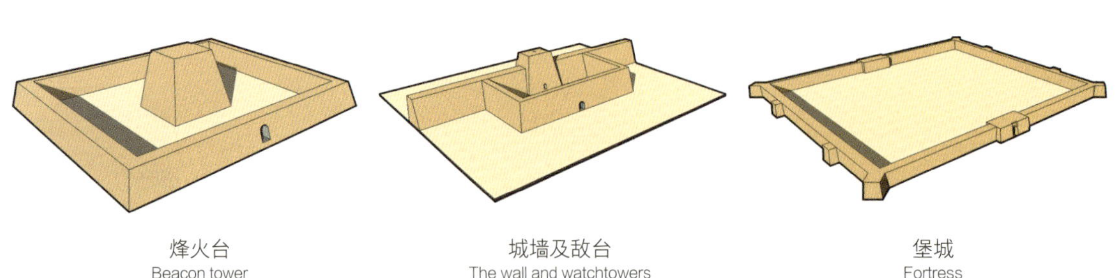

（2）烽传系统——传递情报

烽传系统主要包括墩台、烽火台等，是战争中传递情报的重要媒介。长城内外遍布着高耸的墩台，也就是人们常说的烽火台，墩台沿着长城依照地形间隔一定距离建设，相当于长城的眼睛。若遇敌情，外围的墩台首先发出信号，临近的墩台便依次燃起烽火，守军就可以沿着烽火的方向一路增援。除了方位，烽火系统还能够传递多样的敌情信息："*若见敌一二至百余人举放一峰一炮，五百人二峰二炮，千人以上三峰三炮…*"[24]，这套系统日夜兼备"昼则举烟，夜则举火"，当大雾弥漫，烟火失去作用，发现敌情的烽火台会派出腿脚好的士兵，以最快速度把信息传至相邻的烽火台，形成一场壮观的长跑接力。

（3）驿传系统——交通动脉

驿传系统包括驿道、驿站和路台等，是人员、信息和物资流动的交通动脉。在传递军情这场"长跑接力赛"中，主要的通道就是驿路，沿驿路分布的驿路城、递运所、驿站是重要的节点体系，供往来官府人员住宿休息，并且保障军事物资运输。驿站的周围多筑起高高的围墙，如同城堡一般，将驿站围绕在中间，来保障驿站各种设施的安全。此外，在驿路沿线还设有用于瞭望的高台，称作路台。路台四周有围墙，中间筑有高台，与一般的烽火台相似，主要用于保障驿站的安全。

（4）屯兵系统——驻扎军队

屯兵系统主要包括各类军事堡寨，是军队驻扎的主要场所。沿长城战线很长，守军需要驻扎在不同规模的军营，这样一来就形成了沿长城分布的各种军事堡寨。明代将长城沿线分为九个防御区，称为九边，其中就包括大同镇。各镇设总兵（相当于防区司令）领辖，领军人数从几万至十几万不等；镇下属的堡寨再分为四个层次：路城、卫城、所城和堡城。在这套体系里，"镇"是军事指挥中心；"路"是屯守重兵的城堡，驻军超万人；"卫"是守卫"镇"的军堡，驻军五千余人；"所"是守卫"卫"的军堡，驻军几百人至一千人；"堡"是基层驻军单元，驻军几十人，负责所辖长城和墩台的战守。

[24] 申时行（明）. 大明会典 [M]. 台北文海出版社，1984（132）：336.
[25] 李严 . 明长城"九边"重镇军事防御性聚落研究 [D]. 天津：天津大学，2007.

大同镇的镇城是大同，路城一共有 8 个，卫城和所城共有 7 个，堡城 47 个。除此之外，每个堡城还分管一定数量的小堡和墩台。据明代《山西通志》的记载："大同镇边军堡 62 个，小堡 453 个，墩台 1640 座"可见数量之多。表 2-3 为大同明长城沿线军属聚落的等级层次表。

（5）屯田系统——后勤保障

屯田系统是指为了保障军队及其家属的衣食、兵备来源而配备的屯田、冶铁、制盐及贸易市场等。明代实行大规模屯垦制度，规定了每个军户可以屯田 50 亩，朝廷提供种子、耕牛和农具，并且免除两年的赋税。史书记载："开屯之例，军以十分为率，以三分守城，七分耕种"[26]，屯垦制度基本解决了军需给养的问题，朱元璋说："吾养兵百万，不费百姓一粒米"[27]。官府不仅派遣军士在西部边陲屯田，也鼓励民间开垦。于是，大量田地和牧场在堡寨周边发展起来，也带来了铁器、粮食、布匹、茶叶等贸易的繁荣，逐渐形成了长城沿线的村镇聚落。

（6）马市

长城不仅是军事对峙的前线，也是农耕民族与游牧民族互市交易与民族融合的场所。游牧民族缺少生活必需品如纺织品、茶、盐、铁器的生产能力，而内地人需要的马、牛、羊、皮毛制品又主要来自草原，交易的需求十分旺盛。隆庆五年（1571 年）明朝与蒙古俺答汗达成"封贡通市"和议后，九边各镇正式开设了 11 处马市（表 2-4 为明长城沿线马市分布情况；表 2-5 为大同镇马市马市遗址情况），允许长城内外汉族与少数民族在指定地点进行定期互市活动。

[26] 张廷玉（清）.《明史》[M]. 北京：中华书局 .1974（54）.
[27] 王圻（明）.《续文献通考》[M]. 万有文库本 . 上海：商务印书馆，1936（122）.
[28] 余同元 . 明代马市市场的设置与分布 [A]. 中国明史学会 . 第六届明史国际学术讨论会论文集 [C]. 中国明史学会：中国明史学会，1995:17.
[29] 师悦菊 . 明代大同镇长城的马市遗迹 [J]. 文物世界，2003（01）：33-37.

大同明长城沿线军属聚落的等级层次表[25]
Hierarchical Levels of Military Settlements along the Great Wall of Datong in the Ming Dynasties

表 2-3
Tab 2-3

| 防御单位 | 对应军事堡寨 | 官名 | 驻地 | 驻兵人数 | 军事职权 |
|---|---|---|---|---|---|
| 镇城 | 大同镇 | 总兵<br>副职称协守<br>副总兵 | 镇城 | 据实际情况而定 | 总掌防区内的战守行动 |
| 路城 | 新平路、东路、北东路、北西路、中路、威远路、西路、井坪路 | 参将 | 重要城堡 | 2 个卫，12000 余人 | 管辖本路诸城堡驻军和本路地段防御 |
| 卫城 | 阳和城、左卫城、朔州卫城 | 参将 | 卫城 | 5600 余人 | 拱卫镇城的兵力驻扎城池，城内驻扎参将，统领下辖各所 |
| 所城 | 怀仁所城、山阴所城、马邑所城、应州城 | 千总（千户所） | 所城 | 1120 余人 | 拱卫卫城的兵力驻扎城池，分别由千户所和百户所统辖 |
| | | 把总（百户所） | 堡城 | 几百人 | |
| 堡城 | 平远堡、保安堡、镇口堡等 | 守备 | 堡城 | 几十人 | 统领本城堡及所属堡寨戍军，负责本地段的战守事宜，部署所辖长城、瞭望台、烽火台等工程设施的守卫工作 |

明长城沿线大同镇马市分布情况[28]
Distribution of horse fair along the Great Wall of Ming Dynasty in Datong Town

表 2-4
Tab 2-4

| 镇城 | 马市名称 | 马市类型 | 修建时间 | 贸易对象 |
|---|---|---|---|---|
| 大同镇 | 新平堡市 | 大市 | 隆庆五年（1571） | 五路台吉等部 |
| | 得胜堡市 | 大市 | 隆庆五年（1571） | 歹成台吉等部 |
| | 守口堡市 | 大市 | 隆庆五年（1571） | 摆脱兀慎等部 |
| | 镇羌堡市 | 大市 | 嘉靖三十年（1551） | 俺答部等 |
| | 弘赐堡市 | 大市 | 嘉靖三十年（1551） | 青把都儿等部 |
| | 助马堡市 | 小市 | 隆庆六年（1572） | 黄金榜实等部 |
| | 宁虏堡市 | 小市 | 隆庆六年（1572） | 兀兰把抗素等部 |
| | 灭胡堡市 | 小市 | 隆庆六年（1572） | 威宰生等部 |
| | 云石堡市 | 小市 | 隆庆六年（1572） | 多罗土蛮等部 |
| | 迎恩堡市 | 小市 | 隆庆六年（1572） | 大吉台成等部 |
| | 杀胡堡市 | 小市 | 隆庆六年（1572） | 哑不害恰等部 |
| | 平远堡市 | 小市 | 嘉靖二十五年（1546） | 俺答部等 |

马市分为官市、民市和私市三种。官市有固定时间地点，一般每年一次或两次，民市发展到后期逐渐取代官市。由于蒙古各部不限制私市，所以走私活动屡禁不止，私市也深受农牧民欢迎。在大同镇，有大大小小的12处马市，其中大市主要为得胜堡、新平堡和守口堡。得胜堡马市设立于明王朝与蒙古鞑靼部落议和时期，据传日进斗金，是古代“丝路”上著名的驿站。图2-4为得胜堡马市遗迹。守口堡马市共有大市4处、小市8处，唯一有遗址可考的一处位于守口堡北部，长度和宽度均为50m左右。马市的建筑形制与军堡基本一致，紧邻军堡与长城。

图2-4 得胜堡马市遗迹

Fig 2-4 Ruins of the horse fair in Desheng Fortress

大同镇马市遗址情况[29]　表 2-5

Ruins of horse fair in Datong Town　Tab 2-5

| 名称 | 与堡寨关系 | 距堡寨距离（m） | 与长城关系 | 平面长度（m） | 平面宽度（m） |
|---|---|---|---|---|---|
| 新平堡 | 西 | 30 | 东侧 | 50 | 50 |
| 守口堡 | 北 | 300 | 南 | 50 | 50 |
| 镇羌堡 | 北 | 100 | 北 | 200 | 115 |
| 宁虏堡 | 东北 | 2000 | 南 | 50 | 30 |
| 云石堡 | 西 | 500 | 东南 | 200 | 200 |

图 2-5 方山永固陵
Fig 2-5 YongguTomb in Fangshan

（7）周边陵墓和宗教建筑

大同曾经是汉代平成县所在地，北魏中期的都城“平城”，从北魏道武帝于公元 398 年迁都至此，至孝文帝迁都洛阳，历经 97 年之久，成为当时北方政治、经济、文化的中心。这里留下了大量的墓葬群和皇陵遗址，主要有汉墓群和北魏皇陵。大同的北魏皇陵，又称方山永固陵，为北魏冯太后的陵寝，位于大同城北方山（今新荣区西寺儿梁山）之巅，群山拱列，御河、万泉河二水夹流，北依长城大漠，南瞰平城全景（图 2-5）。陵园规模宏大，是一座鲜卑文化和汉文化相融合的、集墓葬、园林、佛寺为一体的古遗址，是我国现已发掘的南北朝时期最大的墓葬之一。

另一方面，长城周边存在不少宗教建筑。大同境内现存宗教建筑主要有左云县摩天岭长城上的南禅寺、八台子圣母堂以及古城内的华严寺。八台子圣母堂位于摩天岭长城内侧，由德国传教士建于清光绪二年（1876 年），哥特式建筑，因遭受“文化大革命”时期“破四旧”等冲击，现仅存教堂前壁，记录了天主教在大同的传播（图 2-6）。

图 2-6 八台子圣母堂
Fig 2-6 Notre Dame Church of Bataizi

## 物质文化遗产要素评级及分布

为确定遗产分区格局的层次与范围，长城遗产资源的价值评价和等级分类至关重要。在获得研究范围内全域尺度的 GIS 模型的基础上，规划团队获得了研究范围内沿长城本体扩散 20km 范围内的物质文化遗产空间分布信息（图 2-7）。

依据物质文化遗产价值评估标准（表 2-6），进一步从历史价值、艺术价值、科学价值、社会价值四方面对研究范围内的物质文化遗产资源进行遗产价值综合评价，最终得到四个等级的古长城物质文化遗产资源空间分布情况。表 2-7 为物质文化资源遗产点等级，图 2-8 为大同古长城重点物质文化遗产资源。

通过对长城遗产资源的横向（垂直于长城展开方向）空间分布特点及分布趋势进行分析，结果表明：高级别遗产点主要集中在长城南侧 1500m 内，在此距离内包含研究范围内 76.7% 的一级遗产点。另外，在 3000m 范围内，一二级遗产产分布密度迅速下降，距离长城 4500m 外基本无高级别遗产分布（图 2-9）。

[30] 李海燕. 大遗址价值评价体系与保护利用模式研究 [D]. 西北大学，2005：44-46.

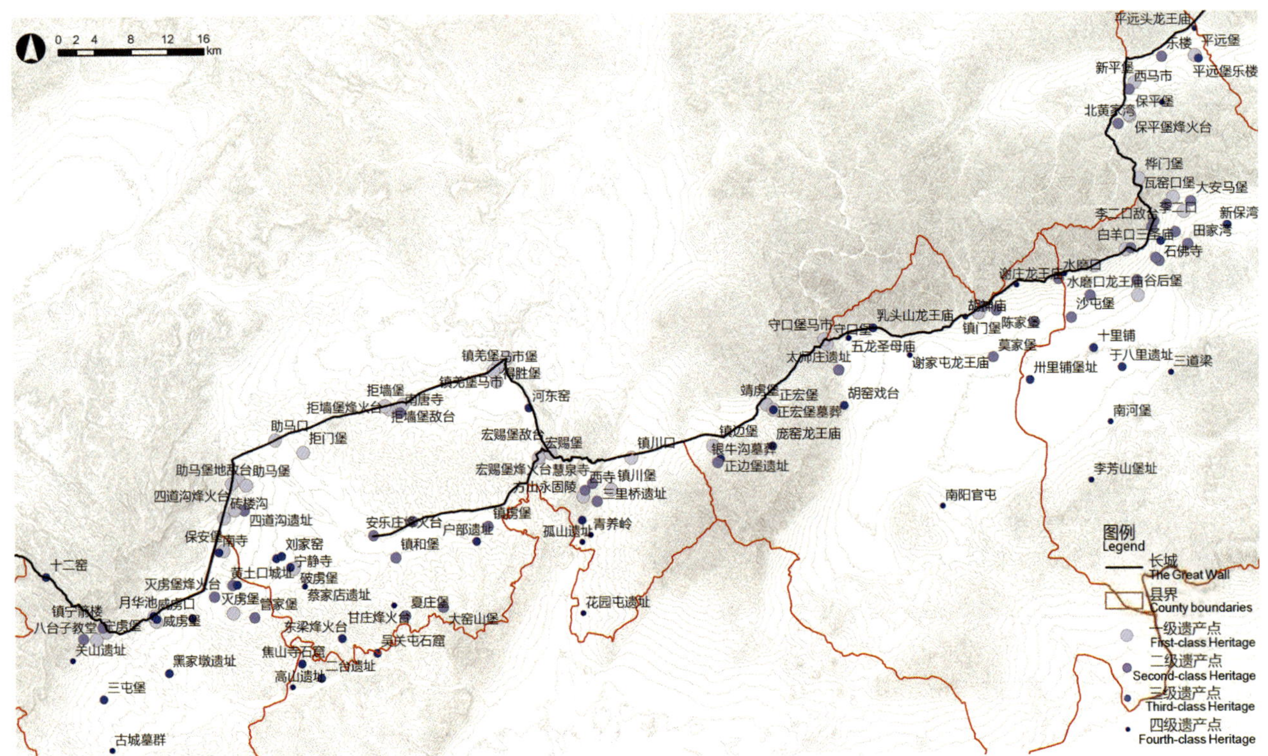


图 2-7 大同古长城物质文化遗产资源空间分布图

Fig 2-7 Spatial distribution of material and cultural heritage resources of ancient Great Wall in Datong

物质文化遗产价值评估标准[30]　表 2-6
Value evaluation criteria of material and cultural heritage　Tab 2-6

| 评价内容 | 评价因子及分值 | 评价依据 | 赋值 |
|---|---|---|---|
| 历史价值 | 知名度和影响力 7 | 世界级文化遗产 | 7 |
| | | 国家级重点文物保护单位 | 5 |
| | | 省级重点文物保护单位 | 3 |
| | | 县级及以下文物保护单位 | 1 |
| | 奇特度 6 | 代表某一时代的风格特征，而且是唯一的历史见证遗存 | 6 |
| | | 代表某一时代的风格特征，而且是为数不多的历史见证 | 4 |
| | | 同类的历史遗存较多 | 2 |
| | 完好度 7 | 遗址保存完整，区内环境风貌单一，无居民 | 7 |
| | | 遗址保存完整，区内环境风貌较复杂，居民较多 | 5 |
| | | 遗址保存较完整，区内环境风貌较复杂，居民较多 | 3 |
| | | 遗址保存较少，区内环境风貌复杂，居民众多，大多数遗址被叠压或破坏 | 1 |
| | 年代度 5 | 秦代以前的遗址 | 5 |
| | | 秦代的遗址 | 4 |
| | | 隋唐时代的遗址 | 3 |
| | | 宋元明清时代的遗址 | 2 |
| | | 近代的遗址 | 1 |
| 社会价值 | 宣传教育 10 | 体现我国古代辉煌成就，世界上独一无二 | 10 |
| | | 体现我国古代辉煌成就，是世界上少数代表之一 | 7 |
| | | 体现我国古代辉煌成就，世界上或者国内同类型较多 | 5 |
| | | 是古代某一方面成就的代表，国内同类的较少 | 3 |
| | | 是古代某一方面成就的代表，国内同类的较多 | 2 |
| | 旅游 6 | 距离城市较近，人文自然景观组合好 | 6 |
| | | 距离城市较远，人文自然组合好 | 4 |
| | | 距离城市较近，仅有人文景观 | 3 |
| | | 距离城市较远，仅有人文景观 | 2 |
| | 文化传承 5 | 是当地文化起源的载体，体现了当地传统文化特色 | 5 |
| | | 体现当地的非主流文化 | 3 |
| | | 没有体现当地的传统文化 | 1 |
| | 精神价值 4 | 工程浩大，技术精湛，是民族精神的象征 | 4 |
| | | 体现民族力量和精神，是世界上少有的 | 3 |
| | | 某一时代的遗址，体现先民的精神力量 | 1 |
| 科学价值 | 科技水平 8 | 代表一个时代的综合技术水平 | 8 |
| | | 在建筑技术、材料技术、制造技术、生产技术等众多领域，至少有两方代表一个时期的科技水平 | 5 |
| | 历史考证、修补 6 | 填补历史记录的空白 | 6 |
| | | 修补错误的历史记载 | 4 |
| | | 证实历史记载 | 2 |
| | 研究度 6 | 一种新的文化起源的代表 | 6 |
| | | 一种典型文化的代表 | 4 |
| | | 普通文化的代表 | 2 |
| | 规格 5 | 帝王级别和国家级别（包括帝陵、都城、国家的工程和代表性的古文化遗址等） | 5 |
| | | 官僚级别和地方级别（包括地方性的陵墓群、城址和工程遗址等） | 3 |
| | | 一般级别 | 1 |
| 艺术价值 | 艺术度 10 | 遗址布局严整，体现较高的规划水平 | 10 |
| | | 遗址布局较严整 | 8 |
| | | 遗址布局没有太多的讲究 | 4 |
| | 丰富度 8 | 文物数量多、类型多 | 8 |
| | | 文物数量较多、类型较少或者类型较少文物数量较多 | 5 |
| | | 文物数量较少、类型较少 | 3 |
| | 珍稀度 7 | 文物是国内仅有，是某一类型的代表作 | 7 |
| | | 文物是国内稀有，是某一类型的代表作 | 4 |
| | | 文物在国内同类的较多 | 2 |

另一方面，高级别的军事堡寨往往衍生出一系列的小堡、村落、墓葬和庙宇，因此遗产点在纵向（沿长城展开方向）上则呈现一定组团化集群分布的特征。如得胜堡城周边聚集了镇羌堡、四城堡马市、得胜口等高级别遗产点，共同组成了一个具有边墙关隘、守关城堡、屯兵镇城及边塞马市的连环堡群。图 2-10 为得胜堡群文化遗产分布。

综上，大同古长城文化遗产具备横向多层次、纵向组团化的空间分布特征，这为文化遗产廊道各要素的体系化整合提供了空间基础和重要依据。

图 2-8 大同古长城重点物质文化遗产资源
Fig 2-8 Important material and cultural heritage resources of ancient Great Wall in Datong

物质文化资源遗产点等级表　表 2-7
Classification of material and cultural heritage sites　Tab 2-7

| 等级 | 遗产单元 |
| --- | --- |
| 一级遗产点 | 得胜堡、助马堡、守口堡、方山永固陵、助马堡地敌台、镇宁箭楼、保平堡、月华池、镇羌堡马市、镇边堡、新平堡、保安堡、守口堡马市、榆林口、宏赐堡敌台、助马口、宏赐堡烽火台、拒墙堡敌台、白羊口、镇羌堡烽火台、宏赐堡、砖楼沟、马市堡、拒墙堡、宁虏堡马市、镇川口、镇门堡、拒墙堡烽火台、桦门堡、靖虏堡、威虏堡、保平堡烽火台、四道沟烽火台、正宏堡、宁虏堡、拒门堡、平远堡、镇川堡、瓦窑口堡、温家窑堡、谷后堡、灭虏堡 |
| 二级遗产点 | 李二口、威虏口、八台子教堂、镇羌堡、李二口敌台、三圣庙、镇门堡敌台、安乐庄烽火台、新荣镇烽火台、水磨口、西马市、乐楼、北黄家湾、南唐寺、陈家堡、灭虏堡烽火台、石佛寺烽火台遗址、镇虏堡、慧泉寺、瓦窑口烽火台、石佛寺、四道沟遗址、镇和堡、大窑山烽火台、银牛沟墓葬、水桶寺烽火台、谷后堡烽火台遗址、西寺、黄土崖烽火台、太师庄遗址、黄土口战斗遗址、三里桥遗址、太平堡、沙屯堡、田家湾、莫家堡、大安马堡、管家堡、夏庄堡、大窑山堡、破虏堡 |
| 三级遗产点 | 乳头山龙王庙、十二窑、河东窑、灌溉渠构筑、南寺、正宏堡墓葬、宣家塔烽火台、三圣河墓葬、正边堡遗址、户部遗址、平远堡乐楼、庞窑龙王庙、黄土口城址、三百户营遗址、黑家墩遗址、胡窑戏台、三屯堡、十里铺、刘家窑烽火台、刘家窑、卅里铺堡址、新保湾、宁静寺、于八里遗址、东梁烽火台、吴关屯石窟、焦山寺石窟、二台遗址 |
| 四级遗产点 | 胡神庙、水磨口龙王庙、谢庄龙王庙、平远头龙王庙、五龙圣母庙、谢家屯龙王庙、柴家窑龙王庙、关山遗址、甘庄烽火台、青养岭、孤山遗址、蔡家店遗址、古城墓群、三道梁、花园屯遗址、高山遗址、南河堡、永嘉堡南阳官屯、李芳山堡址 |

得胜堡
Desheng Fortress

助马堡
Zhuma Fortress

守口堡
Shoukou Fortress

助马堡地敌台
Defence building in Zhuma Fortress

镇宁箭楼
Zhenning arrow building

保平堡
Baoping Fortress

镇羌堡马市
Horse Fair in Zhenqiang Fortress

镇边堡
Zhenbian Fortress

新平堡
Xinping Fortress

方山永固陵
YongguTomb in Fangshan

月华池
Yuehuachi

保安堡
Baoan Fortress

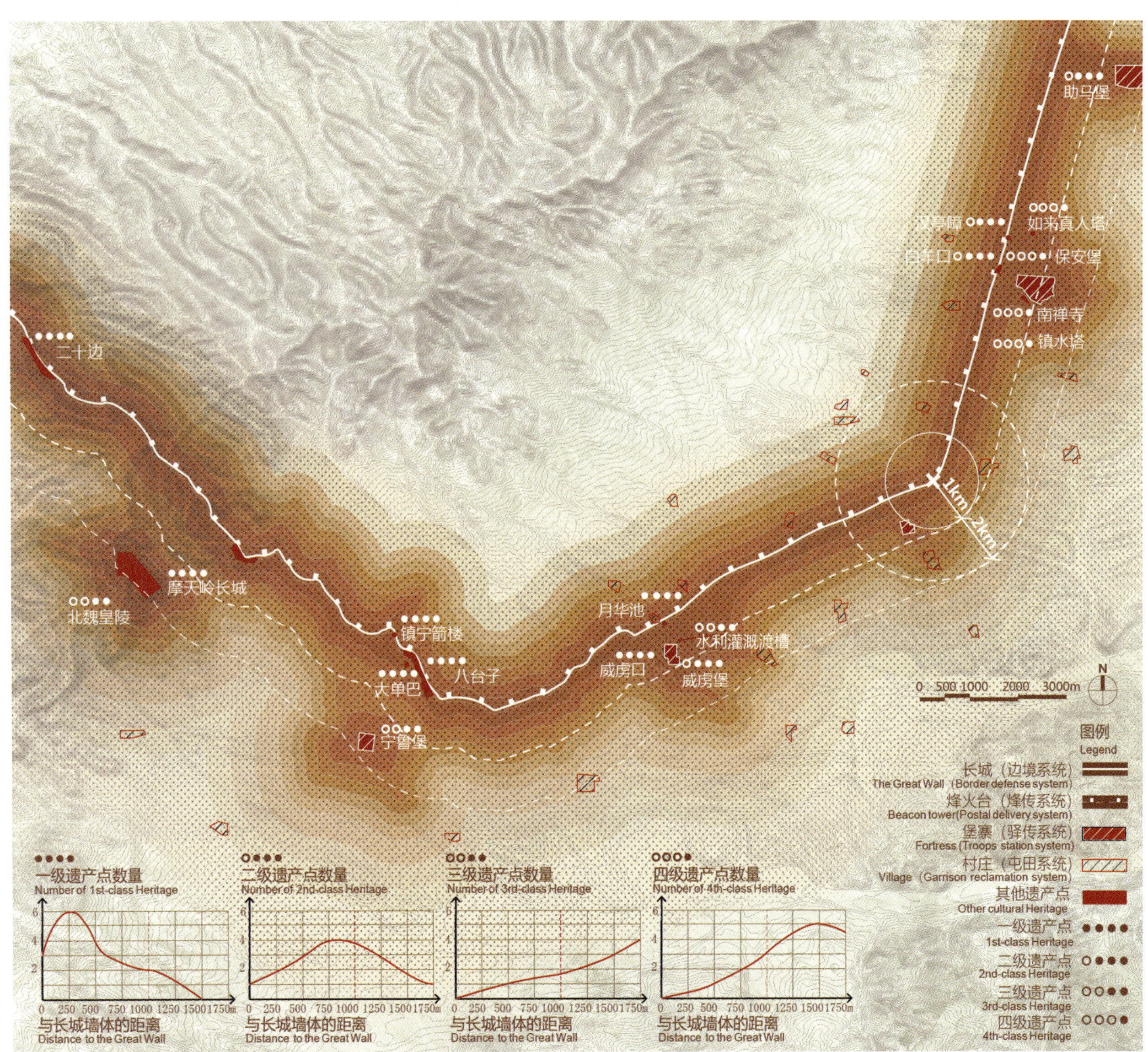


图 2-9 长城物质文化遗产资源横向空间分布（以左云县为例）

Fig 2-9 The lateral spatial distribution of material and cultural heritage resources（Zuoyun County as an example）

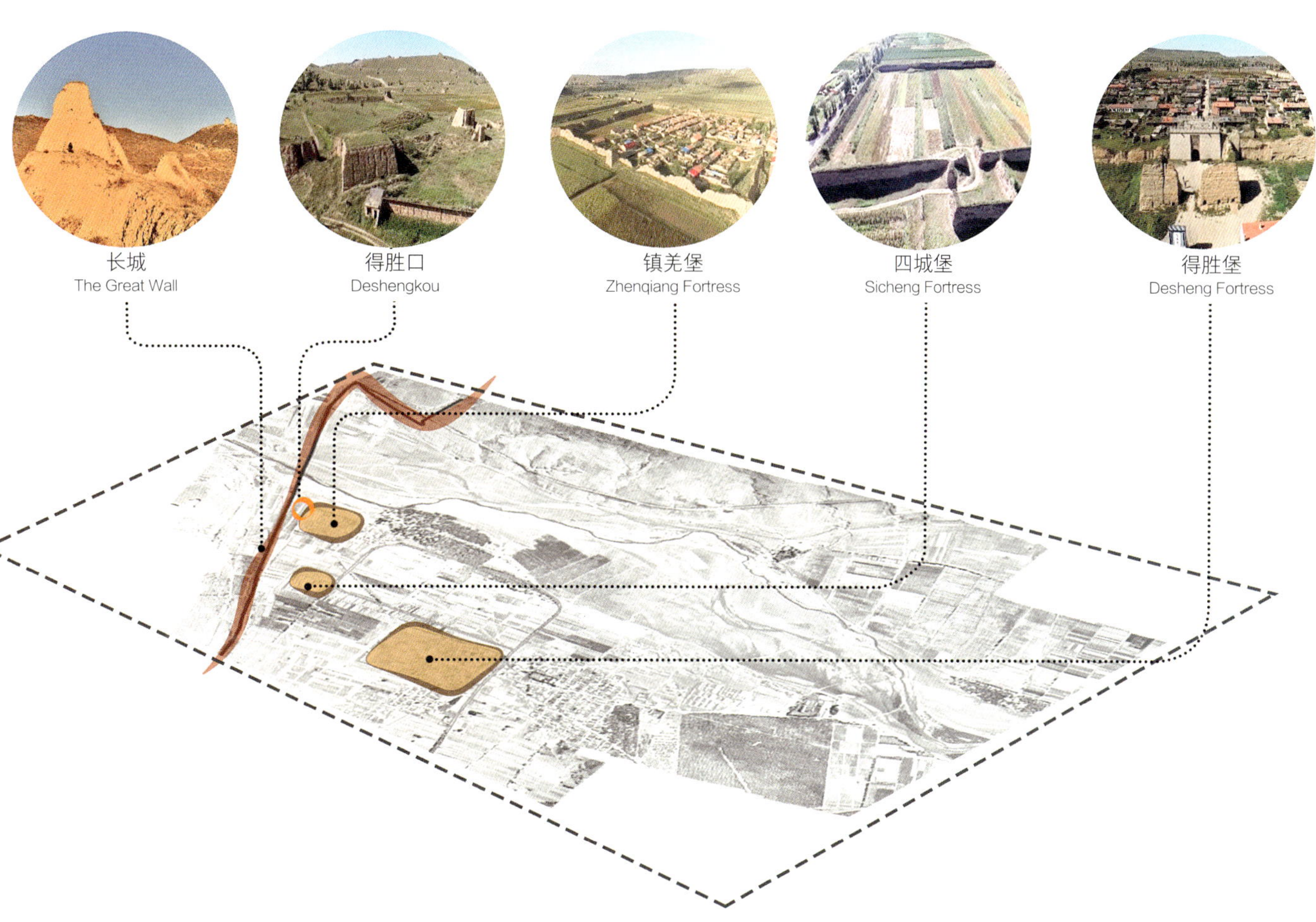


图 2-10 得胜堡群物质文化遗产分布
Fig 2-10 The material and cultural heritage distribution of Desheng Fortress group

## 自然资源要素及空间分布

大同地处温带草原与温带荒漠交错带，降水稀少，植被稀疏。然而，恶劣的自然条件并没有影响这个区域的地理多样性。沿着阴山山脉东西向延展，长城周边出现了大量石山、黄土丘陵与河川阶地（图 2-11），在一些特别的区域，动植物群落得到了基本的养分并且顽强的生长，形成了许多独特的风景。图 2-12 为大同古长城周边植被覆盖情况。

图 2-11 大同地质类型示意
Fig 2-11 Diagram of geological types in Datong Town

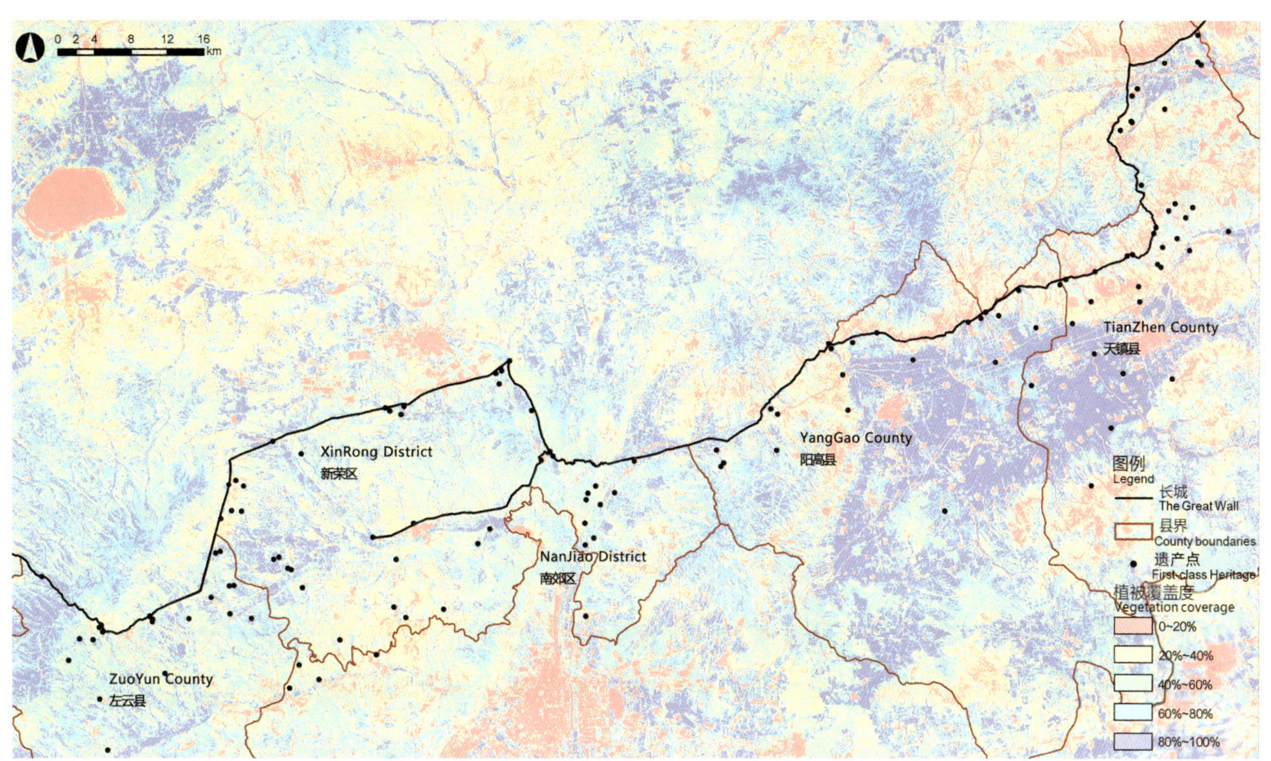


图 2-12 大同古长城周边植被覆盖情况

Fig 2-12 Vegetation coverage around the ancient Great Wall in Datong

石山区

Rock hills region

黄土丘陵区

Loess hilly region

河川阶地

Fluvial terrace region

几乎沿途每个区县都拥有若干优势自然资源集中的区域，如左云县摩天岭国家风景名胜区、左云县十里河湿地公园、新荣区饮马河风景区、弥陀山景区、南郊赵家窑水库、天镇县国家沙漠公园等，这种优质自然资源沿长城呈斑块式分布的状态，为遗产廊道空间纵向格局的构建提供了自然基础（图2-13）。

图 2-13 大同古长城重点自然资源
Fig 2-13 Important natural resources of ancient Great Wall in Datong

摩天岭国家风景名胜区
Motianling national scenic

十里河湿地公园
Shili River wetland park

饮马河风景区
Yinma River scenic

弥陀山景区
Mituo mountain scenic

赵家窑水库
Zhaojiayao reservoir

五旗国家沙漠公园
Wuqi national desert park

左云摩天岭国家风景名胜区，平均海拔 1000m 以上，摩天岭是阴山余脉五路山的最高峰，海拔 2200m。景区内自然资源丰富，拥有丰富的地貌特征，如黄土沟壑、河滩阶地、丘陵草甸、平原等。景区内的河滩阶地和低丘陵地带主要为落叶阔叶林、灌草丛带，生长着大量沙棘灌丛。在海拔较高的高山地带，则是以小叶杨、落叶松、白桦林等为主的针阔叶混合林。此外，景区内的万亩油菜花田，也已成为远近闻名的写生基地。

十里河湿地公园，其水源十里河发源于左云，由西往东，绕过左云县城进入大同。由于十里河位于左云县地势最低处，地下水水源充足，土壤肥沃，因此两岸植被丰茂，主要以小叶杨、北京杨和小黑杨等杨树种为主，其次为榆树、柳树和一些天然的沙棘、乌柳、柽柳灌丛。经过长期的湿地修复与保护，公园境内风光旖旎，花香草芳，被誉为左云的天然氧吧，已被评为国家级生态示范区。

饮马河风景区位于新荣区堡子湾乡，景区周边森林覆盖率达到 65%，被称为新荣区的绿色屏障。景区内常常可见成群的牛羊在河滩悠闲漫步。饮马河水质清澈，两岸牧草资源丰富，水生植物如芦苇、千屈菜等较为丰富。此外，这个地区内种植了大量高寒地区特有的农作物，如胡麻、黄芩等，成为独特的风景资源。

云冈国家森林公园
Yungang national forest park

助马堡水池
Pond in Zhuma Fortress

风景名胜资源评价指标层次[31]　　表 2-8
Evaluation index hierarchy of scenic spot resources　　Tab 2-8

| 评价内容 | 评价因子 | 评价依据 | | | | 赋值 |
|---|---|---|---|---|---|---|
| 景源评价 | 美学价值 | 景感度 | 奇特度 | 完整度 | | 60 ~ 70 |
| | 科学价值 | 科技值 | 科普值 | 科教值 | | |
| | 文化价值 | 年代值 | 知名度 | 人文值 | 特殊度 | |
| | 保健价值 | 生理值 | 心理值 | 应用值 | | |
| | 游憩价值 | 功利性 | 舒适度 | 承受力 | | |
| 环境水平 | 生态特征 | 种类值 | 结构值 | 功能值 | 贡献值 | 30 ~ 20 |
| | 保护状态 | 整度 | 真实度 | 受威胁程度 | | |
| | 环境质量 | 要素值 | 等级值 | 变灾率 | | |
| | 监护管理 | 监测机能 | 法规配套 | 机构设置 | | |
| 利用条件 | 交通通信 | 便捷性 | 可靠性 | 效能 | | 5 |
| | 食宿接待 | 能力 | 标准 | 规模 | | |
| | 其他设施 | 工程设施 | 环保设施 | 安全设施 | | |
| | 客源市场 | 分布 | 结构 | 消费 | | |
| | 运营管理 | 职能体系 | 经济结构 | 居民社会 | | |
| 规模范围 | 面积 | | | | | 5 |
| | 体积 | | | | | |
| | 空间 | | | | | |
| | 容量 | | | | | |

图 2-14 大同古长城优势自然资源
Fig 2-14 Superior natural resources of ancient great wall in Datong

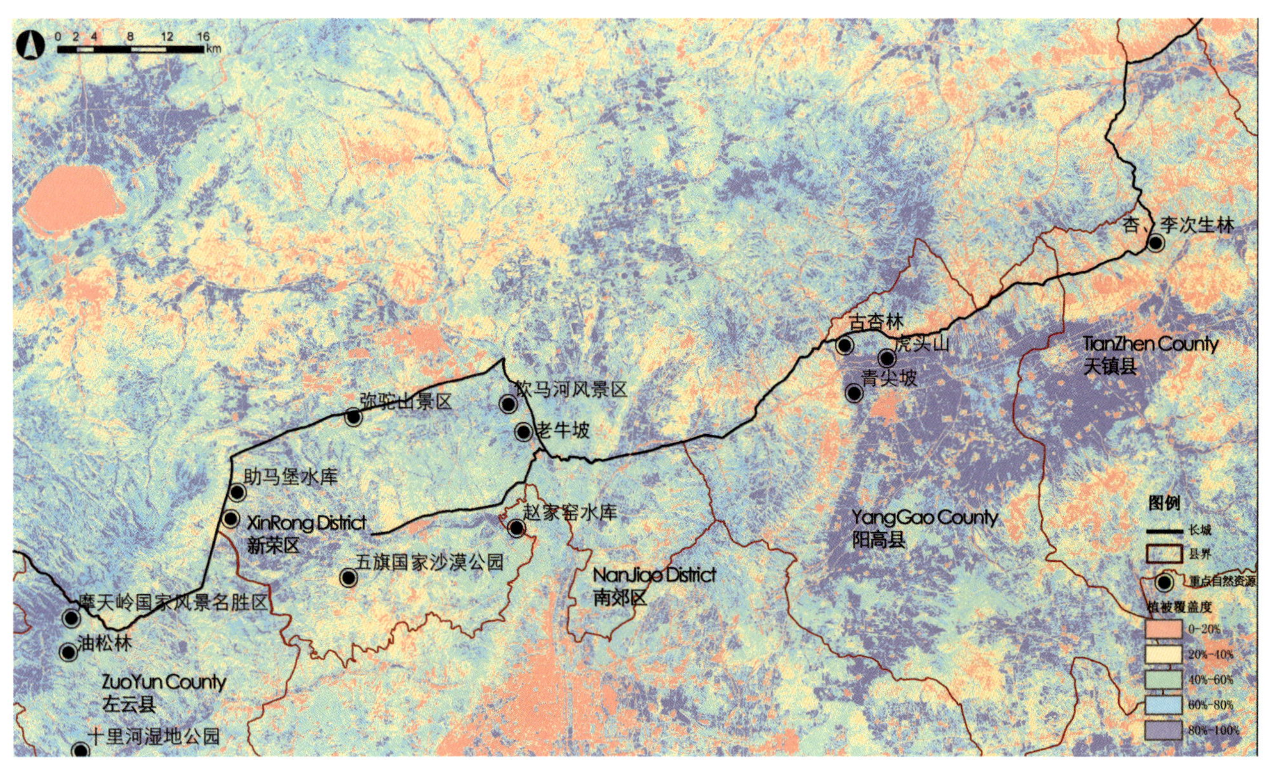


[31] 中华人民共和国建设部 . GB/T 50298-2018. 风景名胜区总体规划标准 [S]. 北京：中国中建筑工业出版社，2018.

弥陀山景区坐落在新荣区北部，因山形奇特，神似弥勒佛坐相而得名。弥陀山背依古长城，气势雄伟，海拔 1500m，山顶视野开阔，植被较为丰富，樟子松林面积达数万亩，气势磅礴。

赵家窑水库位于南郊县古店镇赵家窑村，是大同市最大的水库之一。水库地处于典型的黄土高原，一湾秀水碧波荡漾，四周植被繁茂，树木挺拔，是大同长城周边难得一见的大型水景资源。

五旗国家沙漠公园位于大同市新荣区，属半干旱沙化土地类型。公园内动植物景观多样丰富，有以油松、樟子松等树种为主的混交林，有沙棘、柠条、胡枝子等一年生草本植物组成的灌草植被，极具沙漠风情。

依据自然资源价值评估标准（表 2-8），进一步从景源评价、环境水平、利用条件、规模范围四方面，对研究范围内的自然资源进行遗产价值综合评价，最终得到古长城自然资源空间分布情况（图 2-14），作为遗产廊道空间格局规划的参考。

## 非物质文化要素及分布

明代实行大规模屯垦制度，官府不仅派遣军士在西部边陲屯田，也鼓励民间开垦。于是，许多田地和牧场在堡寨周边发展起来，也逐渐形成了长城沿线的村镇聚落，在修建、卫戍长城和屯垦过程中，大量非物质文化逐渐产生。长城非物质文化要素主要包括相关历史事件、防御性非物质文化遗产（主要包括历史防御编制信息和屯田贸易）和地方性民俗文化。

在空间分布方面，非物质文化要素大多与长城遗产点特别是主要堡寨相互重叠，尤其是长城边防文化和边贸马市文化等与物质文化遗产点结合紧密（图 2-15）。

依据非物质文化遗产资源价值评估标准（表 2-9），从其资源要素价值和保护现状两方面，对研究范围内的非物质文化遗产资源进行综合评价。由于非物质文化的载体大都为沿古长城的村落，本次研究主要考察了长城周边村落，得到沿古长城聚落空间分布情况（图 2-16），作为遗产廊道空间格局规划的参考。

[32] 中华人民共和国国家质量监督检验检疫总局 . GB/T 18792- 2017. 旅游资源分类、调查与评价 [S]. 北京：中国标准出版社，2017.；廖嵘 . 非物质文化景观旅游规划设计 [M]. 上海：同济大学出版，2006（94- 100）.

非物质文化遗产资源价值评估标准[32]　表 2-9
Value evaluation criteria of intangible cultural heritage resources　Tab 2-9

| 评价项目 | 评价因子 | 评价依据 | 赋值 |
| --- | --- | --- | --- |
| 资源要素价值 | 观赏游憩使用价值（30 分） | 全部或其中一项具有极高的观赏价值、游憩价值、使用价值 | 32 ~ 22 |
| | | 全部或其中一项具有很高的观赏价值、游憩价值、使用价值 | 21 ~ 13 |
| | | 全部或其中一项具有较高的观赏价值、游憩价值、使用价值 | 12 ~ 6 |
| | | 全部或其中一项具有一般的观赏价值、游憩价值、使用价值 | 5 ~ 1 |
| | 历史文化科学艺术价值（25 分） | 同时或其中一项具有世界意义的历史价值、文化价值、科学价值、艺术价值 | 25 ~ 20 |
| | | 同时或其中一项具有全国意义的历史价值、文化价值、科学价值、艺术价值 | 19 ~ 13 |
| | | 同时或其中一项具有省级意义的历史价值、文化价值、科学价值、艺术价值 | 12 ~ 6 |
| | | 历史价值、或文化价值、或科学价值、或艺术价值具有地区意义 | 5 ~ 1 |
| | 珍稀奇特程度（15 分） | 濒于失传边缘，仅在极小范围或在极少数人中传承，且文化景观异常奇特，或此类现象在其他地区罕见 | 15 ~ 13 |
| | | 濒于失传，文化的传承呈萎缩状态，且景观奇特，或此类现象在其他地区很少见 | 12 ~ 9 |
| | | 有失传的潜在危险，文化传承链脆弱，且景观突出，或此类现象在其他地区少见 | 8 ~ 4 |
| | | 文化传承正常，景观比较突出，或此类现象在其他地区较多见 | 3 ~ 1 |
| | 规模、丰度与几率（10 分） | 独立型旅游资源单体规模、体量巨大；集合型旅游资源单体结构完美、疏密度优良；人文活动周期性发生或频率极高 | 10 ~ 8 |
| | | 独立型旅游资源单体规模、体量较大；集合型旅游资源单体结构很和谐、疏密度良好；人文活动周期性发生或频率很高 | 7 ~ 5 |
| | | 独立型旅游资源单体规模、体量中等；集合型旅游资源单体结构和谐、疏密度较好；人文活动周期性发生或频率较高 | 4 ~ 3 |
| | | 独立型旅游资源单体规模、体量较小；集合型旅游资源单体结构较和谐、疏密度一般；人文活动周期性发生或频率较小 | 2 ~ 1 |
| | 完整性（5 分） | 形态与结构保持完整 | 5 ~ 4 |
| | | 形态与结构有少量变化，但不明显 | 3 |
| | | 形态与结构有明显变化 | 2 |
| | | 形态与结构有重大变化 | 1 |
| 资源影响力 | 知名度和影响力（10 分） | 在世界范围内知名，或构成世界承认的名牌 | 10 ~ 8 |
| | | 在全国范围内知名，或构成全国性的名牌 | 7 ~ 5 |
| | | 在本省范围内知名，或构成省内的名牌 | 4 ~ 3 |
| | | 在本地区范围内知名，或构成本地区名牌 | 2 ~ 1 |
| | 适游期货使用范围（5 分） | 适宜游览的日期每年超过 300 天，或适宜于所有游客使用和参与 | 5-4 |
| | | 适宜游览的日期每年超过 250 天，或适宜于 80% 左右游客使用和参与 | 3 |
| | | 适宜游览的日期每年超过 150 天，或适宜于 60% 左右游客使用和参与 | 2 |
| | | 适宜游览的日期每年超过 100 天，或适宜于 40% 左右游客使用和参与 | 1 |
| 附加值 | 社会文化环境保护 | 已受到严重破坏，荡然无存 | -5 |
| | | 已发生根本性改变 | -4 |
| | | 已部分发生改变 | -3 |
| | | 基本未有变化，并已采取相应的保护措施 | 3 |

图 2-15 大同古长城典型非物质文化遗产资源
Fig 2-15 Typical intangible cultural heritage resources of ancient great wall in Datong

图 2-16 大同沿古长城聚落空间分布

Fig 2-16 Spatial Distribution of Settlements around the ancient great wall in Datong

# 2.3 遗产廊道的空间格局及保护发展策略

根据长城遗产各要素横向多层次、纵向组团化的空间分布特征，依据国务院、国家文物局颁布的《长城保护条例》《长城保护总体规划 2019—2035》等相关条例的指导性法律法规，再结合本次建设投资预算，规划团队从多个层次综合考量，初步构建了横向、纵向两个维度的空间格局。

## 横向空间格局（垂直于长城展开方向）

在横向空间格局规划上，我们借鉴文化线路实践经验，将廊道背景环境进行多层级划定。为避免等距离的一刀切划定方式，规划团队采取以价值为基础的方法 (value-based approach) 和以问题为基础的方法 (issue-based approach) 相结合的思路，将研究区域进一步划分为四个保护等级。最终，形成遗产保护区—生态修复区—旅游服务区—发展协调区的横向空间格局（图 2-17）。

（1）遗产保护区

严格执行相关法规规定的长城保护范围及管理措施——以长城墙体及相关建筑遗存外缘为基线向两侧或四周各扩不少于 50m 作为边界[33]，划定为遗产保护区。此范围是文化遗产核心价值的集中体现，应严格遵守相关保护规程，实行最高级别的保护。实际操作时，应综合考虑长城点段的文物本体类型、价值特征、保存现状、城乡区位等因素，适当扩大保护范围。

生态修复区 Ecological remediation area
依附长城墙体的核心保护带向外（北）扩散 100 ~ 500m 范围
An area of 100m-500m in width to the north of the core protection area will be provided with ecological remediation.
遗产保护区
以长城墙体及
侧或四周各扩
An area 50m
strictly prohib


图 2-17 横向空间格局规划
Fig 2-17 Spatial pattern for ancient Great Wall heritage protection

（2）生态修复区

长城周边生态环境对长城遗产保护至关重要，生态修复与遗产保护相结合是必然选择。长城以北地形起伏较大，山川险峻，沟谷密布，正是导致长城遭受水土流失等自然侵蚀的首要因素。根据建设控制地带的划定要求[34]，结合项目有限的生态建设投入，综合视觉分析结果，规划将核心保护区北部 100 ~ 500m 的区域划定为生态修复区。在编制实施方案时，生态修复范围往往超出限定的距离，需要综合考虑投资与生态修复效果的平衡。

（3）旅游服务区

由于高等级的遗产大多分布在长城以南 1500m 的范围内，而且这个区域的地貌也以丘陵和平原为主，适宜发展文化旅游，再加上最重要的基础设施——旅游公路几乎全部分布在这个区域。规划将核心保护区以南 500 ~ 1500m 范围，以及城墙以南 3000m 范围内的保护区飞地（以依附堡寨为主）外扩 500m 范围划定为旅游服务区。旅游服务区是在生态修复的基础上，向公众适当开展遗产展示、游览服务等活动的区域。范围划定时，对于同一地形内连续分布的遗产，可划定相连的建设控制地带，以保护文化遗产体系的完整性；另外，此范围并非全部用作旅游服务用地，需要根据开发适宜性进一步甄别发展强度。

（4）发展协调区

旅游服务区以南，长城沿线的村落多数分布在这个区域，现有的农林产业也主要集中在这里。为保证长城沿线外部景观风貌和产业协调，有必要划定发展协调区，引导农业升级，发展村镇旅游，活化长城遗产周边经济。《长城保护总体规划 2019-2035》要求长城的建设控制地带划定在保护范围外扩至 2500m 以内，因此我们将发展协调区的范围划定在旅游服务区外 500 ~ 1000m 的区域。本研究的发展协调区主要涉及范围内重点村落和军事堡寨周边屯田的转型发展。

[33]《长城保护总体规划 2019-2035》（要求长城墙体（含界壕 / 壕堑）保护范围应以长城墙体及依附于墙体的敌台、马面、关堡和相关遗存应以墙基外缘为基线向两侧各扩不少于 50m 作为边界；独立于长城墙体之外的敌台、关堡、烽火台和相关遗存等保护范围应以单体建筑基础外缘为基线，四周各扩不少于 50m 作为边界。

[34]《长城保护总体规划 2019-2035》（要求凡位于城镇建成区的，长城建设控制地带原则上以长城保护范围边界外扩不少于 100m 为边界，凡位于农村和郊野地区的点段，其建设控制地带原则上以长城保护范围边界外扩不少于 500m 作为边界。

on area
存外缘为基准向两
作为边界
side the Great Wall will be
n.
旅游服务区　Tourism service area
核心保护区以南 500 ~ 1500m 范围，以及城
墙内 3000m 范围核心保护区外扩 500m 范围
An area of 500m-1500m in width to the south of the
core protection area will be provided with ecological
restoration.
发展协调区　Development coordination area
旅游服务区外扩 500m-1000m 的区域
An area of 500m-1000m in width to the south of the
tourism service area,guarante coordination with the
landscape and features of the Great Wall.

## 纵向空间格局（沿长城展开方向）

由于长城文化遗产和自然资源在纵向空间呈组团化分布，规划团队借鉴旅游资源评价方法，运用 AHP 法对相关五区县主要旅游资源建立层次结构模型。其中，评价综合层包括遗产资源条件、风景资源条件和旅游条件。通过综合评价，最终确立了 12 个优势资源集中的区域作为第一批优先发展区（景区）（图 2-18、表 2-10）。各区的边界与该资源集群内的遗产分布和风景资源空间范围相对应。优先发展区的确立，使得长城展开方向的保护和发展强度不再匀质化，有了明显的强度区分，为下一步实施方案的展开划定了明确的空间范围。

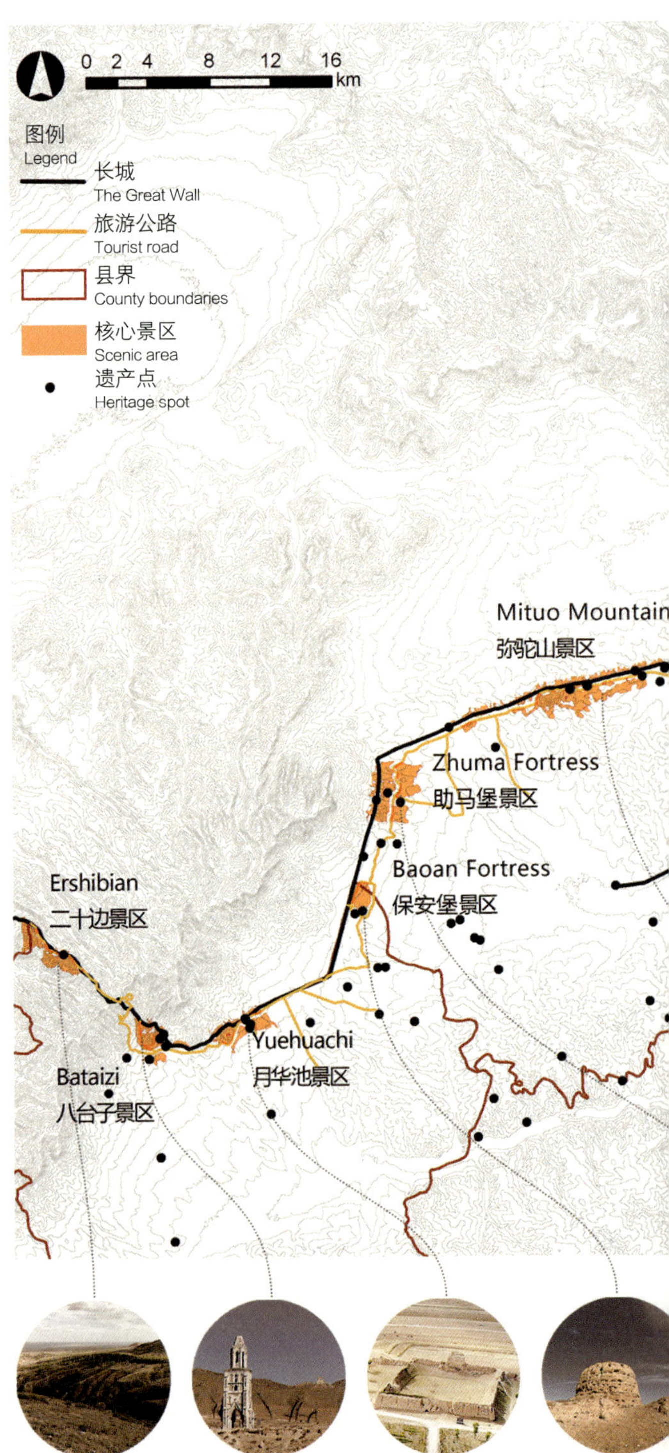

图 2-18 景区遴选
Fig 2-18 Define the scenic area

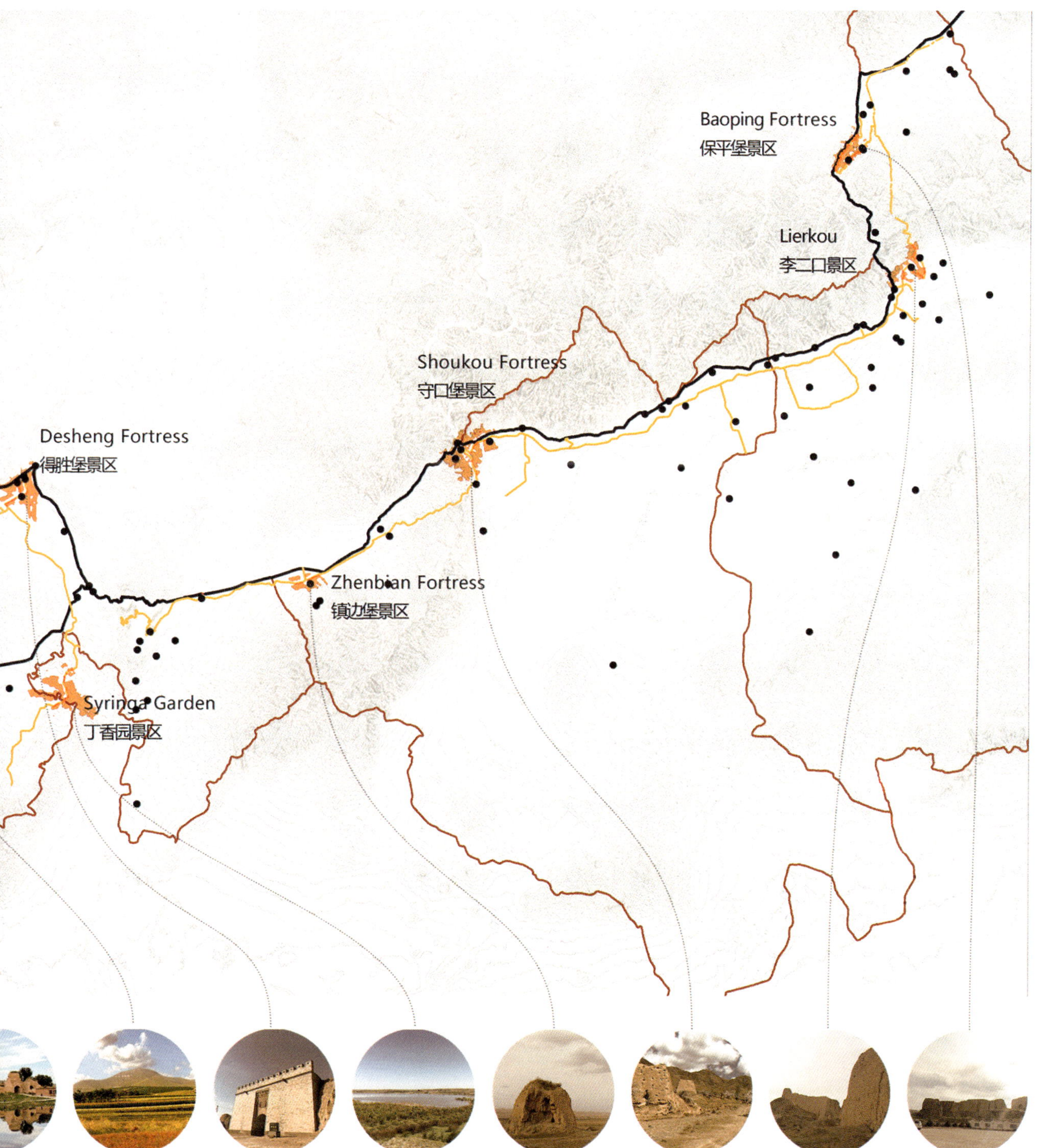

景区文化遗产和自然资源情况表 表 2-10
Cultural heritage and natural resources in scenic area Tab 2-10

| 景区地理位置 | 景区名称 | 景区文化遗产资源 | 景区自然资源 |
| --- | --- | --- | --- |
| 左云县 | 保安堡景区 | 长城防御体系 | 黄土冲沟地貌、季节性河流、油菜花田 |
| | | 保安堡 | |
| | | 汉亭障 | |
| | | 如来真人塔 | |
| | 月华池景区 | 长城防御体系 | 黄土冲沟地貌、季节性河流、刺玫、油菜花田 |
| | | 威鲁堡 | |
| | | 月华池 | |
| | | 水利灌溉渡槽 | |
| | 八台子景区 | 长城防御体系 | 黄土冲沟地貌、油菜花田、油松林、榆叶梅特色林、沟壑刺玫 |
| | | 宁鲁堡 | |
| | | 镇宁箭楼 | |
| | | 八台子教堂 | |
| | 二十边景区 | 长城防御体系 | 黄土冲沟地貌、樟子松林、原生乌柳林 |
| 新荣区 | 助马堡景区 | 长城防御体系 | 黄土冲沟地貌、季节性河流、丁香花谷、彩叶植物沟谷、野杏林 |
| | | 助马堡 | |
| | 弥陀山景区 | 长城防御体系 | 弥陀山自然资源、彩叶植物沟谷 |
| | | 拒门堡 | |
| | | 弥陀山 | |
| | 得胜堡景区 | 长城防御体系 | 黄芩花田、油松次生林、黄土冲沟地貌、河谷景观、湿地景观 |
| | | 四城堡 | |
| | | 得胜堡 | |
| | | 镇羌堡 | |
| | | 得胜口 | |
| 南郊区 | 丁香园景区 | — | 农田景观、湿地景观、丁香花谷、水体景观、河谷景观 |
| 阳高县 | 守口堡景区 | 古长城遗址 | 农田景观、河谷景观、古杏林景观、山地景观 |
| | | 守口堡遗址 | |
| | | 马市遗址 | |
| | | 烽火台 | |
| | 镇边堡景区 | 守口堡遗址 | 山地景观、沟壑景观、农田景观 |
| | | 烽火台 | |
| | | 古长城遗址 | |
| 天镇县 | 保平堡景区 | 长城防御体系 | 油松林、沟谷彩叶林、黄土冲沟地貌 |
| | | 保平堡 | |
| | | 玉皇阁 | |
| | 景区李二口 | 长城防御体系 | 古杏林、黄土冲沟地貌、杏、李次生林 |

## 不同层次遗产区域的保护和发展策略

综合长城文化遗产廊道横向 4 个层级、纵向 12 个组团的宏观空间格局，规划团队提出了以下的保护与发展策略：

（1）遗产保护区
此保护范围是文化遗产核心价值的集中体现，需实行最高级别的保护。划定保护范围后，文保部门将依据原状保护原则，对少量存在结构性风险的遗产进行保护性修缮，并且成立专门机构，引入智慧监控设施，对沿线遗产进行高标准监护。

核心保护区中的优先发展区，将根据保存现状和周围环境进行分级、分段、分类保护和展示。例如，根据遗产保护的迫切程度划分为隔离型、缓冲型和接近型遗产，依据其特征建立有针对性的保护和展示策略。核心保护区的一般区域，在划定保护范围后引入智慧监控设施，实行最小人工干预、整体原状保护原则进行保护。

（2）生态修复区
经过专家组的反复讨论，规划团队选择将植被修复作为生态修复的主要策略，通过在生态灾害易发的区域构建生态林地，缓解长城遗产的自然侵蚀，并且在沿线形成较为连续的植被基底；另外，考虑到长城整体的景观风貌不能受影响，传统的规则式生态造林已不适用，需要针对各区县自然特征和历史风貌，模拟原生植被群落，制定近自然化的群落组成和建植方式，构建地域特征鲜明的风景林。

生态保护区中的优先发展区，其植被修复将采取较高密度、较大规格和更多品种的建植方式，尽可能快速形成植物景观，同时充分考虑旅游服务区与长城遗产之间的视廊关系。生态修复区的一般区域，主要采取较低密度、较小规格的植被群落构建方式，兼顾生态修复功能和经济效益。

（3）旅游服务区
这个区域是未来游客集中的区域，必须兼顾保护与发展的平衡。在这里，先行开展的植被修复将为长城南部建构一个绿色的生态屏障；接下来，严格的遗产保护边界将被清晰的限定；最后，规划将结合文化遗产和自然遗产的分布情况，建设一条贯穿全线的慢行体系和适度的服务设施体系。

旅游服务区中的优先发展区，通过恢复自然地貌与天然水系，营建较高标准的风景林，再现曾经的自然景观风光；景区内建立游客中心、观光游览步道、休闲游憩、餐饮住宿、购物娱乐等服务设施，配合景区导览、文化科普和自然科普等设施，形成景区内部旅游服务与解说系统，为未来承载大量游览和科普活动奠定了基础。

旅游服务区中的一般区域，集成了一套贯穿全线的旅游公路和慢行系统，成为遗产廊道的交通大动脉。

（4）发展协调区
发展协调区核心目的是协调文化遗产保护和外围村镇统筹发展，规划建议引导农民种植当地特色经济作物，延续长城沿线传统农业景观，同时发展观光农业；另外，通过对具备旅游条件的古村镇适度开发，发展农家乐餐饮、住宿、土特产及手工艺品加工等方式，带动相关旅游产业发展；最后，引导村民参与整个遗产廊道的建设、运营和管理，促进青壮年人口回流。

发展协调区中的优先发展区域，引导农民将传统农业与观光农业结合，发展特色观光农业。对具备旅游条件的古村镇适度修整和开发，建立一批以长城人家为主题的特色村庄。发展协调区中的一般区域，主要进行农业景观的引导和协调。

## 小结

至此，长城文化遗产廊道横向 4 个层级、纵向 12 个组团的宏观空间格局与保护发展策略基本确立。需要说明的是，由于长城遗产沿线情况的复杂性，需要为各层级的边界预留一定的弹性。总之，在如此巨大尺度的遗产廊道体系中，首先建立一个结构清晰、空间上具备相当弹性的宏观格局至关重要，而其具体各层次的保护发展范围和策略，则需要实事求是，综合具体情况制定有针对性的方案，以平衡遗产区内复杂的矛盾关系。

# 3

# 生态修复

# ECOLOGICAL RESTORATION

# 3.1 大同长城沿线生态现状

大同位于黄土高原东北边缘，阴山山脉南麓，这里是半湿润区和半干旱区、季风区和非季风区的过渡地带。相应的，这里也是森林和草原、绿洲和荒漠的交错带，降水稀少、蒸发量大、土壤干旱贫瘠，植被异常稀疏。同时，多山的地貌加剧了水土流失，暴雨引发的山洪和风沙侵蚀对长城遗产形成严重的威胁（图 3-1）。明代驻军对长城沿线区域频繁的烧荒、近现代的农业畜牧业与矿业的不合理发展以及无序的旅游开发，又进一步恶化了沿线生态环境，导致栖息地受损，物种多样性急剧下降……中华民族最宝贵的遗产处在相当危险的环境中，急需进行生态修复。

生态修复可以采用的手段很多，文化遗产廊道涉及的面域广大，问题复杂，需要选择一种针对性强、集约有效的修复方式进行大面积推广。由于植被缺失导致的水土流失与土地荒漠化是大同长城沿线最主要的生态问题，再加上廊道巨大的尺度和有限的投资额度，规划团队一致认为：植被修复是解决长城沿线生态问题最集约有效的方法。

图 3-1 沟壑与冲毁的长城
Fig 3-1 Gully and the ruined Great Wall

# 3.2 从生态造林到风景造林

## 对生态造林的担忧

传统的植被修复，往往采用生态造林的方式，多采用相对单一的品种、较为统一的规格、规则式大面积种植的方式，这种造林方式设计简单，施工方便，适合大规模推广，见效快速。但是通过该方式建植的植物景观，行列整齐划一，人工痕迹太重，多样性和景观层次均不理想。

## 廊道对造林的要求

文化遗产廊道的特殊性决定了其沿线植被营建方式不同于一般性生态造林，需要进一步强调文化遗产周边植物风貌的原真性、文化性和景观性，并且兼顾遗产保护、生态修复、景观价值和经济效益，有更高的文化、生态、美学、经济需求。

## 风景林的概念、目标与策略

风景林是在生态稳定前提下，具有观赏、游憩及旅游功能的人工或自然群落[35]。风景林植物群落品种多样、规格多变，能够实现近自然式建植，可以有效恢复生境，构建栖息地，恢复物种多样性，传承区域植被景观特色，具有较高的生态、美学、文化价值，是更高层次的植被建植方式。根据项目的具体要求，规划团队确定以风景林营建作为植被修复的主要方式，并且制定了以下风景林营建目标和策略。

（1）风貌保护：保护长城沿线现状植被的原真性。合理划定保护和修复范围，保护范围内，严格保护现状植被资源；修复范围内，确保新建风景林的品种和群落延续该区域的历史风貌，并且预留安全距离，保证新建植被不干扰文化遗迹。

（2）生态修复：明确生态问题，将植被修复作为应对沿线水土流失和风沙侵蚀的核心手段。利用林地适宜性评价结合视域分析方法，精准定位并且有效聚焦生态修复范围。在树种选择、群落构建方面，延续该区域耐贫瘠乡土植物品种和群落，根据区域内不同的立地类型与生态问题，选择适宜的品种与群落建构方式。在建植方式方面，突破传统阵列式造林方法，推广近自然种植模式。局部有条件的区域，推广风播和水播的方式促进植物自然繁衍。

（3）景观营造：进行造林风貌控制。对整体植被风貌进行统一规划，确保长城沿线风景林风格协调统一。结合各区县自身特点，在服从整体风格的基础上，凸显品种和建植方式的特色。造林强度差异化，根据遗产分布情况，划分风景林营建的重点和一般分区，营造区别化的建植方式。

（4）经济振兴：强化风景林的经济效益。尽可能地发展和延续区域传统经济作物，提升乡镇经济，促进区域发展。

[35] 周荣伍，安玉涛，马润国，等 . 风景林概念及其研究现状 [J]. 林业科学，2013，49（8）：117-125.

# 3.3 寻找修复范围

由于长城周边生态环境受损严重，涉及面域巨大，而投资又非常有限，大同市确定的第一轮生态修复投资只有15亿元，相比250km$^2$的待修复面域而言，可谓是杯水车薪。首要的工作就是确定一个集约的生态修复范围，才能把投资效应充分发挥出来。

首先，依据《中华人民共和国文物保护法》《长城保护条例》等法律法规，综合考虑古长城周边的水土环境、植被条件及文化遗址保护范围等各方面因素，我们在古长城遗产两侧划定50m的缓冲区域作为保护范围，其内部进行植物风貌保护且不进行风景林营造。保护范围以外，作为修复范围进行下一步甄选。

## 依据林地适宜性甄选修复范围

长城沿线待修复空间极为广阔，土地利用情况也极为复杂。为甄选有效的植被修复面域，规划团队引入宜林地评价[36]的方法，对长城沿线除有林地外的其他林地（疏林地、灌木林地、未成林造林地、无立木林地）、大于25°的退耕还林地和山地、未利用土地（沙荒地、裸土地、荒草地）及沟壑进行评价。

确定研究因子是进行林地适宜性评价的首要和关键步骤[37]。由于影响植物生长的太阳辐射、降水分布、土壤含水量等因子主要受规划区内地形因素影响，因此，规划团队选取了现状地形（地形坡度、地形坡向、沟壑密度）及现状植被（植被覆盖度）作为林地适宜性评价的主要因子。首先，采用特尔斐调查分析法[38]确定以上各因子的权重，将因子划分为4个等级以与评价等级对应（表3-1为研究区林地适宜性评价指标体系）。单因子评价权重预设如下。

（1）地形坡度：同一区域内，坡度越大，径流增大，水分入渗率降低，在相同的蒸发条件下，土壤的含水量就会降低。同时坡度太陡加剧水土流失，导致土壤贫瘠，不利于树木生存；而平坦或缓坡区域土壤深厚、土壤含水量高，利于植物生长。研究区内坡度可分为4个等级：平坡0° ~ 5°、缓坡5° ~ 15°、斜坡15° ~ 25°、陡坡>25°。

（2）地形坡向：研究区域常年降水稀少，阳坡蒸发量大，树木存活率较低。为提高树苗生态效益，阳坡被划出造林范围。研究区内坡向可分为4个等级：阴坡、半阴坡、阳坡、半阳坡。

[36] 马浩，周志翔，吴昌广，等 . GIS 支持下的浠水县林地适宜性评价及林种结构调整研究 [J]. 中国水土保持，2011（3）：44-47.
[37] 王志明 . 基于 GIS 的晋西黄土区立地因子分析及类型划分研究 [D]. 北京林业大学，2012：23-39.
[38] "特尔斐调查法"亦称特尔斐意见测险，它是经验调查方法当中一种比较科学的定性预测方法。特尔斐调查是以书面的形式征询一组专家的意见，背靠背地反复多次汇总与征询意见，主要依据专家的经验、知识和综合分析能力来进行调查和预测。
[39] 曹象明 . 山西省明长城沿线军事堡寨的演化及其保护与利用模式 [D]. 西安建筑科技大学，2014：206-211.

（3）沟壑密度：研究区沟壑纵横，而沟壑是黄土高原主要汇水区域，也是水土流失表现较严重的区域，其发育程度越强代表生态敏感度越高 [39]。研究区内沟谷密度可分为 4 个等级：轻度 0 ~ 0.2、中度 0.2 ~ 0.4、强度 0.4 ~ 0.6、剧烈 > 0.6。

（4）植被覆盖度：植被覆盖度是反映林分结构与林木生长情况的一个重要因子，也是判定一定区域内土地的水土自然条件是否适宜林木种植的重要条件。研究区内植被覆盖度可分为 4 个级别：高覆盖 > 0.7、中覆盖 0.4 ~ 0.7、低覆盖 0.1 ~ 0.4、裸地 < 0.1。

首先利用 Arc GIS 分析功能进行单因子评价（图 3-2），再根据单因子评价模型及评价指标体系，进行模糊矩阵的复合运算，得到研究区林地适宜性评价结果（图 3-3）。

研究区林地适宜性评价指标体系　表 3-1
The evaluation index system of forest land suitability in research area　Tab 3-1

| 评价因子 | 等级赋值 | | | | |
|---|---|---|---|---|---|
| | S1 | S2 | S3 | N | 权重 |
| 地形坡度 | 0° ~ 5° | 5° ~ 15° | 15° ~ 25° | > 25° | 0.406 |
| 地形坡向 | 阴坡 | 半阴坡 | 半阳坡 | 阳坡 | 0.312 |
| 沟壑密度（km/hm²） | 0 ~ 0.2 | 0.2 ~ 0.4 | 0.4 ~ 0.6 | > 0.6 | 0.167 |
| 植被覆盖度 | > 0.7 | 0.7 ~ 0.4 | 0.4 ~ 0.1 | < 0.1 | 0.115 |

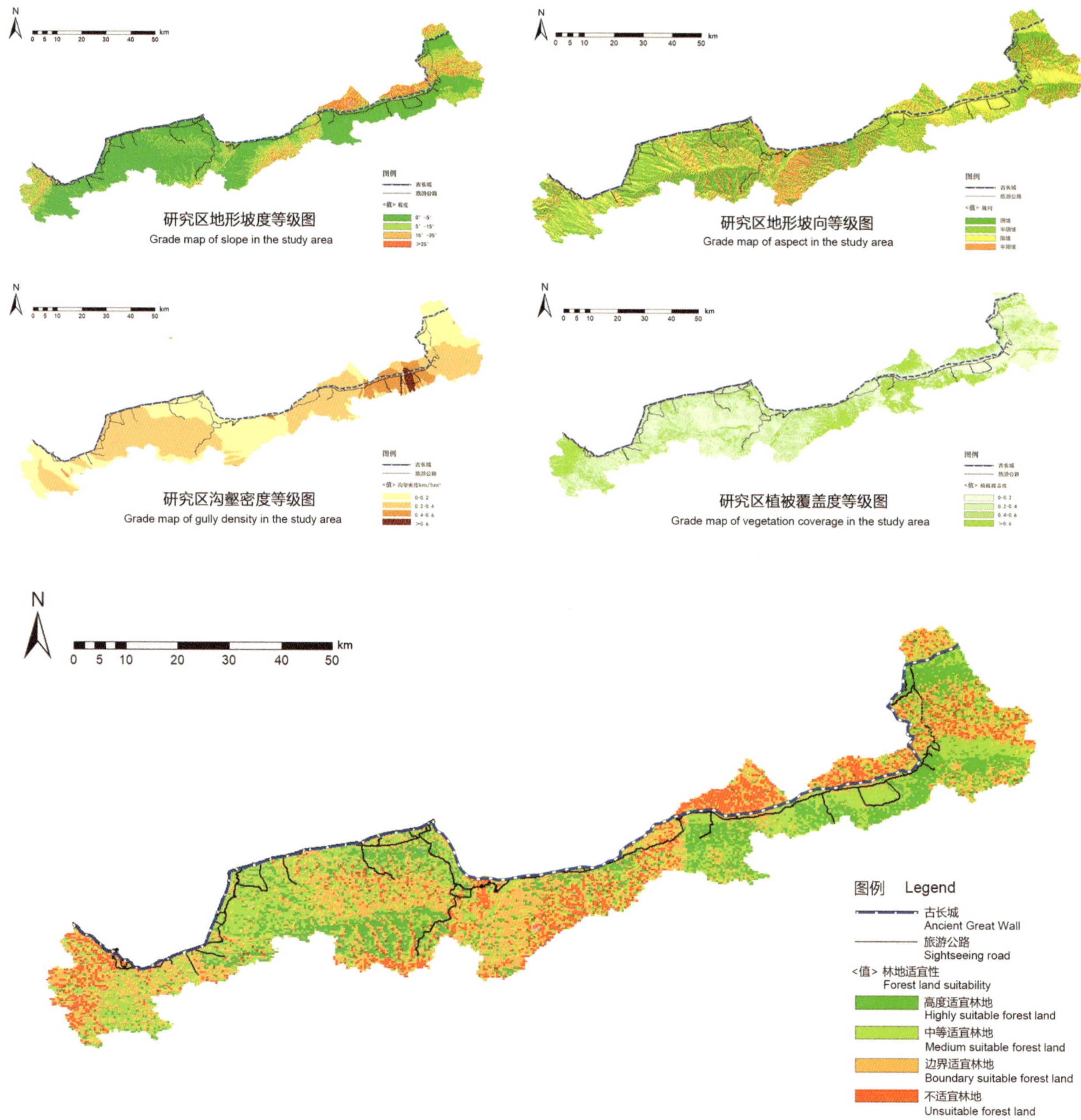


图 3-2 研究区单因子评价结果

Fig 3-2 The results of single factor evaluation in the study area

图 3-3 研究区林地适宜性评价结果

Fig 3-3 The result of forest land suitability evaluation in the study area

## 依据视域分析进一步缩减修复范围

由于缺乏南北界限限定，初步甄选出的宜林地面域巨大，还需要大幅缩减修复范围。经过反复推敲，规划团队认为本轮植被修复应以景观可视范围为参考，重点突出旅游公路及景观可视范围内的修复。因此，我们以旅游公路为基线，利用 Arc GIS 对周边进行可视域分析，选取可视的区域作为进一步缩减造林面域的依据。接下来，将林地适宜性评价分析结果与视域分析结果进行叠加，得到一个更加集约的生态修复宜林地范围（图 3-4 为选取宜林地范围操作流程）。这些范围主要是阴山第一道山脊线以南的山地、沟壑、河川、退耕还林地等生态敏感性较高的区域，总体面域约为 $140km^2$。

综上，通过林地适宜性评价初步甄选出的修复范围，经过叠加可视域分析，得到了一个兼具生态修复效益和景观效果的范围，有效地解决了投资不足的问题（图 3-5）。

## 聚焦重点营建范围

大同古长城沿线遗产分布的集中度和遗产资源价值不同，决定了造林强度需要进一步区别化。结合空间格局规划中对长城沿线纵向 12 个优先发展组团的预设，我们区别了风景林营造的一般区域与重点区域（图 3-6）。一般区域由于面域宽广，种植量庞大，将采用低密度、小规格的建植方式，总面域约为 97.6 $km^2$；重点区域主要分布在优先发展组团内，面域相对集约，将采用多层次、高密度、相对大规格的建植方式，总面域约为 $42.74km^2$。差异化的建植方式，能够保证初期投资聚焦在重点区域，快速成林见效（表 3-2）。

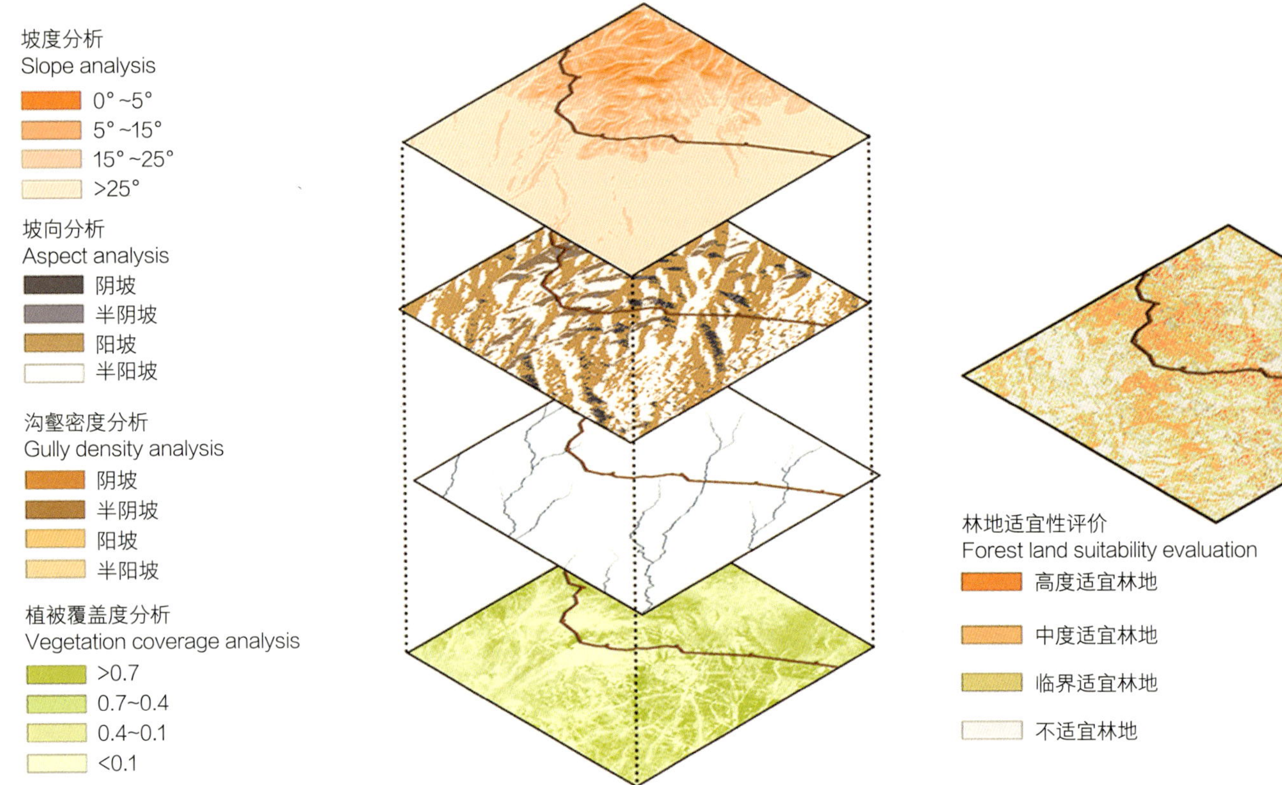

图 3-5 研究区宜林地范围

Fig 3-5 The suitable area of forest land in the study area

图 3-4 选取宜林地范围操作流程
Fig 3-4 Select the appropriate forest land operating procedures

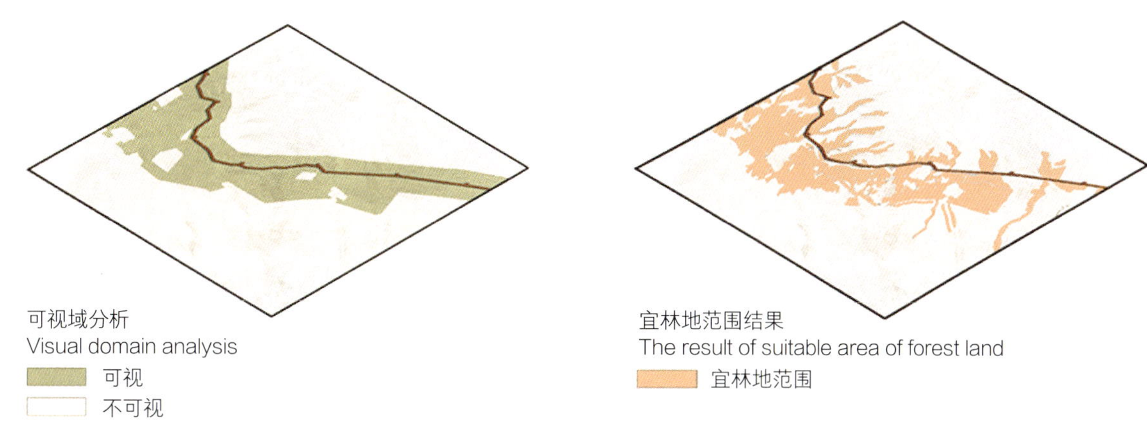


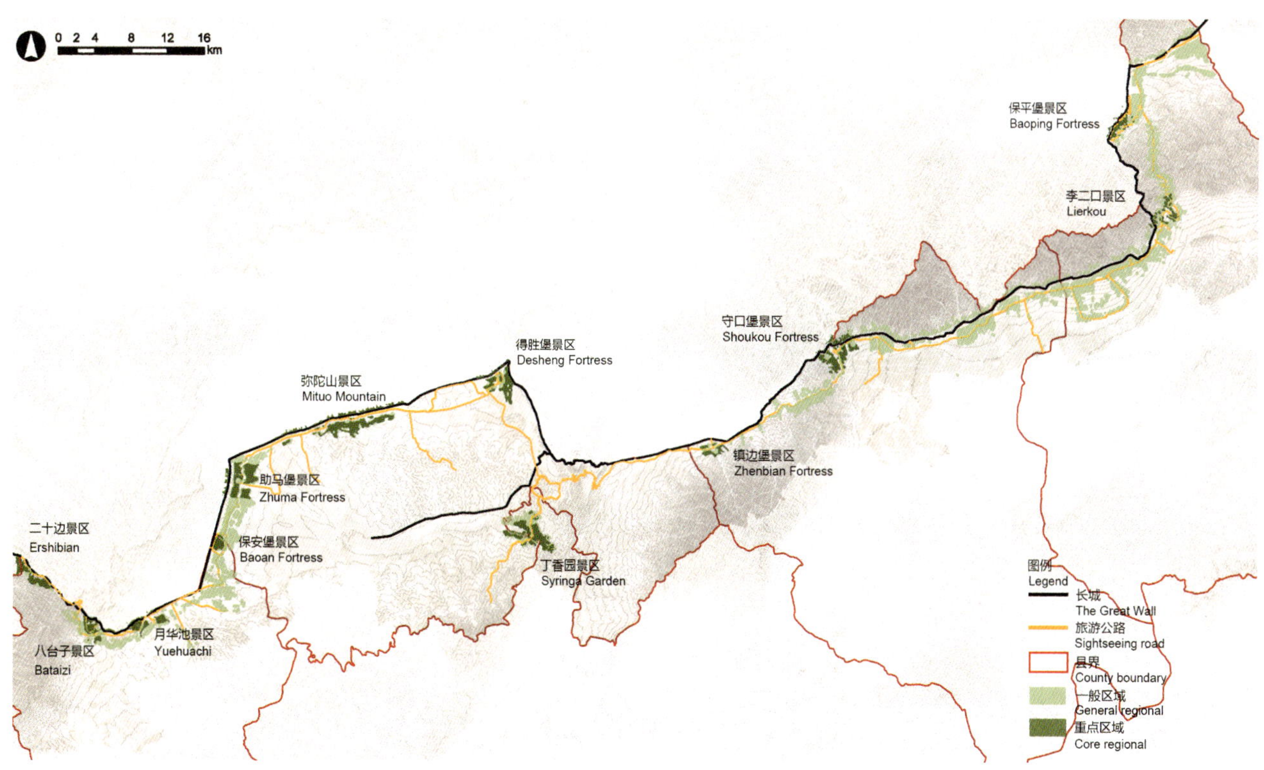


图 3-6 重点区域的分布及范围
Fig 3-6 Distribution and scope of core regional

景区风景造林面域
Scenic afforestation area

表 3-2
Tab 3-2

| 景区名称 | 造林面域（$km^2$） |
|---|---|
| 左云县保安堡 | 1.47 |
| 左云县月华池＋威鲁堡 | 2.33 |
| 左云县八台子 | 2.47 |
| 左云县二十边 | 2.60 |
| 新荣区助马堡 | 7.87 |
| 新荣区弥陀山 | 6.27 |
| 新荣区得胜堡 | 2.33 |
| 南郊区亮马台丁香园景区 | 6.80 |
| 阳高县守口堡 | 4.40 |
| 阳高县镇边堡 | 1.60 |
| 天镇县保平堡 | 1.67 |
| 天镇县李二口＋瓦窑口 | 2.93 |
| 总计 | 42.74 |

# 3.4 树种选择与群落建构

## 树种选择

长城沿线植被风貌是经历了漫长的自然演替及人为影响所形成的，极为独特。在进行风景林树种选择和群落建构时，首先需要对整体植被风貌进行统一规划，确保长城沿线风景林风格协调统一，树种的选择应满足以下五项原则。

（1）地域性：风景林植物品种选择及群落营建应当延续历史风貌特色，彰显地域特征，保证文化遗产资源的原真性。

（2）近自然：近自然植被群落与人工化的造林和园林式植物造景相比，更能凸显遗产资源的历史感，可以更好地起到衬托、映衬遗产资源的作用，而不会过于突兀以致无法融入遗产氛围之中。

（3）多样性：考虑到长城沿线复杂多变的地貌、土壤、日照和水文条件，应依据立地条件构建品种多样的植物群落，并且为其他物种营造多样化的栖息地。

（4）生态型：强化生态效益，利用植被修复有效治理水土流失等生态问题，保护文化遗产不受侵蚀。

（5）经济性：为控制建植和维护成本，兼顾经济效益，应当选用低维护、自繁衍的树种及群落营建方式。

依托现有特色树种和地域文化，综合考虑抗逆性、生态功能、景观美学与经济效益进行树种选择。首先，我们认为风景林植物品种及群落应当延续历史风貌特色，以保持文化遗产的原真性。通过大量的现场调查、专家咨询等基础工作，我们总结出地方特色植物品种名录（表 3-3）。这其中包括分布于平原和丘陵地带的“小老树”[40]、榆树、旱柳；生长在山地的樟子松、油松、落叶松、山桃、山杏；分布于河川沟谷之间的刺槐、柽柳、乌柳；被农民广泛种植的杏树、沙棘等。以当地的群落构成情况为蓝本，我们利用上述树种结合其他树种构建地方性的群落，成为长城沿线植被修复的“骨干”。

[40] 多为 20 世纪 50 ~ 80 年代造林运动中植栽的小叶杨、群众杨等，由于养分贫瘠，植株生长不良，被称作“看着挺小，实际挺老”的“小老树”。

主要植物名录
The plant lists of research area

表 3-3
Tab 3-3

| 种类 | | 植物名录 |
|---|---|---|
| 乔木 | 常绿针叶乔木 | 油松 *Pinus tabuliformis*、樟子松 *Pinus sylvestris* var.*mongolica*、白杆 *Picea meyeri*、侧柏 *Platycladus orientalis* |
| | 落叶阔叶乔木 | 旱柳 *Salix matsudana*、樟河柳 *Salix chaenomeloides*、垂柳 *Salix babylonica*、刺槐 *Robinia pseudoacacia*、群众杨 *Populus* 'Popularis'、合作杨 *P. simonii* × *P.pyramibalis*、榆树 *Ulmus pumila*、山杨 *Populus davidiana*、胡杨 *Populus euphratica*、三角枫 *Acer buergerianum*、元宝枫 *Acer truncatum*、白桦 *Betula platyphylla*、小叶杨 *Populus simonii*、金叶杨、金叶榆 *Ulmus pumila* 'Jinye'、落叶松 *Larix gmelinii*、金叶白蜡 *Fraxinus chinensis*、金叶复叶槭 *Acer negundo* 'Aurea' |
| 灌木 | 常绿灌木 | 杜松 *Juniperus rigida*、沙地柏 *Sabina vulgaris*、四翅滨藜 *Atriplex canescens*. |
| | 阔叶灌木 | 卫矛 *Euonymus alatus*、醉鱼木 *Buddleja ahernifolia*、小叶丁香 *Syringa microphylla*、紫丁香 *Syringa oblata*、辽东丁香 *Syringa wolfii*、北京丁香 *Syringa pekinensis*、榆叶梅 *Amygdalus triloba*、柠条 *Caragana korshinskii*、密枝红叶李 *Prunus cerasifera* var.*atropurpurea* 'Russia'、连翘 *Forsythia suspensa*、暴马丁香 *Syringa reticulata* var. *amurensis*、茶条槭 *Acer ginnala*、紫叶稠李 *Padus virginiana* 'Canada Red'、乌柳 *Salix cheilophila*、柽柳 *Tamarix chinensis*、玫瑰 *Rosa rugosa* 、胡枝子 *Lespedeza bicolor*、小叶锦鸡儿 *Caragana microphylla*、紫穗槐 *Amorpha fruticosa*. |
| 水生植物 | — | 芦苇 *Phragmites communis*、千屈菜 *Lythrum salicaria*、鸢尾 *Iris tectorum* |
| 地被 | — | 细叶百合 *Lilium pumilum*、石竹 *Dianthus chinensis*、问荆 *Equisetum arvense*、雨久花 *Monochoria korsakowii*、景天 *Hylotelephium erythrostictum*、二月兰 *Orychophragmus violaceus* |
| 经济林树种及经济作物 | — | 山杏 *Armeniaca sibirica*、山桃 *Amygdalus davidiana*、李树 *Prunus* 、药用牡丹 *Paeonia suffruticosa*、中药材芍药 *Paeonia lactiflora*、沙棘 *Hippophae rhamnoides*、大果沙棘 *Fructus hippophae*、中华枸杞、*Lycium chinense*、刺玫 *Rosa davurica*、滨沙果 *Malus asiatica*、苜蓿 *Medicago sativa*、黄芩 *Scutellaria baicalensis*、柴胡 *Bupleurum chinense* 、胡麻 *Sesamum indicum* 、土豆 *Solanum tuberosum* L.、荞麦 *Fagopyrum esculentum*、灯芯草 *Juncus effusus*、油菜花 *Brassica campestris*、丹参 *Salvia miltiorrhiza* |

各区县特色植物品种名录
The characteristics plant lists of each districts and counties of Datong

表 3-4
Tab 3-4

| 区县 | 特色植物品种 |
|---|---|
| 左云县 | 群众杨 *Populus* ' Popularis '、合作杨 *P. simonii* × *P.pyramibalis*、落叶松 *Larix gmelinii*、榆叶梅 *Amygdalus triloba*、刺玫 *Rosa davurica*、樟河柳 *Salix chaenomeloides*、旱柳 *Salix matsudana* |
| 新荣区 | 金叶杨、金叶榆 *Ulmus pumila* 'Jinye'、金叶白蜡 *Fraxinus chinensis*、元宝枫 *Acer truncatum*、金叶复叶槭 *Acer negundo* 'Aurea'、榆叶梅 *Amygdalus triloba*、醉鱼木 *Buddleja ahernifolia*、连翘 *Forsythia suspensa*、密枝红叶李 *Prunus cerasifera* var.*atropurpurea* 'Russia' |
| 南郊区 | 小叶丁香 *Syringa microphylla*、暴马丁香 *Syringa reticulata* var. *amurensis*、辽东丁香 *Syringa wolfii Schneid*、北京丁香 *Syringa pekinensis* |
| 阳高县 | 山杏 *Armeniaca sibirica*、槟沙果 *Malus asiatica* 、大果沙棘 *Malus asiatica* |
| 天镇县 | 山杏 *Armeniaca sibirica*、山桃 *Amygdalus davidiana*、李 *Prunus cerasifera* |

## 群落风貌控制

由于各区县立地条件差异明显，规划团队以区县为单位，依据其地貌、水土特征、优势品种和传统群落等要素，确立了5个特色区段，凸显地域差异。

左云段海拔最高，以平原与摩天岭山区为主要特色，重点营造平原疏林草地、河川湿地灌丛与山地阴坡森林的植被风貌。新荣段以平原丘陵地貌为主，饮马河横跨而过，周边多为河滩湿地，重点营造丘陵针叶林和湿地灌丛植被风貌。南郊段围绕赵家窑水库，营造多彩幽香的湿地植被风貌。阳高和天镇段多山前阶地，沟壑纵横，重点营造山地阴坡森林、沟壑疏林灌丛和阶地小乔经济林。每一个风貌分区都会有相对应的特色树种，作为未来的骨干品种大量推广。表3-4为各区县特色植物品种名录。

## 群落建构

经过野外调查及文献检索，我们对各区县立地条件、植物分布情况进行了深入分析，发现大同地区的植物原生群落的分布特征如下：黄土沟壑、河滩阶地以落叶阔叶林、灌草丛带为主，典型树种如榆树、杨树、乌柳、柽柳、沙棘等；平原及低山丘陵以针阔混交林、草甸带为主，典型树种如小叶杨、紫丁香、油松、榆树等；山地阴坡以针阔混合林带与针叶林带为主，典型树种如油松、樟子松、落叶松、白桦等。

结合实际立地情况，我们将宜林地划分为 8 种立地类型以便进行群落设计，包括山地阴坡、沟壑、河流湿地、宜林荒山荒地、未成林地（已进行过生态造林，由于苗木规格过小未形成林地）、耕地、沙丘以及其他。依据每个类型的立地条件，合理组合植物品种，规划团队构建了 14 类 51 种群落组合模式（表 3-5），这些植物群落的设计以当地原生群落为模版，充分地响应了立地条件。

（1）沟壑：通过在沟边及缓坡沟侧建立既耐水又抗旱的乔灌木群落，可以稳固边坡，减缓水土流失。部分坡度过陡的区域，不适宜种植乔木，可以适量建植灌草群落。

（2）未成林地：保留原有幼苗林地，在不影响植株生长的前提下，适当间植大中型乔木。根据与长城的对望关系，因地制宜，采用乔灌随机组团混交种植、乔木随机组团混交种植及灌木成规模大面积种植三种群落布局模式，营造种类丰富、形式多样的植物群落；局部区域已经种植柠条，为保障新植苗木成活率，需对现状柠条进行割冠平茬处理。

（3）山地阴坡：对海拔 1500m 以下区域，大面积种植喜光耐阴且抗性强的常绿树种，营造大体量的针叶林带；对海拔 1500m 及以上区域采用针阔混交模式，延续植物群落的多样性。

（4）宜林荒山荒地：以常绿乔木为基底，营建针阔混交林。坡度 10° ~20° 的区域土壤含水量低，选用耐干旱耐瘠薄的小乔木，进行大面积规模化种植，再利用大乔木组团随机间植，呈现近自然的植被效果；坡度 10° 以下的区域水分充足，采用灌木大面积种植与大小乔木随机组团混交的种植模式。

（5）耕地：延承当地杏、桃等传统优势品种，大面积推广经济林。为方便种植与采摘作业，可采用规则式种植模式。

（6）沙丘：利用根系发达、固沙能力强的柠条大面积种植，控制沙丘风蚀，在适宜区域加入少量耐贫瘠的常绿树种随机间植。

（7）河流湿地：由于河滩土壤盐碱化严重，需要在河岸种植耐盐碱、耐水湿且能改良土壤的灌木群落，并且间植一定的耐水湿乔木组图；在河道、湿地内部采用水生植物大片成规模的种植方式，保持河滩原生趣味。

群落布局模式与典型群落结构　表 3-5
Community layout patterns and typical community associations corresponding to different land types　Tab 3-5

| 地类 | 群落组合模式 | 典型群落 | 示意图 |
| --- | --- | --- | --- |
| 沟壑 | 乔灌随机成组团混交 + 灌木成规模大面积种植 | 合作杨 + 金叶杨 + 元宝枫 + 茶条槭 + 小叶丁香；<br>金叶榆 + 醉鱼木 + 卫矛 | 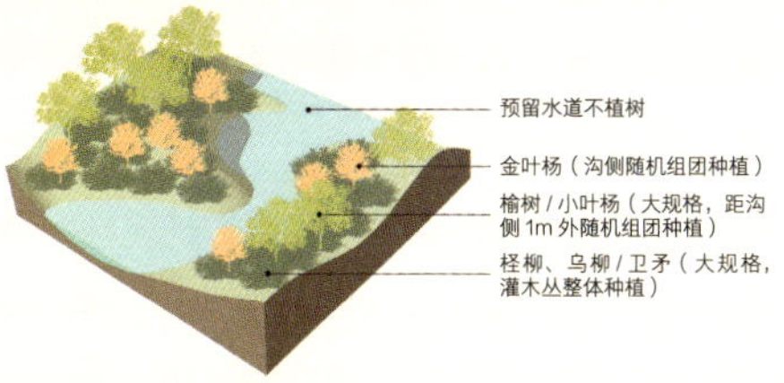 预留水道不植树<br>金叶杨（沟侧随机组团种植）<br>榆树 / 小叶杨（大规格，距沟侧 1m 外随机组团种植）<br>柽柳、乌柳 / 卫矛（大规格，灌木丛整体种植） |
| 未成林地 | 乔灌随机成组团混交种植 | 金叶白蜡 + 金叶复叶槭 + 小叶丁香；<br>金叶榆 + 三角枫 + 茶条槭 + 沙棘 | 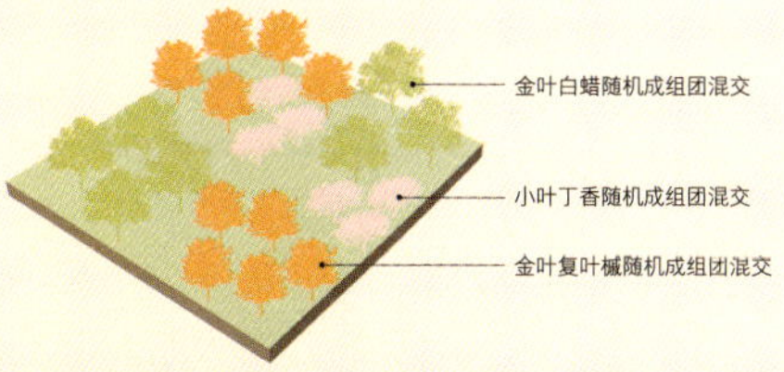 金叶白蜡随机成组团混交<br>小叶丁香随机成组团混交<br>金叶复叶槭随机成组团混交 |
| | 乔木随机成组团混交种植 | 群众杨 + 油松 + 金叶榆 | 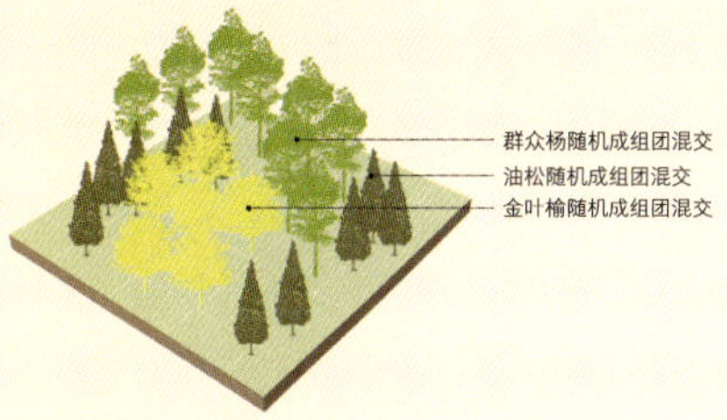 群众杨随机成组团混交<br>油松随机成组团混交<br>金叶榆随机成组团混交 |
| | 灌木随机成组团混交种植 | 小叶丁香 + 重瓣榆叶梅 | 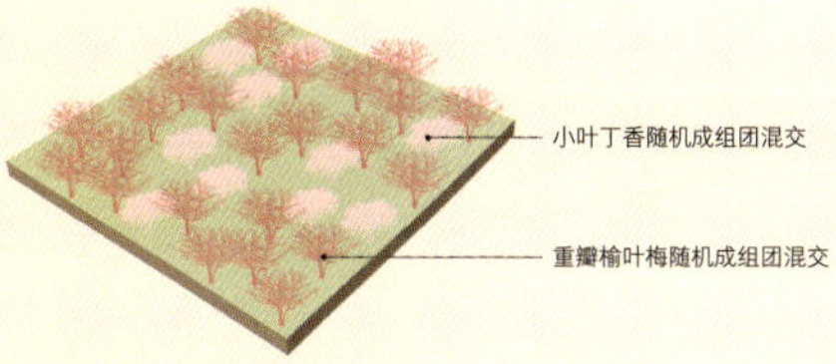 小叶丁香随机成组团混交<br>重瓣榆叶梅随机成组团混交 |
| | 现状柠条割冠平插 + 乔木随机成组团混交种植 | 柠条 + 油松 + 樟子松 | 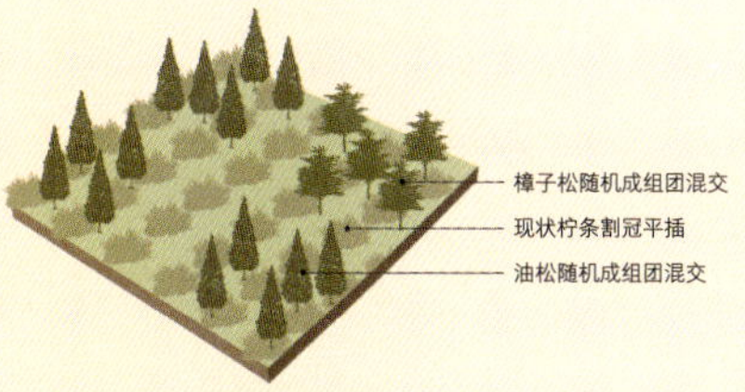 樟子松随机成组团混交<br>现状柠条割冠平插<br>油松随机成组团混交 |
| 山地阴坡 | 常绿乔木大面积成规模种植（海拔 < 1500m） | 油松（大规格）+ 油松（小规格）；<br>油松 + 樟子松 |  大面积成规模种植（作业面积：30%、50%、80%、100%） |
| | 常绿与落叶乔木随机成组团混交种植（海拔 > 1500m） | 油松 + 白桦 / 山杨；<br>樟子松 + 落叶松 | 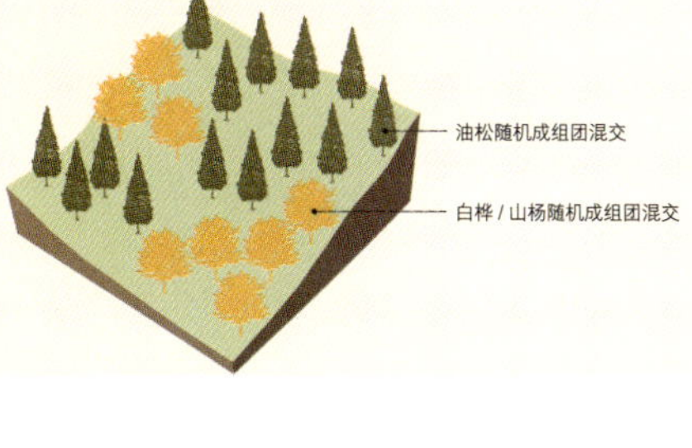 油松随机成组团混交<br>白桦 / 山杨随机成组团混交 |

续表

| 地类 | 群落组合模式 | 典型群落 | 示意图 |
| --- | --- | --- | --- |
| 宜林荒山荒地 | 大乔成长组团种植 + 小乔大面积成规模种植（坡度＜10°） | 金叶杨 + 山杏；<br>榆树 + 榆叶梅 |  山杏随机成组团混交<br>金叶杨随机成组团混交 |
|  | 大小乔木 + 灌木随机成组团混交种植（坡度为 10°~20°） | 油松 + 金叶复叶槭 + 小叶丁香；<br>榆树 + 金叶榆 + 沙棘 |  油松随机成组团混交<br>小叶丁香随机成组团混交<br>金叶复叶槭随机成组团混交 |
| 耕地 | 经济林树种行状作业种植 | 山杏；<br>山桃 |  山杏大面积行状作业栽植 |
| 沙丘 | 柠条 2m × 3m 十字交叉种植 | 柠条 + 油松；<br>柠条 + 樟子松 |  油松随机成组团混交<br>柠条 2m × 3m 十字交叉种植 |
| 河流湿地 | 灌木随机成组团混交种植 | 柽柳 + 紫穗槐；<br>四翅滨藜 |  柽柳 / 乌柳（灌木丛整体种植）<br>垂柳（5~10 棵成组团种植）<br>醉鱼木（灌木丛整体种植）<br>千屈菜（大面积密植） |
|  | 水生植物成规模大面积种植 | 芦苇；<br>千屈菜；<br>鸢尾 |  芦苇（大面积密植）<br>千屈菜（大面积密植） |

# 3.5 风景林细班方案

规划团队将前期甄选出的宜林地，按照立地条件划分为 8 种类型以进行细班[41]规划，主要包括山地阴坡、沟壑、河流湿地、宜林荒山荒地、未成林地、耕地、沙丘以及其他。将群落模式运用在立地条件相对应的细班中，就形成最终的风景林建构方案。基于造林强度不同，细班方案被分为一般区域和重点区域两类，重点区域的群落多样性和苗木规格将明显高于一般区域。为方便实施，所有细班方案被转译为林业信息系统数据模型，分发至各施工企业。通过 GPS 定位和模型信息，施工企业技术负责人可以实时查看细班的位置、群落种类、建植方式等信息，极大地提升了实施的准确性和后期监理养护的便利性。

## 一般区域细班方案（以左云县为例）

一般区域主要是优先发展区外围的用地，其植被修复主要考虑地貌和水土特征，模拟相似地段植被品种和群落构成。左云县地处阴山山脉五路山的余脉，西部区域山岭纵横、植被丰茂，东部区域逐渐过渡为缓坡丘陵和平原，规划确定了西部山地阴坡森林、中部丘陵乔灌混交林、东部平原疏林草地三类主体模式（图 3-7）。

西部山地，规划山地阴坡森林。海拔高于 1500m 的区域，以落叶松为基底，间植白桦和山杨等阔叶树组团。海拔低于 1500m 的区域，建植油松和樟子松林，营造大面积阴坡针叶林。

中部丘陵地区，规划乔灌混交林和沟壑灌草植被带。缓坡丘陵地貌，大规模建植山杏作为基底，小叶杨树团为斑块随机分布的乔灌混交林。沟壑地区利用乌柳、柽柳建植耐水湿灌丛，外围点植榆树和旱柳，形成灌草植被带。

东部平原地区，规划疏林草地。利用中大规格小叶杨随机组团建植的方式，形成“风吹草低见牛羊”的疏林草地植被风貌（图 3-8 、图 3-9）。

一般区域由于面域宽广、种植量庞大，采用较低种植密度、较小植物规格的建植方式，群落结构也相对简单，以便于大规模推广。

[41] 细班是生态造林专业用语，一般指造林工程中同样性质（地类、树种、群落等）林地的最小单元。

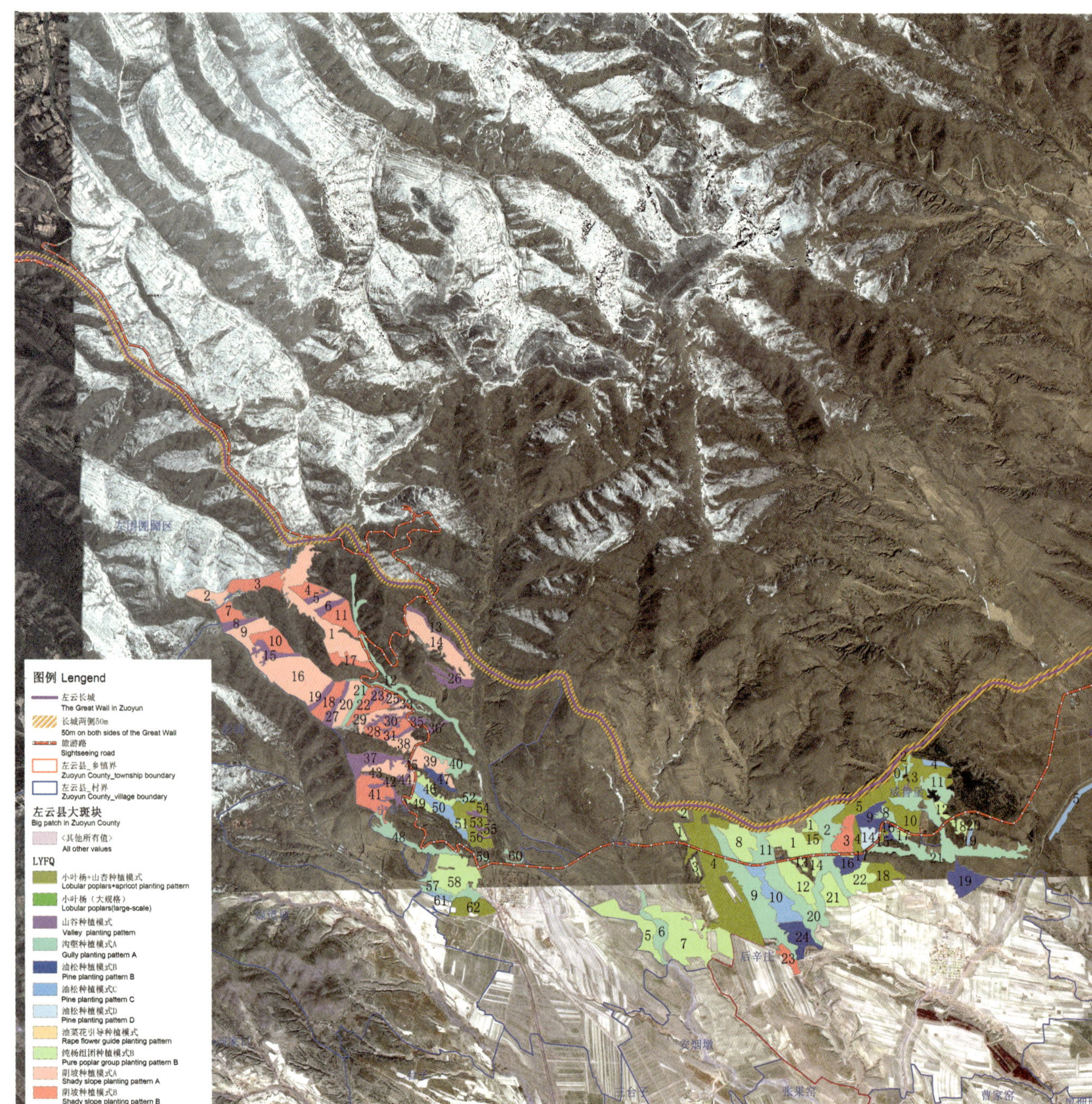


图 3-7 一般区域细班方案——以左云县为例

Fig 3-7 General regional sub-class plan - Zuoyun county as an example

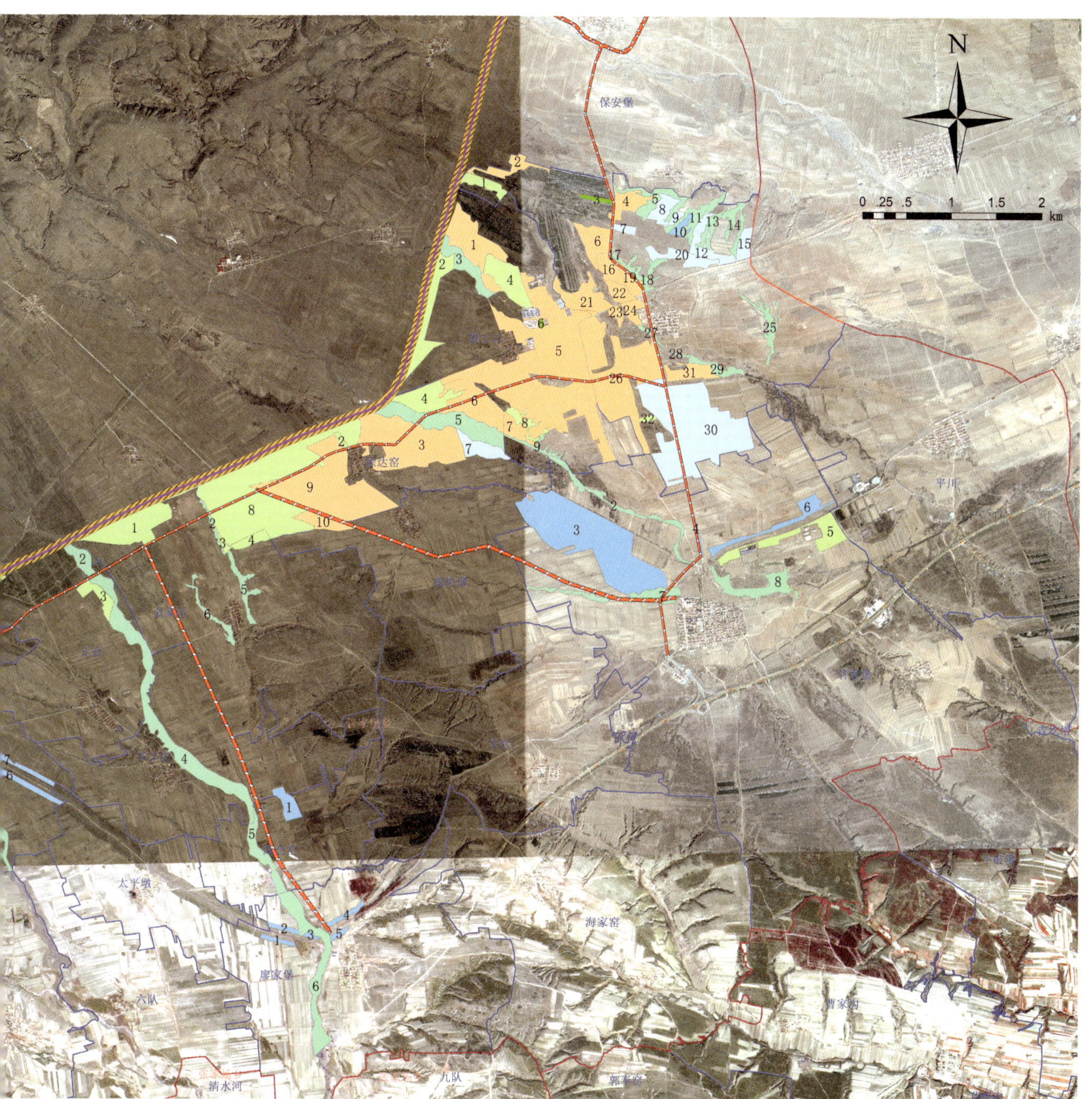
N
0 .25 .5 1 1.5 2 km
保安堡
平川
太平墩
海家窑
六队
清水河
九队
曹家河

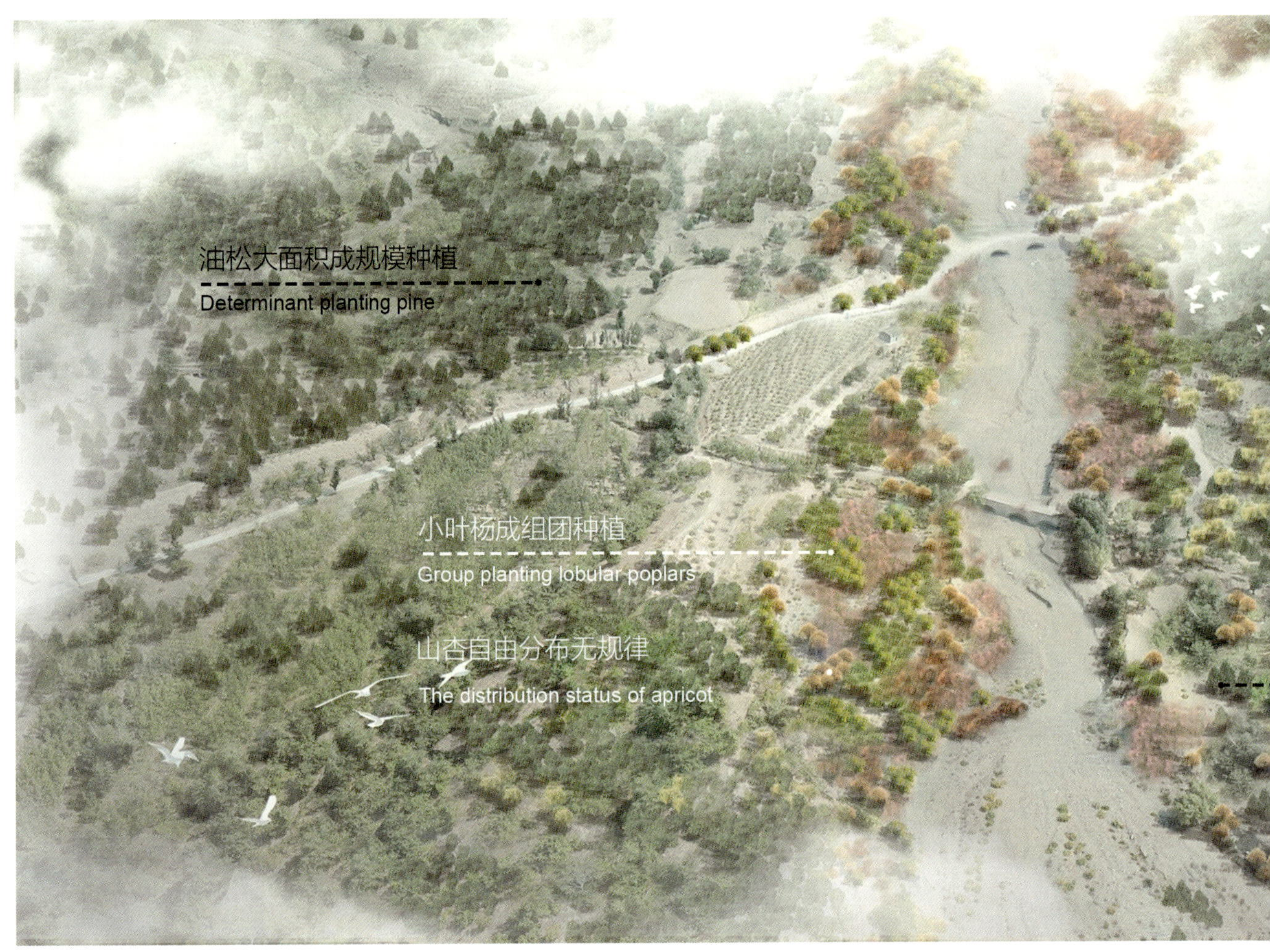


图 3-8 一般区域典型性群落——以左云县为例
Fig 3-8 General regional typical communities - Zuoyun county as an example

图 3-9 左云县疏林草地
Fig 3-9 Scare forest and grassland landscape in Zuoyun County

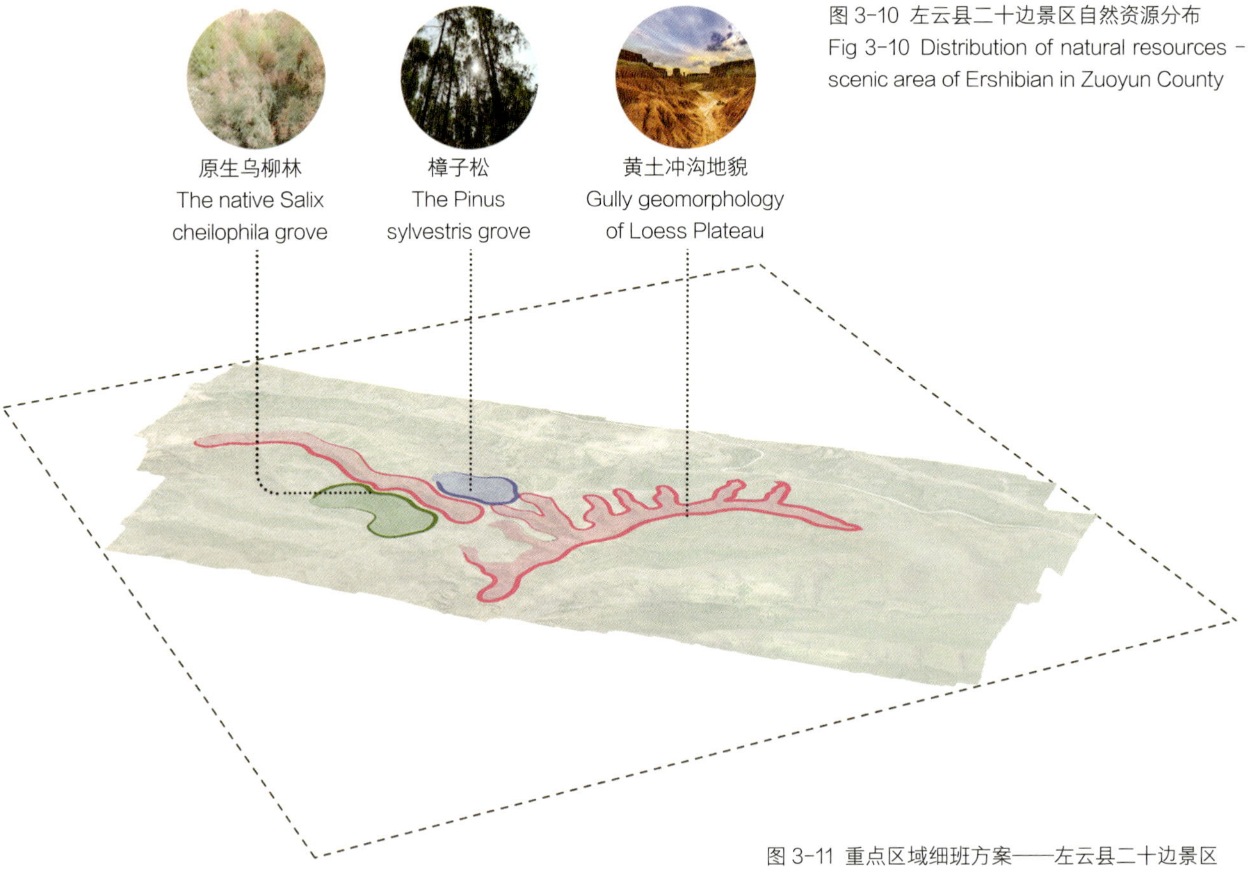

图 3-10 左云县二十边景区自然资源分布
Fig 3-10 Distribution of natural resources - scenic area of Ershibian in Zuoyun County

原生乌柳林
The native Salix cheilophila grove

樟子松
The Pinus sylvestris grove

黄土冲沟地貌
Gully geomorphology of Loess Plateau

图 3-11 重点区域细班方案——左云县二十边景区
Fig 3-11 Core regional sub-class plan - Scenic area of Ershibian in Zuoyun County

## 重点区域细班方案（以左云县二十边景区为例）

二十边景区位于左云县西北部摩天岭山区，总面积约为133hm²，地势高险，山脉众多，山峰层峦叠嶂，其间沟壑纵横。长城沿其中最高的一条山岭修建，延绵不绝，景色极为壮美。山地中自然资源丰富，阴坡有大面积樟子松林、落叶松林，沟谷中有许多生长健壮榆树和山杨。图 3-10 为左云县二十边景区自然资源分布。现状针叶林和阔叶林提供了很好的绿色基础，设计的主要目标是营造彩叶林景观。通过在山脊、山地阴坡、沟壑和退耕地引入秋色叶树种，呈现山地阔叶林与常绿林交相呼应的场景。二十边景区的典型建植模式主要是山脊种植模式、沟壑种植模式、阴坡种植模式和退耕地种植模式（图 3-11、图 3-12）。

图 3-12 左云县沟谷秋叶林
Fig 3-12 Gully autumnal grove in Zuoyun County

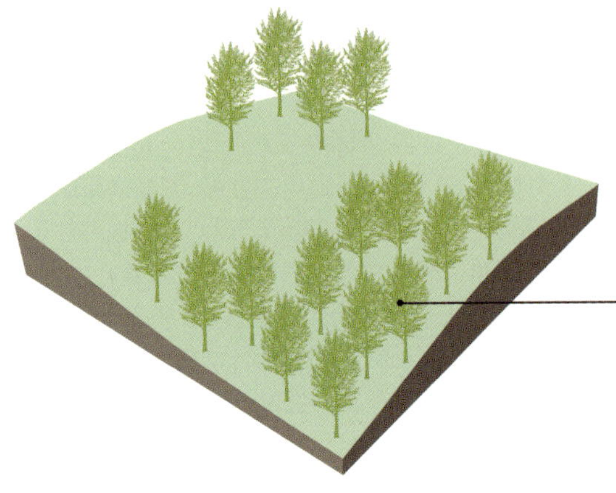


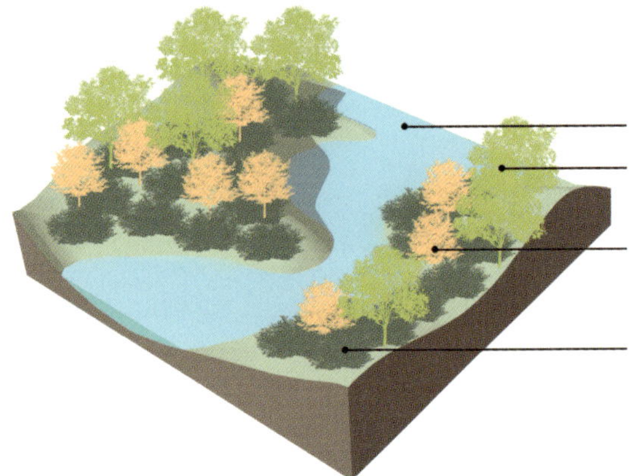


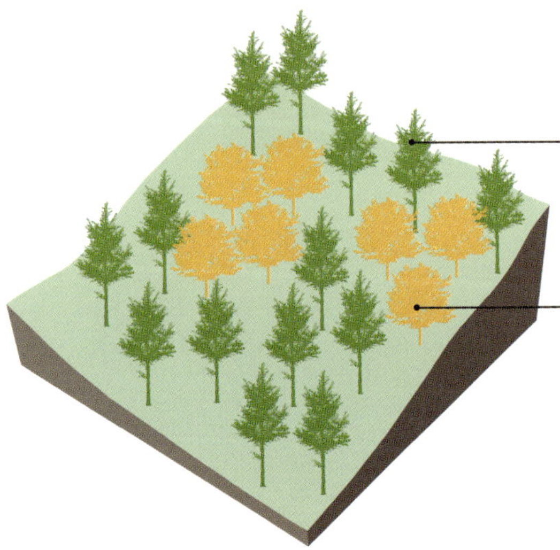

图 3-13 山脊种植模式
Fig 3-13 Ridge planting pattern

图 3-14 沟壑种植模式
Fig 3-14 Gully planting pattern

图 3-15 阴坡种植模式
Fig 3-15 Shady slope planting pattern

图 3-16 退耕地种植模式
Fig 3-16 Retreating farmland planting pattern

（1）山脊种植模式：旅游公路和长城之间，存在一定宽度的缓坡地，方案于公路两侧设计了若干大规格小叶杨组团，在草坡上形成了许多团块式的阔叶林林斑。

（2）沟壑种植模式：二十边景区的黄土冲沟地貌，边缘陡似断崖，水土流失严重。方案于沟底和沟侧边缘处设计了柽柳、乌柳、卫矛这类耐阴、耐水湿、成活容易的两栖灌木丛。这类植物甚至可以水播繁衍，最终在冲沟两侧形成一大片的灌木植被达到固定土壤、修复沟壑的作用。沟底较为平缓的区域选用榆树、小叶杨等耐水湿的乡土树种随机组团种植。沟顶和沟底的乔木组团在品种和处理方式上也存在着差异，沟底的植物以榆树为主，金叶杨为辅，而沟顶则以金叶杨为主，榆树为辅。与下层灌木组合，增加层次感和景观效果。

（3）阴坡种植模式：海拔高于 1500m 的山体阴坡地区，大面积种植落叶松，其中点植 5~10 棵为组团的白桦、山杨等阔叶乔木，形成山地针阔叶混交林，更接近自然植物繁衍的景观效果，每逢秋季会呈现出满山金黄的景象。在景区中部山体的阴坡地区，以阔叶乔木白桦、山杨为基调树种，间或种植落叶松组团，此处的针叶阔叶混交林以阔叶树种为主，与高海拔的种植模式略有不同。

（4）退耕地种植模式：宜林荒山荒地区域建设适宜度较高，具备植被存活和生长的条件，但场地内植被覆盖率低，方案策划密植大规格、耗水量少、耐旱、抗性强的樟子松，能够在修复植被的基础上延续此区域的针叶林景观（图 3-13~图 3-16）。

## 重点区域细班方案（以左云县八台子景区为例）

八台子景区位于左云县北部，面积约为 313hm$^2$，这里是摩天岭的余脉，山势连绵，长城位于景区东北边缘的山脊线上。这里集成了八台子圣母堂、镇宁箭楼、宁鲁堡等高级别文化遗产资源。现状自然资源包括景区西侧的油菜花田、中部的榆叶梅特色林、小片油松林和东部沟壑内的刺玫景观，植物资源丰富（图 3-17 、图 3-18）。八台子景区的典型建植模式主要是山地阴坡模式、平原种植模式、沟壑种植模式、缓坡丘陵种植模式。

图 3-17 左云县八台子景区自然资源分布
Fig 3-18 Distribution of natural resources - Scenic area of Bataizi in Zuoyun County

图 3-18 重点区域细班方案——左云县八台子景区
Fig 3-19 Core regional sub-class plan - Scenic area of Bataizi in Zuoyun County

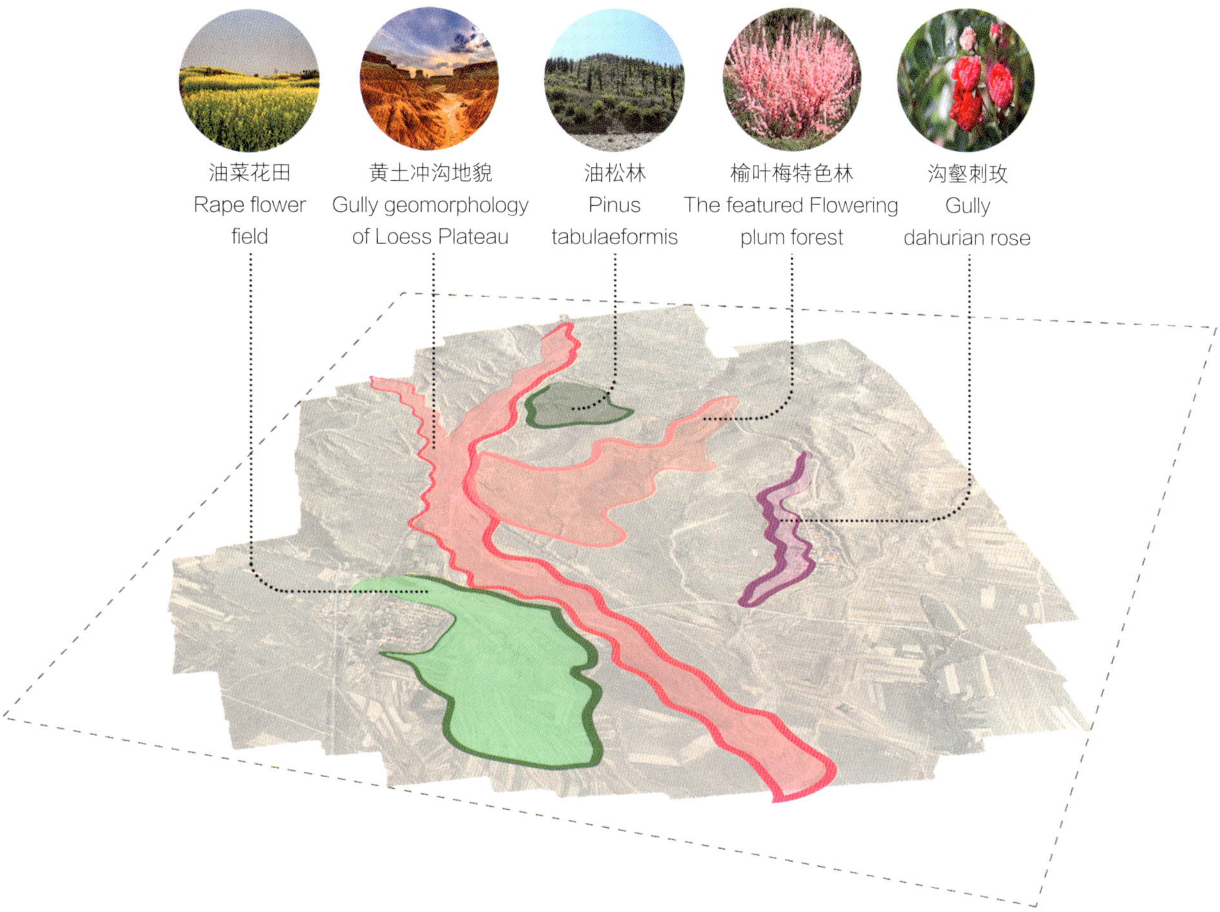

油菜花田
Rape flower field

黄土冲沟地貌
Gully geomorphology of Loess Plateau

油松林
Pinus tabulaeformis

榆叶梅特色林
The featured Flowering plum forest

沟壑刺玫
Gully dahurian rose

图例 Lengend
左云长城
The Great Wall in Zuoyun
旅游路
Sightseeing road
长城两侧50m
50m on both sides of the Great Wall
左云县_乡镇界
Zuoyun County_township boundary
左云县_村界
Zuoyun County_village boundary
八台子景区
Scenic area of Bataizi
<其他所有值>
All other values
LYFQ
刺玫种植模式
Dahurian rose planting pattern
小叶杨种植模式
Lobuler poplars planting pattern
小叶杨种植模式（大规格）
Lobular poplars planting pattern(large-scale)
旱柳+榆叶梅种植模式
Dryland willow + flowering plum planting pattern
榆叶梅种植模式
Flowering plum planting pattern
沟壑种植模式A
Gully planting pattern A
沟壑种植模式A（大规格）
Gully planting pattern A(large-scale)
沟壑种植模式E（大规格）
Gully planting pattern E(large-scale)
油菜花种植模式
Rape flower planting pattern
纯杨组团种植模式B
Pure poplar group planting pattern B
阴坡种植模式B
Shady slope planting pattern B
阴坡种植模式B（大规格）
Shady slope planting pattern B(large-scale)

（1）山地阴坡模式：延续现状油松林，在山地阴坡进一步大面积种植油松，扩大针叶林面积。

（2）平原种植模式：油菜花为一年生草本植物，开黄色花，具有极强的观赏价值和经济价值，在退耕还林地引导农民大面积种植油菜花，能够形成大片的金黄色花海景观。其间点缀一些阔叶乔木组团如小叶杨、金叶杨等，营造疏林草地风貌。

（3）沟壑种植模式：八台子景区的黄土冲沟区域，现状与二十边景区相似，团队采取了类似的沟壑种植模式。另外，在临近八台子圣母堂的沟谷地带通过片植刺玫灌丛，营造多花的谷地植被风貌（图 3-19）。

（4）缓坡丘陵种植模式：选用耐寒耐旱耐瘠薄的乡土树种小叶杨，40 ~ 150 棵成组团种植，作为山地保育和修复的主要种植策略，大面积栽植以提高生态防护功能。大面积种植耐寒耐旱的花灌木榆叶梅，能在观花季形成大片粉红色花海景观，也是丘陵地带主要修复策略之一（图 3-20~ 图 3-23)。

重点区域主要分布在优先发展组团内，面域相对集约，将采用多层次、高密度、相对大规格的建植方式，植物群落相对复杂，重点区域群落将采用自由分布的种植模式模拟自然繁衍效果。

图 3-19 左云县八台子教堂
Fig 3-19 Bataizi church in Zuoyun County

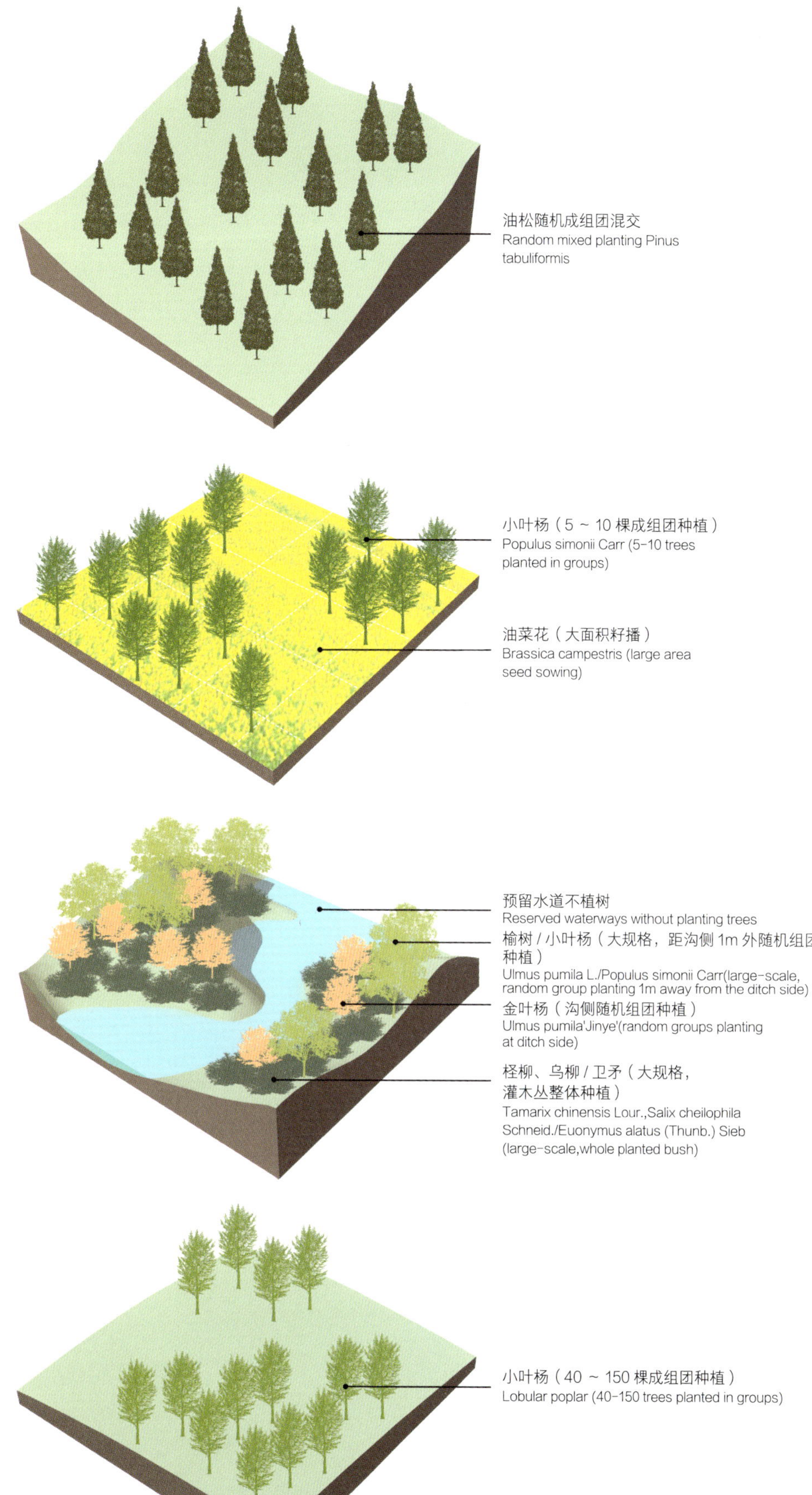


图 3-20 山地阴坡模式
Fig 3-20 Mountain slope pattern

图 3-21 平原种植模式
Fig 3-21 Plain planting pattern

图 3-22 沟壑种植模式
Fig 3-22 Gully planting pattern

图 3-23 缓坡丘陵种植模式
Fig 3-23 Gentle slope hilly planting pattern

# 3.6 建植方式

传统生态造林的群落建植方式主要是以矩阵或品字形布局，过于人工化，明显不符合长城沿线的整体风貌，甚至会对古长城沿线景观造成巨大的干扰。另一方面，园林式的植物造景也无法在如此巨大的尺度上沿用。因此，有必要引入一种介于规则式造林和园林式植物造景之间的建植方式。

## 7∶3 建植法

规划团队与造林专家、施工企业进行了大量的探讨，最终提出了7∶3建植法，即以70%规则式种植为底，将另外30%的苗木随机种植（图3-24）。形成了一种兼顾种植效率和景观效果的建植方法。在施工企业中得以快速推广。在群落结构形式方面，除经济林种植区及沙丘种植区域采用规则式种植方式外，其余均采用7∶3建植法的模式，突显自然属性，丰富生物多样性。

图3-24 7∶3建植法

Fig 3-24 7∶3 planting method

传统造林群落种植方式

Traditional community planting patterns

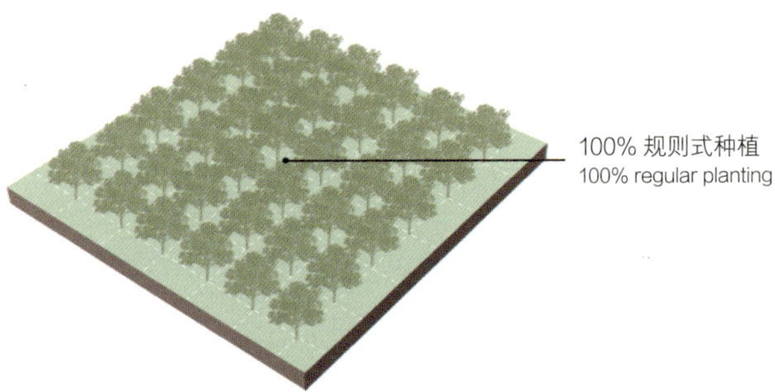


本研究群落种植方式

Community planting patterns in this study

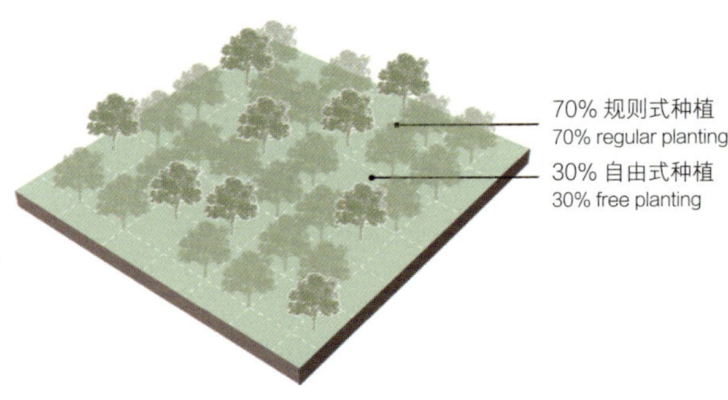

## 自然繁衍法

另外，在如此广大的面域建立植被，局部有条件的区域，可以推广风播和水播的方式以促进自然繁衍。如沟壑和河川内，将适宜水播繁衍的灌木（如乌柳、柽柳等）种植于上游，暴雨形成的地表径流可以将水播植物种子，甚至整株灌木冲至沟壑下游，实现自生繁衍。沟壑区域的土质疏松，坡面陡直，平时极为干旱，下雨时又容易发大水，也无法建植人工植被。故而选择在沟顶平缓区域种植耐水湿又富有地方特色的植物，如榆树、刺槐等，在沟侧种植耐水、抗旱且能够水播的柽柳、乌柳等灌木丛，让植物根系发挥稳固边坡、防止水土流失的功效。即使暴雨冲刷一时冲毁小苗，最终也能够通过自然繁衍逐渐形成有效的植被覆盖。在干旱贫瘠、难以进行人工建植的山地阳坡，通过在山前平原种植风播树种（如山杨、旱柳等），盛行风会将植物种子播散在低坡，有了夏季降水的滋养，生命力旺盛的幼苗就能够在荒芜的山坡上落脚（图 3-25）。

## 小结

风景林作为一种较高标准的植被修复方式，能够较好地响应遗产廊道对于其内部植被修复在生态性、文化性、景观性和经济性等方面更高的要求。遗产廊道中的风景林营建，应该以遗产保护为基础，生态修复为目标，风貌延续为原则，并且兼顾经济性。在具体操作过程中，首先需要划定遗产保护的红线，保证不干扰遗产本体。接下来需要明确生态问题，并且根据实际情况，科学选取宜林地范围，实现集约高效的植被建设。在品种和群落的设计方面，应该以原生植被为蓝本，结合具体立地条件，构建近自然的植被群落。由于遗产廊道涉及大规模植被修复，在建植方式方面，可以结合人工造林及促进自然繁衍的建植方式，最终实现近自然的文化遗产廊道植被景观。

图 3-25 自然繁衍法

Fig 3-25 Schematic diagram of plant wind and water sowing

降水
nstorm
干燥的风
Dry wind
水播植物
Water seeding plant
地表径流
Surface runoff
壑
lly
山地阳坡
Sunny slope
山地阴坡
Shady slope

# 4

# 设施体系

# FACILITY SYSTEM

# 4.1 构建慢行设施体系

风景林的营建为长城文化遗产廊道奠定了坚实的生态基础，紧随其后的就是设施体系的构建工作。作为本次规划的重要交通基础设施，由大同市交通局牵头规划设计、山西路桥集团实施建设的大同古长城旅游公路已于 2017 年 4 月启动，公路沿古长城及周边重要旅游资源布设，将串联沿线诸多遗产点，建设里程共计 250.98km。旅游公路满足了当下体验式旅游“快进慢游”[42] 的“快进”，还急需补充一个慢行设施体系以实现“漫游”。

大同市古长城遗产周边交通不便、设施不足，缺乏科学有效的游憩途径。规划团队期望以慢行设施体系来构建游道系统、完善服务设施、建立科普导览系统，并以此保护古长城相关遗产，协调周边环境风貌，形成以旅游公路为主线贯穿全线、以慢行设施体系为辅线服务重点区域的整体结构。

## 慢行设施体系的概念

慢行设施体系是步行、自行车和慢速机动交通及相关设施的总和，包括交通设施和交通以外的活动空间 [43]。慢行设施在线性遗产管理体系中承担了重要角色。英国哈德良长城国家步道体系串联了 2 个国家公园、1 个自然保护区、13 个游客中心和博物馆、多个具有特殊科学价值的地点及其他受保护的景区 [44]；美国伊利运河遗产廊道由 354km 的慢行道、7 个运河港口、数个服务码头和水闸遗址公园组成慢行游憩系统 [45]。慢行设施体系在遗产廊道中承担了游览、休憩、科普、服务等功能，整合了遗产沿线重点资源的建设、运营和管理，既实现了遗产资源的可持续利用，又能给当地经济提供一个强有力的引擎。

世界各国对文化遗产周边设施的设计建造均极度谨慎，虽然规划已按照相关法律法规划定了严格的保护范围，但保护区外围的设施也会对遗产本体产生影响，因此，在进行慢行设施体系设计时需要非常谨慎。

## 慢行设施体系构建的原则与结构

在研究大量国内外相关案例的基础上，规划团队确定了本次慢行设施体系设计的原则：严格保证长城遗产本体不受干扰，充分尊重场地原有景观风貌，以低调、原真、本土的方式对场地进行低干扰介入。

在上述原则指导下，大同古长城文化遗产廊道慢行设施体系由游道系统、服务设施系统、科普导览系统三大内容组成，其结构可展开为两个层次：整体上，依托旅游公路，沿旅游公路构建贯穿全线的主线慢行道、驿站设施和解说体系；景区内，构建内部支线慢行道、节点设施体系和解说体系。

[42]“快进漫游”指以高等级公路、铁路或航运提供快速机动交通，以步行道、自行车道等慢速交通设施和其他服务设施等提供深度游览服务 .
[43] 丁旭 . 遗产廊道理念下大运河风景路的规划研究 [D]. 南京林业大学，2017：6-8.
[44] 杨丽霞 . 英国世界遗产地哈德良长城保护管理的启示——兼议大运河申遗及保护管理 [J]. 华中建筑，2010，28（03）：170-173.
[45] 奚雪松，陈琳 . 美国伊利运河国家遗产廊道的保护与可持续利用方法及其启示 [J]. 国际城市规划，2013，28（04）：100-107.

# 4.2 贯穿全线的慢行设施体系

## 主线慢行道

主线慢行道是供自行车和人行的慢速游道，由于旅游公路的存在，主线慢行道依附在公路沿长城一侧设置，净宽为 2 ~ 4m，双向通行，设计骑行时速为 20km/h。主线慢行道选线时，遵循最少干预原则，尽可能远离遗产本体，降低对区域风貌的干扰。由于旅游公路整合了长城周边若干现状道路，其中存在局部道路进入遗产保护区的情况，为保证新建慢行道不干扰长城遗产，方案将这类区域内的主线慢行道设置在保护区范围外，独立于旅游公路单独建设。主线慢行道的形式遵循原真本土原则，即材质、色彩、形式、技艺的地方化，因此面层采用了代表古长城特质、骑行路感顺滑的土黄色沥青混凝土（图 4-1、图 4-2）。

图 4-1 慢行道和驿站
Fig 4-1 Bikeway and service centers

图 4-2 主线慢行道和驿站分布及慢行道类型
Fig 4-2 Distribution of main bikeway and service centers and types of bikeway

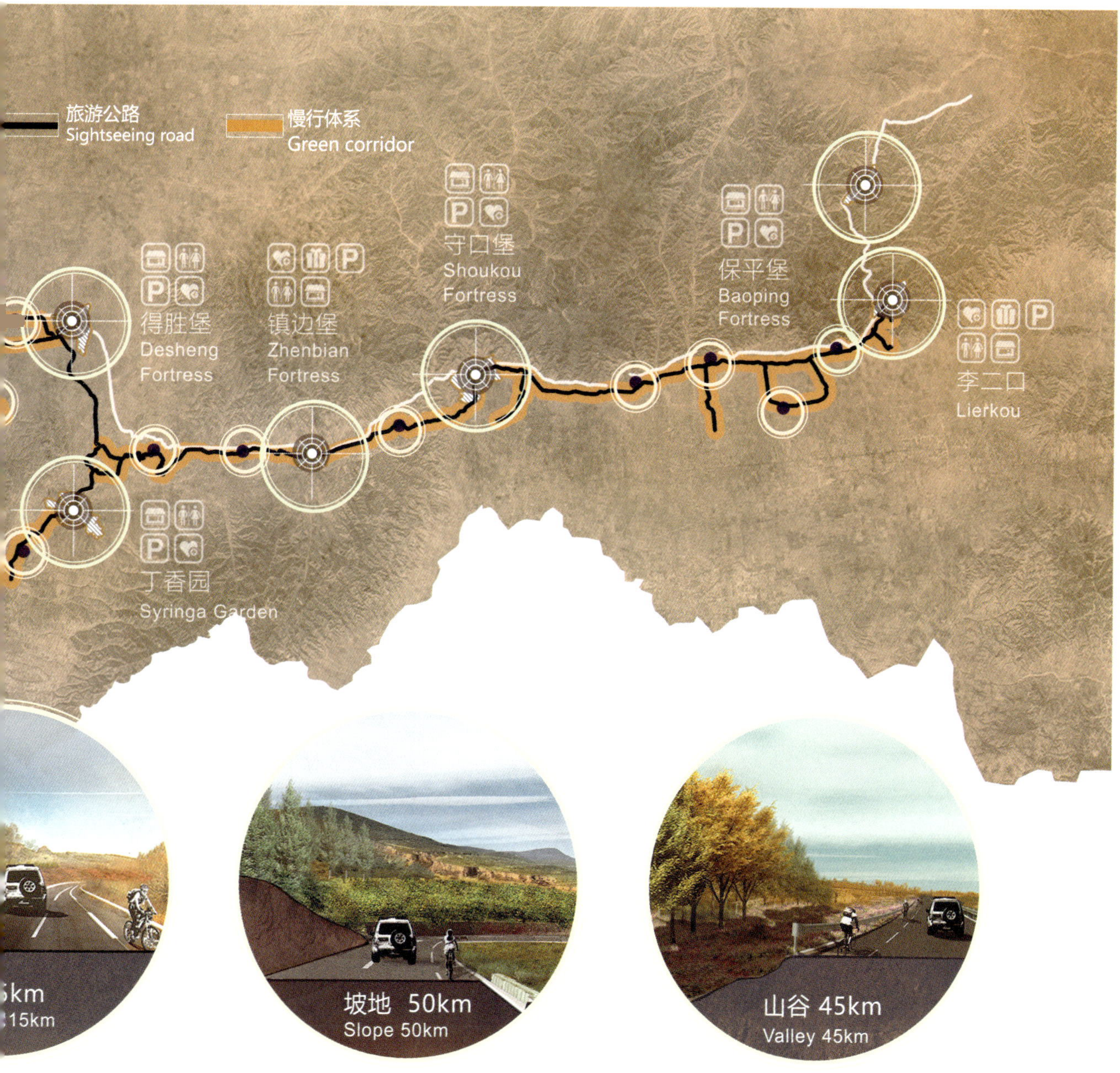

旅游公路
Sightseeing road
慢行体系
Green corridor

守口堡
Shoukou Fortress
保平堡
Baoping Fortress
得胜堡
Desheng Fortress
镇边堡
Zhenbian Fortress
李二口
Lierkou
丁香园
Syringa Garden

km
15km
坡地 50km
Slope 50km
山谷 45km
Valley 45km

## 驿站及其他服务设施

驿站设立在景区主入口，是承接遗产廊道快速交通与景区内部慢速游览设施之间的重要中转站，也是景区视角下的核心集散与活动场地。驿站具备停车、换乘、自行车接驳、信息咨询、餐饮、厕所、纪念品售卖等多种复合功能。

驿站建筑存在建筑立面，需慎重考虑其与遗产之间的关系，特别是视觉关系。综合考虑每个驿站与长城的空间距离、俯仰关系和中间遮蔽物等情况，风景建筑设计团队为每个景区量身定制了方案（图 4-3）。所有的驿站建筑都以一种“消隐”的姿态，低调地隐于遗产环境之中，其材料、色彩、形态、建构技艺、空间语汇均来自遗产周边（图 4-4~ 图 4-6）。

驿站依照其与长城的空间关系分为四种设计策略：

（1）模式一适用于长城周边地势平坦且植被较丰富的情况，这类驿站建筑位于平地之上，建筑主体部分被植物遮蔽，仅有小体量的眺望台能远眺长城。

（2）模式二适用于长城周边地势平坦且植物稀少、驿站和长城之间无遮蔽物的情况。驿站建筑采用下沉或覆土的形式，将建筑主体埋于地下，减弱对于长城周边景观的干扰。

（3）模式三适用于长城位于地势较高处、周边植物丰富、驿站位于地势低处的情况。驿站建筑采用半下沉的形式，将主体建筑消隐在植物之后、地面之下。

（4）模式四适用于长城距离驿站较远的情况，驿站建筑的选址将尽可能利用现状的植丛，将建筑主体隐藏在林木中，通过架空观景台等方式远眺长城（图 4-7）。

图 4-4 八台子景区驿站效果
Fig 4-4 Rendering of the service centers in Bataizi

图 4-5 镇边堡景区驿站效果
Fig 4-5 Rendering of the service centers in Zhenbianbao

图 4-6 二十边景区驿站效果
Fig 4-6 Rendering of the service centers in Ershibian

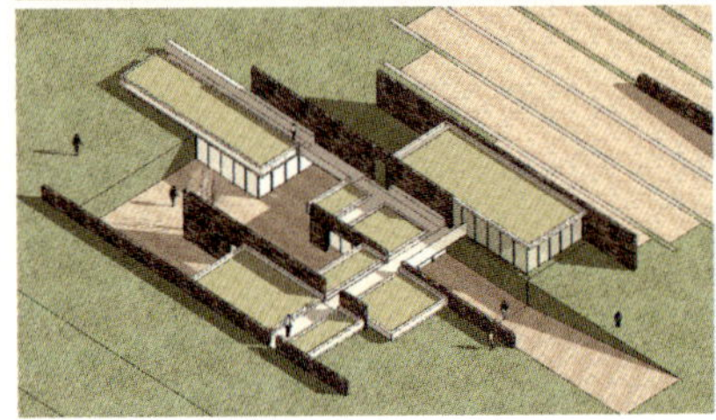

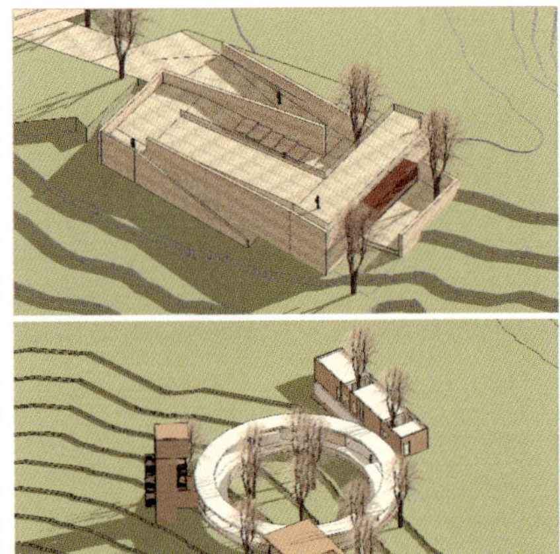

图 4-3 驿站类型
Fig 4-3 Types of the service centers

综合服务中心
Integrated service centre
观景塔
Watching tower
洗手间
Toilet
游客服务中心

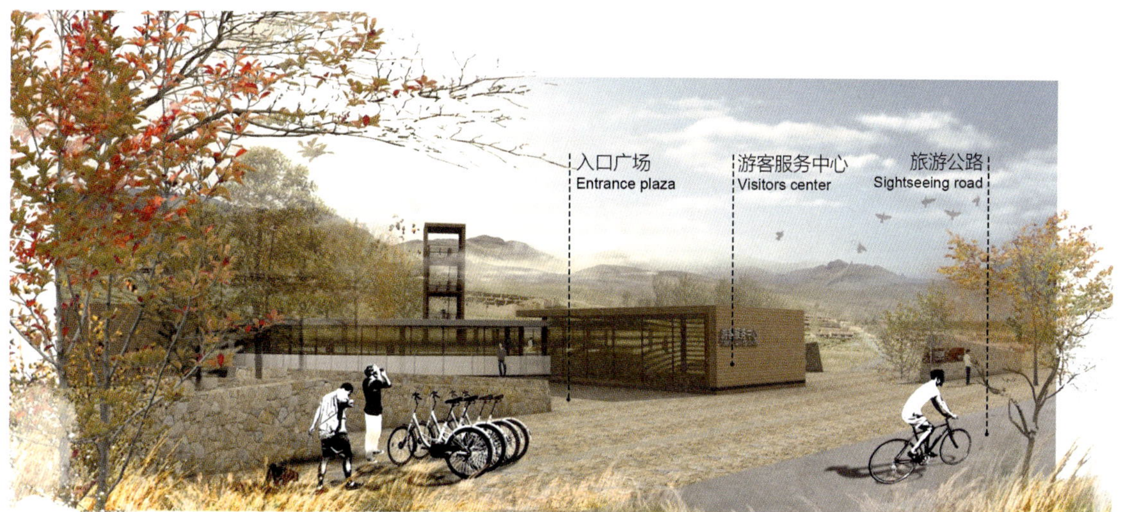
入口广场
Entrance plaza
游客服务中心
Visitors center
旅游公路
Sightseeing road

入口走廊
Corridor entrance
木栈道
Wooden trestle
景观种植坡
Landscape plantation slope

图 4-7 驿站与长城的空间关系

Fig 4-7 The spatial relationship between the service centers and the Great Wall

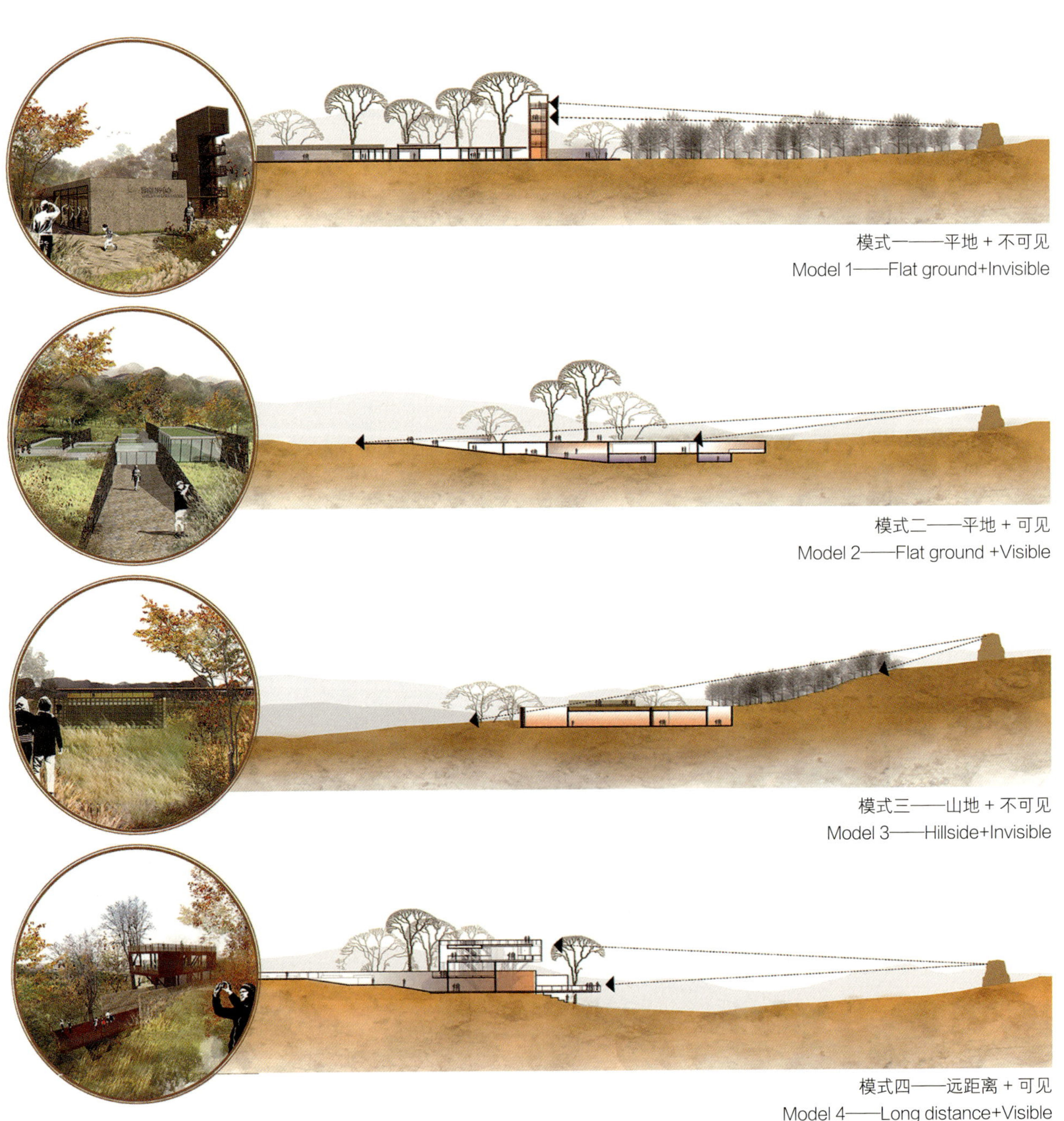

## 其他设施

休憩点和观景台是慢行系统的二级服务设施，沿主线慢行道每隔 5~10km 设置一个休憩点，包括林下场地和休憩廊架等类型，供骑行者停靠休息（图 4-8、图 4-9）；观景台设置在沿途景观秀丽、视野开阔的位置，包括瞭望台和观景挑台等类型，供游人观景远眺（图 4-10 、图 4-11）。规划还策划了古长城文化馆、数字化运营管理中心、汽车营地等其他功能性设施，以供远期实施。

图 4-8 林下场地
Fig 4-8 Outdoor space

古村落
Ancient village
休息廊架
Rest gallery
人文科普标识
Culture science logo
自行车道
Bike lane

瞭望台
Lookout Tower
山顶平台
Top platform
自行车道
Bike lane
自然科普标识
Natural science logo
散置场地
Intersperse site

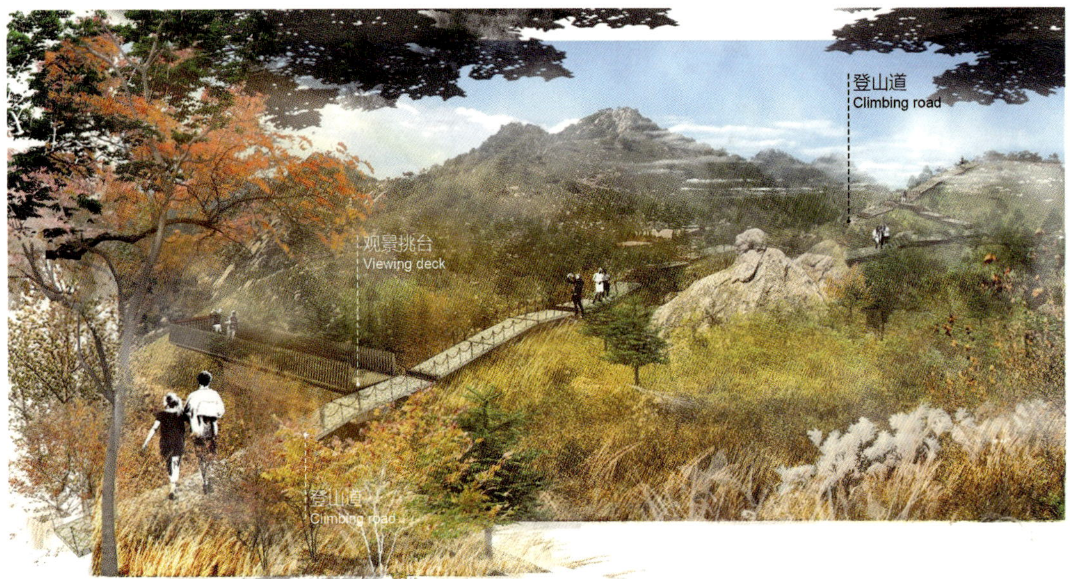
登山道
Climbing road
观景挑台
Viewing deck
登山道
Climbing road

## 解说体系设计

解说体系是依附于慢行体系的重要组成部分，解说体系由导览、科普、警示设施三部分组成。其中导览设施包括导览标识、道路引导标识等；科普设施包括自然与人文科普标识等；警示设施包括警示禁止标识等。解说体系的设计充分尊重了长城遗产特征，汲取遗产周边的材料和形态，以低技方式进行建造。

为保障视觉统一性，主线慢行道和 12 个景区内将使用统一的解说体系设计方案，其整体标识形象设计融合了长城的形象和大同文化意象，最后形成了独特的标识体系（图 4-12~图 4-14）。

图 4-9 休憩廊架
Fig 4-9 Rest gallery

图 4-10 瞭望台
Fig 4-10 Lookout tower

图 4-11 观景挑台
Fig 4-11 Viewing deck

图 4-12 古长城绿道标识形象生成过程

Fig 4-12 Generation process of Datong the Great Wall Greenway logo image

导览设施

Guide facilities

科普设施

Science facilities

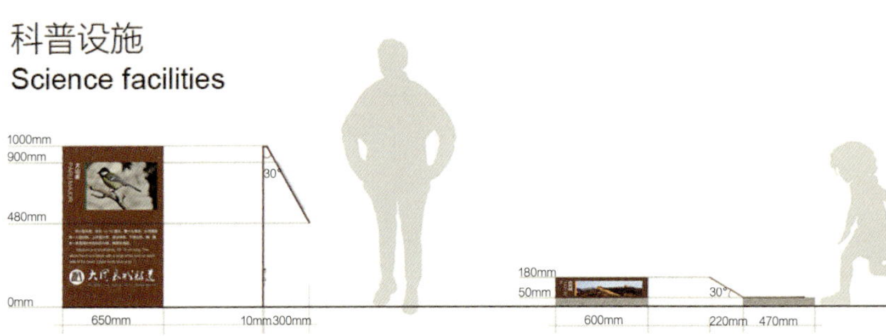


图 4-14 标识系统

Fig 4-14 Signage system

图 4-13 丁香园景区入口古长城绿道标识形象
Fig 4-13 The Great Wall Greenway entrance logo image in Syringa Garden

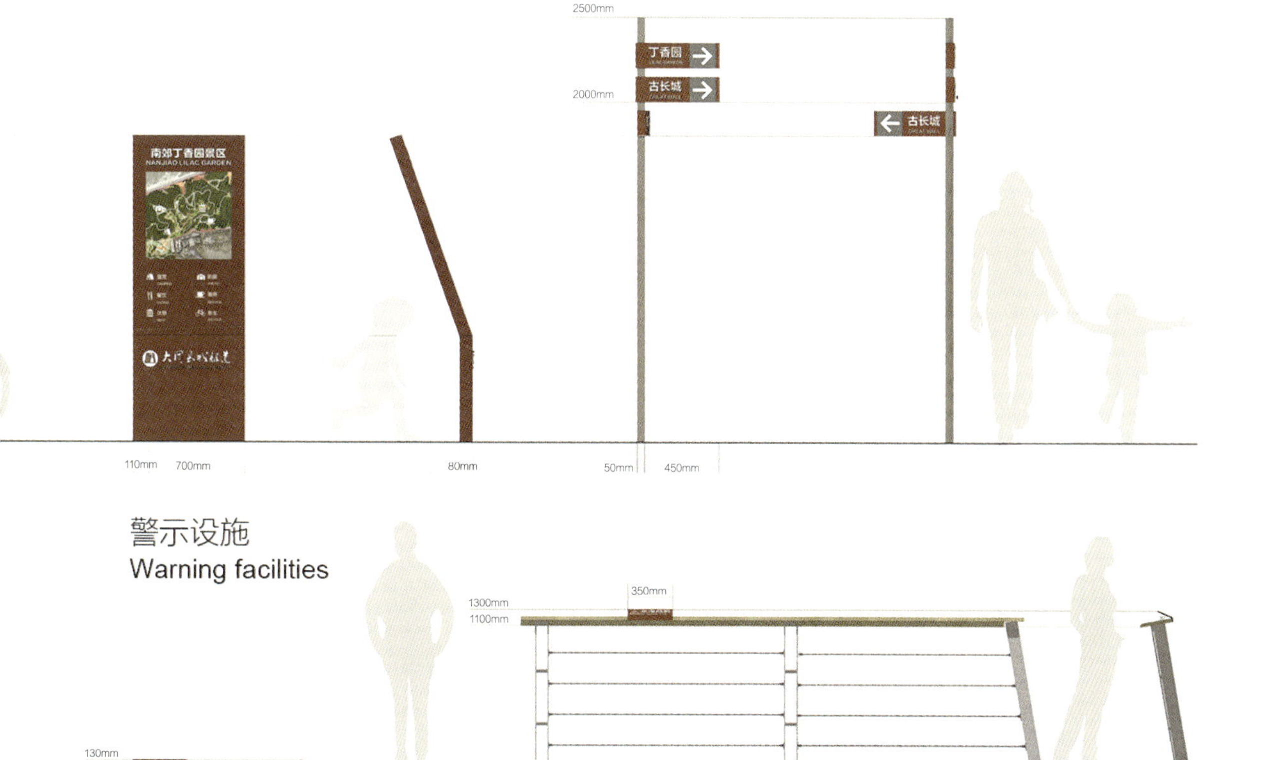


## 警示设施
## Warning facilities

# 4.3 景区内部设施体系

景区是游客最为集中的区域，其内部设施承载了主要的观光、休闲、游憩、科普活动。同时，景区内的文化遗产级别高，许多遗产已遭到不同程度损毁，遗产保护需求各不相同。另外，景区内部风景资源集中，生态环境敏感度较高。因此，景区内部设施体系的构建，需对各景区的遗产及周边环境进行评估，通过严谨的场地分析，慎重权衡发展和保护之间的关系，在保护遗产和生境不被干扰的基础上，提供弹性的可接触途径。

## 场地分析

规划团队对景区内部进行了高分辨率航测，结合 Landsat8 卫星遥感数据、国土及林业信息数据库，建立了一套高精度的 GIS 数据模型[46, 47]。图 4-15 为 Pix4Dmapper 数字模型生成过程，图 4-16 为 Pix4Dmapper 生成的数字地表模型 DSM，图 4-17 为 Pix4Dmapper 生成的数字高程图，图 4-18 为 Pix4Dmapper 生成的数字正射影像图 DOM，在此基础上，规划团队进行了以下场地分析：

[46] 程文宇，冯潇．低空多旋翼无人机航测在风景园林规划设计前期现场观测中的应用 [J]. 中国园林，2018，34（11）：97-101.
[47] 程文宇，冯潇．低空多旋翼无人机航测在风景园林规划设计前期现场观测中的应用 [J]. 中国园林，2018，34（11）：97-101.

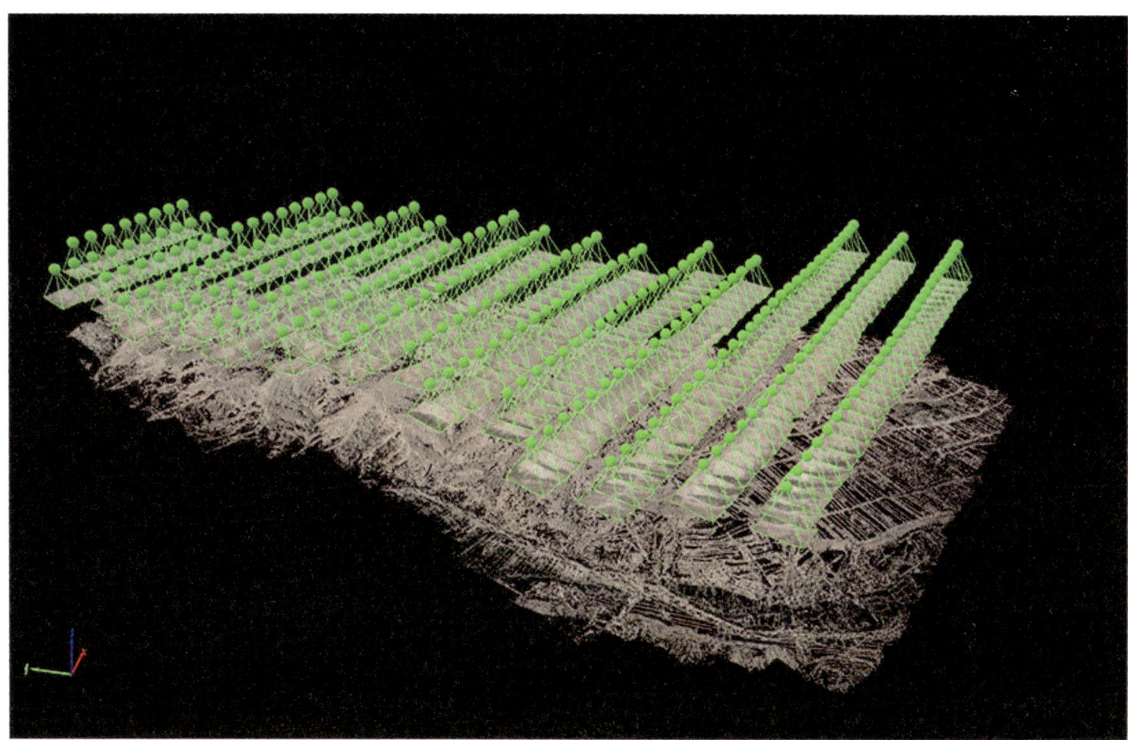

图 4-15 Pix4Dmapper 数字模型生成过程
Fig 4-15 Digital model generation process by Pix4Dmapper

图 4-16 Pix4Dmapper 生成的数字地表模型（DSM）
Fig 4-16 Digital Surface Model (DSM) generated by Pix4Dmapper

图 4-17 Pix4Dmapper 生成的数字高程图
Fig 4-17 Digital Elevation Map generated by Pix4Dmapper

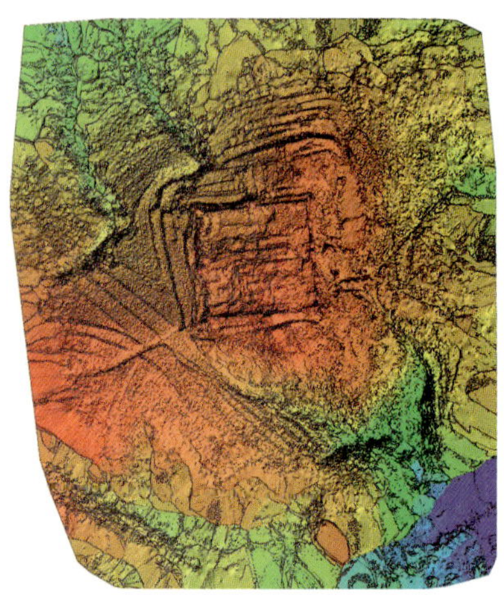

图 4-18 Pix4Dmapper 生成的数字正射影像图（DOM）
Fig 4-18 Digital Orthophoto Map (DOM) generated by Pix4Dmapper

（1）遗产开发适宜性分析（图 4-19）

首先，通过对景区内各遗产的保护和开发适宜程度进行评价，区分出三类遗产源：缓冲型、接近型和隔离型，对其赋予阻力值（表 4-1），进行阻力分布模拟。三类遗产源的分类及其在 MCR 模型中的阻力值进行如下设定。

1）缓冲型：包括非损毁且附近无聚落依托的线状遗产和面状遗产。将该类遗产在 0 ~ 50m（遗产保护区范围）设定较高阻力值，严格限制设施建设；50 ~ 500m（旅游服务区及生态修复区范围）设定中等阻力值，对设施建设起到一定限制；500 ~ 2500m（发展协调区范围）设定较低阻力值，使设施建设协调遗产区域整体风貌。该类遗产仅提供远距离观赏，避免游人私自徒步接近，在 MCR 模型中不作为扩散源。

2）接近型：包括非损毁的点状遗产、非损毁且附近有聚落依托的线状遗产和面状遗产、长城体系之外的遗产。该类遗产可在近距离对既有设施进行利用改造，在 MCR 模型中不作为阻力因子，而作为扩散源。

3）隔离型：包括明显损毁的各类长城遗产。该类遗产在 0 ~ 50m 范围设定极高阻力值，禁止一切形式接触；50 ~ 500m 范围设定较高阻力值，限制设施建设，并通过生态造林等手段对遗产进行隔离，同时修复水土条件，降低自然灾害对遗产造成破坏的可能性；500 ~ 2500m 范围设定较低阻力值。该类遗产在 MCR 模型中不作为扩散源[48]。

接下来，以遗产缓冲区、坡度因子、土地利用类型形成阻力分布模拟，叠加上述阻力分布模拟值，形成综合阻力分布模型。最后，以接近型遗产源为扩散源，模拟其在综合阻力分布模型中的扩散情况，形成开发适宜性分区结果。该评估将用以指导设施体系布局，控制设施与遗产的位置关系。

[48] 冯君明，李运远 . 基于适宜性分析的遗产廊道保护研究——以大同新荣区古长城为例 [J]. 风景园林，2018，25（12）：93-98.

阻力成本系数表　表 4-1
Resistance cost coefficient　Tab 4-1

| 坡度（°） | 地形阻力系数 | 地类 | 土地阻力系数 | 距遗产的距离（m） | 遗产阻力系数 |
|---|---|---|---|---|---|
| 0~2 | 0 | 林地 | 20 | 缓冲型 0 ~ 50 | 80 |
| 2~5 | 5 | 草地 | 60 | 缓冲型 50 ~ 500 | 30 |
| 5~8 | 45 | 耕地 | 100 | 缓冲型 500 ~ 2500 | 10 |
| 8~15 | 120 | 未利用地 | 160 | 隔离型 0 ~ 50 | 500 |
| 15~25 | 300 | 建设用地 | 200 | 隔离型 50 ~ 500 | 100 |
|  |  | 水域 | 10 | 隔离型 500 ~ 2500 | 10 |

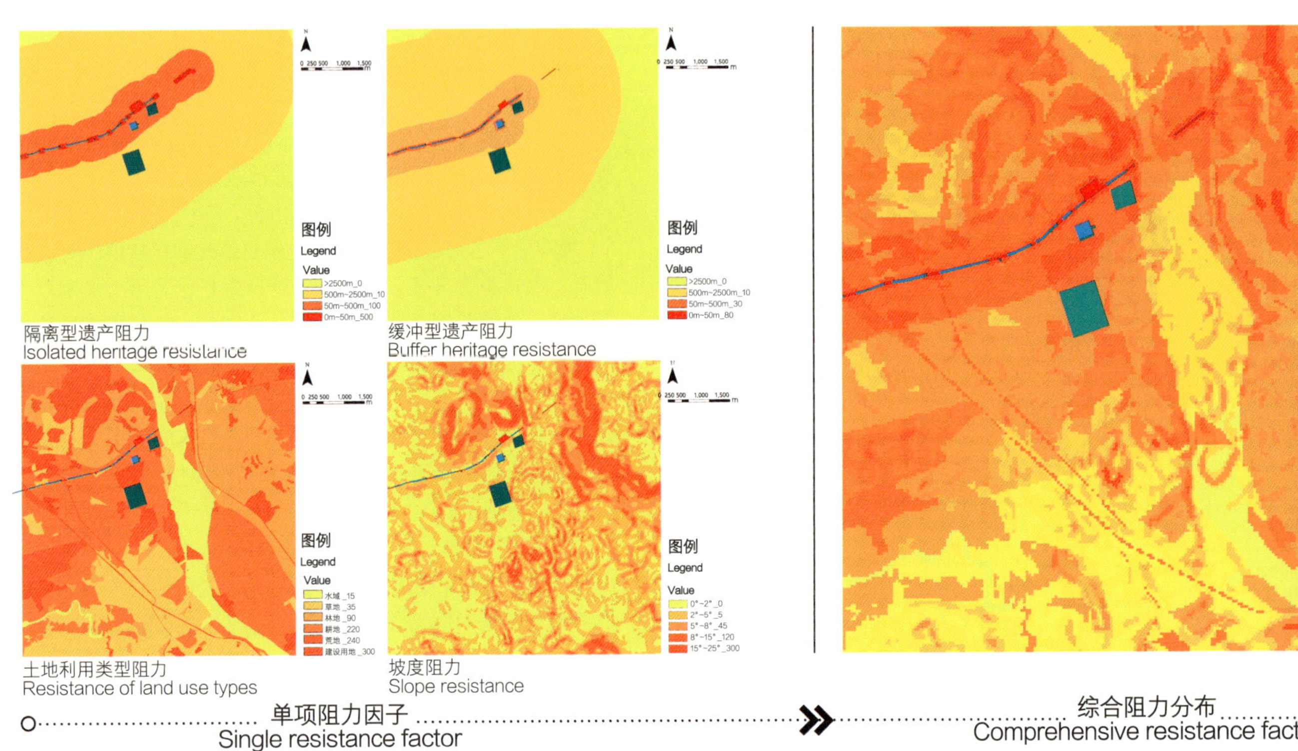


隔离型遗产阻力
Isolated heritage resistance

缓冲型遗产阻力
Buffer heritage resistance

土地利用类型阻力
Resistance of land use types

坡度阻力
Slope resistance

单项阻力因子
Single resistance factor

综合阻力分布
Comprehensive resistance factc

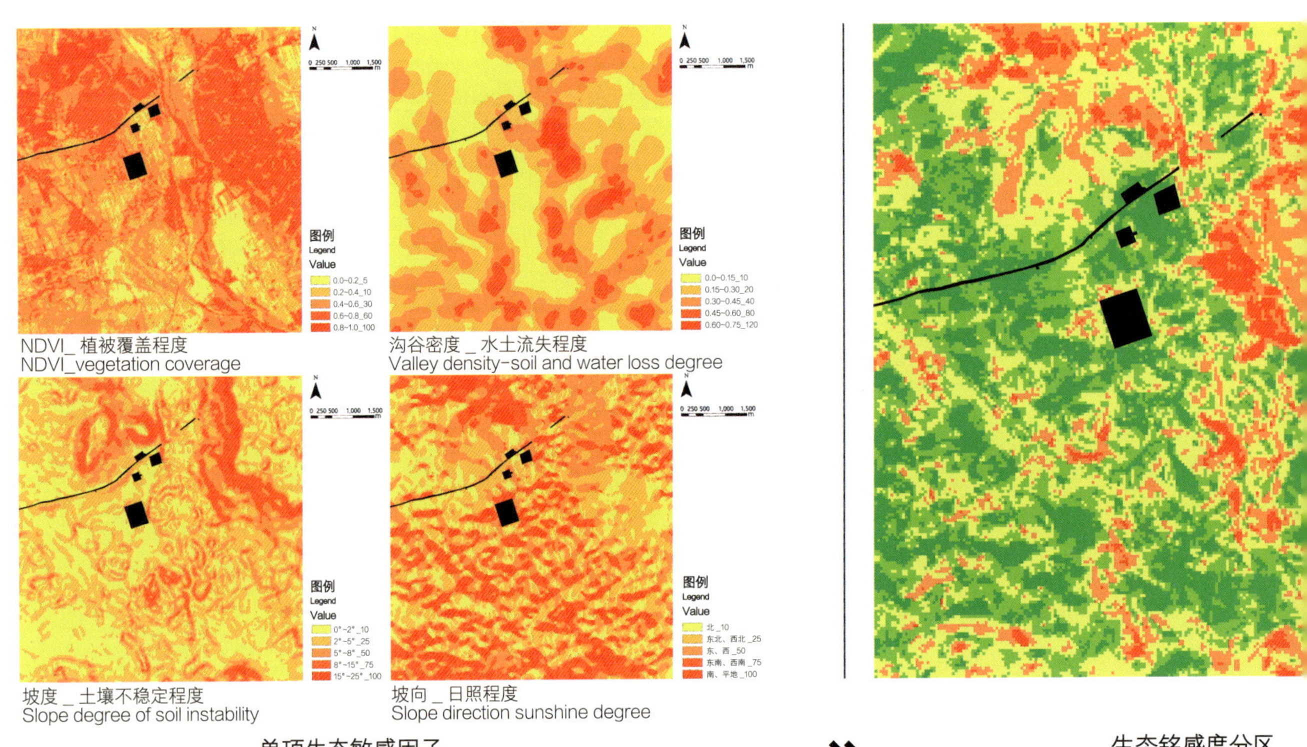


NDVI_ 植被覆盖程度
NDVI_vegetation coverage

沟谷密度 _ 水土流失程度
Valley density-soil and water loss degree

坡度 _ 土壤不稳定程度
Slope degree of soil instability

坡向 _ 日照程度
Slope direction sunshine degree

单项生态敏感因子
Single ecological sensitivity factor

生态铭感度分区
Ecological sensitivity part

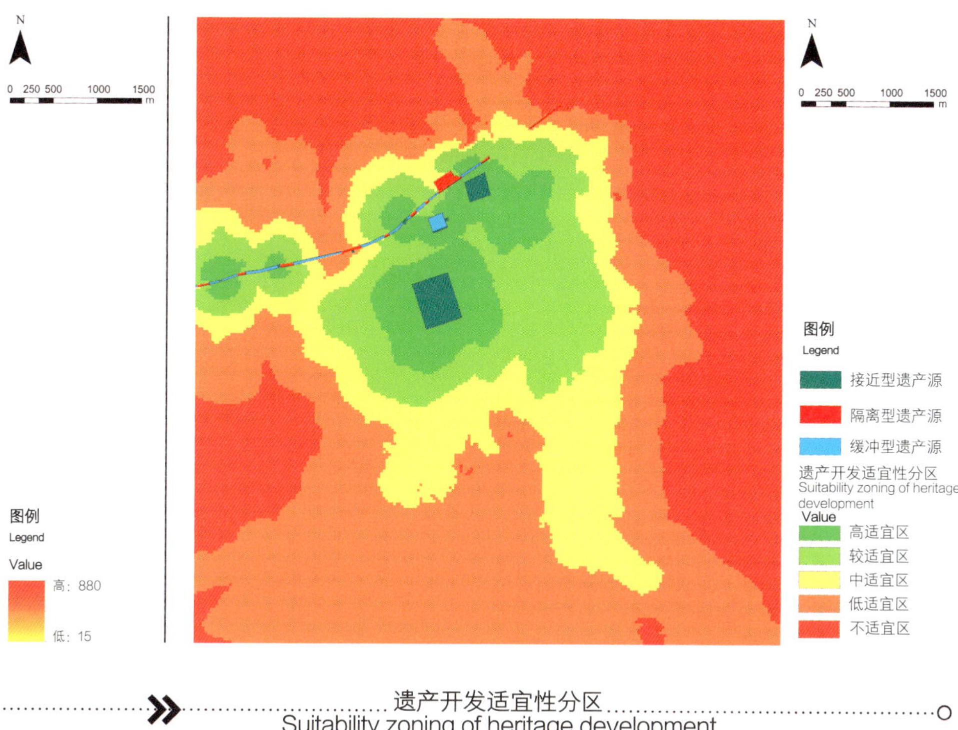


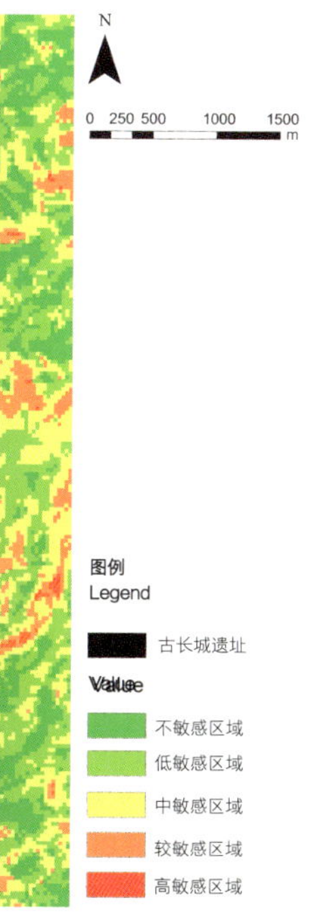


图 4-19 开发适宜性分区生成过程——以得胜堡景区为例
Fig 4-19 The process of the development suitability partition-Desheng Fortress as an example

图 4-20 生态敏感度分区生成过程——以得胜堡景区为例
Fig 4-20 The process of ecological sensitivity partition-Desheng Fortress as an example

（2）生态敏感度分析

为降低慢行设施体系对区域生态的干扰与影响，还需对各景区的生态敏感度进行评价[49]。我们选取 NDVI、坡度、坡向、沟谷密度四项因子进行评价，其中 NDVI 数据来源为 Landsat8 卫星遥感数据；坡度、坡向、沟谷数据来源为 UAV 航测数据所得 DEM。使用 Pix4DMapper、ENVI 和 Arcgis 进行数据处理，综合叠加上述因子分析结果后，我们获得了生态敏感度分区，游道选线和节点布点将避开高敏感区域（图 4-20）。

（3）既有设施分析

大同古长城沿线区域拥有众多破碎化可利用条件，应尽可能利用既有基础设施及历史性路径，以降低对遗产环境的影响，并唤醒游客与地方居民对遗产的历史记忆。

本次分析涉及景区内部的既有硬质公路、土路、历史路线、硬质场地、土基场地等设施情况。基于 UAV 航测、国土及林业信息数据库及现场调研，我们获得了场地既有基础设施及历史性路径情况。慢行设施体系将尽量重叠于现存状况良好的同类设施用地及历史性路径用地，并针对不同现状道路条件进行适应性游道选型。

（4）综合叠加

综合遗产开发适宜性、生态敏感度、既有设施分析的情况，我们生成了景区慢行设施体系慢行道布线与节点选点的设计方案，并作为慢行道选型与节点设计的重要参考（图 4-21）。

[49] 孔繁德．中国长城沿线生态破坏的特点及保护对策 [J]. 水土保持研究，2006（02）：42-43.

图 4-21 慢行设施体系平面图——以得胜堡景区为例

Fig 4-21 Scenic area planning-Desheng Fortress as an example

图例
Legend
旅游公路
Sightseeing road
自行车道系统
Bike line system
人行步道
Walkway
科普宣教设施
Education facility
引导标识设施
Navigation facility
休闲游憩设施
Rest
卫生间
Toilet
驿站
Service center
餐饮设施
Diet
住宿设施
Camp
户外运动场所
Sports
镇羌堡
Zhenqiang Fortress
长城
Great Wall
四城堡
Sichang Fortress
得胜堡
Desheng Fortress
饮马河
Yinma river

## 支线慢行道设计

支线慢行道体系遵循最少干扰原则，优先利用改造现有道路设施基础与历史性路径；原真本土原则，实现材质、色彩、形式、技艺的地方化；高效线性原则，即空间距离最短、拓扑步数最少的串接各主要景源，结构清晰，主次分明；因地制宜原则，即针对不同适宜性赋予路段相应形式。

支线慢行道由自行车道与步行道组成。

自行车道作为串接景区及景区内部各资源点的一级交通，应覆盖景区主要的遗产资源和自然资源，并优先关联于景区中的核心遗产资源，其空间结构为环线结构，为游客提供线性游览，选线尽量依托现有土路或田埂、车辙。自行车道的选型，充分考虑了骑行安全与环境低干扰，以低调的形式将车道与遗产环境融为一体。

步行道是自行车道的补充延伸，作为各资源点周边的二级交通，将依据子一级分区进行布局，并且结合所在区域的地貌和植被情况进行选型。基于场地情况，步行道可分为平地步道、登山步道、亲水步道三类（图 4-22 ~ 图 4-24），并根据条件变化进行适应性的次级划分。为避免破坏游赏体验的连贯性与整体性，方案尽可能保证了步道的每一拓扑单元只选用一种主导形式（表 4-2）。

得胜堡景区内的支线慢行道选线，规避了遗产保护区和生态敏感性高的区域，以减少对遗产环境的干扰。方案保留部分现状道路并新增部分道路作为自行车道，串联了得胜堡、得胜口、镇羌堡、四城堡马市及饮马河等核心资源，构成环形路体系。得胜堡景区内的步行道主要包括平地步道和滨水步道，承载景区子一级分区内部深度游览功能，这些步道呈网络结构，并联于自行车道主线之外，为游客提供近距离深度体验。

图 4-23 游道效果图
Fig 4-23 Rendering of bikeway

图 4-24 游道效果图
Fig 4-24 Rendering of bikeway

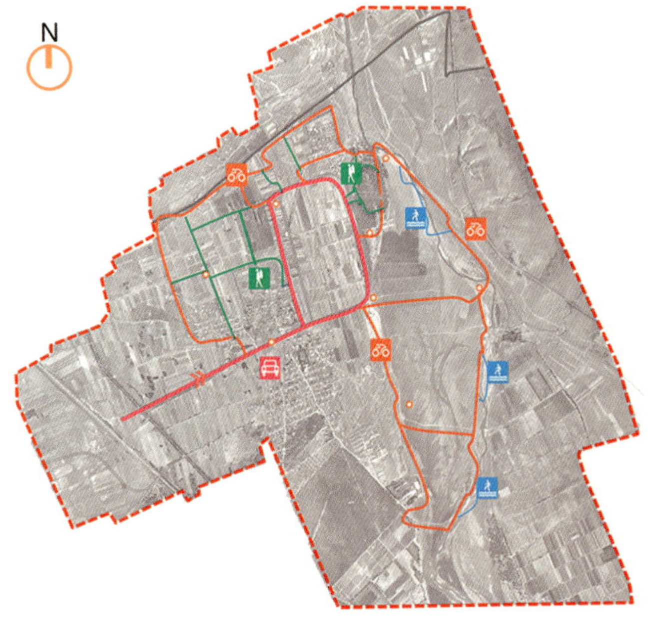


旅游公路
Sightseeing road
自行车骑车道
Bike lane
步行平地道
Pedestrian underpass
步行滨水道
Pedestrian waterfront

图 4-22 游道设计——以得胜堡景区为例
Fig 4-22 Bikeway design—Desheng Fertress asau example.

支线慢行道设计一览　表 4-2
Design of subline bikeway　Tab 4-2

| 特性类型 | 自行车道 | | 平地步道 | | 登山步道 | | 亲水步道 | |
|---|---|---|---|---|---|---|---|---|
| 适用场地 | 普通 | 山地 | 普通 | 穿越林下、树丛等 | 普通山路 | 跨沟、沟谷密集区 | 普通滨水区 | 河沟底、冲沟底 |
| 材质 | 彩色露骨料混凝土 | 二灰碎石 | 块石铺砌 | 木栈道 | 块石铺砌道路及台阶 | 木栈道 | 木栈道 | 块石铺砌 |
| 宽度 | 2.5m | 2.5m | 1.5m | 1.5m | 1.2m | 1.2m | 1.5m | 1.2m |
| 颜色 | 土黄色 | 灰色 | 块石原色 | 原木色 | 块石原色 | 原木色 | 原木色 | 块石原色 |

## 节点设施设计

景区内的节点设施在遗产廊道中提供了基础服务功能，其设计、体量、配置模式与遗产环境风貌管控及游人游憩体验均有较大关联性。大同古长城遗产廊道节点体系构建应遵循最少干扰原则，即最少干扰遗产，低调融入环境，以低姿态、低可见度的形式充分结合于场地现状；原真本土原则，即材质、技艺、形式、空间语汇的地方化；标准统一原则，即按适应环境设计标准化单元，批量组合复制使用；体量集约原则，即按测算游客量科学评估节点体量与分布。

在大同古长城遗产廊道慢行设施体系中，节点体系由依托景区的一级节点与景区内部的二级节点组成。

（1）一级节点
一级节点是驿站及景区出入口，布设于快速交通与景区慢行体系接驳处，形成景区门户标识，并承载进出景区或驿站的交通集散功能。

驿站由作为功能主体的驿站建筑与附属场地共同组成。在遗产廊道全局视角下，驿站应根据资源聚集区或景区分布，每景区布设一处；在景区内部视角下，应依据场地分析评价，选取快速交通与景区核心遗产资源间最佳关联之处，并规避生态高敏感区域与不易建设区域[50]。各景区的出入口数量不限于一处，结合布设于驿站之处或布快速交通与景区慢行体系接驳处，形成景区门户标识，并承载进出景区或驿站的交通集散功能。

由于距离长城较近且无遮蔽物，得胜堡景区的驿站采用了下沉式的方式，使建筑主体能消隐在遗产环境中（图 4-25）。

[50] 康炜佳．风景旅游区游客中心的功能配置及空间形态研究 [D]. 西安建筑科技大学，2012：33-46.

（2）二级节点

景区内部二级节点由交通组织型、游憩休闲型、餐饮住宿型三类节点组成。其中交通组织型节点包括集散场地、自行车停靠场地、出入口场地等；游憩休闲型节点包括休憩、科普场地，结合地形的山地、林下、滨水场地等；餐饮住宿型节点包括露营地、野餐区等（图 4-26）。

为方便大面积推广，二级节点均采用了标准化模块的形式，模块设计充分汲取长城形态特征、建构技艺、空间语言、材质色彩，并针对生态敏感度提供相应选择，尽可能降低节点对遗产环境和生态环境的影响。运用时，根据实际用地条件和功能需求，将预设单元进行模块化组合，大幅度提升了设计和施工的效率（图 4-27 ~ 图 4-29）。

得胜堡景区内集成了次入口等交通组织型节点、供游客休憩和科普的游憩休闲型节点（如林下剧场、亲水平台和一些休憩节点）、餐饮型节点（如露营地和野餐露营地）等。根据节点选址周边自然和人文环境的要求，设计团队从标准化节点库中选择了与之匹配的类型，使节点与周边环境相适应。

图 4-25 得胜堡景区驿站
Fig 4-25 Service centers in Desheng Fortress

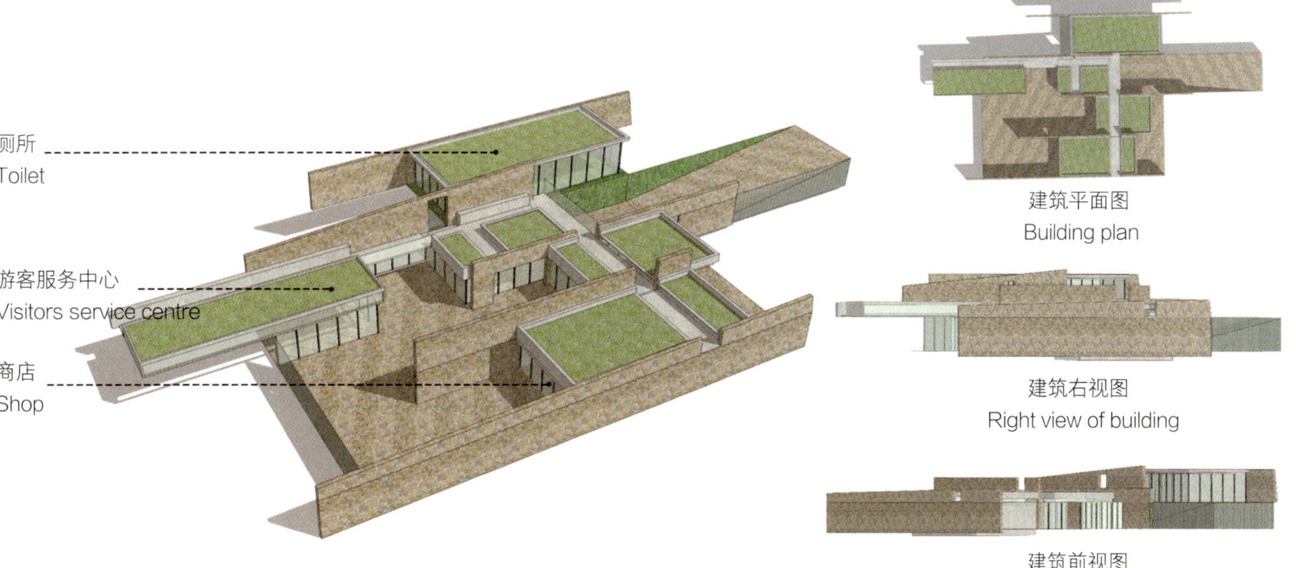

图 4-26 得胜堡景区设施体系鸟瞰
Fig 4-26 Scenic area birdview of Desheng Fortress

设施建设
Infrastructure construction
得胜堡
Desheng Fortress
四城堡
Sicheng Fortress
遗产保护
Heritage protection
得胜堡
Desheng Pass
镇羌堡
Zhenqiang Fortress

## 交通组织型 Type of traffic organization

## 休闲游憩型 Type of leisure & recreation

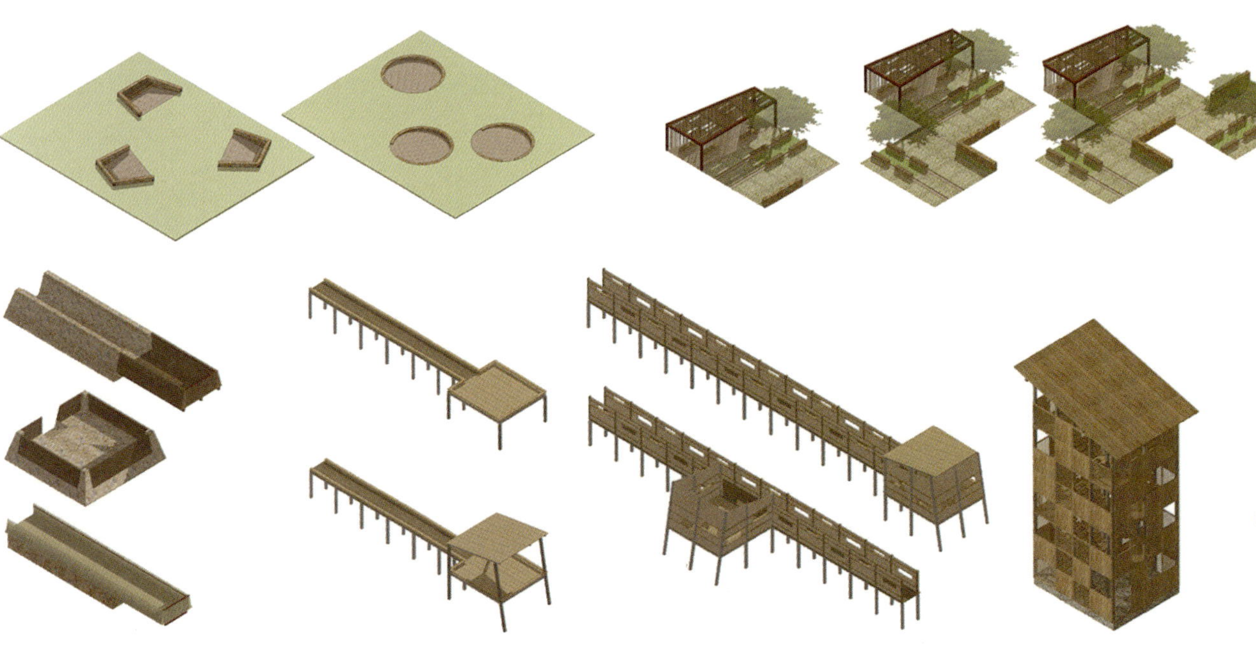

## 餐饮住宿型 Type of dining & accommodation

图 4-27 标准节点模块
Fig 4-27 Standard module of the scenic areas

图 4-28 休息游憩型标准节点模块效果图
Fig 4-28 Rendering of the type of leisure & recreation standard module

图 4-29 交通组织型标准节点模块效果图
Fig 4-29 Rendering of type of traffic organization standard module

## 解说体系设计

景区内的解说体系分为导览设施、科普设施和警示设施三类。

导览设施包括入口导览标识、道路引导标识等，入口导览标示位于景区入口和重要节点，帮助了解所在位置及指明方向。道路引导标识位于路口、分叉口。图 4-30 为得胜堡景区的四城堡景点入口标识。

科普设施包括自然科普标识与人文科普标识等，自然科普的内容主要包括景区自然生境、动植物群落和品种等；人文科普的内容主要包括景区内的文化遗产如长城、堡寨和村落等，非物质文化遗产如风土人情等。让游客能深刻地了解到得胜堡的相关知识。规划时需对于景区内部各类遗产资源和生境内容进行深度挖掘，并且选择合适的位置和方式进行展示。

警示设施包括警示禁止标识和和护栏警示禁止标识等。地面警示禁止标识采用地面式标识牌，对于山林、水体、沟壑等危险区域进行警示，提示游人注意安全；护栏警示禁止标识一般在栈道、山地挑台等地需要护栏维护安全的地方放置。解说体系的设计充分的尊重了长城遗产特征，为进一步强化科普感染力，我们建议利用增强现实技术（AR）对一些重要节点进行历史场景再现。游客在特定的地点，可以通过手机扫描二维码，显示出历史上一些特定场景与遗迹叠加的景象，时光仿佛穿越到 500 年前（图 4-31）。

图 4-30 得胜堡景区的四城堡景点入口标识
Fig 4-30 Entrance logo of Si Cheng Fortress in Desheng Fortress

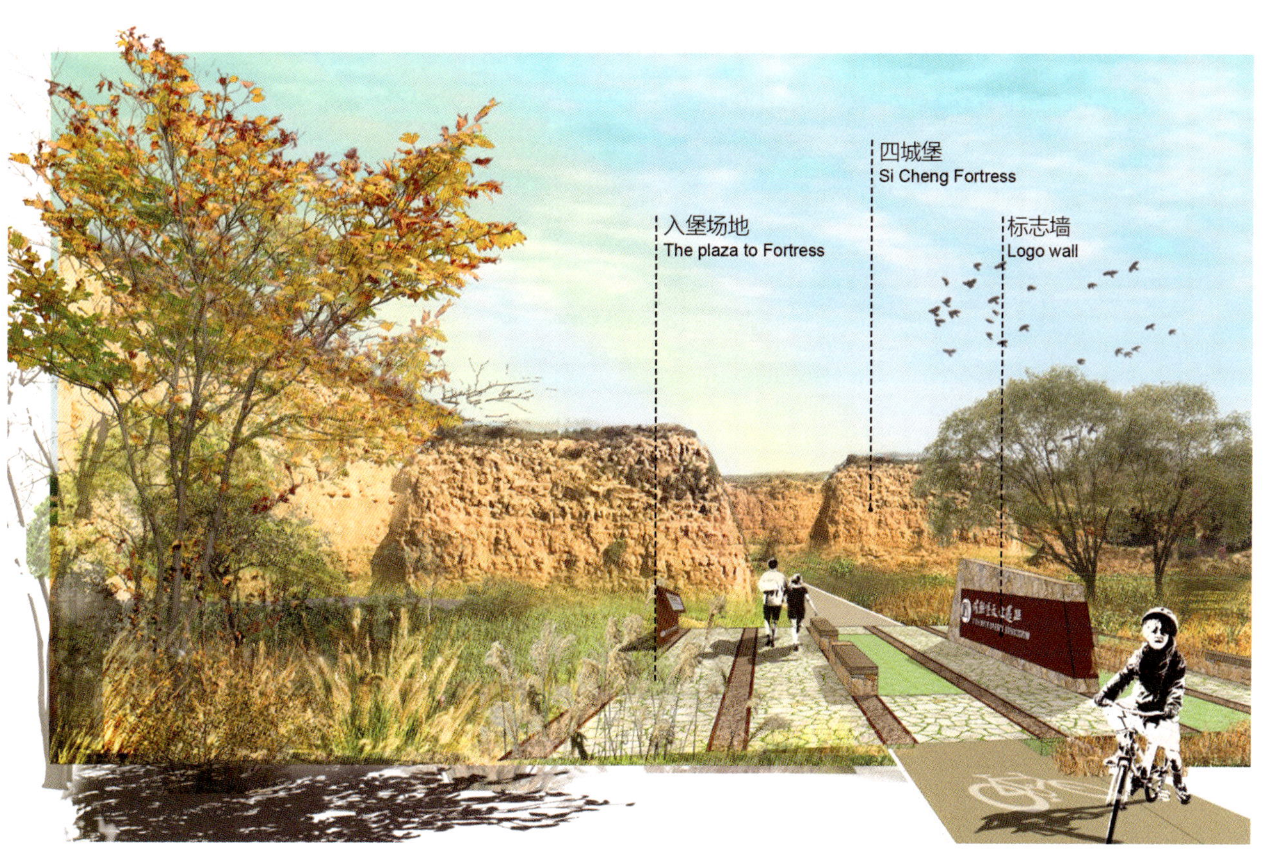

图 4-31 利用增强现实技术进行场景再现
Fig 4-31 The technique of Augmented Reality

① 低技，即低技策略：是由建筑师刘家琨提出的建筑实施策略，即技术简易、经济廉价、强调地方工艺，以低造价和低技术手段营造高品质的建筑策略。

## 设施体量估算

慢行体系结构确立后，需要对设施规模进行科学估算，在满足使用需求的基础上，尽可能减小体量，以确保设施对遗产的最低干扰。

首先，规划团队根据 2012~2016 年大同市旅游量及周边同质景区平均游客量，估算项目建设初始游客人数（表 4-3 为周边同质景区游客量及占比）。再根据生命周期增长规律及同质景区近年增长率，确定项目整体近远期游客量（表 4-4）。接下来，我们依据各景区资源价值、面积、接待能力等因素，对各景区所占游客比重进行了分配，计算出各景区近远期游客人数（表 4-5），作为设施规模的关键依据，估算出各景区设施规模需求（表 4-6）。至此，一套体量合宜的慢行体系逐步成型。

周边同质景区游客量及占比　表 4-3
Tourist quantity and proportion of homogeneous scenic spots　Tab 4-3

| 年份 | 2012 | 2013 | 2014 | 2015 | 2016 |
|---|---|---|---|---|---|
| 大同总游客量（万人） | 1918.04 | 2355.83 | 2751.8 | 3194.5 | 4041.5 |
| 云岗石窟游客量（万人）/ 占比 | 168.32/8.78% | 98.13/4.17% | 102.06/3.71% | 115.21/3.61% | 127.7/3.16% |
| 华严寺游客量（万人）/ 占比 | 134.9/7.03% | — | 114.12/4.15% | 13.94/0.44% | 18.39/0.46% |
| 恒山游客量（万人）/ 占比 | 123.36/6.43% | — | 120.66/4.38% | 109.53/3.43% | 115.8/2.87% |
| 游客占比平均值 | 7.41% | — | 4.08% | 2.49% | 2.16% |

预测项目游客量及游客量增长率　表 4-4
Forecast the quantity and growth rate of tourists in the project　Tab 4-4

| 年份 | 预测总游客量（万人次） | 预测增长率 | 备注 |
|---|---|---|---|
| 2017 | 87.3 | 5.00% | 近期 |
| 2018 | 91.66 | 5.00% | |
| 2019 | 96.24 | 10.00% | 中期 |
| 2020 | 105.87 | 10.00% | |
| 2021 | 116.46 | 10.00% | |
| 2022 | 128.1 | 12.00% | 远期 |
| 2023 | 143.47 | 12.00% | |
| 2024 | 160.69 | 12.00% | |
| 2025 | 179.97 | 10.00% | |
| 2026 | 197.97 | — | |

各景区近远期游客量预测 表 4-5
Forecast of short-term and long-term tourist volume in each scenic spot Tab 4-5

| 区县 | 景区名称 | 预测景区游客量（万人） | |
|---|---|---|---|
| | | 近期 | 远期 |
| 左云县 | 保安堡 | 6.97 | 11.34 |
| | 月华池 | 8.96 | 14.58 |
| | 八台子 | 10.95 | 17.83 |
| | 二十边 | 7.96 | 12.96 |
| 南郊县 | 水库 | 8.96 | 14.58 |
| 阳高县 | 守口堡 | 8.96 | 14.58 |
| | 镇边堡 | 4.98 | 8.1 |
| 新荣区 | 弥陀山 | 7.96 | 12.96 |
| | 助马堡 | 6.97 | 11.34 |
| | 得胜堡 | 10.95 | 17.83 |
| 天镇县 | 保平堡 | 8.96 | 14.58 |
| | 李二口 | 6.97 | 11.34 |

各景区节点设施规模估算 表 4-6
Estimation of facilities in scenic area Tab 4-6

| 区县 | 景区节点 | 游客数量（万人次） | | 日游客量（人次） | | 厕所建筑数量（个） | | 小型车车位数（个） | | 大型车车位数（个） | | 停车场面积（$m^2$） | |
|---|---|---|---|---|---|---|---|---|---|---|---|---|---|
| | | 近期 | 远期 | 近期 | 远期 | 近期 | 远期 | 近期 | 远期 | 近期 | 远期 | 近期 | 远期 |
| 左云县 | 保安堡 | 6.97 | 11.34 | 387 | 630 | 2 | 3 | 31 | 51 | 7 | 12 | 1444.09 | 2351.67 |
| | 月华池 | 8.96 | 14.58 | 498 | 810 | 2 | 4 | 40 | 66 | 9 | 15 | 1856.69 | 3023.57 |
| | 八台子 | 10.95 | 17.83 | 608 | 990 | 3 | 5 | 49 | 80 | 11 | 19 | 2269.28 | 3954.48 |
| | 二十边 | 7.96 | 12.96 | 442 | 720 | 2 | 4 | 36 | 58 | 8 | 14 | 1650.39 | 2687.62 |
| 南郊县 | 水库 | 8.96 | 14.58 | 498 | 810 | 2 | 4 | 40 | 66 | 9 | 15 | 1856.69 | 3023.57 |
| 阳高县 | 守口堡 | 8.96 | 14.58 | 498 | 810 | 2 | 4 | 40 | 66 | 9 | 15 | 1856.69 | 3023.57 |
| | 镇边堡 | 4.98 | 8.1 | 276 | 450 | 1 | 2 | 22 | 37 | 5 | 8 | 1031.49 | 1679.76 |
| 新荣区 | 弥陀山 | 7.96 | 12.96 | 442 | 720 | 2 | 4 | 36 | 58 | 8 | 14 | 1650.39 | 2687.62 |
| | 助马堡 | 6.97 | 11.34 | 387 | 630 | 2 | 3 | 31 | 51 | 7 | 12 | 1444.09 | 2351.67 |
| | 得胜堡 | 10.95 | 17.83 | 608 | 990 | 3 | 5 | 49 | 80 | 11 | 19 | 2269.28 | 3695.48 |
| 天镇县 | 保平堡 | 8.96 | 14.58 | 498 | 810 | 2 | 4 | 40 | 66 | 9 | 15 | 1856.69 | 3023.57 |
| | 李二口 | 6.97 | 11.34 | 387 | 630 | 2 | 3 | 31 | 51 | 7 | 12 | 1444.09 | 2351.67 |

## 小结

慢行设施体系的构建是遗产廊道建设的重要组成部分，也是平衡遗产保护与游憩开发之间的重要载体。大同古长城遗产廊道慢行设施体系的构建，实现了遗产保护与公众游憩途径建设的有机协调，恢复了古长城遗产的应有价值，提升了遗产周边的环境风貌，为长城区域进一步的遗产保护、生态恢复、经济引导、旅游开发等工作均奠定了良好基础。

# 5

# 产业引导

# INDUSTRY GUIDANCE

# 5.1 观光农业引导

当长城沿线景区和旅游设施成型，村域旅游经济的振兴就为期不远。在发展协调区，长城沿线的村落多数分布在这个区域，现有的农林产业也主要集中在这里。当下，游客们对于千篇一律的度假酒店和南北大菜审美疲劳，相比起来，长城沿线村落中的窑洞、土坯房和农家菜，长城脚下盛开的油菜花和“风吹草低现牛羊”的景象更有吸引力。通过对长城沿线旅游资源进行统一策划和发展引导，能够在保证景观风貌协调的基础上，集中统筹沿线五个区县的发展建设项目，避免同质化无序竞争，促进脱贫攻坚，发展观光农业和现代旅游服务业。本次规划主要对发展协调区中的优先发展区域和一般发展区域进行了农业引导，并且建议对具备旅游资源条件的古村镇进行适度开发。

由于大同长城沿线气候寒冷，土地贫瘠，干旱缺水，大部分地区只能种植一年一熟的耐寒粗粮作物，经济效益很差。规划团队策划了一个经济作物名录，一批有较高经济价值，并且能够形成大规模植物景观的作物（如油菜花、沙棘、黄芩、柴胡）位列其中。

为科学甄选栽植范围，规划团队以长城为基线，在 ArcGIS 模型中寻找长城外围 1km 宽面域中的耕地和经济林地作为引导种植范围（若旅游公路超出长城 1km 范围，按旅游公路两侧各 500m 为面域），引导周边农民成片种植上述经济作物，以构成具有当地特色的景观基底。我们建议通过政府适当财政补贴、科研机构支持和规模化经营等方式，激励农民种植这些作物，发展地方观光农业，实现增产增收。

根据各区县现有的作物组成结构，规划团队提出了各区引导种植作物的主色调。每一个风貌分区都会有相对应的特色树种。科学引导当地农民按主色系成片种植，打造具有地方特色的景观基底（表 5-1）。如左云县大面积种植了油菜花、刺玫等经济作物，形成了黄红色系的花田景观（图 5-1、图 5-2）。

各风貌分区引导种植主色调及主要经济作物 表 5-1
Each style division guides the main color and main cash crops Tab 5-1

| 区县 | 主色调 | 推荐经济作物 |
|---|---|---|
| 左云县 | 黄红色系 | 油菜花 *Brassica campestris*、苜蓿牧草 *Medicago sativa*、刺玫 *Rosa davuri ca*、柴胡 *Bupleurum chinense* |
| 新荣区 | 蓝紫色系 | 柴胡 *Bupleurum chinense*、土豆 *Solanum tuberosum L.*、黄芩 *Scutellaria baicalensis Georgi*、枸杞 *Lycium chinenseMill*、胡麻 *Sesamum indicum* |
| 南郊区 | 粉白色系 | 小叶丁香 *Syringa microphylla Diels*、暴马丁香 *Syringa retiulata (Blume) H. Hara var. amurensis (Rupr.) J. S. Pringle*、辽东丁香 *Syringa wolfii Schneid.*、北京丁香 *Syringa pekinensis Rupr.* |
| 阳高县 | 红粉色系 | 山杏 *Armeniaca sibirica(L.) Lam*、黄芩 *Scutellaria baicalensis Georgi*、槟沙果 *Malus asiatica Nakai*、药用牡丹 *Paeonia suffruticosa Andr.*、中药材芍药 *Paeonia lactiflora Pall.* |
| 天镇县 | 红粉色系 | 李树 *Prunus L*、山杏 *Armeniaca sibirica(L.) Lam*、丹参 *Salvia miltiorrhiza Bge.* |

图 5-1 左云县刺玫引导种植效果图
Fig 5-1 Rendering of Rosa davurica planting under guidance in Zuoyun County

图 5-2 左云县油菜花引导种植效果图
Fig 5-2 Rendering of rapeseed flower guiding planting in Zuoyun County

# 5.2 村镇旅游开发

发展协调区的村镇集中了大量风物遗迹、民居建筑、历史事件、风俗习尚等资源，有望成为一个具有重大价值的文化旅游带。通过整体保护和适度开发，把古村镇及各种形式的民俗文化资源都纳入到长城文化遗产廊道中，能够为古长城文化遗产廊道建构足够的深度和更加丰满的层次，并且实现周边村镇的经济发展与复兴。

规划团队建议围绕长城文化、生态休闲、颐养健康等主题，打造民俗文化、文化创意、休闲乐活、绿色休闲、生态颐养等产业。通过对长城沿线遗存的古村镇进行评估，对具备条件的古村镇，可以申报建设特色小镇和田园综合体，也可以引入开发企业整体投资运营。另外，通过政府提供发展基金、低息贷款等方式搭建发展平台，引导百姓发展民宿酒店、农家乐餐饮、土特产制作销售等旅游服务，带动村民脱贫致富（图 5-3）。

经过初步评估臻选出 12 个典型村落，通过实施“产业、文旅和社区”战略，以特色产业引擎与旅游吸引核为中心，依托农林观光产业与休闲聚集区形成产业延伸环、居住发展与社区配套网的综合架构，以实现体验空间的拓展和产业价值的升级。围绕文化、运动、节气、科普 4 大方向，规划团队策划了一批如古长城马拉松、古长城自行车赛、古长城旅游文化节、古长城杏花节、世界青少年长城夏令营等节事活动，进一步扩大影响力。

在项目的进展过程中，规划团队组深入许多长城周边的村落，进行了细致的调研，并且广泛的收集了大量村民的意见。我们深刻感到，单纯的保护工作并不能让长城更多地造福人民，必须在保护的基础上进行适度的开发，积极回应长城沿线居民改善生活的需求。我们希望政府能够提供相关优惠政策，鼓励长城沿线村民通过参与建设、保护、维护和运营的方式，真正投入到文化遗产廊道全生命周期之中，让这些军垦戍边人的后代，依靠长城而改善了生活。

图 5-3 民宿效果图
Fig 5-3 Rendering of homestay

# 6

# 结语

# CONCLUSION

古代修筑万里长城时动用了无穷的人力和智慧，修筑长城的每一条砖、每一块石、每一筐土，加上千百年的时光和无数人的血汗，构筑出一道奇迹，是我们的祖先留给中华民族乃至全人类最丰厚的遗产[51]。

作为风景园林师，很荣幸能够为长城复兴贡献力量，同时也时刻感觉重任在肩。通过风景园林牵头，多学科团队协同，在规划团队、业主、专家和施工企业的共同努力下，我们探索了长城这种特殊线形文化遗产保护与发展的宏观结构和微观策略，构建了一套专属于大同古长城的文化遗产廊道规划思路；指导了面域近 140km$^2$ 的风景林营造，涉及 58 个品种近 1.5 亿株苗木；构建了长度为 255km、贯穿全线的自行车慢行道；为 12 个景区近 42km$^2$ 的面域设计了慢行基础设施；为周边村镇提供了一揽子产业引导建议。

经过一年多的建设，截至 2019 年总投资 15 亿元的生态造林工程已经基本完成，经过精心设计的植物群落被栽植在荒山、沟壑、谷地和平原上，为长城筑起了一道美丽的生态屏障。（图 6-1、图 6-2）沿古长城文化遗产廊道的旅游公路局部建成通车，个别景区已经对游客开放，盛开的杏花和充满魅力的长城吸引了大量游客前来观光（图 6-3~ 图 6-6）。

在实施过程中，我们遇到了大量跨专业、跨学科的复杂问题，通过风景园林牵头，多专业紧密合作，数字化精准规划以及与地方政府、施工企业的高效协调，实现了遗产保护、生态修复、景观营造及经济效益的平衡。探索中我们发现，风景园林的视角平衡了文化、自然、社会、经济的多方面需求，涵盖了宏观和微观的尺度，为类似的项目实践提供了很好的协调基础。

当然，文化遗产廊道的建立不止于规划和设计，其内部的复杂性，决定了这是一个漫长的过程。出于文化保护的严肃性，每一步都需要谨小慎微，目前，规划工作已经阶段性完成，对于其远期发展状况、遗产保护效果、生态和经济效益还需要进行长期的观察和研究。

[51] 李少文，梁嵘 . 图文长城：山西卷 [M]. 中国旅游出版社，2006：42-43.

图 6-1 李二口风景林
Fig 6-1 Scenic Forest in Li Erkou

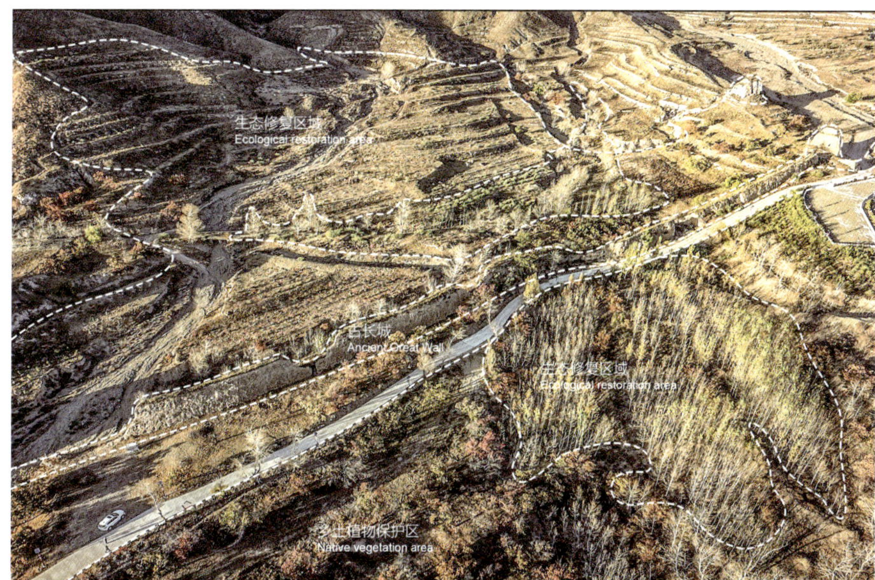

图 6-2 李二口风景林
Fig 6-2 Scenic Forest in Li Erkou

图 6-3 守口堡风景林
Fig 6-3 Scenic Forest in Shoukou Fortress

图 6-4 守口堡风景林
Fig 6-4 Scenic Forest in Shoukou Fortress

图 6-5 守口堡风景林
Fig 6-5 Scenic Forest in Shoukou Fortress

图 6-6 守口堡杏花节
Fig 6-6 Apricot flowers in Shoukou Fortress

# 7

# 致谢

# ACKNOWLEDGEMENT

在成长的过程中，海面上灯塔闪耀。

很幸运，在北京林业大学园林学院，我遇到了这个时代最优秀的一群风景园林人。感谢我的导师李雄教授、王向荣教授一直以来的培养和支持。感谢孟兆祯院士、孙筱祥教授的言传身教与谆谆教诲。

本次规划能够顺利完成，需要特别感谢北京林业大学园林学院、林学院、水土保持学院师生的共同努力。李运远教授作为整个项目的主持人，策划了遗产廊道的整体结构，并且为推动项目进展付出了大量的精力；张云路教授为前期的概念策划奠定了基础；王佳教授带领团队完成的地理信息模型，构建了后期工作的基石；李国雷教授和史文辉博士指导团队完成了植被修复中最重要的造林技术版块；段威教授指导团队完成了全部风景建筑的设计方案；赵晶教授协助完成了历史理论研究和后期成果制作工作；王忠君教授指导团队完成了旅游规划和服务设施体系策划方面的工作。

感谢所有参加本次规划的研究生，他们为规划付出了无以计数的精力和汗水，他们是风景园林专业“白天吃土，晚上画图”小组的王宏达、税嘉陵、李爽、赵可极、陈思琪、王亚迪、刘昱含、程文宇、黄思成、武亚男，风景建筑专业的周超，旅游管理专业的吴若云，还有来自林学院的张隆裕、姚光刚。

感谢北京林业大学风景园林规划设计研究院（BLLA）的主创设计师顿实先生，他长期走访、甚至驻扎在现场，为远在北京的规划团队提供支撑。另外，主创设计师白桦琳博士，也为最终成果的成型付出了大量的心血。

本规划能够得以实施，要特别感谢时任大同市副市长的刘振国先生，大同市林业局局长张宏东先生、副局长武俊胜先生的大力支持。还要感谢大同市林业局的宋昌先生、彭哲敏先生的帮助。李辉先生提供了完整的林业、国土信息模型，帮助建构了最重要的基础数据。王杰先生和李建刚先生为植被品种、群落和建植提供了大量非常有价值的指导。

感谢山西长城保护协会会长陈福仁先生，他的团队为规划提供了大量历史资料，并且对遗产保护方案提出了许多重要的建议。

本书在成文的过程中，我的研究生王宏达、税嘉陵、陈思琪贡献了大量研究内容；钱小琴、卢靖、谢家琪、李婷协助完成了后期整理、图片制作和编纂工作。在出版的过程中，中国建筑工业出版社杜洁、李玲洁女士给予了大量的支持。

最后，感谢我的爱人张雅，感谢她一直以来默默（有时不是默默）的支持，将这本书献给她！

2019 年 10 月 北京林业大学

# 8

## 附

## ASLA获奖文本

## ASLA AWARD

The Datong Ancient Great Wall was mainly built in the Ming Dynasty (AD 1368-1644), and despite of all vicissitudes over history, its main parts have managed to remain till today. In 2017, the Datong Municipal Government proposed the conception of building the cultural heritage corridor of the ancient Great Wall.

大同古长城主要为明代（1368—1644 年）建造，虽历经沧桑，大部分依然存留至今。2017 年，大同市政府提出沿长城建立一条长度为 258km、涉及面域为 186km$^2$ 的文化遗产廊道。

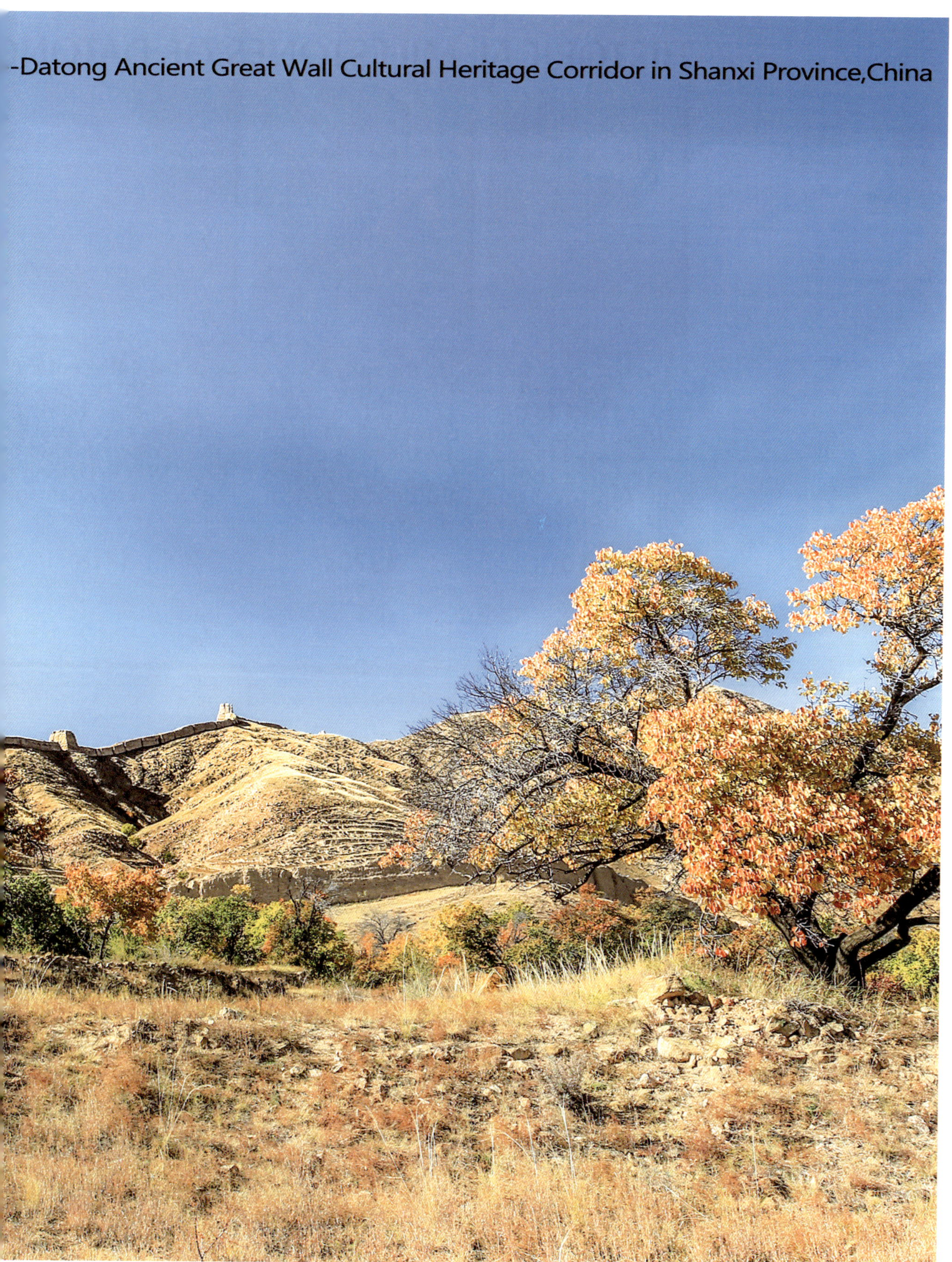
-Datong Ancient Great Wall Cultural Heritage Corridor in Shanxi Province,China

Since ancient times, Datong sit at the boundary of nomadic peoples and agricultural peoples, and the Great Wall served as a defense system built up by agricultural peoples. With the fading of the threats posed by nomadic peoples, the Great Wall has gradually declined day by day as well.

大同自古就在游牧民族和农耕民族的分界线上，长城就是农耕民族构建的一套防御体系。随着游牧民族威胁的消失，长城也日渐衰败。

# HISTORICAL MILESTONES OF DATONG

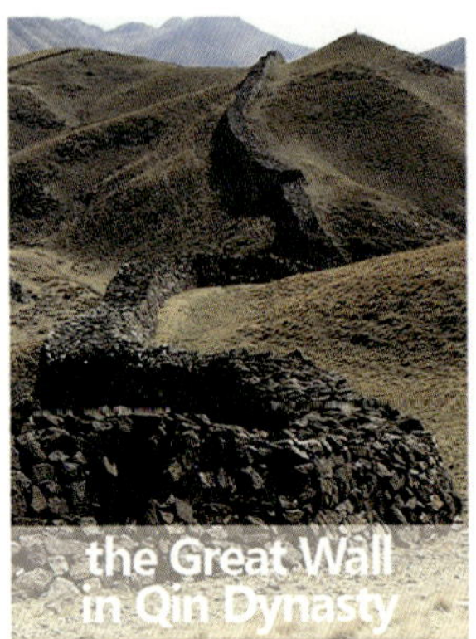

the Great Wall in Qin Dynasty

The history of the Great Wall can be traced back to the Xizhou Dynasty. To the Chunqiu Period, all countries built the Great Wall on their borders.

Construction of the Great Wall

In the early Ming Dynasty,large-scale construction of the Great Wall was built on the basis of the former dynasty, and the defense system took shape.

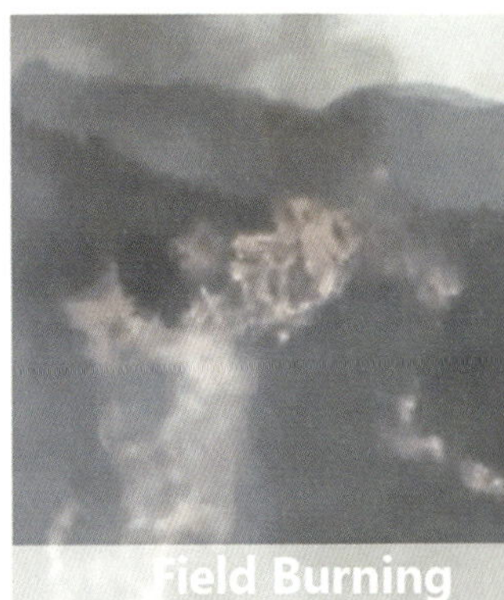

Field Burning

Since the 14th century, government has organi: large-scale burning activities every year, ar the ecology around th Great Wall in Datong h been severely damage

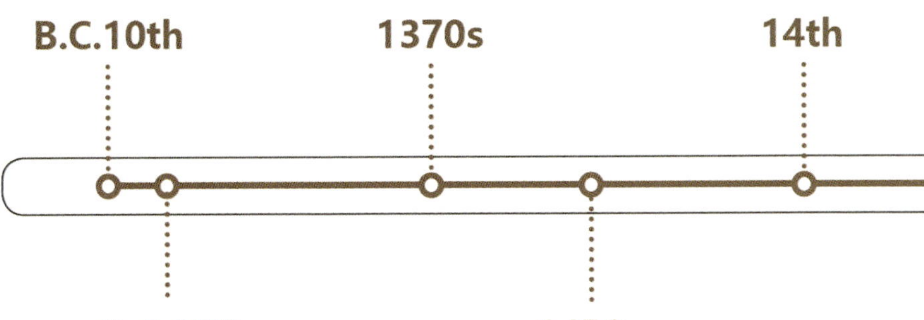


The Great Wall was rebuilt and built in the Han Dynasty. The Hantingzhang is the only surviving element along the Great Wall,located in Zuoyun Country,Datong City.

The Great Wall consisted of a wall system,a beacon-fire tower system,a postal delivery system and a troops station system.With these systems,Datong had become one of the major towns along the Great Wall.

After L talks, N Han Nat and op markets promote Shanxi r Mi

Hantingzhang

Desheng Fortress

Ho

# CIENT GREAT WALL

the Qing Dynasty, the eat from the north has nished and the military lue of the Great Wall sappeared gradually.

During the period of rural cooperatives, the production team organized villagers to demolish the walls to build houses, and the remains of the Great Wall in Datong were extensively damaged.

Overgrazing

At the end of the 20th century, overgrazing around the Great Wall in Datong has seriously damaged the ecology of Shanxi and Inner Mongolia border areas.

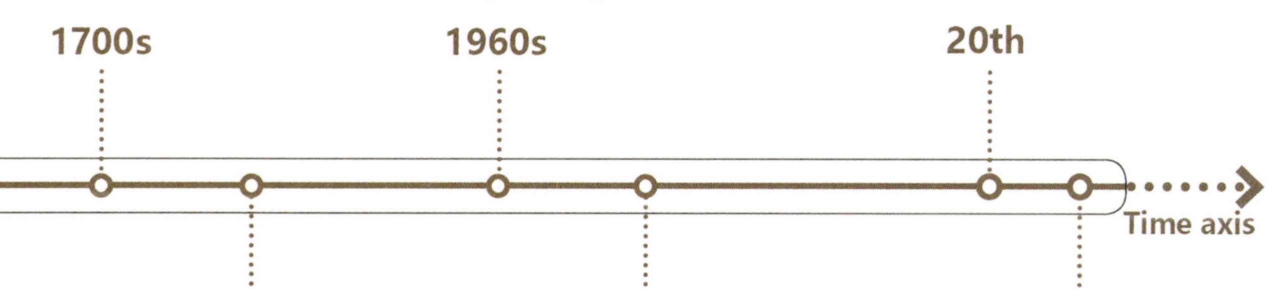


peace n and traded horse g,which of the in the y.

**1870s**

Built beside the Great Wall in Zuoyun country ,the Bataizi church is a cultural scene that combines Eastern civilization with Western civilization, grassland civilization and farming civilization.

**1970s**

During the Cultural Revolution, many cultural heritages along the Datong Great Wall, surrounding areas and precious relics were destroyed in the campaign of eradicating the"Four Old".

**Nowdays**

Nowadays, the ecology around the Great Wall has been damaged seriously. The population is losing a lot with the decreasing economic and the Great Wall is gradually forgotten.

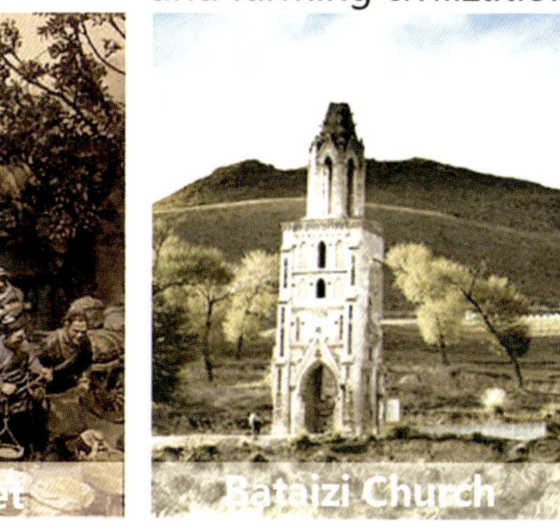

et

Bataizi Church

Eradication of "Four Olds"

Village Hollowing

The Datong Ancient Great Wall heritage has been constantly subjected to erosions and damages, and its surroundings now face deterioration of ecological environment, stagnation of tourism and poverty of residents.

因为种种原因，大同古长城遗产屡遭蚕食破坏，周边生态环境恶化，景区和旅游基础设施发展迟滞，百姓生活贫困。

| nent | Establishment of Approach | Social economy |
| --- | --- | --- |
| onment | Plan the constrcution of facilities system and core scenic areas. | Develop rual tourism, sightseeing agricultue and providing employment opportunities. |

# PROJECT PROMOTION

## Expert team building

We assembled a team of experts including ecology, geography, biology, forestry, cultural relics protection, and landscape architecture to exchange ideas of the planning.

A team of experts covering a number of related specialties was set up. The team conducted detailed investigation and data collection on the site, and went deep into villages and communities to collect opinions.

一个涵盖多个相关专业的专家工作组被建立起来，工作组对场地进行了细致的调研和数据收集，并且深入村落和社区广泛收集意见。

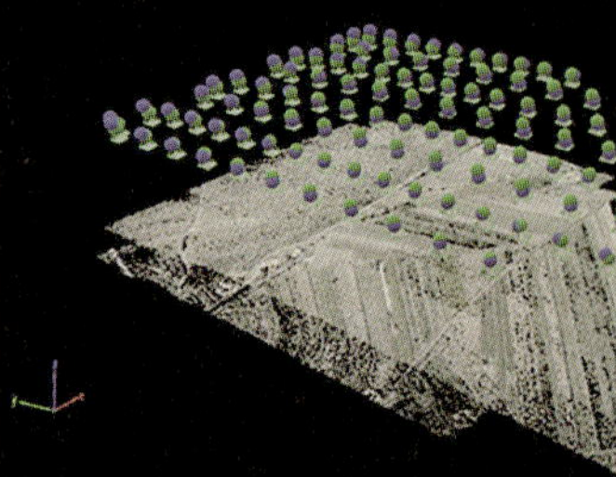

Via
techn
matio
other
a syst
squar

Status surv

survey
try infor-
king and
rried out
ey of 200
of area.

## Public willingness

The project team visited the settlements along and around the Great Wall in order to determine the planning plan according to the public's wishes and to benefit the residents along the Great Wall as much as possible during the progress of the project.

It was followed by a proper consultation from the public comments by a community representative group composed of people of different professions in the community therein. The effective comments were then collected and integrated into the planning to form the customized proposal for this community.

## Representatives of Community

# DISTRIBUTION STATUS OF CULTURAL H

## HERITAGE EVALUATION

| Basis for the Evaluation Of Heritage Resources |
| --- |
| Preservation Status |
| Environmental Status |
| Historical Value |
| Scientific Value |
| Aesthetic Value |

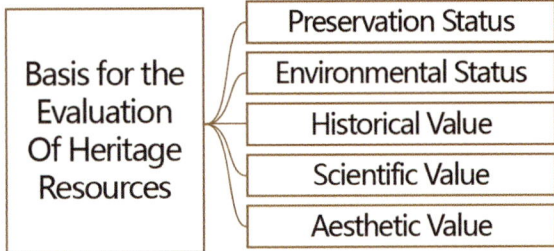

The evaluation of the heritage resources in Zuoyun County is as follows:

### FIRST-CLASS HERITAGE

### SECOND-CLASS HERITAGE

### THIRD-CLASS HERITAGE

### FOURTH-CLASS HERITAGE

## HERITAGE DISTRIBUTIC

ZUOYUN COUNTY

Ershibian

Motia

Northern Wei Dynasty To

Number of 1st-class Heritage

Distance to the Great Wall

Through the analysis of the cultural heritage of the Ancient Great Wall, it is found that the high class heritage is mostly distributed within the range of 1500m from the Great Wall, which provides a basis for determining the spatial pattern of the heritage corridor.

通过对古长城文化遗产的分析发现，高等级的遗产大多分布在距离长城1500m的范围内，这为确定遗产廊道的空间格局提供了依据。

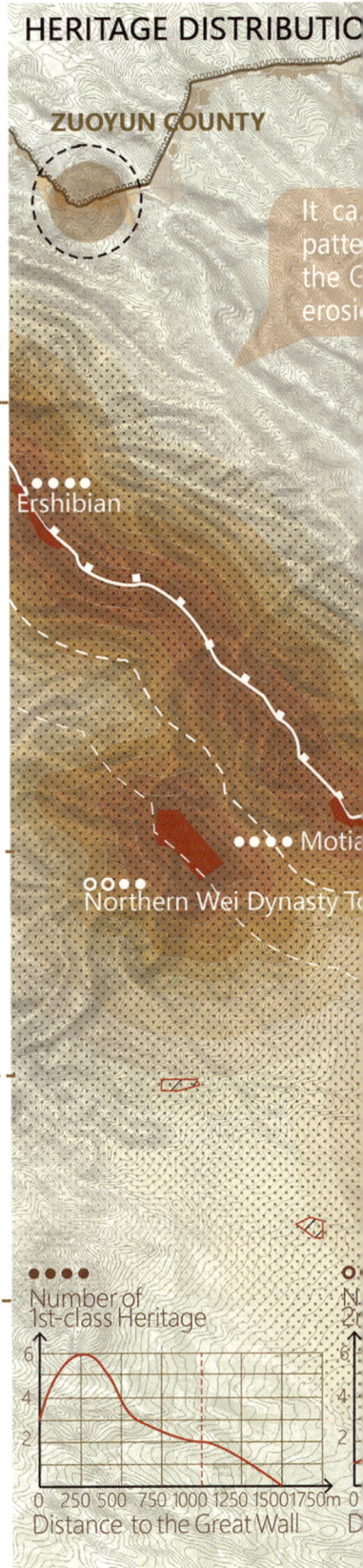

AGE——ZUOYUN COUNTY AS AN EXAMPLE

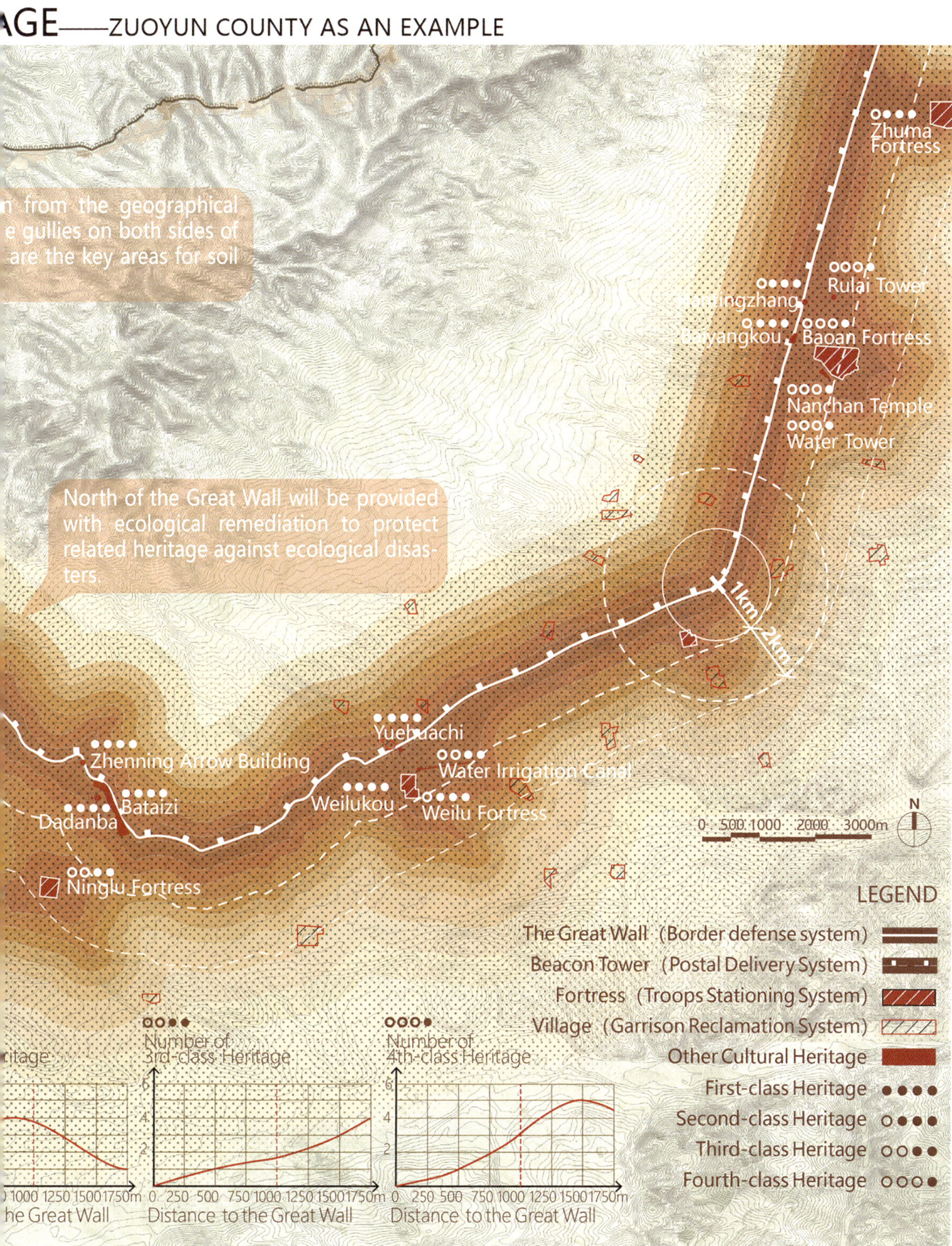

n from the geographical e gullies on both sides of are the key areas for soil
North of the Great Wall will be provided with ecological remediation to protect related heritage against ecological disasters.
Zhuma Fortress
Rulai Tower
Baoan Fortress
Nanchan Temple
Water Tower
1km
2km
Yuehuachi
Zhenning Arrow Building
Water Irrigation Canal
Bataizi
Dadanba
Weilukou
Weilu Fortress
Ninglu Fortress
0 500 1000 2000 3000m
N
LEGEND
The Great Wall (Border defense system)
Beacon Tower (Postal Delivery System)
Fortress (Troops Stationing System)
Village (Garrison Reclamation System)
Other Cultural Heritage
First-class Heritage
Second-class Heritage
Third-class Heritage
Fourth-class Heritage
itage
Number of 3rd-class Heritage
Number of 4th-class Heritage
1000 1250 1500 1750m
0 250 500 750 1000 1250 1500 1750m
he Great Wall
Distance to the Great Wall

Based on the distribution and conservation status of the Great Wall and the five types of relics nearby, the planning has divided the spatial pattern for ancient Great Wall heritage protection into four levels, so as to realize the graded protection and development of the Great Wall heritage.

依据长城及其周边五大类遗址的分布和保存现状，规划将古长城遗产保护的空间格局分为四个层级，以实现对于长城遗产的分级保护和发展。

# RELICS PROTECTION

**Ecological Remediation Area**

An area of 100m-500m in width to the north of the core protection area will be provided with ecological remediation

Protect the Great Wall heritage against ecological disasters.

On the basis of on spot scientific invetigation and Suggestions from experts and scholars,areas in urgent need of repair is delimited.

**Core Protectic**

An area 50m in width c
Wall will be strictly prote
management and protec

Relics with the pote
collapse will be provide
restoration.

According to the relevar
lations on the protectio
tage,the core areas fo
management shall be de

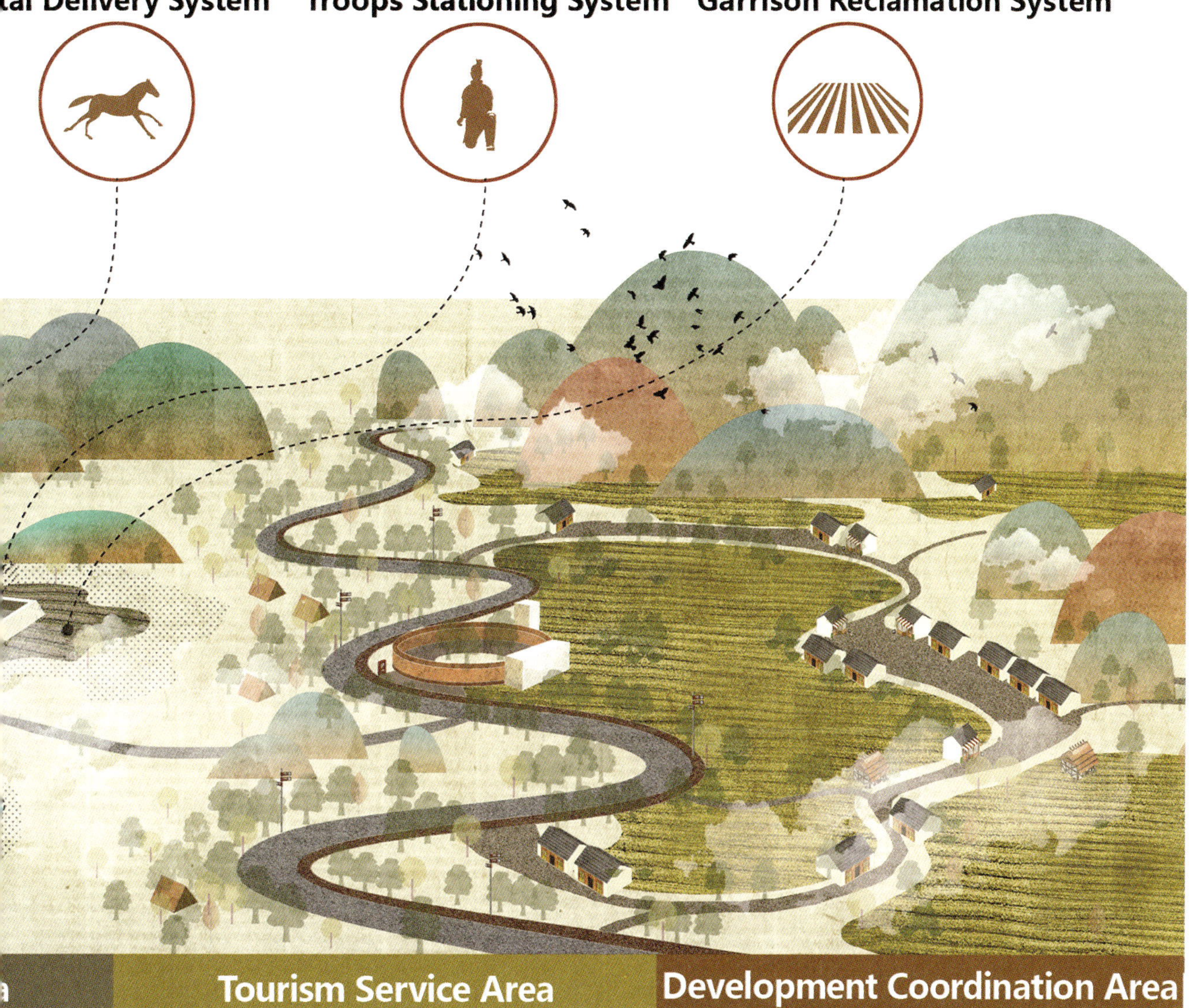


e Great
special
tution.

zard of
otective

d regu-
ral heri-
on and

An area of 500m-1000m in width to the south of the core protection area will be provided with ecological restoration.

Add with scenic area recreation system and whole-route tourism infrastructure with minimized interferences.

Based on the will of the people, combined with the means of cultural communication, the establishment of tourism service areas.

An area of 500m-1000m in width to the south of the tourism service area will be designated to guide agricultural upgrading and develop village tourism on the basis of guaranteeing coordination with the landscape and features of the Great Wall.

Coordinate with the local government, comprehensive and coordinated management of various institutions, adapt to local conditions, and developed in a green way.

# ECOLOGICAL REMEDIATION——ZUOYUN CO

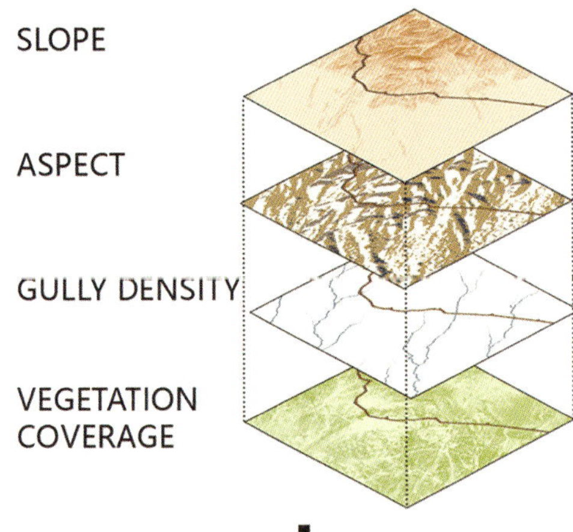


## ECOLOGICAL SENSITIVITY

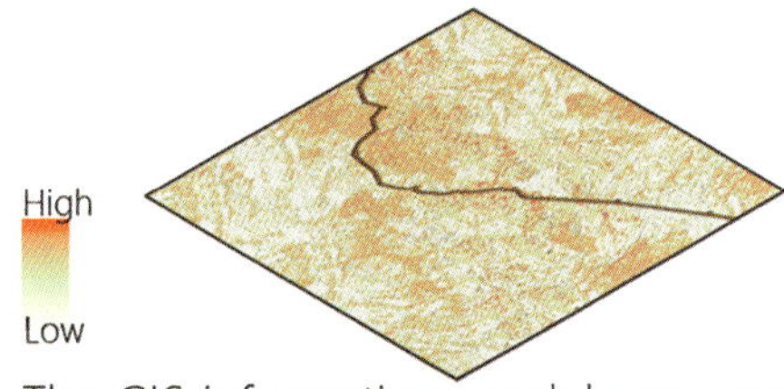


The GIS information models are used to determine ecologically sensitive areas.

## INFLUENCING FACTORS OF HERITAGE PROTECTION

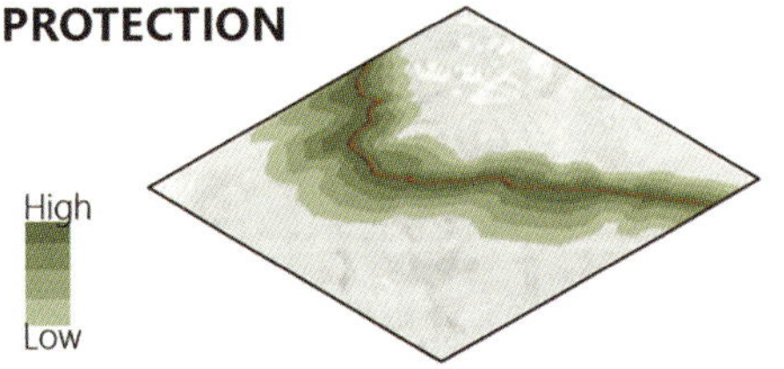


The ecologically sensitive areas are coupled with the influencing factors of heritage protection.

## ECOLOGICAL RESTORATION AREA

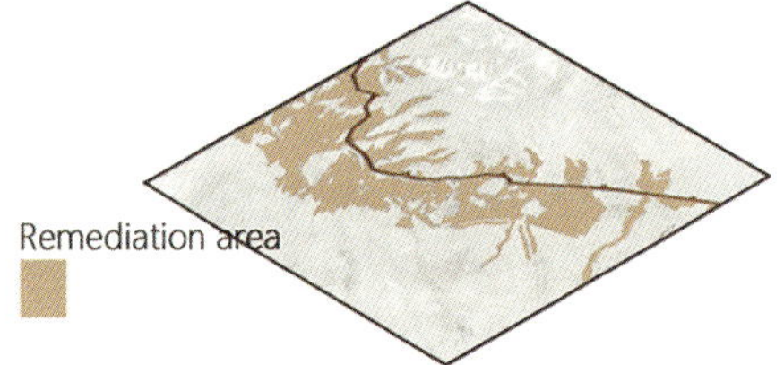


The area of remediation is further narrowed.

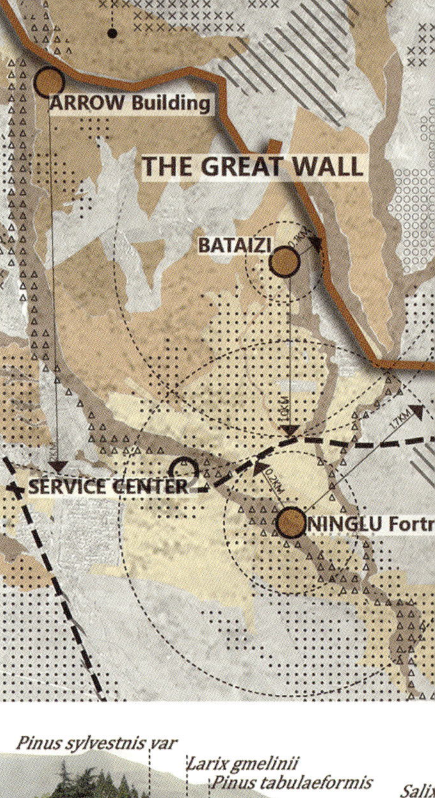

A region for intensive and effective ecological remediation is determined. The planning takes local native vegetation community as blueprints, constructs artificial vegetation community requiring low-maintenance in area of ecological remediation, and provides habitats for animals in each community.

通过科学的分析，一个集约有效的生态修复面域被确定下来。规划以当地原生植物群落为蓝本，在生态修复区构建低维护的人工植被群落，每个群落都考虑为动物提供相应的栖息地。

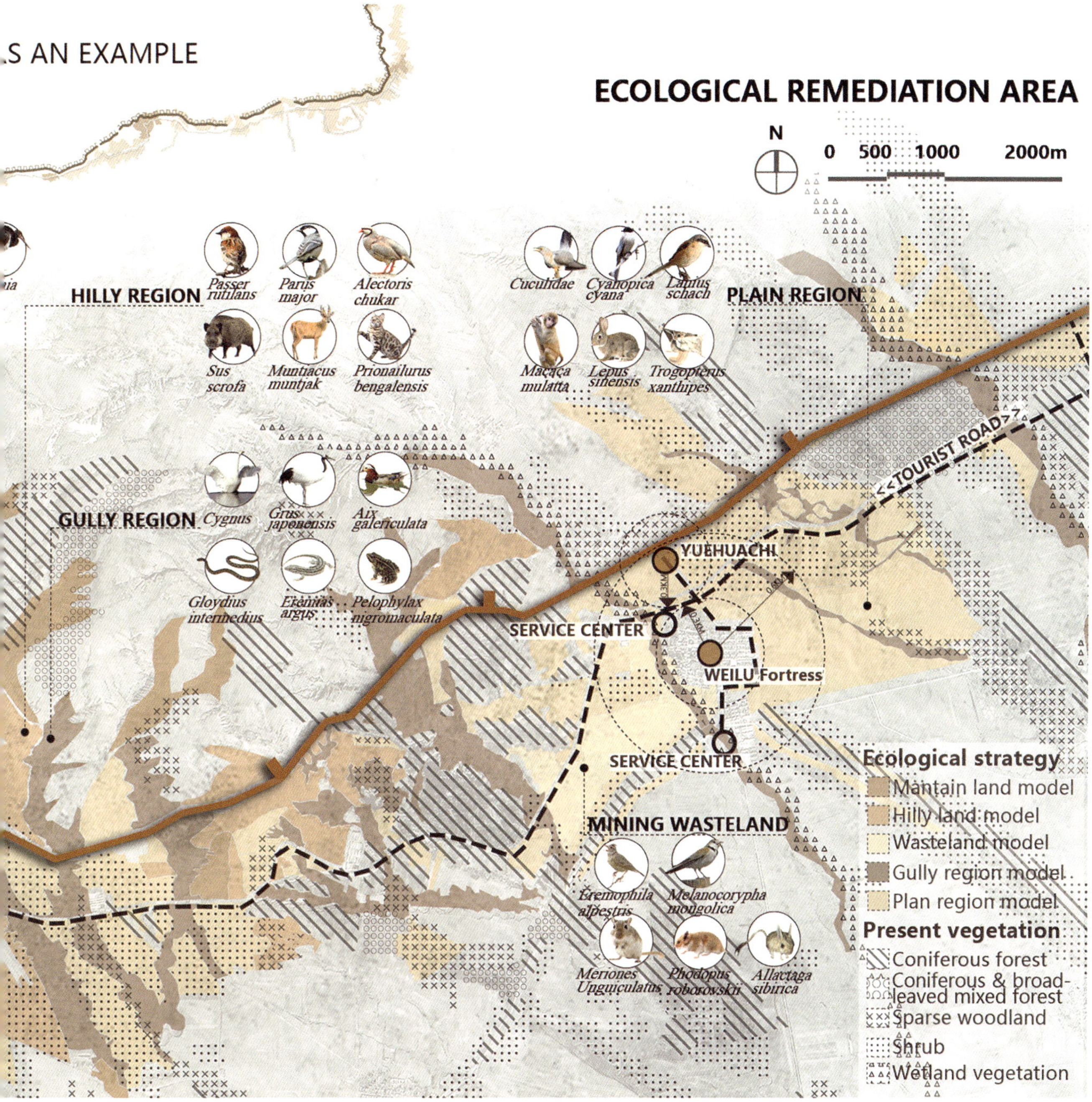

S AN EXAMPLE

## ECOLOGICAL REMEDIATION AREA

N

0 500 1000 2000m

HILLY REGION

Passer rutilans
Parus major
Alectoris chukar
Sus scrofa
Muntiacus muntjak
Prionailurus bengalensis

PLAIN REGION

Cuculidae
Cyanopica cyana
Lanius schach
Macaca mulatta
Lepus sinensis
Trogopterus xanthipes

<<TOURIST ROAD>>

GULLY REGION

Cygnus
Grus japonensis
Aix galericulata
Gloydius intermedius
Eremias argus
Pelophylax nigromaculata

YUEHUACHI

SERVICE CENTER

WEILU Fortress

SERVICE CENTER

MINING WASTELAND

Eremophila alpestris
Melanocorypha mongolica
Meriones Unguiculatus
Phodopus roborovskii
Allactaga sibirica

**Ecological strategy**

- Mantain land model
- Hilly land model
- Wasteland model
- Gully region model
- Plan region model

**Present vegetation**

- Coniferous forest
- Coniferous & broad-leaved mixed forest
- Sparse woodland
- Shrub
- Wetland vegetation

## ECOLOGICAL STRATEGY

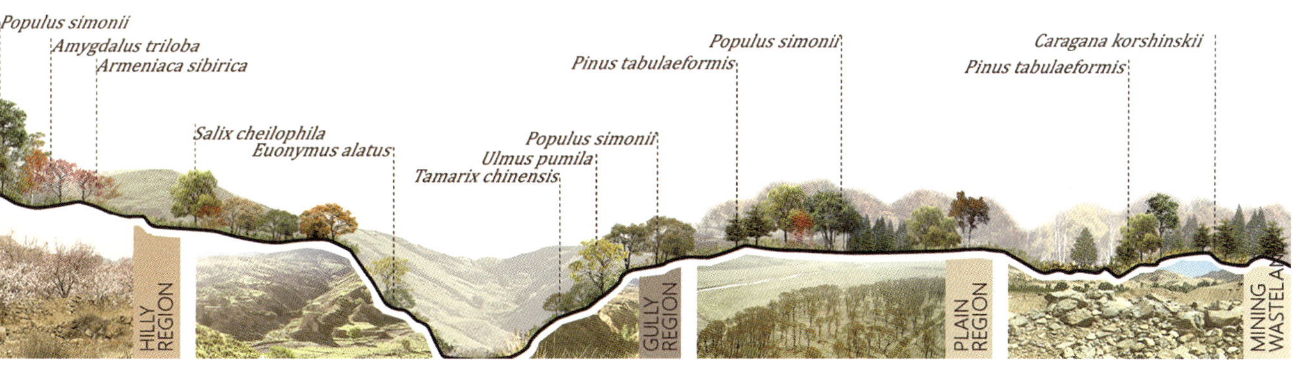

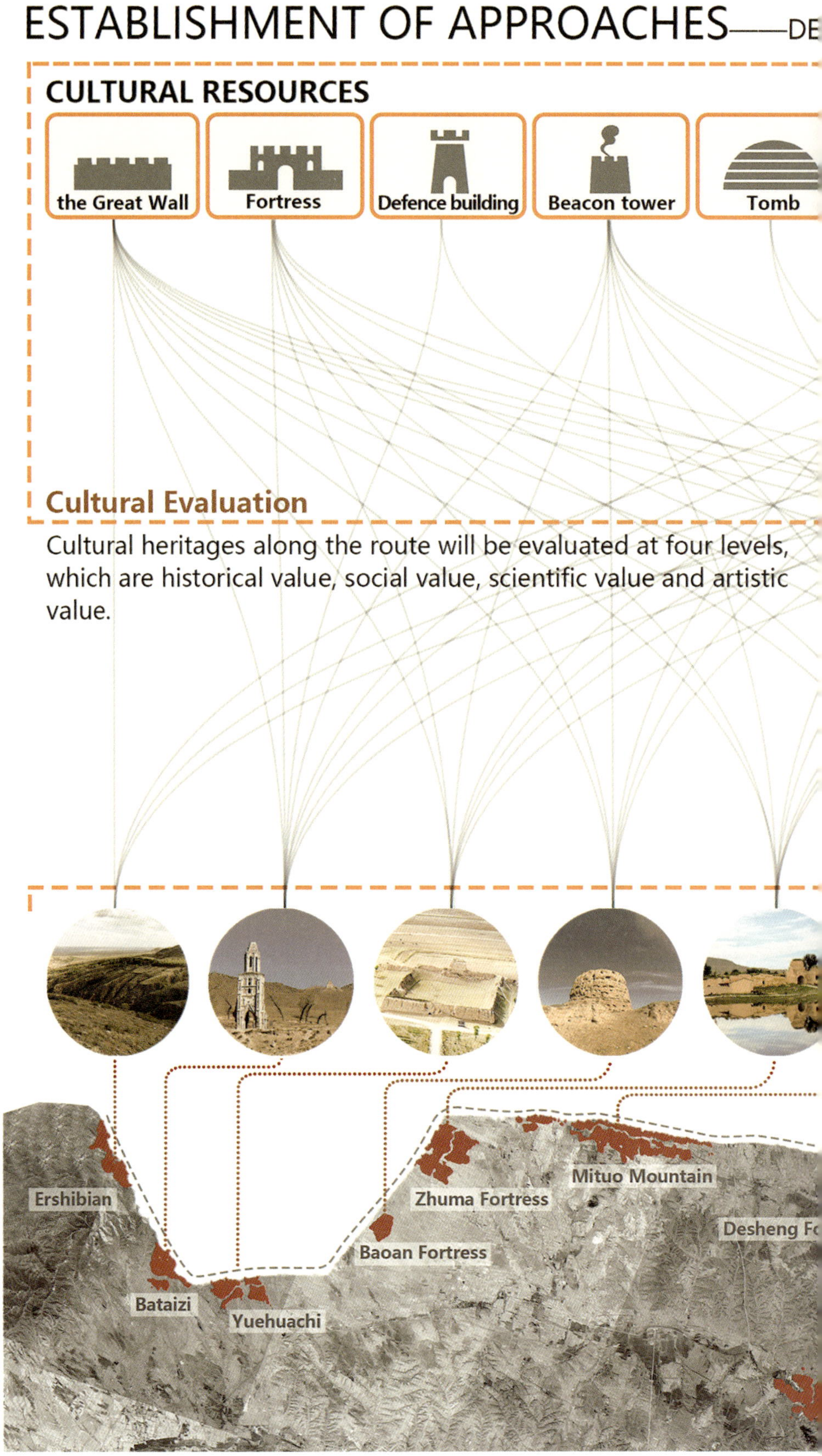

# ESTABLISHMENT OF APPROACHES——DE

## CULTURAL RESOURCES

the Great Wall

Fortress

Defence building

Beacon tower

Tomb

### Cultural Evaluation

Cultural heritages along the route will be evaluated at four levels, which are historical value, social value, scientific value and artistic value.

Ershibian

Bataizi

Yuehuachi

Baoan Fortress

Zhuma Fortress

Mituo Mountain

Desheng Fo

The cultural heritages and natural resources along the Great Wall have been assessed and rated to determine 12 areas with concentrated high-quality resources as scenic areas for key construction as the core attractions of the entire heritage corridor.

通过对长城沿线文化遗产和自然资源的评估和分级，确定了12个优质资源集中的区域作为优先发展区域（景区），作为整个遗产廊道的核心吸引物进行重点发展。

HE CORE AREA

NATURAL CONDITIONS

SELECT
OP 12 AREAS
AS
ORE AREAS

Natural Evaluation

Natural conditions along the route will be evaluated at four levels as well, including landscape source value, environment quality, utilization conditions and scope.

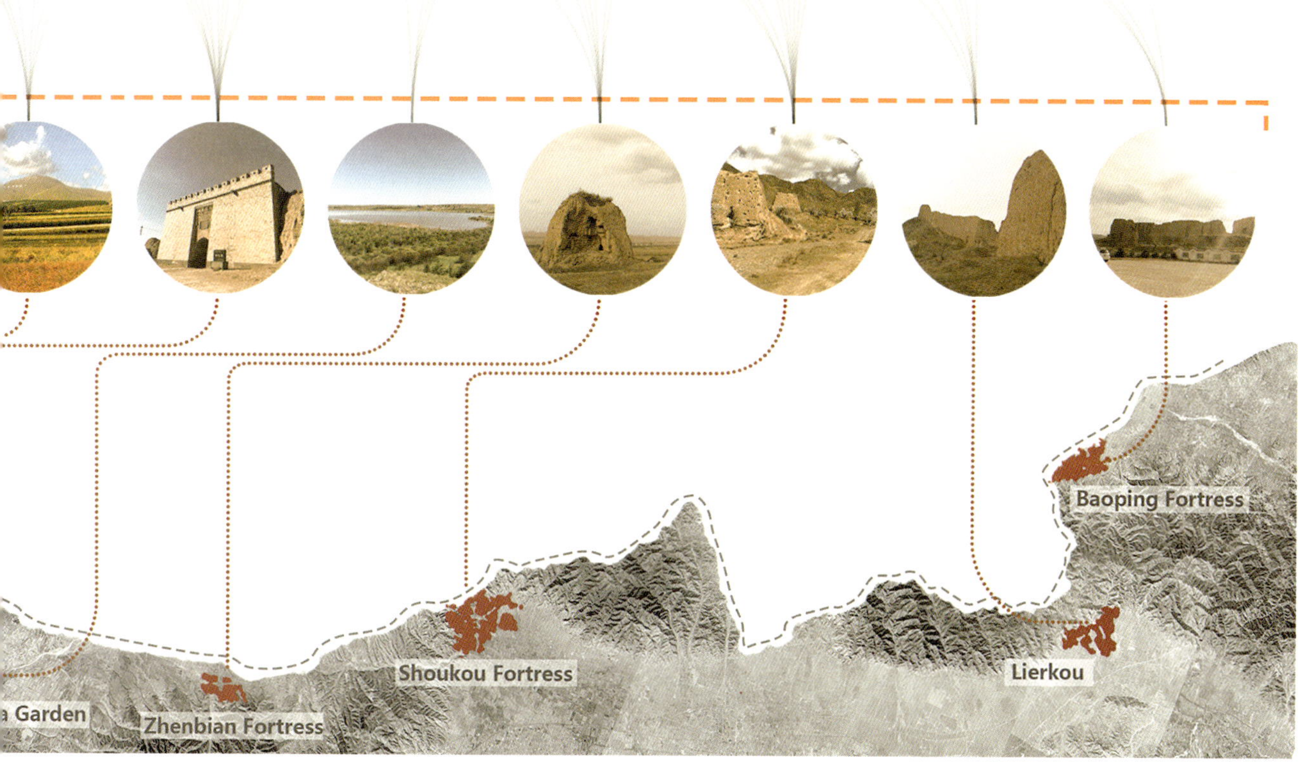

A sightseeing road & bike lane system, 255km in total length, will be built to connect the Great Wall into an organic whole; a flexible belt-like green corridor will be constructed on the exterior; 12 service centers attached to the scenic areas will be set up along the road to create a continuous system of facilities for tourism services.

一条全长 255km 的旅游公路和自行车道将长城沿线串联起来，外侧设置弹性的带状绿廊；公路沿线设置 12 个驿站和若干休憩点，形成贯穿全线的慢行基础设施体系。

## TIES SYSTEM FOR TOURISM SERVICES

f service centers, lounges and observation decks along the route, there are a variety of services such as parking, ccommodation, and information enquiry for tourism to be configured. Cautious consideration has been given to relation with the Great Wall in the architectural design of each service.

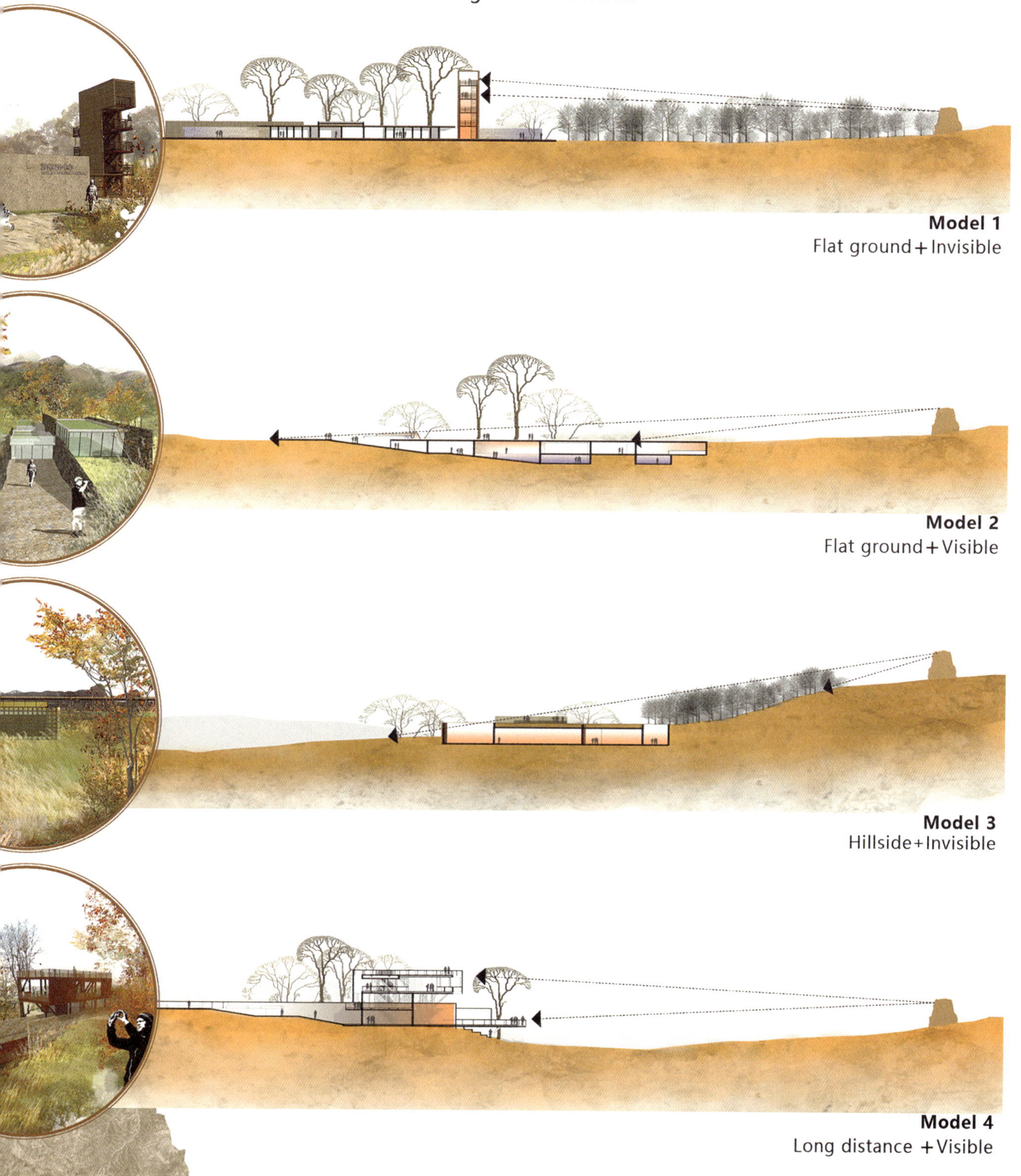

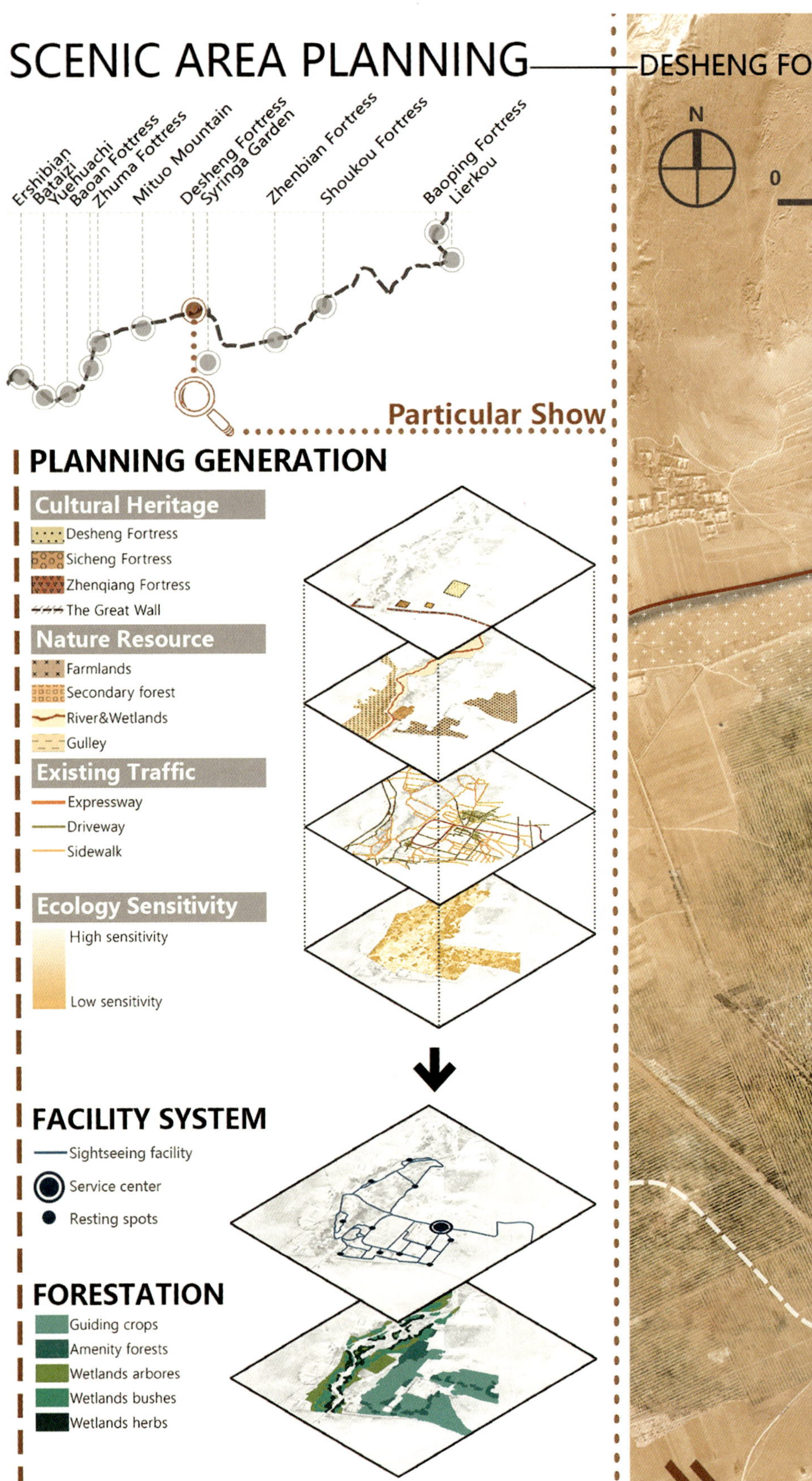


To protect the historical features of the Great Wall, the vegetation restoration and tourism facilities in the scenic areas have been carefully considered. Based on a comprehensive analysis on ecological sensitivity, relics distribution, building suitability and other elements, a set of minimum interference schemes is established.

为保证长城遗产不被干扰，景区内的生态修复和基础设施建设需要非常谨慎。经过科学的分析生态敏感度、遗产分布、现状基础设施等要素，一套低干扰的设施体系被建立起来。

AS AN EXAMPLE
00
800 m
Legend
Sightseeing road
Bike line system
Walkway
Education
Navigation
Rest
Toilet
Store
Diet
Camp
Sports
Zhenqiang Fortress
The Great Wall
Sicheng Fortress
Desheng Fortress
Bike line
Walk way
Yinma river
ng road

Through recovery of natural topography, such vegetation community with unique regional features could be created. A system of scenic area services and interpretation will be built, consisting of sightseeing trails, tourist service centers, leisure & recreation, dining & accommodation and other service facilities, supplemented by tour guides, and popularization facilities for culture and natural science.

景区内恢复自然地貌，构建独具地域特色的植被群落，形成秀丽的自然植物景观。建立游览步道、游客中心、休闲游憩、餐饮住宿等服务设施，配合导览、文化科普和自然科普设施，形成景区服务与解说系统。

EXAMPLE
INFRASTRUCTURE CONSTRUCTION
Desheng Fortress
Sicheng Fortress
HERITAGE PROTECTION
Desheng Pass
Zhengiang Fortress
The Great Wall

## SCENIC AREA PERSPECTIVE——DESHENG FORTRESS AS AN EXAMPLE

N
W
E
S
THE GREAT WALL
POPULARIZATION & EDUCATION SYSTEM
Sicheng Fortress Horse Fair
As a famous pass on the Great Wall , it was used for horse trade between nomadic peo-ples and agricultural peoples during intervals of wars in ancient times.
LOW-TECH CONSTRUCTION OF BICYCLE LANE SYSTEM

The ecological environment of scenic areas is restored, and the layout, materials, colors and forms of all service facilities all come from the Great Wall and its surrounding areas and are blended in a low-key manner into the heritage environment. what' s more, the technique of Augmented Reality was introduced to reproduce the history scenes of the Great Wall.

景区的生态环境将得以修复，所有服务设施的材料、颜色、形式都来自长城及其周边，使其低调的消隐在遗产环境之中。规划以增强现实技术（AR）再现长城历史的科普方式，游客在特定地点，可通过手机扫描二维码，显示出此处历史上某些特定场景与遗迹叠加的景象。

# INDUSTRIAL GUIDEANCE

## AGRICULTURE AND FORESTRY INDUSTRY

### ① SELECTION OF INDUSTRIAL CROP AND TREE SPECIES

According to local traditional characteristics, economic trees, crops and other species with both economic benefits and landscape effects are selected for promotion.

### ② FINANCIAL AND TECHNICAL SUPPORT FROM GOVERNMENT

The local government will provide economic subsidies, technical guidance, fertilizer and seeds to promote planting and increase the income of the agriculture and forestry industry.

## OTHER RELATED INDUSTRIES

### ①VILLAGERS' PARTICIPATION IN RELATED INDUSTRIES

Attracting surrounding villagers to participate in the construction, maintenance and management.

### ②CONSTRUCTION OF CULTURAL HERITAGE CORRIDOR

Through the construction, maintenance and operation of the culture heritage corridors, the villagers' economic income will increase and the population will reflux.

By means of fiscal subsidies from government, support by scientific research institution, operation of scales and so forth, rural people will be guided on the plantation to increase production yield and their income; villagers will be guided to develop folk tourism and introduce developers for investment and operation, in order to lift the local rural people out of poverty and make them better off.

通过政府财政补贴、科技支持和规模化经营，引导农民种植实现增产增收；鼓励长城沿线村民通过参与建设、保护、维护和运营的方式，投入到文化遗产廊道全生命周期之中，让这些军垦戍边人的后代，依靠长城而改善生活。

## CURRENT ACHIEVEMENTS——ECOLOGICAL REMEDIATION

After a year of construction, the project of ecological remediation with a total investment of 214 million USD has been basically completed, nearly 150 million trees have been planted on barren mountains, ravines, valleys and plains, creating a beautiful ecological barrier for the Great Wall.

经过一年多的建设，目前，总投资 15 亿人民币的植被修复工程已经完成过半，近 1.5 亿株苗木被栽植在荒山、沟壑、谷地和平原上，为长城筑起了一道美丽的生态屏障。

## CURRENT ACHIEVEMENTS——TOURISM FACILITY SYSTEM

The sightseeing road along the Great Wall have been partially put into use, some scenic area have been opened to tourists, the blooming apricot flowers and the charming Great Wall have attracted a large number of visitors.

沿古长城文化遗产廊道的旅游公路局部建成通车，个别景区已经对游客开放，盛开的杏花和充满魅力的长城吸引了大量游客前来观光。

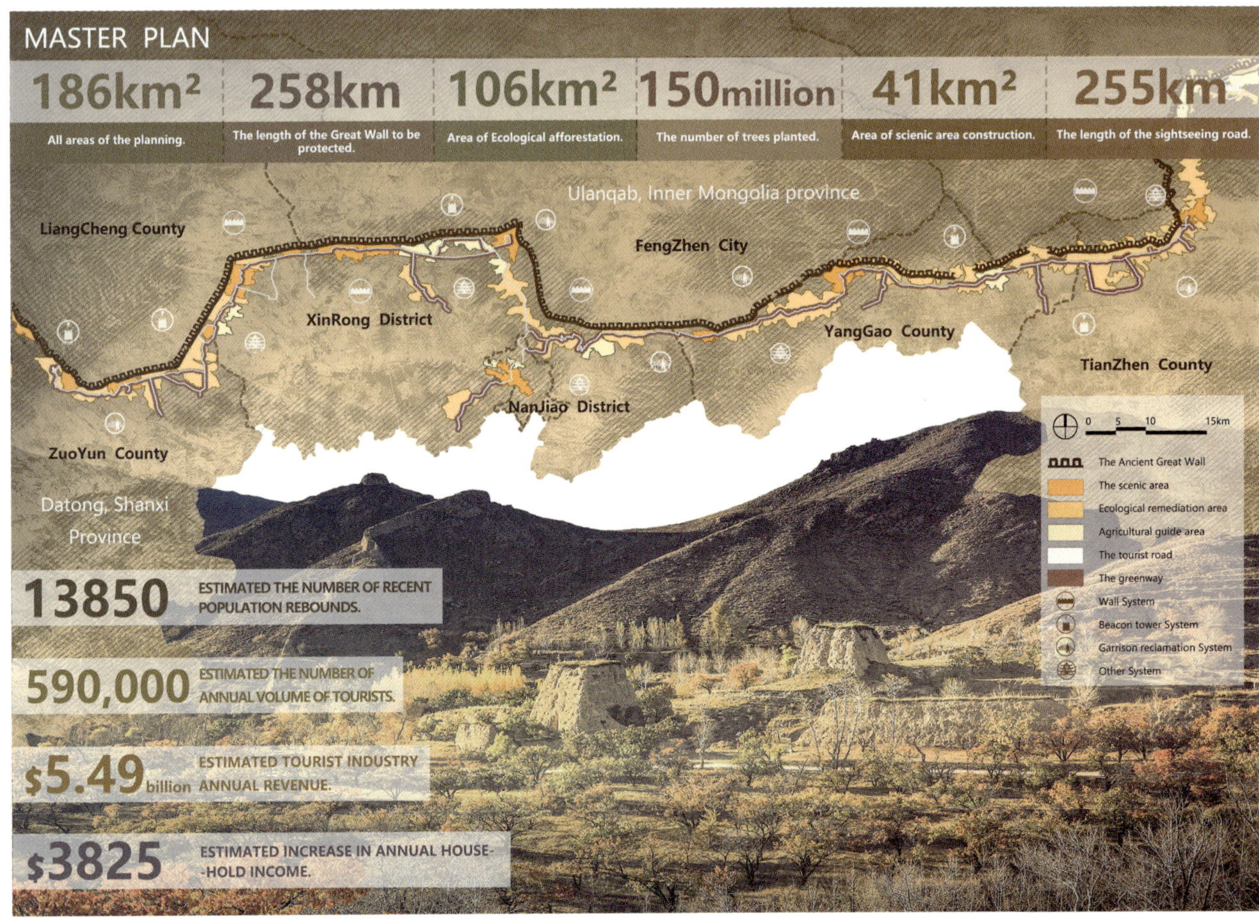


The planning has fully invigorated the derived benefits of cultural heritages, brought a balance to the benefits in a variety of aspects of protection and development, culture and tourism, industry and ecology etc., It’s foreseeable that this particular area will be revitalized as a result of the protection and flexible development of the Great Wall.

通过激发长城遗产蕴含的能量，有望获得巨大的衍生效益。本规划协调了保护与发展、文化与生态、景观与社会等多个方面，可以预见的是，这一区域将因为长城的保护与可持续发展而复兴。

## Project statement

The Great Wall is a world cultural heritage, and a treasure of human civilization. The Datong Ancient Great Wall was mainly built in the Ming Dynasty (AD 1368-1644), and despite of all vicissitudes over history, its main parts have managed to remain till today. However, for all kinds of reasons, this cultural heritage has been constantly subjected to erosions and damages, and its surroundings now face deterioration of ecological environment, stagnation of tourism and poverty of residents.

The planning has constructed a linear heritage corridor of 258km in length and 186km$^2$ in area, which can realize relics protection, ecological remediation, cultural tourism, village revitalization and many other goals and would directly benefit people in the amount of 530 thousands along the route.

The planning has fully invigorated the derived benefits of cultural heritages, brought a balance to the benefits in a variety of aspects of protection and development, culture and tourism, industry and ecology etc., It's foreseeable that this particular area will be revitalized as a result of the protection and flexible development of the Great Wall.

## Project narrative

### *Background*

Since ancient times, Datong sit at the boundary of nomadic peoples and agricultural peoples, and the Great Wall served as a defense system built up by agricultural peoples. People who are unfamiliar with the Great Wall usually take it as a giant wall; in fact, it's much more complicated beyond imagination. In the Ming Dynasty, the Great Wall consisted of a wall system against enemies, a beacon-fire tower & postal delivery system for intelligence transmission, a troops stationing system for garrison duty and a garrison reclamation system for furnishing supplies; it was a huge and complete defense system. In the process of constructing and defending the Great Wall, numerous soldiers, laborers and their families settled down near the Great Wall and formed many settlements. With the fading of the threats posed by nomadic peoples, the Great Wall has gradually declined day by day as well.

### *Challenges*

1 Relics protection
Due to its fragmented distribution, the Great Wall heritage has no continuous protection area. There is a lack of management over most parts of the Great Wall, and man-caused damages are widespread.

2 Ecological environment
Located in the interlaced zone of temperate grassland and temperate deserts, Datong has vulnerable ecological environment and sparse vegetation. In the Ming Dynasty, grass burning damaged the surrounding ecological environment of the Great Wall, and many parts of it collapsed due to soil erosion.

3 Approach to the heritage
There is not yet a continuous transportation system along the route of the Great Wall, Due to the failure of effective development and utilization of the resources of the Great Wall, there is a lack of scale, system and appeal in these scenic areas.

4 Social economy
Besides the low agro-economic benefits and the poverty of rural workers, there are also the outflows of young adults. The villages, habited by the elderly and children, are in ruins and depression.

### *Planning process*

Considering the large scale and complex conditions of the project, we have built a planning team consisting of Landscape Architecture, GIS, Ecological Afforestation, Conservation of Water& Soil, Architecture, Cultural Tourism, Cultural Relics Protection among many other specialties, and hired members of local Great Wall protection associations and experts in botany and agro-economics to establish an advisory panel of experts.

The team have conducted detailed studies on historical materials, and carried out field surveys within the scope of planning for a duration of above two months and over a journey of above 2,000km. In combination with aerial images and land shot by UAV and databases of land resources and forestry information, the team have created a detailed GIS data model. What's more, the team went deep into villages & communities, the opinions of the local people were widely collected.

## *Planning strategies*

1 Relics protection

The cultural heritage assessment method has been employed to identify the spatial pattern for ancient Great Wall heritage protection. Through the analysis, it is found that the high class heritage is mostly distributed within the range of 1,000m from the Great Wall, based on that situation, we established the spatial pattern of the heritage corridor.

1.1 Core protection area

An area of 50m in width outside the Great Wall and its associated heritages will be strictly protected by a special management and protection institution, and relics with the potential hazard of collapse will be provided with protective restoration.

1.2 Ecological remediation area

An area of 100m-500m in width to the north of core protection area will be provided with ecological remediation to protect the Great Wall heritage against ecological disasters.

1.3. Tourism service area

An area of 500m-1,000m in width to the south of the core protection area will be provided with ecological restoration, and added with scenic area recreation system and whole-route tourism infrastructure with minimized interferences.

1.4 Development coordination area

An area of 500m-1,000m in width to the south of the tourism service area will be designated to guide agricultural upgrading and develop village tourism on the basis of guaranteeing coordination with the landscape and features of the Great Wall.

2 Ecological remediation

2.1 Determination of ecologically sensitive areas

The GIS information model was used to determine ecologically sensitive areas, and coupled with the influencing factors of heritage protection, the scope of remediation will be further narrowed.

2.2 Defining of Ecological remediation strategies

Adopting local native vegetation community as blueprints and targeting the natural characteristics of five types of ecologically sensitive areas, the planning has predefined matching models of planting, constructed basically vegetation community requiring low-maintenance and provided habitats for endangered species.

3 Establishment of Approaches

3.1 Selection of resources and determination of scenic areas

The cultural heritages and natural resources along the Great Wall have been assessed by grades and rated to determine 12 areas with concentrated high-quality resources as scenic areas for key construction.

3.2 Tourism facilities system

A sightseeing road & bike lane system, 255km in total length, will be built to connect the Great Wall into an organic whole; a green corridor will be constructed on the exterior to create a continuous recreation system, where full consideration will also be given to the overlooking relation with the Great Wall.

12 service centers attached to the scenic areas will be set up along the road to create a continuous system of facilities for tourism services. On top of service centers, there are a variety of services such as parking, dining, accommodation, and information enquiry for tourism to be configured. Cautious consideration has been given to the visual relation with the Great Wall in the architectural design of each service.

3.3 Scenic area planning

In the Scenic area, through the recovery of natural topography, the vegetation restoration and tourism facilities in the scenic areas have been carefully considered.

A system of scenic area services and interpretation will be built, consisting of sightseeing trails, leisure & recreation, dining & accommodation and other service facilities, supplemented by tour guides, and popularization facilities for culture and natural science.

Based on a comprehensive analysis on ecological sensitivity, relics distribution, building suitability and other elements and for the purpose of coordinating the features of the Great Wall heritage, careful consideration has been given to the layout, materials, colors and forms of all facilities in these scenic areas to blend them perfectly into the heritage environment.

4 Industrial guide

4.1 Agricultural guide

By means of fiscal subsidies from government, support by scientific research institution, operation of scales and so forth, rural people will be guided to plant oil plants, medicinal materials and other economic crops, so as to develop sightseeing agriculture and increase their income.

4.2 Village tourism development

Based on assessment of villages along the route, ancient villages with mature conditions will be moderately developed, and villagers will be guided to develop homestay hotels, rural tourism & dining, local specialty production & sales among other tourism services, in order to lift the local rural people out of poverty and make them better off.

## *Current Achievements*

So far, the project of sightseeing road & ecological afforestation with a total investment of 360 million USD has been basically completed, some scenic area have been opened to tourists, the blooming apricot flowers and the charming Great wall have attracted a large number of visitors.

## *Conclusion*

The planning has fully invigorated the derived benefits of cultural heritages, brought a balance to the benefits in a variety of aspects of protection and development, culture and tourism, industry and ecology etc., It's foreseeable that this particular area will be revitalized as a result of the protection and flexible development of the Great Wall. What's more, the project fully demonstrates that landscape architects can play a core role in such complex, large-scale projects which require cross-disciplinary collaboration.

# 9

# 贡献者

## CONTRIBUTORS

规划设计团队

项目业务办公会议

项目建设者

图书在版编目（CIP）数据

一次超大尺度风景园林实践：大同古长城文化遗产廊道 / 冯潇著．—北京：中国建筑工业出版社，2019.12
ISBN 978-7-112-24571-0

Ⅰ．①一…　Ⅱ．①冯…　Ⅲ．①长城 – 文化遗产 – 风景区规划 – 研究 – 大同　Ⅳ．① TU984.181

中国版本图书馆 CIP 数据核字（2019）第 286244 号

责任编辑：杜　洁　李玲洁
书籍设计：张悟静
责任校对：李美娜

一次超大尺度风景园林实践
——大同古长城文化遗产廊道

冯潇　著

*

中国建筑工业出版社出版、发行（北京海淀三里河路 9 号）
各地新华书店、建筑书店经销
北京方舟正佳图文设计有限公司制版
北京富诚彩色印刷有限公司印刷

*

开本：880×1230 毫米　1/16　印张：12¼　字数：354 千字
2019 年 12 月第一版　2019 年 12 月第一次印刷
定价：128.00 元
ISBN 978-7-112-24571-0
(35076)